許倬雲

一九三〇年生，江蘇無錫人。著名歷史學家，匹茲堡大學歷史系榮休講座教授，臺灣「中研院」院士。

一九六二年獲芝加哥大學博士學位。先後執教於臺灣大學、匹茲堡大學，受聘為香港中文大學、夏威夷大學、杜克大學、香港科技大學、南京大學講座教授。

一九八六年當選美國人文學社榮譽會士，二〇〇四年獲美國亞洲學會傑出貢獻獎，二〇二〇年獲「全球華人國學大典終身成就獎」，二〇二三年獲「影響世界華人終身成就大獎」。

學術代表作有《西周史》《漢代農業》《求古編》等；另有大眾史學著作《萬古江河》《說中國》《中國文化的精神》等數十種行世，行銷百萬冊。

許倬雲作品集

許倬雲先生學思歷程

馮俊文 主編

責任編輯　王逸菲
書籍設計　道　轍
書籍排版　何秋雲
扉頁題簽　金耀基

書　　名　**倬彼雲漢：許倬雲先生學思歷程**
主　　編　馮俊文
出　　版　三聯書店（香港）有限公司
香港北角英皇道 499 號北角工業大廈 20 樓
Joint Publishing (H.K.) Co., Ltd.
20/F., North Point Industrial Building,
499 King's Road, North Point, Hong Kong
香港發行　香港聯合書刊物流有限公司
香港新界荃灣德士古道 220-248 號 16 樓
印　　刷　陽光（彩美）印刷有限公司
香港柴灣祥利街 7 號 11 樓 B15 室
版　　次　2025 年 1 月香港第 1 版第 1 次印刷
規　　格　16 開（167mm × 234 mm）450 面
國際書號　ISBN 978-962-04-5397-7

謹以此書致意

許倬雲先生及孫曼麗師母

目錄

中篇　雪泥鴻爪

下篇　水流雲起

附錄

序一

相交相知六十年的史學大家 許倬雲大兄

金耀基（社會學家，曾任香港中文大學校長）

我認識有半個世紀的朋友中，相知相交、至老不渝的不算太多，大多因生活圈的變化，漸行漸遠，走出了我的生命意義的網絡。許倬雲先生則是少數一直存在於我生命意義網絡中的一位老朋友。説起來，我們是標準的「淡如水」之交，但在彼此心中都有一個親近與真實的存在。

我認識許倬雲兄一個甲子了，第一次見面應是 1960 年代，在臺北業師王雲五先生的府中。那時，許倬雲先生已從美國芝加哥大學取得博士學位，在臺灣人學擔任歷史系主任了。當年，他是學術界風頭最健的青年領袖人物。我與許倬雲都出身臺灣大學，但他畢業後一年，我才進臺大，他是十足十的學長(故我一直以「大兄」尊稱他)。

倬雲大兄主修的是歷史學，我主修的是法律學，分屬兩個學術群體，彼此並無交集。1965 年，我公費留學美國匹茲堡大學一年，返臺後，在政治大學任講師，並兼臺灣商務印書館副總編輯（業師王雲五自任總編輯）。其間，我連續以社會學視角發表了多篇論述中國現代化的文字，1966 年出版《從傳統到現代》一書，在臺灣的知識界、文化界很引起一番大迴響。也因此，我與倬雲大兄多了學術思想上的交集，並自此開啟了我們交往六十年的友誼。不過，一年之後，我與倬雲大兄就走上各自的人生軌道。1967 年，我獲得美國全額獎學金，第二次赴美（這次舉家同往），並再度到匹茲堡大學修讀博士學位，1970 年應聘到香港中文大學（新亞書院）。自此與中大結緣，並度過了迄今五十年的教研生涯。

在我記憶中，倬雲大兄在臺灣做了許多學術的建制性與開創性的工作後，70 年代就舉家離臺赴美，應聘到匹茲堡大學擔任史學系教授，著述講學、春風化雨，至老退休。退休後，依然書講不輟。許倬雲儼然是匹茲堡城中一個「漢學的存在」。

過去五十年中，倬雲大兄在美國，我在香港，兩地相距萬里。但我與他，幾乎每年在臺灣不同的場合都有聚晤的機會，或是蔣經國國際文化交流基金會，或是「中研院」院士會，或是其他的學術會議。至於 90 年代，倬雲大兄受香港中文大學之聘擔任「偉倫講座教授」，我們當然更多了言談之樂。

雖然，半個世紀裏，我與倬雲大兄各在不同的人生軌道上，但是我們從沒有停止對彼此學術存在狀態的關懷。1994 年我當選「中央研究院」院士，事後知道許倬雲、李亦園、余英時都是我作為「院士候選人」的提名人。這說明，倬雲大兄等學界朋友，都關注著我 1966 年後三十年的學術著作情形。

2014 年，倬雲大兄致電，邀我為他剛完成的《現代文明的批判》一書作序，正表示他知道我近幾十年中有關「現代性」（特別是「多元現代性」）的論述。倬雲大兄此書是為西方現代文明「把脈」，他指出西方的現代文明正面臨種種「困境」，已進入「秋季」，失去了原有的發展動力，由興盛走向衰敗。倬雲大兄希望所寄，則是人類能創造的「第二個現代文明」。他說：「我們不能認為現代文明代表的一些組織形態，就是人類最終的選擇。」又說：「有識者更當拋開一切模仿西方現代文明的舊習，重新思考對未來人類的存在和發展更為適應的新途徑。」我對這位歷史學老人（倬雲大兄當年是八十六歲）這番沉重而又清明的言論，是表示認同的。

2013 年，我在出版的自選論文集《中國現代化的終極願景》中指出，中國一百五十年的現代化工作的終極願景，就是要建構一個「中國的現代文明秩序」。這是說，中國要建立的「現代文明」，不應該是（也不可能是）西方現代文明的翻版，而應該有精要的中國文化的元素，更符合我們這位史學老人心目中「第二個現代文明」。

資深出版人馮俊文先生，近十年來一直幫助許倬雲先生處理在中國大陸的出版事務，去年應邀在匹大亞洲中心訪學。最近，正編定文集《倬彼雲漢：許倬雲先生學思歷程》。今年 5 月 6 日晚，馮先生經我東南大學好友陸挺之介紹，自匹城來電，他表示我與許先生是多年老友，並注意到 2017 年我出版的《人間有知音：金耀基師友書信集》中有《我與倬雲大兄》一文，概括地講到許先生的學術志業，他希望我同意將此文收入他主編的文集中。此外，他希望我加寫一短文，談談我與許倬雲半世紀的交往，及對許先生學思歷程的觀察，作為《倬彼雲漢》一書的「代序」。說實話，我是由衷高興並感謝馮俊文為許倬雲先生所做的事，所以，我就憑著尚未褪色的記憶，追述我與許倬雲大兄半個世紀的往來與交集。

寫到這裏，我覺得講許倬雲先生的學思歷程，有一點是值得一說的。簡單講，許倬雲的學術發軔期是得天獨厚的，發軔期是指許倬雲從在臺灣大學求學到在芝加哥大學獲得博士學位這段時間。這段經歷，使他擁有了歷史學的一流訓練，養成了一流歷史學者應有的修為與眼光。許倬雲在臺灣大學受到的教育，可能是民國以來最好的教育。

1949 年，蔣介石的國民黨敗退臺灣。兵馬倥傯，諸事如麻，蔣介石第一時間派專機將相當一部分的學術精英接迎到臺灣——這件事對臺灣的意義，絕不比故宮國寶或黃金之南移臺灣為小。當時，文化界的巨擘如胡適、傅斯年、李濟等，都會聚「中央研究院」與臺灣大學。傅斯年主掌臺灣大學雖短，但隻手改變了臺大：北大當年的闊大與自由風氣，竟在臺大重現。

歷史學系與考古學系的師資（當然不限於此二系），可謂名師雲集。其時在臺大歷史及考古學系讀書的有許倬雲、張光直、李亦園等，無不青才英發，他們可謂承繼了民國大師的衣鉢。有了本業上世界性前沿的學術裝備，此所以倬雲大兄到殿堂級大學芝加哥研究院深造，很快就登堂入室，順利完成了博士學位，成為卓然自立的歷史學者。在芝大完成學業後，倬雲大兄即返歸臺大與「中研院」，在教學與研究上大展抱負，聲名一時無兩。在一定意義上，許倬雲在臺灣是民國學脈承先啟後的一輩中的代表人物。

1960年代，世界的學術版圖中，臺灣、香港、大陸與整個非西方社會，無疑是處在「邊陲」地帶。而世界學術的「中心」則在歐美，特別是美國。倬雲大兄在70年代以後又去了美國，並在美國學術界以學術著作奠定了歷史學家的地位。2004年，美國亞洲學會頒給他「傑出貢獻獎」，高度肯定他在中國古代史研究領域的成就與意義。

相交相知六十年的史學大家許倬雲大兄，一生離開不了先天殘障造成的種種病痛。也就在長期的痛苦折磨中，他完成了一部又一部的著作。自青年到老年，他從未停止著述。可以說，他的書寫就是他的存在，顯示他生命意義的最真實的存在狀態。

倬雲大兄在美國生活近六十年，對美國有深切的感情和體會。但是，自始至終他沒有真正離開過中國。多少著作中，顯示他最深的關懷是全體中國人的今天與未來。他八十七歲高齡時出版的《中國人的精神生活》（簡體中文版名《中國文化的精神》），更可見他到晚年越來越認同中國文化的精神價值。坦白說，我今天正值八七之齡，也真不是沒有他那份「文化的鄉愁」。其實，倬雲大兄對中國文化的「回歸」，從他持續地用中文書寫時就開始了。用中文書寫，書寫的對象當然是海內外的中國人了。

我這兩天才發現，許倬雲可能最為傳世的《萬古江河》這部中文大書，是2005年定稿的，這一年恰是他在美國亞洲學會得獎的後一年。這是不是意味著許倬雲學思歷程中的一個「書寫轉向」呢？從英文轉向中文，從歷史專業轉向歷史「通業」，書寫對象也從史學同行轉向「這一代中國人」。《萬古江河》是中國大歷史的書寫，也是中國文明史的書寫，沒有貫穿古今、匯通中外的史才史識，必難落筆。此書無疑是史學家許倬雲的「一家之言」！

《萬古江河》出版忽已十有七年，今年4月14日《南方周末》的文化版，刊載一篇馮俊文發自匹茲堡的許倬雲訪談稿，我喜悉許倬雲先生剛剛完成《萬古江河》之後的晚年「總結性」作品，定名《經緯華夏》。據馮俊文所記，倬雲大兄在 4 月初完成最後一章時説，「我終於隨時可以走了」。從這句話，可見《經緯華夏》在許倬雲心中的分量。這也表示，許倬雲的「書寫人生」已到一個「圓滿的句點」。

當然，我們一定還會不斷看到他的新著作、新書寫。許倬雲大兄是不會停止書寫的。不過，我覺得他不必花大力氣，可以輕鬆一些，享受更多書寫的樂趣。

2022 年 5 月 10 日夜於香港

附：我與倬雲大兄

倬雲大兄以學術為終生之志業，著作等身，他的歷史學專業是中國古代史，《西周史》《漢代農業：中國農業經濟的起源及特性》《中國古代社會史論：春秋戰國時期的社會流動》等書，深為中、西史學界所重，2004 年美國亞洲學會曾頒贈他傑出貢獻獎。古稀之年後，更連續出版《萬古江河：中國歷史文化的轉折與開展》《我者與他者：中國歷史上的內外分際》《華夏論述：一個複雜共同體的變化》（大陸版名《説中國》）三書，風行海峽兩岸，是大歷史的書寫，也是中華文明史的新筆法，非胸中有古今，眼底有中西，不能有此本事！的然是中國歷史學大家。

半個多世紀中，許先生教學研究之餘，不時有關乎時代、社會、人生的文章發表，無不風動一時；更且擔當起多項文教推展工作（如蔣經國國際學術交流基金會），精力之充沛，領導力之高卓，令人敬佩無已。他在匹茲堡大學退休之前之後，曾在美國及包括香港、臺灣在內的中國多所大學講學授課，春風化雨，育才無數。我有幸與他時有見面，他在香港中文大學擔任史學客席講座教授時，尤多晤聚。2014 年他在做又一次大手術之前夕，完成《現代文明的批判》(大陸版名《許倬雲説歷史：文明變局的關口》) 一書，還邀我寫序，這也表志了我們結交五十年的深摯友情。去年，倬雲大兄以八十七高齡再出版近三百頁的《中國人的精神生活》一書，這一方面可見他著書不輟，生命力之強盛；另一方面則可見許倬雲大兄於涵泳中西文化之後，似更認同中國文化的精神價值了。

我在臺灣讀書時間最長，臺灣結交的友好，大都是成功中學、臺灣大學及政大政研所的同學或學長。數十年來，分散於三地與海外，總是聚少離多，能終身友情不渝，成為知交者，畢竟是太難有的緣分。所可欣慰者，此集所收書札的友輩，分別在自擇的事業上，都卓然有成，活出了人生、活出了精彩。

許倬雲先生是我臺大的學長，我們結識於六十年代中期，我們第一次見面好像是在雲五師的府中。那時他正是臺灣學術界青年一代的領袖人物，而今則已是年近九十的老師、宿學了。倬雲大兄的一生，可謂承受了非常人所能承受的長期疾痛，完成了非常人所能完成的非凡事業。

序二

一個「精神之子」的格局和關懷

余世存（學者、詩人，著有《非常道》等）

一

許倬雲先生生於民國，長於臺灣，在美國生活研思大半個世紀，晚年在海峽兩岸及香港講學、出書，惠及無數無量世人。許先生學問之廣博、關懷之現實、情感之強烈，是其他學者難以相比的。自 1980 年代以來，海內外的華人學者還沒有人如許先生這樣有著如此廣泛的影響。但只要了解許先生的來處，了解許先生的學思歷程，我們就明白這是許先生當得的榮耀。

中國轉型，在近現代被稱為「天崩地裂」「三千年未有之大變」，人們一度稱轉型的中國為「一窮二白」，全盤西化也一度成為不少人的認知。這一認知甚至影響到 1980 年代的中國社會，經過全能時代單位化、平均化的洗禮，當時人們都以為，從上到下，國人是貧窮、無知、落後的。筆者個人從農村出來，到城市生活，就曾經感慨幾代人起步於「真正空白、荒涼的地方」。到 90 年代初鄧小平發表南方談話，更有名言出現，「窮了幾千年了，啥時候了，不能再等了」。人們說，鄧說出了大家的心聲。

從 1980 年代到 1990 年代，國人幾乎沒有人想到，三四十年的改革開放，中國就從那樣的窮苦狀態躍進到世界第二大經濟體，用網友的話說，「厲害得」

讓美國嫉恨有加而悍然發動了「毛衣戰」(取「貿易戰」諧音)。國人也少有人清楚，在 1930 年代，上海的經濟就在全球城市中僅次於倫敦和紐約，今天的上海比起自己的歷史榮譽反倒還有不小的距離。國人更不知道，中國數千年文化積累，即使到了近代「積貧積弱」，其家底及精神之富麗仍難以想像。

許先生就是這樣的精神之子。他的家庭上連晚清、民國，他親眼見證了抗戰，遷臺、赴美的讀書和工作，又讓他受到傅斯年、李濟、胡適等人的關照，他享有西方和華人一流學人的研讀氛圍，交遊遍及世界，命運因此把他鍛造成為文明社會當仁不讓的觀察者和頭腦。他的出身乃至成長受教育的環境，可以說艱難困苦，但不能說是貧瘠的。當革命、現代化把中國大陸乃至臺灣的文化和社會攪得天翻地覆時，許先生有幸成為中國最後一代有世家品質的讀書種子。

因此，儘管許先生也感覺寂寞，但他的歸屬感是明確的。跟包括我在內的當代中國知識人不同，跟「精緻的利己主義者」不同，許先生是「明道的、救世的」。基於此點，我們就能知道許先生學問的立足點及其指向，就知道他的文字在今日何以罕見，何以動人。

二

跟知識人中的幸運兒不同，許先生不幸先天有著殘疾，不能如常人一樣行走，輪椅、病痛伴隨終身。為了鎮痛，九十歲高齡的他還求助朋友、學生提供有關止痛藥的信息。作為一個多年來使用消炎止痛藥的人，我對許先生的狀態深有同感。從痛苦出發，身體乃至生命要麼消極下去，要麼把自己鍛造成為最為清醒的頭腦。是的，對頭腦或生命意識來說，「吾之大患在吾有身，及吾無身，吾有何患」。

大概因為身體原因，使得許先生除了專業學術，還保持了對生物醫療，進而對網絡等科技前沿的追蹤；更重要的是，許先生保持了終生的問題意識，人活著是要來解決問題的。他的讀書思考因此既多了專注，又多了廣度。他不良於行，但神往並在精神世界實踐了「拿全世界人類走過的路，都要算是我走過的路之一」。這個輪椅上的讀書人、思考者，因此像極了物理世界的霍金。一如霍金對人類未來的思考，許先生也是極少有的對人類文明有著系統思考的人，他是我們當今世界少有的頭腦。

但跟霍金的頭腦有所不同，許先生的頭腦是中國的、文化的，他的思考既理性，又有情感。很多人都注意到許先生情感的熾烈和持續，抗戰、中國、年輕人，都曾讓許先生流下淚水。許先生的情感尚不止於此，他曾經回憶，有一年在香港，遇到多位史語所的後人，大家在一起極為動情，親如家人。這一情景極為重要，即我多年強調的「精神家族」並非歷史假設或追認，而是真實不虛的存在。

一些論者以為現代中國學術共同體在民國初具規模，史語所即是其一。許先生有幸熏沐前輩德風，直到今天他也時常對學生乃至識與不識的後輩施以援手，示範了一個精神個體在人生社會中的格局和關懷。有些人不理解許先生以九十多歲將近期頤之年，還在媒體上活躍，頻頻亮相。這其實不解千百年來文化在場或肉身成道者的憂患，「知我者謂我心憂，不知我者謂我何求」「生年不滿百，常懷千歲憂」。

許先生獎掖過王小波，「逢人說項」，為其成績欣慰，為其早逝傷感。借王小波的語言來說許先生的在場，那就是，「我認識很多明理的人，但他們都在沉默中，因為他們都珍視自己的清白。但我以為，倫理問題太過重要，已經不容我顧及自身的清白」。近年來，許先生不諱言他駐世的時日有限，勸其學生和忘年交們努力，珍惜當下。在疫情持續期間，他還勉勵大陸的年輕朋友做終生學習型的人。可以說，他的品行和風範其來有自。

三

這種文化的、生活的又近乎神聖的精神家族，並不只有史語所等機構平臺，在東、西方的歷史上，類似的有自覺意識的共同體頗多，如軸心時代的儒門、佛門、逍遙學園等東、西方的思想學術團體。宋代的蘇東坡，也曾如許先生一樣繼往開來。蘇東坡趕上了歐陽修、司馬光等仁宗時代的士大夫同氣相求、自覺覺他、與爾靡之的餘光，他在晚年曾感慨當時人已不曾見古人之大體，「僕老矣，使後生猶得見古人之大全者，正賴黃魯直、秦少游、晁無咎、陳履常與君等數人耳」。當然，蘇東坡沒有因年老而放棄努力，甚至在辭章領域，蘇東坡也有意識地讓大家唱和，以增進人們的同類意識。

蘇東坡的努力中，有對莊子觀察的回應和解決。莊子曾經說：「是故內聖外王之道，暗而不明，鬱而不發，天下之人各為其所欲焉以自為方。悲夫！百家往而不返，必不合矣！後世之學者，不幸不見天地之純，古人之大體。道術將為天下裂。」

這個繼承並開發的事業，這個和合的工作，在許先生身上體現得也極明顯。許先生考察人類歷史和現實的諸多文明體的樣態，對獨立、自由的個體方向進行「判教」，相信美國的衰落，懷念在美國早年親歷的社群生活，等等，即在於此。跟費孝通先生的晚年一樣，他們都認定個人並非可以四顧蒼茫、一無憑藉，個人駐世並非可以無法無天、為所欲為，個體的生命意義不僅在獨立、自由，更在於他是群體中的個體。就是說：個體生命的意義一旦立足於群體，他就有所敬畏，有所讓渡，有其目的，有其歸屬；而非孤獨、迷失、投機、偶然。

但是，許先生和費先生一樣沒有對群體本身做進一步闡發。東方社會固然以群體生活見長，但現代以來，東方社會已經跟西方捆綁在一起，東方人跟西方人的差異遠遠小於東方人與其先人的差異。那麼，如何「建群」並保證其可持續發展呢？

四

許先生對「建群」的邏輯起點或後續展開沒有提供答案，但他自己身體力行「建群」的工作。他不僅有前述的繼往開來的學術共同體意識，還有擴大到社會層面，在精英層面「建群」的努力，如他支持「浩然營」的華人精英聯誼研討計劃，如他長期主持蔣經國基金會北美地區的活動，等等，都可圈點。這些工作，非常值得東、西方的網絡群主和群眾注意。

不過，在這篇小文裏，除了介紹我閱讀印象中的許先生外，我也願意接著許先生的思考做一些分享。許先生對《易經》的變易之道多有強調，對美國政治模式憂心忡忡。這是一個有意義的話題。包括美國在內的西方政治文明的確值得有識之士思考，而非天真者膚淺地以為「文明至此終結」，或西方就是唯一的道路，是政治普配或標配。

西方的政治文明架構，在任何一個長期穩定的社會有其異質同構的要素。正如西方論者論證過，美國的驢象之爭，跟傳統中國的士紳之爭一樣，民主黨如中國的士子階層，共和黨如中國的縉紳階層。士紳共治或輪治天下，仍未阻止傳統中國王朝一次次的衰敗和覆滅。這個教訓值得記取，美國等國疫情治理的低效和災難等現實教訓同樣值得記取。全球化時代的文明社會確實應該在已有政治正確之上尋找出路，以為政治治理模式升維，配得上即將來臨的智能文明。

許先生還對平等等知識正確一類的思潮提出質疑，如性別平等的極端化就是無性別，男女性變乃至男女不分，這是許先生難以理解的。這類問題確實是大問題。不僅西方，就是東方社會，無性化已經深入生活的方方面面，年輕一代對愛情、婚姻、家庭不再積極。文明的發展導致性的喪失，人們活著是追求財務自由或躺平苟活，消費他人和自身的文明模式深入人心，自強不息和厚德載物的男女之美都無影無蹤，這是極可悲哀的事。

在東方文化看來，「食、色，性也」，「飲食男女，人之大慾存焉」。男女之美和情愛乃是「法天象地，規陰矩陽」的生命本體使然。只有如此生發、展開、歸認，才有我們個體生命的自我完善之道，因為其中有生命本體的明德之善之美。至於平等，莊子明確以不齊為齊，「聽其不齊而自齊」；孟子也說，「物之不齊，物之情也」。此種生命之情，才是一切有情之盛業，較之名利官爵更值得人去爭取。在古人看來，相比生命之情，「官爵功名」乃至孤獨都只是人情之衰。可以說，平等思想毀滅性別意識，確實值得憂慮——它毀滅了男人作為男人、女人作為女人的一面。固然，優秀的男女，乃至異次元時代的男女都能雌雄同體，但男女一旦入世就得領受自己的性別，為此性別而能「直教人生死相許」，「窮理盡性以至於命」。否則，性別毀則男女毀，如先哲所言，「乾坤毀，則無以見易；易不可見，則乾坤或幾乎息矣」。

五

許先生坐九秩而望百，猶能保持如此豐沛的創造力，這在現代中國學人中是罕見的。即使較馮友蘭、費孝通、錢鍾書、季羨林、饒宗頤、李澤厚等先生，在切時及人及物方面，許先生的成績也是突出的。我曾經把新文化運動以來的知識人問題做過正題、反題、合題等說明，許先生不僅屬解答合題中一分子，更屬世界之中國、漢語之於世界文明中有重大思考者之一。他的許多論斷可圈可點：如他認為中國乃是一內容不斷改變、不斷調適的文化，如他說中西文化衝突目前並不存在的說法，都值得人們認真領受。

在技術的支持下，知識、信息大規模地下移，普通人在移動互聯或元宇宙世界都能參與智能文明的建設。正如人們觀察並總結的，人類文明已經合群合眾為一文明大腦，每一個體都是這個大腦中的一個神經單元。即使今日的疫情和戰爭阻礙了這些神經單元們的感受和信息傳輸，阻礙了文明大腦的正常思考。但我們相信，隔離、災難、仇恨，乃至個體的死亡，等等，只是這一超級大腦中暫時的頭腦發熱或暈眩，這個文明大腦終將冷靜、理性而又活躍，文明大腦的靈感如火花四射，如百葩怒放，與日爭煌，文明的成績將如量子糾纏到每一神經單元中的個體生命，激發他們又安頓他們。

作為文明世界的「頭腦」之一，許先生所做的工作就是如此。尤其可貴的是，許先生撤銷知識人的藩籬，不離群索居，直面記者、自媒體和各類人物，成為「互聯網」上活躍的力量。他實證了自己作為文明大腦中一個神經單元的活力和意義。儘管他對文明未來多有憂心，但有他這樣的思考，有他這樣合群而生、向死而生的示範，我們的文明就不會迷失，我們的文明仍有莊嚴利樂，仍值得一切有情在其中生息。

謝謝馮俊文先生，多年前就曾向我推薦許先生，使我早早地成為「許先生及其讀者群」中的一員，許先生的很多文字都能先睹為快。殊勝之緣，至於今日，我更有幸能為《倬彼雲漢：許倬雲先生學思歷程》寫序，願借序文表達一個晚輩的敬意，並像許先生一樣，為我們的文明憂心而祈福。

2022 年 4 月穀雨寫於北京

上篇

江河萬古

創造現代文明新秩序

金耀基（社會學家，曾任香港中文大學校長）

許倬雲先生一生以學術為志業，名重當代。中國古代史是他專業所在，但他的學術志趣與探究領域，遠遠超越專業範疇。2006年七十六歲時，他所著的《萬古江河：中國歷史文化的轉折與開展》，識見高遠，視野闊大，是大歷史之書寫。書中論中國之發展分為「中國的中國」「東亞的中國」「亞洲多元體系的中國」及「進入世界體系的中國」，這在中國通史的敘事中，匠心獨運、別開生面。

倬雲兄八十歲之後，雖經受長期身體的苦痛，但他對國事、天下事的關懷絲毫不減，筆耕也從未稍輟，最近又完成了《現代文明的批判：剖析人類未來的困境》（大陸版名為《許倬雲說歷史：文明變局的關口》）一書，並要我寫一序言。據告，此書最後一章是在他接受一次重大手術的前夜，由他口述、由其公子錄音而成，聞之動容起敬。相識相交半世紀的學長倬雲兄之囑，自是欣然從命，亦因此對此書文稿得有先睹之快。

許倬雲先生此書之作，是為西方現代文明「把脈」。他認為現代西方文明今日面臨種種「困境」，已進入「秋季」；它已失去原有的發展動力，由興盛走向衰敗。西方現代文明是指近四五百年來，在歐美誕生、開展、構建的文明體。倬雲兄的批判固以現代文明為著眼點，更以近百年來作為西方現代文明代表的美國為觀察對象。他在美國生活逾半個世紀，對美國文明耳聞目睹，所以他的剖析是清明的知性論述，還帶有一份真實感受的體驗。

文明史是範圍最廣的歷史，西方近五百年的現代文明史內容尤其繁複紛雜，史家落筆最考本事處，就在寫什麼不寫什麼。在這裏，倬雲兄特別重視西方現代文明的制度特性，他以資本主義的經濟制度、大型共同體的主權國家體制，以及科技發展和與其相關的工業生產方式作為論述的重點。相應於這三個基礎制度，他又指出西方現代文明的基本觀念，是建立在個人主義、主權國家、民主政治、資本主義經濟及工業生產和科學發展等五個支柱之上的。

在此書十萬字的篇幅中，倬雲兄用心最深、著墨最多的，便是西方現代文明核心的三個基礎制度和五個觀念支柱。在他條分縷析的論述中，更特別著力於制度與觀念之間的交光重疊、相互滲透與影響。更有進者，倬雲兄對西方文明的剖析，採取的是一個歷史動態的角度：他把西方現代文明分為四個階段，今日則處於第三階段的後期。倬雲兄認為在四五百年間，西方締造的現代文明是人類歷史上輝煌的篇章，但到了今日，西方現代文明已病象叢生，日薄西山。

有意思的是，倬雲兄的美國史學同道尼爾．弗格森（Niall Ferguson）在21世紀第一個十年步入尾聲之際，腦子裏也閃過「我們已經歷西方五百年優越地位的終結」的念頭（見其《文明》一書中的論述）。誠然，倬雲兄對西方現代文明的前途剖析，比弗格森要灰暗很多；他比百年前第一次世界大戰後梁啟超在《歐遊心影錄》中對西方文化的批判，無疑更全面、更深入了。

許倬雲先生認為西方現代文明的基石，如資本主義的經濟制度、主權為本的國家體制，乃至民主政治、個人主義，無不已經變質、異化、鬆弛、敗壞。他指出，資本主義已墮化為無「誠信」原則、「以錢博錢」的金錢遊戲，造成結構性的貧富懸殊與財富世襲化；民主政治的理念在實踐中已狹化為選舉，而選舉又為金錢所腐蝕；民間社會搖搖欲墜，再難有制衡國家機器的社會力量；政客則假借公權力成為取得支配地位的民選貴族，人權自由已無所保障，民主愈來愈空洞化與惡質化。

至於對西方現代文明最有表徵性的個人主義，他的感喟更多。他指出，個人自覺帶來的個人主義，原賴基督教神恩之眷顧，神恩因科學之起而失，因而個人之自主性已無所著落，個人竟轉變為只顧自己而自私。更有甚者，自私導致的自我封閉，遂使人際疏離，親情淡薄，家庭破碎，社會解體。許倬雲先生認為西方現代文明已出現人之失落、社會之失落，而呈現生命意義與存在意義之危機。這不啻是說這個文明的整個精神世界正在崩塌之中。

百年來，書寫西方現代文明沒落、破產、沉淪者多矣，許倬雲先生不是第一位，也不會是最後一位，但欲知西方現代文明如何病了、病在何處、病得多重，《現代文明的批判：剖析人類未來的困境》一書，是十分值得認真閱讀的。

許倬雲先生對西方現代文明的批判，不論你同意或不同意，都不能不承認他的剖析鋭利和博知多識，在我則更感佩他對人類前途的關心與襟懷。真正地說，倬雲兄對人類的未來，是仍抱有希望的。他不但承認西方現代文明「確實有其自我調整的機制」，更援引中國與印度的東方文化精神資源，以樹立「生命現象的價值觀」為安身立命之資。而他真正希望之所寄，則是人類能創造「第二個現代文明」。

他說：「我們不能認為現代文明代表的一些組織形態，就是人類最後的選擇。」又說：「我只是指出我們目前的路上危機重重，尋找新出路是必需的工作⋯⋯有識者更當拋開一切模仿西方現代文明的舊習，重新思考對未來人類的存在和發展更為適合的新途徑。」旨哉斯言！這是我最認同的見解。

2013 年，我出版了一本自選論文集《中國現代化的終極願景》，其中指出中國百年的現代化工作的終極願景，就是要建構一個「中國的現代文明秩序」。中國的現代文明之構建，固然不能不以「西方現代文明」為參照體（應該指出，自由、民主、人權等現代人的價值，雖然在西方歷史實踐中已變質、異化而空洞化，但這些價值的原始理念仍具有普世意義），但絕不能依樣畫葫蘆，盲目模仿。

在這裏值得一提的是，從世界範圍來看，西方以五百年時間建立的「現代文明」，是迄今世界上唯一「完成式」的現代型文明，但「唯一」卻不等同於「具有典範地位」。許倬雲先生此書更清楚地闡明了「西方現代文明」已不具「現代文明」典範的正當性。以此，中國要建立的「現代文明」，應該正是許倬雲先生心目中的「第二個現代文明」。然耶非耶，倬雲學長當有以教我。

「華夏」與「中國」，如何重建論述？——《說中國》解說

葛兆光（歷史學家，復旦大學特聘資深教授）

什麼是「華夏」？或者，什麼是「中國」？

討論這一問題，既可以從今溯古，來論證國家合法性，也可以從古到今，以理解歷史合理性；它可以是一個政治話題，也可以是一個歷史話題；它可能惹出民族（國家）主義情感，也可能培養世界（普遍）主義理性。在涉及「國家」「民族」和「認同」的時候，「歷史」就開始像雙刃劍，「論述」的分寸顯得相當微妙，關鍵在於史家以什麼立場、取什麼角度、用什麼方法。

「近代以來，『中國』已經成為『自我矛盾的名稱』。」（許倬雲：《說中國．自序》，下同）「中國」是一個傳統帝國，還是一個現代國家？它的認同基礎是血緣，還是文化？它的歷史是同一共同體的連續，還是各種不同族群的融匯？為了解答「華夏或中國」給歷史學家出的這個難題，為了梳理這個「自我矛盾的名稱」以及背後錯綜的歷史，許倬雲先生的《說中國》一書重新追溯上下幾千年，取不同維度對「中國」的歷史形成過程進行論證。仍就一開頭的三個疑問而言：首先，許先生強調「華夏或中國」是一個複雜共同體，這個共同體猶如「飛鳥無影」「輪不輾地」，不可能是定格的（第一章）。這就說明，他並不從現存中國來逆向追溯「中國」的合法性，而是從曲折變遷中回顧「中國」的

形成過程，來理解其歷史合理性的。其次，在「中國」的歷史形成過程中，許先生指出，數千年血脈雜糅、族群相融、文化交錯而形成的共同體，其認同基礎不一定是國界（國界會變動），不一定是族群（族群是生物學判斷），甚至也不一定是語言或文化（語言、文化也在變），這說明本書不是從政治角度證成「中國」，而是從歷史角度理解「華夏」的。第三，有關這一著作的意圖，許先生自己說，這部書是對「華夏或中國」歷史形成的「自我審查」，他還說，「中國人能如此自我審查，對世界是有益處的」。為什麼？因為「能夠如此，鄰近的其他國家，在中國的自我審查過程中，不能責備中國，認為中國是以民族情緒威脅他們；中國，也因為對自己的了解，不至於產生大國沙文主義，也會因此消滅四周鄰居的敵意」（第一章）。因此可以看出，這部著作也不是為了藉助歷史引出民族主義的盲目情感，而是通過歷史認識達成世界主義的理性觀念。

可是，要在篇幅不長的書中，清晰地敘述「中國或華夏」的形成過程，表達對「中國或華夏」認識的明確立場，並不是一件易事。「中國或華夏」的歷史太長，綫頭太多，國家形成過程曲折迂迴，族群地域的分合又重疊複沓。所以，一方面要把中國複雜的體系，如許先生所說，放在政權、經濟、社會與文化四個變數中考察（《自序》），另一方面還要快刀斬亂麻，在治絲益棼的麻綫團中，穿透歷史，下大判斷。

《說中國》就是許倬雲先生所寫的一部舉重若輕、以簡馭繁的大歷史著作。

融匯與雜糅：從核心文化到天下帝國

許先生的大歷史著作，我一向喜歡看，比起繁複細密的學院論著來，撰寫這種大歷史著作需要更多的知識背景，更大的論述視野，和更強的領悟能力。從《萬古江河——中國歷史文化的轉折與開展》《我者與他者——中國歷史上的內外分際》到這本《說中國》，我所寓目的許先生縱論中國大歷史的著作已是第三本。不過三本著作的重心似乎各有區別，如果說，第一本《萬古江河》重點在討論中國的「歷史」和「文化」，第二本《我者與他者》重點在討論歷史與文化中的中外關係，那麼，第三本也就是這本《說中國》，重點就是在討論歷史與文化中「中國」之變動。

討論歷史與文化中「中國」之變動，本是中國文化史應當承擔的責任。在我看來，一部中國文化史固然是在敘述中國的文化（包括族群、宗教、語言、習俗、地域）如何在歷史中形成與流變（Being and Becoming），但也需要敘述這些原本散漫複雜的文化（包括族群、宗教、語言、習俗、地域），究竟是如何逐漸匯流並形塑出一個叫作「中國」或者「華夏」的國家來的。前幾年，我曾經閱讀法國學者讓—皮埃爾·里烏（Jean-Pierre Rioux）和讓—弗朗索瓦·西里內利（Jean-François Sirinelli）主編的《法國文化史》，深感此書對「法國如何成為法國」這一問題，有著清晰的解析，「一個群體居住的領土，一份共同回憶的遺產，一座可供共同分享的象徵和形象的寶庫，一些相似的風俗，是怎樣經由共同的教育逐漸形成一個國家的文化」，這對於認識一個國家的歷史和文化是相當重要的前提。可是，過去很多中國文化史著作卻並不太重視這一點，在人們心目中，似乎「華夏」自古如此，「中國」天經地義。幸好，近年來學術界逐漸開始意識到這一問題的重要性，所以，「華夏或中國」本身，便從「不是問題」逐漸「成為問題」。許先生這本書中處理的，就是這個作為歷史與文化問題的「華夏或中國」。

毫無疑問，一個由不斷分合又綿延連續的王朝構成的亞洲傳統帝國中國的文化史，與一個經由語言、風俗、宗教、民族逐漸形塑起來的歐洲近代民族國家法國的文化史，顯然大不一樣。「華夏或中國」源遠流長，在《宅茲中國》一書中我說過，我不太贊成把「中國」看成一個後世建構的（或「想像的」）文明，更願意把它看成一個由中心向四周擴散，經過不斷疊加與凝固而形成的共同體。正如許先生所說，作為一個共同體，中國與歐洲、伊斯蘭、印度等不同，「其延續之長久，而且一直有一個相當堅實的核心」，但這絕不等於說，

「中國」自古以來就是如此，而是「在同一地區繼長增高，其內容卻不斷地改變，不斷地調適」(《自序》)。我覺得這是一個重要的說法，許先生不同於用現代領土來反向追溯並書寫「中國歷史」的學者，他不很強調共同的歷史淵源，也不強調同一的種族與血緣，而是特別強調不同的生產方式和生活方式，如何使不同的族群與文化逐漸雜糅、融合與交錯。所以在《說中國》一書的開頭，他就試圖說明，「中國」從上古時代起，就是由農耕、畜牧等多種生產與生活方式，由東北遼河紅山文化、南方良渚文化、山東大汶口文化、長江中游與漢水如石家河文化等不同類型文化共同構成（第二章）。儘管夏、商、周三代，或許是一個較強的地方文化（偃師二里頭為中心的夏，渤海地區遷徙到中原的商，原本來自陝北、晉西的周）逐漸延伸和擴展，「象徵著農業文化之崛起」，但是，歸根結底它仍然是由此族與彼族、國人與野人逐漸混融才形成的共同體。

開放與包容：「中國不是一根筋到底的歷史」

承認不承認「中國或華夏」原先並不是一國一族，其實關係甚大。始終強調「民族出於一元」「地域向來一統」，正如沈松僑《我以我血薦軒轅》一文所說，或許只是近代以來建立現代國家認同之需要，卻並不一定是過去的歷史事實。東鄰韓國常表示，自己民族出自與堯舜禹同時的檀君，但現代歷史學家卻指出，這些古老的始祖不過是很晚才建構的傳說，目的只是為了強調朝鮮民族「認祖歸宗」的歸屬感。日本向來自詡單一民族，誇耀大和文化「萬世一系」，即使近代從「和魂漢才」轉向「和魂洋才」，也始終捍衛大日本精神的「純粹性」，所以，加藤周一等人對於日本文化「雜種性」的論述，才好像漁陽鼙鼓，「驚破霓裳羽衣曲」，令日本學界不得不正視自己民族、宗教與文化的複雜來源、歷史變動及現實狀況。

把皇帝的新衣說破，要有一些膽量。1920年代顧頡剛推動「古史辨」運動，標榜「打破民族出於一元的觀念」「打破地域向來一統的觀念」「打破古史人化的觀念」「打破古代為黃金世界的觀念」，可是，卻被叢漣珠、戴季陶等一批人認為「誣民惑世」，驚呼這會「動搖國本」，必欲禁其所編歷史教科書才心安。為什麼這會動搖「國本」？因為歷史總是與現實相關，「民族出於一元」意味著中華民族有共同祖先，「地域向來一統」象徵華夏疆域自古龐大，古史神話傳說人物象徵著中國一脈相承的偉大系譜，而古代是黃金時代則暗示了中國文化應當回向傳統之根。象徵雖只是象徵，卻有一種凝聚力量，對這些象徵的任何質疑，都在瓦解「華夏或中國」認同之根基。所以，到了 1930 年代之後，面對日本侵略和國家危機，「中華民族到了最危險的時候」，傅斯年、顧頡剛等不能不轉向捍衛「中華民族是一個」的立場，甚至主張重寫歷史教材，「作成新的歷史脈絡」，「批判清末以來由於帝國主義污染而導致的學界支離滅裂」。抗戰中的顧頡剛，不得不暫時放棄「古史辨」時期對古代中國「黃金時代」傳說的強烈質疑和對「自古以來一統帝國」想像的尖銳批判，對於「中國大一統」和「中華民族是一個」，變得似乎比誰都重視。1940 年 6 月，顧頡剛為新組建的邊疆服務團作團歌，就寫道：「莫分中原與邊疆，整個中華本一邦。」

不過，傅斯年、顧頡剛等有關「中國」和「中華民族」的立場變化，只是迫於形勢，值得後人同情地理解，如今重建有關「華夏或中國」論述，則可以嚴格按照歷史文獻與考古資料據實敘述。許先生並不贊同以單綫歷史敘述「中國」，他曾在一次演講中說，在每個朝代，「中國」的內容都不一樣，「中國」的歷史轉折，方向可以變化很大，造成的後果也可能很大。而在《説中國》一書中他更強調，經過夏、商、周三代長期與連續地融合，中原文化將四周的族群和文化吸納進來。到了春秋戰國，更把這一文化拓展到黃淮、江漢，形成一個共同體堅實的核心。到秦漢時代，則以「天下」格局不斷吸收和消化外來文化，終於奠定「中國共同體」。雖然數百年中古時期，中國共同體經歷變亂，南北分裂，外族進入，但包括匈奴、鮮卑、氐、羌、羯等各個族群，仍在中古時代的中國共同體中實現了「人種大融合」(第七章)。

所以，到了隋唐時代，此「中國」已非彼「中國」，但新的大一統王朝吸收了南北兩方面的新成分，又一次開啟了具有「天下」格局的「中國共同體」。用許先生的話説，就是唐代「這一個龐大的疆域，有本部有核心，再加上四周廣大的邊遠地區。在這種觀念下，唐代的天下其實也沒有邊界；整個唐代，在北方、西方都沒有長城，也沒有邊塞，那是一個開放的領土。任何族群願意歸屬，其領袖都可以取得中國的官稱，列入大唐天下之內。這是一個開放的天下秩序，有極大的包容，也有極大的彈性」。特別是，在這一時期，進入內地的胡人逐漸漢化，大唐帝國又一次如同熔爐，把不同族群與不同文化融成一個統一的「華夏或中國」共同體，「這就是唐代天下秩序的特色，胡人歸屬中國，乃是回歸一個開放性的秩序」（第八章）。

歷史的轉折點：誰是「中國」？哪裏是「華夏」？

但是，歷史軌跡從來詭異莫測。國家演進既無不變的「定律」，族群變遷也難有現成的「常規」。唐代雖然再度奠定「華夏或中國」的核心區域與文明，建立了開放性的「天下秩序」，但大唐帝國在 8 世紀中葉之後卻逐漸分崩離析。從「安史之亂」到「澶淵之盟」，整整經過兩百五十年，到了 11 世紀初大宋王朝終於穩定下來的時候，水落石出，在東亞浮現出來的，卻是一個不同於天下帝國的漢族國家。儘管許先生説「宋代統一中國本部」，但疆域卻縮小了，「由西部的關隴，到東部的燕雲，包括河北大部，都不在漢人中國疆域之內」，而且「這一大片土地，胡化大於漢化」（第八章），「如果只以宋代表中國，宋所處的情況，是列國制度，不是一統天下」（第九章）。

那麼，這時究竟誰是「中國」，哪裏是「華夏」？這是相當棘手的問題，也是歷史學家面臨的第一道難題。許先生的「華夏論述」在這裏稍稍有一個頓挫。一方面他指出，「回顧過去，『漢人』的確定性，在天下國家體系內並不顯著，要在宋代，四周有同時存在的幾個政權體制，雖然和典型的列國體制並不完全相同，終究還是有了爾疆我界。有了『他者』，中國本部之內人口，才肯定『我者』自己是所謂『漢人』。中國也在列國之中，界定為漢人儒家為主」，似乎大宋這個漢族王朝是「我者」而其他列國為「他者」；但是，另一方面他又特意說明，自己「和單純的漢族民族主義、正統主義的傳統看法，有相當的差異」（第九章），因為從更遙遠的「他者」和更廣闊的視野來看，遼、金、西夏與宋都是「桃花石」，中國的絲綢和瓷器經由陸路，通過遼和西夏轉遞到中亞，也經由海路，進入紅海與波斯灣，「西方只知道這些貨品是從東亞的大陸來的，他們並不在意，那裏是幾個中國，或是幾個『桃花石』」。

有關「誰是中國」這一敘述的兩難窘境，到元代可以得到消解。因為在疆域更廣闊、族群更複雜的元代，過去的宋、遼、金、西夏都已融匯在這個龐大的帝國之中，因此元代可以把《宋史》《遼史》《金史》都算入「中國史」，不分彼此，一起修撰。不過，在宋代這一問題卻相當麻煩，中古的南北朝時期，你稱我為「索虜」，我稱你為「島夷」，雖然分了彼此，倒還好說是「一國兩制」，但北宋拒不接受「南朝」與「北朝」的說法，堅持把自己叫作「大宋」而把對手叫作「大契丹」，卻多少有了一些「一邊一國」的意思。特別是在文化上，華夷之辨與楚河漢界重疊，文化、疆域和族群似乎按照國家分出了內外你我，所以，許先生說「有宋一代，實是中國歷史的轉折點：兩漢的堅實基礎，隋唐的宏大規模，轉變為中國文化的穩定結構」。這話很有道理，因為中唐以後，漢族中國人開始重新思考自己的文化價值，「華夷之辨、內外之分」到宋代被重新確認，「唐代晚期種下的這一股本土化潮流，在宋國開花結果，引發了對於儒家理論新的詮釋」（第九章）。

這時天下的「華夏」收縮為漢族的「中國」。無論在政治、經濟和文化上，都自我設界劃定了內外。正如張廣達先生所說，「宋朝從此主動放棄了大渡河外的雲南，也告別了西域，西部邊界退到秦州（甘肅東南天水），西域開始穆斯林化，由此可見……趙匡胤追求的是鞏固自我劃定界限的王朝」。但許先生覺得，雖然可以「以今之視昔」，在歷史上卻不宜割開這一原屬同一天下帝國的幾個國家之聯繫，因此一反傳統思路，把視角從刀劍轉向衣食。刀劍劃開彼此疆界，衣食卻需互相流通，他說，遼（金）、西夏的關係並不都是血與火，更多的是商品往來、和平貿易。而且，更重要的是，各國都在相當程度上接受了古代中國文化，然後各有創造（如書寫文字）。正因為文化上的這種聯繫，後來中國才能再度成為一個共同體。

所以許先生說，「中國」這個觀念維繫力量有三，一是經濟網絡，二是政治精英，三是書寫文字，「以上三個因素，可能使中國廣土眾民，即可以互相溝通，誰也不能被排斥在外，『中國人』才有一個共同的歸屬感」（《自序》）。

政治、社會、經濟和文化：大歷史、大判斷和大問題

許先生的筆下，是一部大歷史。

「所謂『大歷史』，不能從單獨的事件著眼，必須從各種現象的交互作用，觀察整體的變化。」大歷史要有大判斷，非博覽碩學之士，不能下大斷語。我在這本貫穿上下的大歷史著作中感受最深的，就是許倬雲先生那種「截斷眾流」的大判斷。比如，要回答究竟「華夏或中國」為什麼可以形成共同體，並且這個龐大的共同體為什麼不至於分裂崩壞到不可收拾，可能有些學者會甲乙丙丁、一二三四，講個沒完，但許先生的回答相當明確乾脆，除了眾所周知的政治原因之外，我們不妨在社會、經濟和文化上各舉一例——

社會方面：許先生認為，從三代經春秋戰國，共同體的演變趨向，「乃是從屬人的族群，轉變為屬地的地緣共同體。鄉黨鄰里成為個人主要的歸屬」（第五章）。這就是為什麼到了秦漢統一時代，春秋戰國的列國制度，可以成功轉化為堅實的一統皇朝。秦漢帝國以文官制度和市場經濟兩張大網，融合廣大的疆域為一體，加上有儒家意識形態成為士大夫的價值觀念，這是形成一個「華夏或中國」的背景之一（第五章）。在這樣一個社會裏，精英、大族、士紳「這一階層是以儒家知識分子為主體，他們對於地方的輿論和意識形態，當

然更有強大的影響力」，而「社會力量和文化力量密切結合，又據有經濟的優勢，文化的精英成為實質的『貴族』」。這個社會階層的巨大存在對中國的影響是：一方面，郡縣大族之間互相支持，有時足以抵制中央的力量，這是造成分裂之原因；但另一方面，它們也是使得中國始終有文化認同的力量之一，在分裂時代又起到重新整合之作用（第十五章）。

經濟方面：許先生指出，中國能夠維持相對統一和延續，不能僅考慮文化認同的因素，也要考慮經濟聯繫的因素。「中國分久必合的觀念，就靠經濟的交換網，維持全國一盤棋的構想」，因而「沒有完全破裂成歐洲一樣的許多板塊」（第七章）。他說，「中國的農業，長期具有小農經營和市場經濟互相依附的特性。前者，造成了中國人口安土重遷的習性；後者，則是因為區域的交換，發展的經濟網絡，常常在政治分裂的狀態時，維持經濟整體性的繼續存在，終於呈現『分久必合』的現象」（第十五章）。其中，他也特別重視道路與市場的網絡，他說，不僅僅是秦漢貫通全國的驛道，大唐帝國的「道」與宋代王朝的「路」，嚴密的驛站系統，對於人員的流動與商品的貿易很有作用，這一原因也維繫著「中國」本部的基本穩定（第八章）。

文化方面：許先生自有看法，對於軸心時代的中國思想文化，他有一個相當概括的說法，「古代的中國從宗教信仰來說，大約可以有神祇和祖靈兩個信仰方式。……在神祇部分和自然崇拜的部分，逐漸發展為陰陽五行的學說，而其哲學的領域則是道家的自然思想。在後者也就是祖靈崇拜的部分，儒家將商、周封建體系的血緣組織觀念，和祖靈崇拜結合為一，構成以血緣關係為基礎的倫理觀念。儒家思想的旁支，則是將儒家理念落實於管理理論的所謂法家。儒、道兩大系統，在秦漢時期，逐漸綜合為龐大的思想體系」（第十五章）。這個互相可以彌補但又具有籠罩性，卻不是宗教而是政治的龐大文化體系，鑄成了漢唐「中國共同體」政治基礎，也使得這個共同體在文化上有一個基本的價值系統。當然，這個價值系統在宋代出現了新的變化，在傳統內變的主流思想尤其是儒家文化，在宋代提升蛻變轉型，更成為後世「華夏或中國」的思想基礎。許先生將宋代以後形成的儒家中國文化，與歐亞的基督教和伊斯蘭教做了一個對比。他認為，歐洲在近世，經歷宗教革命和民族國家興起，普世教會從此解體；伊斯蘭世界經過歐洲帝國主義衝擊，各個教會只能管到自己的教徒，也失去了普世性。「倒是中國的儒家，並沒有教會，也沒有明顯的組織，儒生是寄託在政權的體制內，朝代可以改變，可儒家權威及其造成的社會制度，卻是長久存在。」(第九章)

這些大判斷背後有大知識，大歷史的宏觀敘述底下，有很多個案微觀研究的支持。不僅如此，傑出的歷史著作除了給出這些大判斷之外，還總會向讀者提出一些進一步思索的新問題。許先生書中提出的一些議題，我以為相當重要，儘管現在未必能有最後的結論。比如，他指出秦漢以後，有的地區融入中國並成為中國的一部分，但是，「有三個地區（即越南、朝鮮和日本），也在這個時期大量地接受中國文化，也接受中國的移民，卻沒有成為中國的一部分」(第六章)。這是什麼原因？許倬雲先生推測，這是因為中國對這些地區，不是經由主幹道、縱橫交錯、滲透各處，乃由海路進入、跳躍式的連接有關，並提出這可能是秦漢帝國（大陸為帝國中心）與羅馬帝國（半島為帝國中心）之差異。是否如此？想來還可以繼續討論，但至少這是一個有趣的思考方向。又比如，元朝和清朝，這種非漢族政權的二元帝國結構，給「華夏或中國」帶來的問題相當深刻和複雜，他認為，「這種兩元的帝國結構，引發中國疆土究竟該如何界定的困難。辛亥革命，民國成立以後，經過清朝皇帝的遜位詔書，確認將來全部的領土，轉移為中華民國，這才是中國疆域延續清帝國領土的法律根據。可是，日本人圖謀侵略中國，還是屢次以清朝為兩元帝國的理由，曾致力在滿洲和蒙古分別成立傀儡政權」(第十三章)。是否真的如此？下面我還會繼續討論，「華夏或中國」即有關疆域、族群、認同的複雜問題，是否與這種二元帝國結構有關？現在的歷史學者如何解說和評價這個二元帝國結構？這更是值得深思的大問題。

是大問題，也是大難題。

華夏論述的難題：疆域、族群與文化

讓我們再回到歷史。

「華夏或中國」論述中，比宋代更困難的無疑是元、明、清三代。無論是日本學者本田實信等有關納入世界史而不算中國史的「蒙古時代史」理論，還是美國新清史學者如羅友枝等反對漢化，強調滿族認同和多元帝國理論，依託的都是元與清這兩個改變中國史進程的異族王朝。如何處理這兩個超越漢族王朝大帝國的歷史，以及如何定位重新成為漢族王朝的明朝歷史，對它們所造成「華夏或中國」論述的複雜性究竟應當如何理解，這確實是很麻煩的事情。

儘管站在正統立場，許先生在理論上大體贊同「征服王朝」的說法，但是，作為一個同情「華夏或中國」的歷史學者，他又不完全認同元與清是兩個「外族政權」。因此，他大體上秉持的歷史認知，是元與清應當算「雙重體制」，這一點似乎無可厚非。特別是，我能感到許倬雲先生站在當世，對這數百年歷史造成後來中國衰敗的痛心疾首，也能夠理解許倬雲先生追溯「華夏或中國」歷史形成過程中，對於元、清兩個異族王朝的複雜態度。為什麼這樣說？因為在書中，他把這段歷史看成佛家所謂「生成住壞」的「壞」階段。這種感情與理性的衝突，對歷史上天下帝國的光榮記憶和對於現實衰落國家的痛苦感受，使得這部書在「華夏或中國」論述中，呈現出豐富而複雜的歧義性。

仔細閱讀許倬雲先生有關元、明、清六七百年那幾章敘述，也許，讀者都能體會到，由於對近代中國命運的深刻感受，許先生特別抨擊元和清，說它們「完全依仗暴力壓制的統治形態」征服中國全部，「在中國歷史上留下深刻烙印」。他認為，最重要的是元與清兩個王朝，改變了傳統中國的價值觀念和社會狀態，「這種建立在暴力基礎上的政權，並不依賴傳統中國皇權的『合法性』，並不在乎中國傳統對於『天命』的解釋」（第十六章）。他甚至認為，由於元和清將種族分為不同等級，因此造成「族群分類的階級社會」，又由於君主權威性的來源從「民心」與「天命」變成「暴力」，士大夫通過言論和廷議制衡皇權的可能被暴力所扼殺，造成人民無尊嚴，民族有等差，社會精英消沉，「君主權力無人可以挑戰，也無人可以矯正」（第十三章）。儘管夾在中間的明代恢復了漢族中國，「宣告了中國歷史上天下國家的結束，肯定漢人民族與華夏文化的認同」（第十一章），但他認為明朝並未回復傳統文化中皇權需要「民心」與「天命」的傳統，因為「明代本身的皇權，繼承了蒙元的暴力性格，其專制為中國歷史上前所未有」（第十六章），注入錦衣衛、東廠、西廠之類造成的暴戾之氣，使得「明代固然恢復了中國人自己統治的國家，卻喪失了天下國家的包容氣度，也沒有消除征服王朝留下的專制統治。這一遺毒，到了清代時，另一征服王朝，又將中國淪為征服地」。由於士族與文化始終「在皇權掌握之下」，而「經典的意義永遠保留在原典狀態，不再有因時俱進的解釋和開展……倫常綱紀的意義，對於統治者而說，乃是最有利於肯定忠君思想和倫理觀念」。所以，在文化閉關自守的時代，比如清代所謂的「盛世」，也只有文化活力的消沉。有時候，許先生這種批判不免帶有濃重的情感色彩，所以，也會看到許先生使用這樣激烈的詞句：「傳統的『天下國家』，應當是國家下面就是廣土眾民。現在，『天下國家』剩了一個皇上和一群奴顏婢膝的官僚而已。」（第十四章）

這是有良心的歷史學家的現實關懷和憂患意識。我相信，許先生無疑深感現實世界的刺激，他擔心的是，在世界文明存在（Being）和變化（Becoming）之大潮中，中國如何自處？「西方的現代文明本身已經趨於老化，如何在雙重迷失的情況下，致力重整原來的共同體，建構一個動態平衡的新系統，將是各地中國人都必須面臨的難題。」（第十六章）可是，回顧元明清這數百年「華夏或中國」的歷史，卻使得許先生感到中國既不再有漢唐時代的包容和閎放，也失去了儒家思想與知識階層對皇權的嚴正批判精神，這使得中國「失去主動、積極的氣魄」，因此對於近世歷史不免批評頗為嚴厲。不過，作為歷史學家的許先生當然也會觀察歷史的背面，當他論述「華夏或中國」作為多民族共同體的時候，他也客觀地對元和清，加上夾在中間的明朝，做出同情的論述。畢竟，現在這個龐大的中國奠定於這六七百年，無論是疆域、族群及文化的擴大和多樣，還是中國核心區域內同一性文明的整合，對於現在這個「華夏或中國」，元、明、清三個王朝都相當重要。

因此，在討論元代的時候，許先生指出元代出現的「族群同化」改變了中國的人口結構，波斯人、阿拉伯人、猶太人移入中國，漢人移居東南亞，進入印度洋，造成了族群混融，這些異族帶來的宗教（如伊斯蘭教、藏傳佛教），他們使用的文字（如八思巴創造蒙文），各種天文、曆法、數學、醫學、建築知識，「灌注於中國，使宋代中國原本已經相當精緻的文化更為多姿多彩」（第十章）。在元代的雜糅與混融之後，明朝又一次恢復漢族王朝，與周邊諸國也重回實質上的「列國爭霸的國際秩序」，但是，明王朝的衛所駐屯、封建諸王、遷徙人口、擴大科舉，雖然目的原本在通過改變地區性人口的結構，培養對君主忠誠的特權階級，以保障皇權的穩固，但客觀上再次凝聚了「中國本部」的文明同一性，特別是「漢族人口，不斷移入西南，川、桂、黔、滇各處，開通道路，墾殖山地，也經過羈縻政策，讓土司自治，然後改土歸流，融入帝國版圖」（第十二章），也整合了這個國家內部行政管理的統一性。至於清朝，則更是打破了「邊牆」，先是與蒙古合作，征服漠北、漠西和準部，「青海大草原的蒙古部落，以及天山南北路的回部，也都成為清朝的領土」，加上支持西藏達賴和班禪，建立王朝統治下的「神權統治體制」，收復明鄭之後的臺灣，對西南的改土歸流，使得清朝形成了更加龐大的「雙重體制」的帝國。許先生指出，一部分漢土百姓「由帝國的政府統治，帝國的首都在北京」，一部分滿洲與蒙、藏、回人共同信仰喇嘛教，承德則「是帝國草原部分的首都」。正是在這六七百年間共同體的「擴張」、「收斂」、再「擴張」的變化中，古代華夏漸漸成了近世中國。

現在我們可以承認，無論是蒙古西征和回人東來，還是滿族入關與大清建立，雖然是「以草原的力量進入中國」，但都給中國以傳統鄉村秩序為基礎的社會和以儒家思想為基礎的文化帶來了巨大的衝擊：回人和西洋人有關天文和地理的知識（包括世界地圖、西洋曆法和地球儀），給中國帶來了一個更加廣袤的世界；他們有關經商和貿易的經驗，穿越不同宗教信仰和不同族群地域的觀念，給原本以農為本的鄉土中國，帶來了國際性市場和更廣大的視野；元與清這兩個異族王朝，多多少少衝擊了中國社會結構，曾使得若干城市越來越發達，以至於形成與傳統「士、農、工、商四民社會」相當不同的價值觀念，也同時影響了小說和京劇等原本在鄉村秩序中處於邊緣的文藝形式的繁榮；各種不同族群與宗教的進入，又多多少少改變了傳統中國同一的文化與思想；特別是，元代把中國帶入歐亞一體的大世界，成為「早期全球化的前奏」；夾在中間的明王朝，又使得南北經濟重心徹底逆轉，帶動了西南邊遠地區的開發，強化了中國核心區域的文化同一性。到了清代，臺灣併入州縣，西南改土歸流，回部、西藏、蒙古等族群和區域納入版圖，使得「華夏或中國」真正成為一個疆域廣闊、族群眾多、文化複雜的大帝國。

可是，恰恰是這一點讓許先生非常警覺，因為這個不斷變遷的歷史給「華夏或中國」論述帶來了極大的困擾，他說：「這種兩元的帝國結構，引發中國疆土究竟該如何界定的困難！」

不是結語：如何重建「華夏或中國」論述？

確實是困難。無論在民族、疆域還是認同上，這個「華夏或中國」在歷史上曾經很龐雜和包容，你可以稱之為「天下帝國」，也可以稱之為「中國共同體」。為了表達對於族群與文化的多元主義，也為了理解目前這個龐大的（多）民族國家，人們很容易追溯漢唐，覺得那個天蒼蒼野茫茫如穹蓋般籠罩八方的天下帝國，就是「華夏或中國」的基礎。許先生就曾用「天下國家」來說明漢唐中華帝國，也曾用「雙重身份」「雙重體制」來描述異族征服王朝。在這種包容性的「華夏或中國」論述中，無論是北朝胡人君主、唐太宗，還是後來的元、清兩朝皇帝，都可以算是「華夏」的統治者，無論是北朝、契丹、金元，還是清朝，都可以是「中國」。特別是許先生稱之為「大成」的唐朝，它擁有廣袤的疆域，而且這種天下帝國造成了在華胡人的漢化，這就是唐代中國的天下秩序（第八章）。

但問題是，到了宋、明，這個天下帝國卻從開放到收斂，從「包容四裔」的天下帝國，漸漸收縮成「嚴分華夷」的漢族國家。它重新成為容納廣袤四裔、統治各個族群的大帝國，卻是在元與清兩個所謂「征服王朝」。就是到了中華民國和中華人民共和國，「華夏或中國」仍不得不承襲大清王朝疆域、族群、文化方面的遺產。正如許先生所說，「在今天東亞的中國地區，長久以來並沒有形成西方『民族國家』的觀念，也就是說，政治共同體是一個天下性的大結構，在這個『天下』的下層，才有各種其他的區塊」（第一章）。可麻煩的恰是，一方面，現代國家不能再是「天下帝國」，它不能不限定領土、族群與國民，漢唐時代那種「包容和彈性」的天下秩序只是光榮的歷史記憶，而無法成為現代國際認可的準則；另一方面，悠久而榮耀的歷史記憶，又使得現代中國歷史學者，理性上雖然超越「華」「夷」，追慕包容性的天下帝國，但感情上會不自覺地區別「內」「外」，以漢族中國為「我者」來敘述「華夏或中國」。許先生在書中交錯地使用「華夏」「中國」「中華」「中國共同體」「漢人中國」等詞，有時候也使用「中國本部」這個名詞，這讓我們想到顧頡剛、傅斯年在20世紀三四十年代對「本部」這個概念的批判。且不說當年認定這一概念來自日本帝國主義分裂中國疆土的陰謀，意味著十五省或十八省之外的滿、回、藏、蒙等地區並不是「自古以來的中國領土」，就是歷史敘述中，當學者使用這一概念時，立場也會不自覺地變成以漢族中國為中心，因而有了內與外、我與他，甚至華與夷。這一點似乎與「華夏或中國」論述中原本肯定兼容雜蓄的文化、包容雜糅的族群和沒有邊界的疆土的觀念，稍有衝突。特別是，講漢族之外的異族「各自作為複雜的共同體，其中有相當大的部分是在中國共同體以外」，甚至把胡人「漢化」看成是「華夏或中國」開放秩序的海納百川，則不免會讓人誤解為「以漢族中國為中心」與「華夏文化高於四裔」。

「有的民族以自己的歷史為恥，有的民族簡直沒有歷史可言，有的民族則因為自己的歷史核心空無一物而憂心。」哈羅德·伊薩克（Harold R. Issacs）

在《族群》（*Idols of the Tribe*）一書中曾經如此說。接下來，他又說道，唯有猶太人可以建立認同，因為他們靠的「只是歷史，而且靠著歷史才能得以存活至今」。可是，「華夏或中國」的歷史卻不同，它不是缺乏歷史，而是歷史太多，它不是只有一個歷史，而是擁有好多個彼此交錯的歷史。這個歷史在給現在的歷史學家出難題，使得歷史學家一面為這個國族的歷史經歷太豐富而覺得難以處理，一面為這個現實國家的疆土太龐大而不知如何對歷史加以論證。

也許，這難題恰恰是中國史研究者必須面對的課題？

一天星斗，華夏根脈
——許倬雲先生新著《一天星斗》[1]讀後

許宏（考古學家，中國社會科學院考古研究所研究員）

一

十六年前的2006年，捧讀剛出版的許倬雲先生的新著《萬古江河——中國歷史文化的轉折與開展》，我就為先生深厚的史學功底、磅礴大氣和優雅雋永的文字所折服。彼時，接手二里頭遺址以來的田野工作正好告一段落，一系列重要考古發現需要消化整理，作為一部全景式地勾畫中國歷史發展脈絡的好書，《萬古江河》給我的啟發極大，對我日後的學術思考與面向大眾的公眾歷史寫作都有深刻的影響。

其實此前的1999年和2003年，我就有幸參加了許倬雲、張忠培先生籌劃、主持的「中國考古學跨世紀的回顧與前瞻」（北京清西陵）和「新世紀的考古學——文化、區位、生態的多元互動」（臺北南港）兩次學術研討會，發表自己的研究成果。2004年我在臺灣政治大學做客座教授時，還應邀在許倬雲先生主持的「中研院」大型學術項目所屬活動中做了演講。2007年11月，

---

[1] 這本書最終由許倬雲先生定名為《經緯華夏》。許宏先生就此題目，另行撰寫了新版序言。——編註

我有幸在洛陽接待先生夫婦，陪他們看了二里頭遺址、偃師商城遺址、中國社會科學院考古研究所洛陽工作站陳列室和龍門石窟等，得以鞍前馬後，向先生請益。

2015 年，《說中國：一個不斷變化的複雜共同體》首發，我又應邀與歷史學家楊念群、人類學家王銘銘兩位，參加了出版方在言几又書店舉辦的新書推介活動，在大屏幕上看到已無法回中國、但精神矍鑠的先生。2020 年疫情期間被困美國，還應邀為先生的《許倬雲說美國：一個不斷變化的現代西方文明》一書寫了推薦語，錄製了我選出的先生書中精彩段落的音頻。

這就是我與許倬雲先生的緣，但更深的緣，還應該是通過不斷閱讀而與許先生在「對本國已往歷史之溫情與敬意」（錢穆先生語）上的「共情」。此次，第一時間通讀了許倬雲先生的新作《一天星斗》，先生說，「我的一輩子，最後也純粹是在探索中國歷史的來龍去脈，一綫貫注」。讀罷全書，再次被先生對這方水土和為中國文化所涵育的這方人民的「溫情與敬意」感動，對先生駕馭大歷史的貫通感更是服膺於心。

二

目前，中國學術界關於中國文明起源認知的最大公約數是多元一體理論。這一理論框架來源於社會學範疇的多元一體格局，指的是一種橫向的當代民族觀。而考古學上的多元一體理論，指的是華夏族群縱向的演化趨向，從多元化到一體化。所謂「最大公約數」，指的是在這一問題上，認可度最大，爭議最少。

許先生借用辛棄疾「一天星斗文章」的名句，擬定《一天星斗》為書名，希望從「許多個體的遺址排列為序列」，推及「系列古代文化的延伸和轉折」，進而放大到「將中國歷史歸納排列，成為時間上的序列，空間上的擴散。從而理解：人類的移動軌跡，以及族群之間、國別之間互動的形態」。就我的理解，他也是心心念念於中國文化的緣起。許先生引用中國考古學泰斗蘇秉琦的中國史前文化「區系類型」說，而蘇秉琦先生就將這個最初無中心的多元狀態，比喻為「滿天星斗」。所以作為考古人，看許先生《一天星斗》的書名，最先想到的一定是這個多元初起的狀態，而後才有華夏文明的萬古江河。

關於整個中國歷史不斷展開的歷程，許倬雲先生擬定《萬古江河》中各章的標題時，曾借用梁啟超先生《中國史敘論》所述觀念，「將中國文化圈當作不斷擴張的過程，由中原的中國，擴大為中國的中國，東亞的中國，亞洲的中國，以至世界的中國。凡此階段，因為我們的時代已與任公的時代不同，舉凡中國文化史的史料、中國歷史的知識，以及其他文化歷史的研究，於最近百年來均有長足進展，是以本書不僅有自己設定的斷代，於各個段落的界說也有自己的認知，而無須受任公歷史觀念的約束」。

梁啟超先生界定的「中國之中國」是從黃帝到秦之一統，「亞洲之中國」是秦統一後到清乾隆末年，「世界之中國」是乾隆末年之後。許倬雲先生依新的考古發現與研究，大致將商至戰國歸為「中原的中國」，認為秦漢是「中國的中國」，魏晉南北朝至唐屬「東亞的中國」，五代至宋、遼、金、元是「亞洲的中國」，「世界的中國」則為明清至今。而關於《一天星斗》這本書的寫作初衷，也是出於這種從中國到世界的宏闊的世界觀甚至宇宙觀：「在《萬古江河》寫完之後，我常常感覺這本書的敘述，其實都是討論中國文化圈裏面內部的演變。既然這個文化圈是上面一個大宇宙、下面一個全世界，中國圈在世界圈、宇宙圈之內，究竟如何找到安身立命之所？這才是我現在撰寫這本書的命意。」

現在，我們可以循許倬雲先生等前輩的學術志向和探索業績，來做深入的探究，同時也續有心得。就我一個考古人的視角而言，從全球文明史的角度看中國，如果仍然借用梁啟超和許倬雲先生的概念，「中國的中國」應大致相當於玉帛古國的良渚、大汶口—海岱龍山和仰韶—中原龍山等新石器時代文化所處的距今 5000–4000 年前的那個時代，那是一個限於東亞大陸的鬆散的史前中國互動圈漸趨形成的階段；「歐亞的中國」相當於以二里頭為先導的中原青銅文明（三代王朝）被納入歐亞青銅文化的「世界體系」，經秦漢而至隋唐，東亞大陸的國家群與歐亞大陸西部和中部不斷溝通互動的時代，這也是以中原為中心的時代；「世界的中國」則大致相當於宋—清的近古帝國時期，逐漸面向海洋，都邑由中原東移，南北變動，步入擁抱世界的新紀元。因了考古學的興起，我們可以把眼界進一步放開，從而有了更宏闊的視域。《世界體系：500年還是 5000 年？》一書[1]就提出這樣的問題，在我們看來，「世界體系」的最初形成契機，當然是 5000 年前席捲整個歐亞大陸、距今 3700 年前後進入東亞並催生了中原王朝文明的青銅大潮，而非 500 年前的「大航海」貿易。許先生在本書中也述及「青銅技術一點點地向東傳輸」的大勢。當然，各種劃分方案，都屬仁者見仁的闡釋，均聊備一說。

三

讀此書，感覺最為認同、最惺惺相惜之處，就是許先生把地理地緣和人地關係作為展開中國畫卷的基礎，他胸中時時有一幅碩大的東亞全圖。他儼然是位將軍，又像是位寫意書畫家，睥睨天下，揮灑自如，他將中國地理與華夏文化大勢比喻為青龍「棋局」，頗有「一覽眾山小」的豪氣。

書中明確提出了三個「核心區」的概念，其實這三區的劃分，在《萬古江河》初章關於中國文化地理的分區中已略見端倪。第一區應即黃土高原與黃土平原及左近地區，如遼河流域（作者提及紅山文化屬此區）；第二區是長江中下游地區加上以長江上游為主的西南地區；第三區則是從東部、東南直至南部的沿海彎月形地帶。而「三個『核心區』之間的互動，或者延伸，或者演進，或者轉接，或者擴散，那就敘述了華夏文化本身從成長到成形的『傳記』」。

這三大區域，在新石器時代起步階段是並行發展的，最初並沒有核心可

---

[1] 1993 年初版於英國，中文版見社會科學文獻出版社，2004 年。

言，許倬雲先生在《萬古江河》中就指出「本書於史前部分，並不設定『中原』觀念」。的確，那時尚無「中原」可言。從考古發現上看，反而是第二、第三區「東南先亮」，海岱地區的大汶口文化、皖南地區年代既早且玉器極為發達的淩家灘文化、太湖一帶的崧澤—良渚文化等，甚至第二區的長江中游屈家嶺—石家河文化，其貴族政治與社會複雜化程度都遠超第一區的仰韶文化集群。只是到了龍山時代末期，隨著其他區域的衰落與「連續」中的「斷裂」（許宏 2001），豫西和晉南地區才異軍突起，二里頭文化最終成為中原中心的先導，甚至被形容為「中國新石器時代傳統文化核心區史上最黑暗的時段」的「一處文化孤島」（張弛 2017）。

所以，許先生劃分的三區中之第一區成為真正的核心區，愚以為就在考古學上的龍山時代向二里頭時代轉進之間。這也是中原地區新石器時代向青銅（禮器）時代轉進的節點，從滿天星斗的無中心多元，向月明星稀的有中心多元（中原中心形成）轉進的節點，從邦國林立向廣域王權國家轉進的節點，中原中心由此得以形成。但這裏的中原中心，主要是指政治中心而言。誠如先生在書中指出的那樣，從更大的時空視域看，「『中原』是中國古代文化主流或『火車頭』的觀點，應當修正為：長江、黃河平行的路綫上，南、北族群競爭又合作，構建了古代中國文明，能久能遠的深厚基礎」。先生由是提出文化地理上三個核心區的劃分，是切中肯綮的。

在大的核心區的勾勒之外，許先生也關注「天然地理條件自成單元的」小區域。譬如在述及中國的現代化時，他指出，「有若干省區也個別地從事地區性的現代化。當然這些省區，本身有一定特色：山西、四川、廣西、雲南，都是比較有天然地理條件自成單元的省份」。其中的山西，「在民國初期，最閉關自守而數十年定於一尊者，是山西省的閻家」。「山西省內確實在抗日戰爭中，也沒有遭受很多災禍。這個地區的力量，其實也沒有對於抗日的全局，提供它應有的一份力量。」而這與「山西三面高山，一面大河，有表裏山河的天險作為屏障，外來勢力難以進入」的自然環境息息相關，這是許先生在史前時期和王朝時期的敘述中也常常提及的。

我們看許先生書中提及的晉南地區的陶寺文化，它大範圍吸納外來因素，高度興盛，但勢力範圍不出晉西南，顯然偏弱。真正對其禮樂內涵加以揚棄而發揚光大的，是在大河之南、太行以東的二里頭、二里崗和殷墟文化這個系列的王朝文明。而到了西周時期，晉國繼承周文化的衣鉢，雖盛極一時，但勢力仍不出「表裏山河」的這一空間。到了三家分晉、戰國諸雄爭霸，韓、趙、魏的都城無不遷出山西，定都於外圍的大河之南、太行以東，然後成就其躋身「七雄」的霸業（許宏 2016）。後來，又有北魏都城由平城（今山西大同）向洛陽的遷徙，李唐起兵於太原而建都於關中⋯⋯可以說，任何歷史劇，都是在地理這一大舞臺上上演的。「起於河東山西，成於河山之外」，地緣地理的規定性，使我們能捋清不少大歷史的脈絡。

四

關於中國歷史，許先生不是事不關己的旁觀者，他先是戰亂時被捲入，深懷流離失所之痛，後又親身參與臺灣的社會改革，希冀能對故土更好的發展有所助益。他既是冷峻的觀察研究者，又是抱持熱望的踐行者。他是嚴肅的，又是熱忱的，他的文字融入了情感，但又質樸自然。他說自己「提出的解釋，不見於任何教科書之中，如果不用心在史料上，是看不出來的」。也正因此，他對自己抗戰時的親身經歷和對臺灣從古代到現代演變的敘述，對知識分子如何影響中國歷史發展方向的分析，對湖湘經世學派及其後繼者作用的強調等，都構成該書區別於一般中國通史的鮮明特色和獨到難得之處。

先生的立意，是要「解答一個千古大問：中國為什麼到了近代兩百年來，面對著西方無法抗拒那些乘潮而來的歐洲人？也就是，中國文化奔入世界大海洋這一關鍵性的時刻，為何我們的反應機制無法做適當的感受和發展應有的調節與更新？這個大問題，才是我寫作本書的主要動機：我要從世界看中國，再從中國看世界」。希望通過這一番自省，「在我們源遠流長的基礎上，發展一個對於未來全人類有益處的選擇」。這些悲憫的哲思，令人感佩不已。

關於我者和他者，先生的敘述透徹超脱：「中華文明系統，是由儒家界定了普世的人文價值。這一系統，既是普世的，當然不再有『自—他』的對立」，「這一社會關係圈，投射於中國與四鄰的關係，遂是理想中『近者悦，遠者來』的『向化』，沒有絕對的『他者』，只有相對的『我人』」。甚至「南北朝數百年間，中國地區的政治文化各個系統，主客我他之間的關係，都有過位置倒易的現象」，或可稱為「我」「他」的大混合[1]。在本書中，先生更指出：「中國沒有邊界，中國是一個『天下國家』——就是一層層文化的自然發展。」

許先生在本書中，推測商人的「祖先大概生活在遼河流域。在後世的中國歷史上，東北方向進入中原的通古斯，他們的遠親匈奴和蒙古，近親鮮卑、契丹、女真和滿州人，都是從東北方向進入中國。尤其後面這三支，他們進入中國的關口，不是從北方草原打進來，而是從燕山山脈到接近渤海的山地缺口，逐步滲透中原。這些族群與漢地居民的互相融合，相當順暢。相對於匈奴和蒙古，鮮卑的北魏、契丹的遼、女真的金、滿州的清，都終於完全融合於中華的大家庭之內」。這種對大歷史中人地關係的探索歸納，從信史時代的已知追溯原史時代撲朔迷離的未知，都具有觀察視角和方法論上的啟發意義。帝國時代北方少數族群的屢屢南下自不必說，周人有濃重的西北羌戎的文化基因亦有跡可循，如是，夏商文化中如果有外來因素，也就是非常可以理解的了。其實在殷墟的考古工作中，已有偏濃厚的北方因素不斷發現，許先生在書中述及婦好，就提到「據考證她是商王武丁的王后，在出嫁前是商王國北部方國的公主」。這一推論是合理的。包括三星堆文明由斯基泰人（Scythians）傳入的可能性很大的推斷，都很富啟發性。二里頭文化中，也見有北方草原因素的長身青銅戰斧和環首刀，透露出當時大範圍文化交流的深度與廣度。

由是，我想起先生多年前接受採訪的一段話：

---

[1] 《我者與他者——中國歷史上的內外分際》，生活．讀書．新知三聯書店，2015 年。

記者：你在五十歲以後對中國的看法有了很大的改變？

許倬雲：那時候我就拿最大的全人類、最小的個人這兩個當作真實不虛的東西。餘外，國也罷，族也罷，姓也罷，都是空的，經常變化。哪個國的疆域沒有變過？哪個族是永遠這麼大的？哪個姓沒有（經）中間變化而來？哪個地方是永遠同一個地名？哪個村永遠是同一批人？都是變化的，只有全人類全體跟一個個人是真實的。[1]

這是一種大徹大悟後的平和與深刻。先生所描繪的萬古江河、一天星斗，也不只屬中國，更屬全人類。

許先生在全書的最後，談到對未來中國的希望，先坦言自己此前在關於「賽先生」「德先生」和「進化論」認知上的誤區，又給出了殷殷的囑託，「希望《禮運 · 大同篇》那個『大同世界』的夢想，早日在中國落實」。我在評價《許倬雲説美國》一書時談及：「許倬雲先生一直是一位前瞻者，他從前現代走來，身處現代文明的旋渦，又窺見了許多後現代的問題。這位世紀老人的警世恆言，處處散發著思想的輝光和對人類文明的終極關懷。」讀這本《一天星斗》，你也不得不由衷地感嘆：許倬雲，常讀常新。

---

[1] 《南方都市報》，2006 年 12 月 21 日。

生活肌膚中的中國文化
——《中國文化的精神》導讀

許紀霖（歷史學家，華東師範大學紫江學者）

一

許倬雲先生是中國史研究的大家，他的西周史、春秋戰國與漢代的社會史研究獨步天下，但影響更大的是他打通中西、縱觀古今的通史研究。大師寫專著不難，但大師寫小書，卻沒有幾位能夠做到。近二十年來，許先生的《萬古江河：中國歷史文化的轉折與開展》《歷史大脈絡》《我者與他者：中國歷史上的內外分際》《說中國》及「許倬雲說歷史」系列、「許倬雲看歷史」系列等，成為膾炙人口的暢銷讀物。不要以為這類讀物好寫，只有到了學問爐火純青、閱歷通透人情世故、人生看盡江山滄桑的時候，方能夠化繁為簡，將歷史深層的智能以大白話的方式和盤托出。有學問的專家不謂不多，但有智慧的大家實在太少，而許先生，就是當今在世的大智者之一。

《中國文化的精神》是許先生新著，氣象與格局都很大，這與他的內心擁有家國天下的大關懷有關。1999 年我在香港中文大學工作的時候，與許先生相識。那一年，他在中大歷史系客座授課。有一天，他將我召到辦公室，不談具體的學問，而是與我討論當今世界文化出現的大問題，這些問題令他感到深深的焦慮，不吐不快。近二十年後，當我閱讀許先生的這本新著，發現這些問題依然盤桓在他內心，彌久不散。他在書的開篇就說：「二十一世紀的世界，似乎正在與過去人類歷史脱節。我們的進步，似乎是死亡列車，加速度地奔向毀滅。套用狄更斯在《雙城記》中説的話，『我們是在最美好的時代，我們也在最無望的時代』。」除了世界，他最關心的自然是中國。隨著在經濟上的崛起和社會日趨世俗化，中國發生了前所未有的變化，在社會文化層面，已經完全不是中國傳統的面貌。利益至上，成為許多中國人的人生準則。他說，中國人強悍，也許是發展的動力，但也往往會傷害別人而不自覺。人與人之間冷漠，將會使中國社會斷裂崩解。中國人對於環境的毀壞，也往往揠苗助長，竭澤而漁；是否有一日，中國會成為一片荒漠？

憂心忡忡的許先生，覺得歷史的顛簸和挫折，使得中國文明丟失了不少本來有的好傳統。他決意寫一本書，重新反省中國文明，看看是否還有剩下的一些餘瀝，足以挹注和灌溉正處於危機中的現代文明。於是，他將書名定在《中國文化的精神》。

關於中國文化的精神，自「五四」以來的一個世紀，已經有許多討論，幾乎所有的文化大家，都有自己的論述。許先生的這本書，依然有自己獨特的視角。文化有大傳統與小傳統之分，以往對中國文化的闡述，大都從儒道佛經典的大傳統層面檢討，成績斐然；然而，許先生觀察中國文化的法眼，卻從小傳統進入，不是從精英的觀念，而是從一般普通民眾的態度，即他們的安身立命、處事做人的原則，考察日常生活形態中的中國文化。許先生說：「從開天闢地以至於到江湖豪俠，從男女私情到精怪現象，涵蓋的範圍，看上去似乎淩亂，卻也代表了中國一般老百姓他們的喜惡和褒貶。一般老百姓，很少會在談話時，引用四書五經、二十四正史，他們的歷史觀，就是這些故事串聯在一起的一套評價。」這一研究方法，與法國年鑒學派提倡的心態史研究，有異曲同工之妙，都是眼光往下，從民眾的日常生活和不自覺的人格心態之中，發掘文化的本相。許先生的社會史和考古學的知識以及飽滿的生活實感，讓他得以在神話、傳說、小說、祭祀、文物、中醫、卜卦、民間信仰等多種文本中自由行走，展示的是一個活生生的、日常生活中的中國文化。

要尋找中國文化的精神所在，首先要立足於與西方的比較。許先生指出，與西方基督教文化以神為中心不同，中國文化以人為中心。但這個人，又與文藝復興之後的人不同，不是超越了宇宙萬物的孤獨的、自主的個人，而是與天地同等的人。從中國的造人神話，到董仲舒的陰陽五行宇宙論，天地人是宇宙最重要的三個元素，三者之間不是相隔，而是互相統攝，人在天地之中，天地亦被人化。董仲舒的天人感應之説，在中國人的心裏，始終成為主導的潛臺詞。即使中國人接受了外來的佛教、祆教及摩尼教，但仍以天人感應的理念融化於其中，組織成海納百川的中國觀念。

二

與西方不同的是，中國人的宇宙秩序，包括創世的傳説與各種信仰，並沒有特定的大神主宰一切，而是由眾神構成一個大的神聖總體。中國民俗信仰這一特色，和猶太教、基督教將宇宙一切的變化歸之於神的意志，這兩者之間有極大的不同。中國人的觀念，宇宙運行的「運」和「勢」，是宇宙系統各種元素自在作用的結果，在這個有機的宇宙系統之內，人如果能夠掌握「運」和「勢」的大方向，也能夠順勢而為，人因此可以獲得宇宙能量賦予的最大福祉。

許先生以中醫學和烹飪學為例，説明中國人講究的五味（甜、酸、苦、辣、鹹）相當於「五行」（水、火、金、木、土），本身無所謂好壞，最重要的是相互的平衡和對沖。縱觀太極、八卦、堪輿、奇門，這些民俗的智慧乃是將數字與圖形，組織成一個有機的宇宙。在這個宇宙模式之中，各個部分存在著互生互剋的有機聯繫，宇宙不藉造物主的外力，自生自滅、生生不息、發展變化。

宇宙的這一有機性，也體現在人自身。許先生在書中提到王陽明在《傳習錄》中，將人的精、氣、神視為同一回事：「流行為氣、凝聚為精、妙用為神」。也就是說，「精」是生命的本體，「神」是生命中呈現的理性和感性，而「氣」乃是將生命之能量發佈於各處。

一個民族的文化精神最重要的，莫過於其對生命意義的獨特理解，而這又與民族的宗教信仰有關。因為儒家是一種人文學說，而歷史上的中國又以儒學修身齊家治國平天下。因此，長期以來中國一直被認為是一個缺乏宗教性的國家。這種看法既對也不對。如果將宗教理解為像西方一神教那樣的制度性宗教，自然中國人的宗教觀念很淡。但美國研究中國宗教的權威學者楊慶坤先生將中國的宗教視為一種與西方迥然不同的彌散性宗教，那麼中國人的宗教就有其特色了。許先生在書中對中國的彌散性宗教的特色有非常出色的闡述和發揮。他說，中國的宗教信仰，有神祇和祖靈兩套主題。在民間社會，對包括儒、道、佛在內的各路神祇的信仰和對祖宗先人的崇拜，構成了一個熱熱鬧鬧的神靈世界。中國人的宗教情緒，並不一定依附於建制性的宗教系統及其有關儀式，而是普遍地融合與包含在日常生活之中。從生和死的問題，延伸為祖先的記憶，凝聚許多個人為宗族團體，而宗族與宗族之間，又有千絲萬縷的親情成分，由此構成了一個有機的中國社會，這個社會是由血緣、信緣與地緣三種關係網絡交錯而成的。

首先是血緣關係。許先生認為：在人間倫理方面，一個族群的延長，是父子、祖孫相承的親緣系統。從《詩經》時代開始，中國人對於親子之間的親密關係，就是從幼兒時代的感情成分開展。儒家堅信，人之初，性本善，人性善的核心，乃是孟子所說的惻隱之心，從惻隱之心，延展為羞恥、辭讓和是非之心，成為仁、義、禮、智的源頭。從心理學上著眼，將心比心，則以生理的親子之情作為基礎，建構人間社會眾人共存的基本原則。

這一血緣為本的文化，也塑造了中國人獨特的生死觀。生與死，是人生最本質的問題。許先生指出，中國人的生命觀，並不是將生、死割裂兩節；放在家族的血緣脈絡之中，生和死是連續的，也只有將一代又一代的生命連成一串，才能慎終追遠。一個個個體的生命，串聯成一個群體的生命，成為整個家族，乃至整個民族的生命延續。個人的死亡，只不過是下一代「生」的轉換。在中國人的觀念當中，整體的生命是兩條綫，一條是對延續的盼望，一條是對於過去的憶念。兩者是平行的長流。於是，死後的境界，乃是死前生活的延續；生前具有的一些人際關係，在死後，照舊延續。這兩條並行綫，就是生命和死亡，將在現在與過去永遠並行、糾纏不斷。這一基於宗法血緣家族的獨特的生死觀，與西方的個人獨立面對上帝的生死觀，以及佛教的生死輪迴觀，都有很大的不同。中國人為子孫後代而活著、為千秋萬代造福，同時行事做人要對得起祖宗、不辱沒先人，個人的生命意義與死後的價值，都與血緣家族的傳承聯繫在一起。

其次是信緣。許先生指出：「中國的宗教信仰，與西方猶太基督信仰的最大差別，乃是在於中國人將宗教情緒以及與其有關的儀式，都融合在日常生活之中。」西方的基督教「因信稱義」，強調的是「信不信」，但中國的宗教具有實用性，如楊慶坤先生所說，乃是「神人互惠」，關心的是「靈不靈」。只要是能夠保佑自己以及家人，哪家菩薩和神仙靈驗，就拜哪路大神。

因為具有實用性，所以中國的宗教不像猶太教、基督教與伊斯蘭教這些一神教，堅信只有自己的神是唯一的真神，這個神主宰宇宙自然、世間萬物與每個人的生死苦樂。他們都相信末世，相信善惡是非、黑白分明，當末世來臨之際，一切都將在神面前得到無情的審判。因此，在西方的歷史上常常發生宗教戰爭。中國人對世界的理解是一個多神共治的世界，儒家的孔子、佛教的觀音、道教的太上老君以及關公、呂洞賓、土地神等，彼此之間可以相安無事，放在一個寺廟裏面祭祀。許先生在書中提到，他的家鄉無錫，各路寺廟尚有一定分別，佛教是佛教，道教是道教，地方上紀念的人物，各按其性質和事蹟，各有各的寺廟。但在臺灣，卻是相當程度的混雜，一家寺廟，幾乎沒有例外，都會成為許多不同神明的共同奉祀之地。他以臺北著名的萬華龍山寺為例，諸位神祇，包括佛、道、儒三教皆在祭祀之列，神明眾多，功能複雜。這充分體現了東方宗教的多神性，與西方的一神教傳統迥然有別。

西方的宗教是一個神聖的世界，與世俗的現實世界構成嚴峻的對立與緊張。但中國的神聖與世俗這兩個世界卻沒有嚴格的界限，神聖在世俗之中，世俗有神聖的庇護。許先生說：「中國人的宗教信仰，無論佛、道，或其混合道教派，在最近百餘年，均呈現淑世道趨向，亦即楊慶坤指陳的『世俗化』，從理論的闡述，轉化為虔敬與實踐，由尋求出世的解脱轉向入世的救助與扶掖世人。」這些年在臺灣與大陸發展很快的星雲法師所主持的佛光山與證嚴法師所主持的慈濟會，都具有「人間宗教」的性質，扶弱救貧，廣佈慈善，與西方一神教注重個人的信仰、心靈的虔誠形成了鮮明的對照。

然而，西方的一神教傳統在中國歷史上並非毫無影響。許先生指出，到了魏晉、隋、唐，中亞和內亞的各種一神教——祆教、摩尼教、景教等——都隨著胡人的足跡進入中國，他們並沒有為士大夫精英所接受，卻沉澱在民間，為民間信仰所吸收，演化為中國的啟示性宗教。宋代方臘的「吃菜事魔」教派、元明兩代的白蓮教、晚清的拜上帝會等，都吸收了一神教的觀念和儀式。這一個寄生於民間底層的信仰，其實從來沒有中斷，只是在各時代以不同的名稱出現。中國的老百姓平時都是多神教信徒，到了揭竿而起之時，皆拜倒於一神教之下，膜拜於一個至高無上的真神與權威，足見中國的一神教並非到了 20 世紀之後才出現的現象，其實在古代中國的民間信仰之中就有淵源可循。

最後是地緣。許先生在書中說：「人類是群居的動物，如果人類沒有集體的組織，個別個人沒有虎豹的爪牙，沒有馬和羊的奔跑速度，也沒有大象、犀牛的大體積，人不能上天，也不能入水，在這地球上，人類根本沒有和其他生物競爭的能力，正因為人類可以合作，才終於主宰了這個地球，奴役了其他的生物。」在各種人際關係之中，中國人除了宗法血緣之外，最注重的是鄉緣。為鄉土為中心，將各種不同的親緣關係網絡、混合類親緣關係網絡以及信緣關係編織為更龐大的地方組織，這是傳統中國權力結構中很重要的一環。許先生指出：雖然中國號稱是大一統的帝國體制，自古以來，中央的權力其實不大，真正的治理實體在地方。日常事務的管理，其實不在縣衙門，而在民間。宋代以來形成的地方士紳，是地方的頭面人物，也是民間秩序的治理主體。

費孝通先生在《鄉土中國》中提出一個理解中國民間社會的重要概念——「差序格局」。許先生在書中對「差序格局」有進一步的闡釋與發揮，他說：「差序格局」的延伸，是從親緣延伸到地緣，每一個人在這大網絡之內，有所歸屬，依靠網絡解決自己的問題，也憑藉網絡，貢獻自己的力量。在「差序格局」之中，個人既有權利，也有義務。個人要自我約束，明白個人是社群的一部分；然而，個人也不是完全由社群支配。個人主義與社群主義會發生某種重疊，這種個人到社群的延長綫，是開展的，不是斷裂的。個人對社群的盡力，與他從社群中得到的保障，互為因果，互相依附。許先生認為，中國傳統之中的這一「差序格局」的特色，與今日西方文明中個人主義的極度發展形成了鮮明的對比。中國社會如今也出現了西方式的「原子化的個人」的現象，個人的孤獨和社群的渙散成為當代社會之痛。而適當回歸中國文化中的社群主義精神，可以救濟個人主義的孤獨，形塑一個既有個人自主性，又有社群向心力的健康社會。

三

許先生在美國工作與生活多年，深切感受西方文化的長處與不足；同時經常回國的他，又對海峽兩岸的現代變遷有細緻的了解。在書中，他說了一段意味深長的話：「二十一世紀的中國人，深受以西方文化為主軸的現代文明影響，卻又依然置身在西方文化之外。今天，歐美現代文明本身，正在劇變的前夜。他們面臨的問題，例如，人與人之間的疏離、人與自然之間的分割，凡此危機，如果從西方文明的源頭看，西方文明本身很難有解除這些困惑的資源。」他提出：「中國文化以人為主體的特性，以及人與自然密切相關的依附關係，也許可以當作他山之石，將中國常民文化的特色，融入現代文明之中，匡救現代文明的困難。」

一百年前，梁啟超先生在《歐遊心影錄》中提出了「中國人對世界文明的大責任」，同樣懷有家國天下情懷的許倬雲先生，從人類未來發展的大視野中，看到了中國文化貢獻於世界文明的可能性空間。中國文化的精神不是孤獨的、抽象的理念，它存在於華夏歷史的肌膚之中，浸潤於億萬百姓的日常生活。只要民族不亡，生命永續，中國文化的精神也將繼續薪火流傳下去，成為全人類不可或缺的重要文明之一。

中美人類生態反思——《許倬雲說美國》與《中國文化的精神》讀後

王明珂（歷史人類學家，曾任「中研院」史語所所長）

2020 年元月，趁著史語所所長任期進入最後兩個月的「看守政權期」，我到美國加州休假三週。過去每當我到美國開會或休假時，都會以 Skype 向許先生問好，和他聊幾句。事實上，我知道無論在哪裏，只要有網絡就能和他通話，這是我，一個「數字化移民」（中年後才進入數字化世界的人）改不掉的習慣。這一年，我抵達舊金山後不到一週就病了。胡亂吃些藥，兩週後病癒，搭機返臺，因此在美國期間沒有和他聯絡。至今我仍不確定自己那幾天是否感染了新冠肺炎，2 月中我返臺後，臺灣地區、大陸以及美國和全球各地陸續進入緊急防疫狀態。

接著這一年來的變化是，全球因疫情而經濟困頓，因為防疫，各種陰謀論四起，各國間與一國內的人群衝突暴增。在美國，長久以來的黑白種族問題也愈發突出，此時，警察的暴力執法讓約兩百座城市陷入為黑人生命權（Black Lives Matter，簡稱 BLM）抗爭的暴動之中。接著，美國進行總統選舉，中南部各州保守主義之特朗普支持者，與東西兩岸自由派城市精英間的意識形態衝突急速加劇。停工與失業潮，更擴大及突顯了財富分配極端不均造成的社會差距問題。2021 年年初以來，由於特朗普總統時期的中美貿易戰，中美之間的矛盾升級為新任美國總統拜登聯合其歐亞盟邦，對中國發動經濟、軍事、外交之全面封鎖與圍剿；在美國國內，華裔或亞裔因此遭受許多「替罪羊暴力」。在東方，臺灣地區及日本都被捲入中美衝突，且因大規模購買美國武器擴軍而被推至前綫。在這令人憂心的時代局勢中，閱讀許倬雲先生的兩本近年之作——《中國文化的精神》與《許倬雲説美國》（以下簡稱「《説美國》」），欽佩之餘，我得到許多啟示，也產生了一些感想。

一

《説美國》臺灣版名為《美國六十年滄桑：一個華人的見聞》，其書名並不能反映這本書豐富且深入的內容。我自己雖非美籍華人，但前後在美國也住了近十年，許先生這本著作讓我感到慚愧，自己對住了如此久的地方，竟如此缺乏關注且無知。不僅我自己，我認識的不少美國華人朋友中，據我所知，也無人能有如許先生這樣的認識。所以應説，這是十分特殊的一個華人之見聞。在這本書中，許先生由美國殖民初期之新教徒精神，談到匹茲堡、芝加哥一帶早期工業區重鎮之興衰，南部與西部農業與採金移民開發之歷史，非洲裔與華裔以其勞力進入美國之血淚，主要財團的背景及其形成過程，及至於上述歷史在文學上的反映……這幾乎是一部完整的美國歷史；或説是一部包含環境、經濟、社會、文化的美國人類生態史。然而它又沒有一般學院派歷史書寫的生硬，而是處處皆見作者如人類學家、社會學家般對周遭事物的敏鋭觀察，以及深沉的個人情感。這些情感，表現在其初入美國時對此理想國之欽慕，到近年來眼見此社會淪落的滄海桑田之嘆。這些「見聞」，除了來自他對身邊人、事的敏鋭觀察外，實則包含作者平日大量且廣泛的書報閱讀，他就歷史與時事經常與同僚、頂尖學者們的意見交流，以及在其豐富學養下的特殊認知。

許倬雲先生所見一甲子的美國變化，如前所言，主要是一個逐漸淪落的過程。在《未成的帝國和敗壞的資本主義》一章中，他稱：「回顧初來美國，曾經佩服這一國家立國理想是如此崇高。在這裏客居六十年，經歷許多變化，常常感慨如此好的河山，如此多元的人民，何以境況如此日漸敗壞？」他對此的理解是，早期美國清教徒有信仰約束，而現在「信仰淡薄，個人主義淪於自私」。他認為民主政治必須有相當充實的群體意識以凝聚人心，而目前「各種群體漸趨散漫，民主政治難有聚焦」。在政治經濟上，「資本主義變質，財富成為統治勢力之所寄託」，因而人數眾多的弱勢階層易受政客煽動，特朗普即藉此得眾而執政。美國當前面臨的國內社會問題，及其在國際的軍事、外交、經濟中的霸權主義惡行遭到的揭露與批評，都十分清楚。然而，是否這一切都是由一個美好的過去——清教徒的信仰與理想——逐漸淪落至此？我認為，許倬雲先對於他六十年前所見的「理想國」是否真實，如今應是有些懷疑的。他在本書最後一章所引，哈佛大學教授拉伯爾所著《如此真理：美國的歷史》，便是對美國立國之基的所謂「真理與理想」有深度批判之作。我對美國殖民初期歷史所知不多，只是近年來因研究「獵巫審判」與「替罪羊暴力」，讀了一些 17 世紀波士頓海灣地區清教徒領袖們的著作。在他們的著作中，我見到的是一以貫之而至今猶然的以妖魔化他者——當時是被視為魔鬼門徒的印第安人與所謂「女巫」——來凝聚我群的做法。

事實上，雖未如他所見的那樣深入，我與許先生一樣，初至美國（當時是 1987 年）便感覺吾人所稱的禮儀之邦、君子之國原來便在此。陌生的路人，面對面時彼此打招呼問好；開車的人主動停車，讓帶著孩子站在路邊、想要過街的人先行；房租管控制度讓有多房產的屋主無法藉出租炒房，也讓部分租屋者能省下至少三分之二的租金；為了讓非法移民可以放心得到救助，社會福利機構保證他們的救濟對象的資料絕不與移民局相通。至今仍讓我感動的一個經驗是，哈佛大學診所的一位女醫生，每天晚上都對當天她看診的病人一一打電話詢問病況。許先生書中提到的清教徒絕對自律的生活，我在波士頓地區的一個小鎮生活中也有體驗，直至 2005 年，該小鎮法規仍不准任何商店賣酒。

關於最為敏感的黑白種族問題，我也有一次深刻且美好的經歷。那是在留學哈佛期間，為了賺點生活費，我常在校園各大樓擔任學生警衛。有一晚的午夜時分，我在天文館大樓擔任警衛，一位研究生趁我開門時進來，因他並非刷卡進入，所以我喚住他，請他出示身份證件。這位非洲裔男性很不高興地問我，是否因為他的膚色而被懷疑。我說不是，這是因為我的工作職責。他取出學生證件在我面前晃了一兩秒，便氣呼呼地上樓。不久，在閱讀守衛須知時，我發現了其中一則緊急事項——一位離職的大樓員工近來企圖入內破壞儀器。讓我驚出一身冷汗的是，所附照片竟與剛才那年輕男子非常相像。起先我恐怕弄錯又得罪他，有些猶豫，但最後我仍以無綫電向警察局報告。兩部警車很快地來了。五六位警察一擁而上，數分鐘後他們下樓，告訴我那並非嫌疑人，但稱讚我做得對。警察離去後，讓我極度不安的是自己該如何面對這位非洲裔研究生。就在此時，他下樓向我走來，在我開口解釋前，他先向我道歉，他說自己對於種族身份過於敏感，且不知大樓有安全危機。

然而，我在美國有更多深刻的負面種族經歷，其中之一是有一回我帶著家人到密西西比度假。在一海灘上，我大約六歲的兒子和幾個同齡的小孩一起玩。不久，我看見我兒子和一個小女孩以及她的狗跑到海灘的另一邊，留在原地的是三四個非洲裔孩子。後來我問兒子，為何他與莎拉（那女孩）不跟那些小孩一起玩。我兒子回答道：「莎拉說，她的狗不喜歡從非洲來的人。」這經歷讓我很難忘懷。那些年我正對族群理論感興趣，但這仍無法讓我覺得此為「可以理解」之事。

我在美國住過大約一年的城市有五個，它們分佈在東、西兩岸，以及內陸加州。我的經驗是，在歐裔白種人口佔絕對優勢的加州內陸小鎮，以及東岸新英格蘭小鎮，人們對華裔、拉丁裔或非洲裔的歧視較輕微。在麻州小鎮貝爾蒙特，當地政府甚至每天用校車將一些鄰近城鎮學區的非洲裔小孩接來本地小學就讀，以增進本地學校的多元族群性。然而，在舊金山與洛杉磯附近，一些歐裔、非洲裔、拉丁裔、亞裔人口均佔有相當比例的城鎮中，族群關係便明顯有些緊張。其實這反映的是人類普遍的族群現象。只是在美國，這些都捲在更嚴重的社會階級、貧富懸殊與因此造成的社區化環境之中。譬如，在大都會周邊貧窮的非洲裔社區，在這兒討生活的韓裔與華裔商店老闆經常成為暴力搶劫的受害者；這並非只是種族問題，而更是社會、經濟問題。令人生畏的美國警察的暴力也一樣，視地區而不同。小鎮中的警察和藹可親，洛城及舊金山附近市鎮的警察就兇得多。又如，都會區路上，粗魯的開車者到處都是；在鄉間，駛出路口前人們會禮讓距離一百至兩百米遠的左右來車先通過，否則便是粗魯無禮。

我認為這反映的是美國整體人類生態，以及各地不同的次級人類生態。以整體美國人類生態來說，這原來便是以嚴刑峻法來維持極端不平等的資源分配體系。離都會區較遠的小鎮，居民們在社會經濟方面的同質性較高，犯罪率低，在人類生態上與都會區有很大的差別。關於都會區的情況，我妻三年前白天在舊金山灣區城鎮被搶劫的遭遇可說明，可怕的不只是這白日搶劫及路人的冷漠，更是本地居民朋友對她的安慰與勸告——「不用太難過，我們都曾被搶，而且你還沒有被人用槍指著」，「我們這年紀的人是搶匪的目標，不應該獨自出外散步，出外時開車才安全」，「皮包裏不應放信用卡，但要有約 50 美元讓搶匪不至於惱怒開槍」。

無論如何，我多次訪美的生活經驗是：對此社會了解愈深，便對美國人類生態的印象愈差。惡劣的社會治安、荒謬的健保醫療制度、嚴苛且複雜的法律與稅務、種族歧視與被歧視者歧視更弱勢的人、因外來移民增多而日益萎縮與保守的社會福利政策，都讓許多中低收入者與邊緣族群經常生活在緊張與困頓之中。但對於有錢可僱律師、會計師，付高額健保費與社群管理清潔費，住在安保嚴格之社區中的富人，這兒仍是人間天堂。我認為更糟的是，此人類生態的外來支撐基礎是美國通過貨幣、金融、軍事、外交、法律與知識產權等建立的在全球政治、經濟上的霸權地位，以及由此對全球資源的掠奪。每年流入美國的大量非法移民，事實上可稱是美國生態體系下的經濟難民，這由美國近鄰中南美洲之政治、經濟局勢可見一斑。

我沒有如許先生那樣自 1960 年代以來居於美國的生活經驗，也缺乏他那樣廣泛的認知觸角，所以難以判斷美國的現況是否為近數十年來各方面墮落的結果，甚至有些混淆。譬如，三十年前的哈佛校園中，學生團體發動拒喝某些品牌的咖啡以保護巴西雨林的活動，並抗議美國國防部以同性戀傾向為由取消給特定學生的獎學金，這些理想性都讓我欽佩不已。近年來這些自由主義理想常被批評為「政治正確」，我的一位美國朋友便帶著如此想法。他出身加州西北部的鄉紳家庭，是一個虔誠的基督徒、家庭價值的忠實維護者，待人親切且熱心助人；在另一方面，他痛恨虛偽政客，認為特朗普總統至少是個真誠的人。他不信有全球變暖這回事，卻相信一些奇怪的陰謀論。他視同性戀為病態，憂心美國價值日漸沒落而贊成阻止非法移民。我總是希望從他身上窺見在美國 CNN 等媒體報道之外，特朗普支持者的一些面向。但我這樣的朋友很少，因此所見並不深入與全面。

在《說美國》的最後，許先生稱，他回顧中國自滿清末年以來，一代代中國知識賢達之士都希望將中國改革為可與西方國家媲美的進步之土。他稱，「現在，西方原本最接近理性的美國體制，居然淪入如此困境！中國將來的途徑應是如何？我願意在檢討美國歷史之時，向臺海兩岸的中國人，一抒個人的感想。中國文化曾經長期演變，自先秦以下……」由此，我們可見許先生此書一方面感嘆美國之淪落，另一方面，他更關懷的是中國的現況與未來。也由此可見，他將以儒家思想為本而兼納各方思想的中國文化，視為思考及規劃未來中國的良方——他寫道：「凡此，亦即根據中國人的知識論、倫理觀，及宇宙觀，謹此提出一些觀察所及，讓我們從美國歷史的成敗興衰擷取教訓，學習其成功的經驗，避免其失誤的軌跡。中國正在從傳統走向現代的世界，由此警惕，或能避凶趨吉，走出一條順利通暢的路徑。」或許為了配合這本書的主題，許先生並未詳細說明中國文化的範疇，以及它們如何能重塑當代中國人，而是對於美國總統制、國會、地方選舉、民主制度等方面，與今日大陸及臺灣的體制做了些比較與建議。

二

事實上，許先生另一本書的論述內容，可以補足他在《說美國》之末的現實關懷與建言。這本書便是他較早出版的《中國文化的精神》。由以下這本書篇末的幾句話，我們也可得知這兩本書在現實關懷上的前後呼應：

> 本書《中國文化的精神》將近完成之時，恰是美國大選。這次選舉的過程以及後果，充分顯示美國的民主制度和自由思想都面臨極大的危機。選出來的新總統，是以情緒化的感受為依據，提出排外、閉關以及不顧窮人生活的獨斷決策。美國兩百多年的民主制度，強調人權、個人自由以及族群平等。大家向來相信，這一代議政治即使不是完美的體制，較之帝制和獨裁而言還是比較公平而安全的政治制度。然而，這一次的選舉使世人吃驚，有這麼多的選民，卻選出這麼一個民粹主義的領袖。

許倬雲先生在這本書中展現其通儒特色：由傳統的天文、哲學、醫藥、風水到當代民間信仰，由《詩經》《尚書》至《三國》《水滸》，他皆能深入淺出地將它們聯繫在一起，讓人們知道文化原來就在我們身邊。由於在中國傳統學問上的欠缺，我不可能將此書做深入介紹。所幸這本書已有余英時先生所作的序和許紀霖先生的導讀，兩者皆對於這本著作及其價值做了深入的分析與介紹。以下，我只能略表一些讀後感，作為一位中國邊疆研究者的續貂之見。

在前言中，許先生提及，本書為延續馮友蘭、費孝通等先生以學問貢獻於時代社會之作。馮先生提出的是一個當代（20 世紀上半葉）中國人的宇宙觀和人生觀，費先生由「差序格局」概念來呈現中國人的社會結構，許先生則是結合前者之抽象哲理思考與後者的社會觀察，「希望能夠釐清從傳統延續到今天，一般中國人對於宇宙、人生和自然所持有的觀念」。在《中國文化的精神》之末，他總結自己對中國文化的看法與期許：「本書陳述中國人的精神生活，經過幾千年的吸收、錘煉和消化，趨於全盤融合、互相呼應的狀態。與剛才說到西方現代文明面臨的窘況相比，我們應有信念：中國文化特有的精神心態，或可匡補現代文明面臨的缺失；兩者融合，能夠開發出一個真正的世界文明。」許先生貫通中西且宏觀而又接地氣的學問，以及其匡時濟世的情懷，都是我多年來欽佩而私淑的。對於此書中的中國文化論述，我只能發抒一些關於「邊緣」的感想。

首先，由中國文化的空間邊緣來說，無論以漢族人口與漢文化內涵來說，許先生描述的中國文化毫無疑問是核心主體，居於中原周邊的滿、蒙、藏及西南各少數民族，也都或多或少地受其影響。然而或許仍無法忽略的是，若以這樣的中國文化來關懷現實，恐怕有讓許多中國少數民族心生疏離感之虞，雖然這些少數民族中有一些如西南的羌、白、苗、瑤、畲等族與部分地區的彝族，近代或更久以來都曾深受中原文化影響。特別是，許先生此著作中提及的《三國演義》，其人物中的關雲長、諸葛亮、周倉、孟獲等，在由川南到雲南的各少數民族中，到處都流傳著他們的故事。然而這些傳說故事的內容，大多並非傳遞中國文化中的忠義觀念，而是說少數民族的祖先（周倉、孟獲）如何因為沒頭腦或沒有文字，被漢人的祖先（關雲長、諸葛亮）欺騙，失去平壩上的土地而住在山上。另外，受漢文化影響程度較低的一些少數民族，如蒙、藏、維吾爾、彝等，其核心地區群體自有與當地人類生態相系的社會組織、宗教信仰與生命宇宙觀，蘊藏於其典籍、民間故事與日常生活中。因此，如何建構一個讓所有中國人皆能夠接受、踐行，並以之為傲的中國文化（以及歷史記憶），這仍是一個待研究的現實問題。

其次，從中國文化的社會邊緣來說，無論古今或在大陸、臺灣，皆有作為「肉食者」的統治群體和協助他們的社會精英，及供養他們的勞動者和一般平民百姓。「文化」為人們提供一種行為準則，讓人們不知不覺地循之而為，或在社會壓力下依此而為，如此產生的行為表徵，讓這樣的人類生態體系得以穩固地延續。許先生書中多次引述的費孝通先生所言之「差序格局」，便是此人類生態體系的一部分。如此，我們不得不思考，是否有些人群在「文化」下成為社會邊緣人？「文化」是否讓他們接受並安於自身邊緣的社會身份？我且舉一個例子，《三國志》中記載了一則良吏典範的記事。這記載中的好地方官為鄭渾——一個亂世中的縣令。當時天下大亂，老百姓不定居，不肯好好耕田，生了小孩經常將之棄養殺害。鄭渾在其轄區到處沒收百姓的漁獵之具，要他們好好地男耕女織，並開闢稻田，立法重罰殺子行為。這個例子可以讓我們思考：為何中國文化強調男耕女織為美？為何世亂時人們要背離定居的農耕生活，寧入山澤藉漁獵維生以及有殺嬰行為？鄭渾的作為以及史籍對他的讚許之意義為何？我認為，這記載或許流露了傳統帝制中國以小人（平民）供養君子（統治階層）的人類生態，以及此生態中的良吏文化。承平時百姓順應這樣的人類生態，但在極端匱乏時（如處於亂世），逃入山澤以漁獵自食以及殺嬰，都是不得已的選擇。如此，鄭渾所為的意義便是要百姓回到這樣的人類生態體系中，史書對他的讚許也是肯定這樣的體系與文化。許先生在本書中所舉的《水滸傳》，一本能代表中國文化的重要通俗著作，它所反映的或許也是人們對此人類生態及其道德典範的叛離。其他許多的典範也都有其邊緣，如中國大家族中的邊緣家支，士紳文化下的平民佃農，即使臺灣宗教界的典範，如慈濟功德會、中臺禪寺、佛光山等，在其以大筆善款建構的恢宏宗教殿堂的陰影下，被人們忽略的是許多募款困難的弱勢慈善群體，以及因此造成的社會救濟的死角。當然這只是一些邊緣現象與邊緣關懷，我們不能以此否定這些組織的慈善事業。

三

在《中國文化的精神》一書中，許先生對於中國文化的信念，以及對於其與西方文明截長補短，二者融合以開創世界文明的期許，的確是高瞻遠矚之見。然而在現實上，恐怕此理想難以樂觀預期。特別因為，世界文明當前最緊急的危機是：美國聯合其歐亞盟邦在南海、臺灣海峽、東海等地不斷舉行軍事演習及「自由航行」，中國也不甘示弱地多次派遣機艦進行操演對抗。一點星火便可能造成燎原式的文明毀滅。

另一個基本的現實是，在中國、美國或歐洲之外，世界各地還有許多自有其歷史傳承的文化與文明圈。我們可以將之視為一個個的人類生態體系。新冠肺炎流行造成的各國內部動亂，以及在防疫與社會重建上的策略及其成敗，皆凸顯了各地人類生態體系的特色、缺失、穩定性及其良窳。因此我比較保守的想法是，在各地陸續解封而繼續邁向全球化時，更重要的是各國或各地域人群如何檢討、改進其人類生態體系，並尊重彼此的體系——包括不同的文化價值、道德與人權觀念。以中國內部來說也是如此。在中國整體人類生態體系中，許多邊疆地區自有其地方性人類生態特色，特殊的宗教、文化只是其表徵之一，因此只是尊重其宗教、文化是不夠的。甚至，若尊重及強調的是主流社會建構的少數民族文化，反而會讓他們進一步被社會邊緣化。考慮各地綜合環境、經濟、社會、文化的人類生態特色，反思文化在一地人類生態中的意義與作用，如此建構合宜的整體中國人類生態體系，這或許是較務實的做法。

事實上，許先生在《說美國》中提出的幾點建議，已點出當前兩岸人類生態上的一些問題。特別是其中涉及環境、經濟與社會的兩點——大量農田轉變為城市用地，以及財富分配不均。前者，由於美、澳、加等歐洲殖民背景國家以其廣大土地生產廉價農產品供應國際市場，造成許多國家以補貼來維持自身農業，但仍難避免農地流失；後者，由於全球大企業透過操弄股市金融、知識產權與消費意願等手段，並以其國家力量為後盾，使得產品利潤在生產分工的各上下游企業群體間分配極端不均（如每部蘋果手機，美國蘋果公司的高利潤佔比，以及相對的富士康等公司之低佔比）。兩者歸根究底，皆是在全球化經貿發展下，本地人類生態的平衡被犧牲的表現。

在這樣的人類生態角度下，人文與社會學者可貢獻其學的是，檢討歷史上各階段「中國文化」與其對應的人類生態之良窳，藉此思考今日什麼樣理想的「中國文化」可以影響人們的行為，讓中國這塊地方的環境得以永續，經濟繁榮、社會平等，核心與邊緣互利、互補，因而讓此體系得以穩定發展，同時思考這樣的中國人類生態體系如何與全球其他體系共存共榮。許倬雲先生的這兩本書，已為此議題思考打下了良好的基礎。

二十年來的美國
——《許倬雲說美國》序

朱雲漢（「中研院」院士，蔣經國學術交流基金會執行長）

過去二十年我都在蔣經國國際學術交流基金會服務，因為這段難得的人生際遇，我得以近距離接觸多位仰慕已久的當代博學鴻儒，並有幸得到他們身教言教的教誨與啟迪，終身受用。

許倬雲先生就是過去二十年來給我授業解惑最多的長者之一。他經常讓我有與君一席談勝讀十年書的驚喜與感嘆，他對世界史的宏大敘事讓我視野開闊，他對四千年中國歷史的通透解析讓我茅塞頓開。

許先生坐臥匹茲堡河谷，胸懷人類，心繫神州，觀天察地日夜匪懈。家事、國事、天下事，事事關心；憂世、憂國、憂民民胞物與。可能他察覺到我這後生晚輩的身上也流露出些許先天下之憂而憂的習性，所以經常視頻垂詢，並與我分享他對時局世事的觀察與感觸。

二十載的耳濡目染，也讓我這位後學門生能夠在他面前信心滿滿地論斷天下大勢，臧否梟雄豪傑。由於臺北與美國東岸有十二小時的時差，我們隔洋日夜顛倒的交談，經常是在互道晚安、早安聲中依依不捨地結束。

2017 年 10 月間，許倬雲先生賜寄《許倬雲說美國》（臺灣版名《美國六十年滄蒼：一個華人的見聞》）初稿電子文件，並囑咐我為他的新書作序，這是莫大的殊榮。許先生在美旅居六十載，那裏早已他鄉做故鄉。美國既是他安身立命之所在，也是他觀察現代西方文明的窗口，更是他剖析一個帝國由盛而衰的根源之最大社會實驗室。這本書既是一部客居生涯的回憶錄，也是一本剖析美國社會病理的診斷報告，更是一部充滿惆悵與悲憫之情的動人史詩，生動地述説著美國社會與政治體制為何一步步走向衰敗。

他不僅僅與我們分享了他在美國一甲子的重要親身經歷，將他在美國客居生涯中印象最深刻也最值得回味的人、事、地、物生龍活現地呈現在我們眼前，而且通過他獨到的歷史學與社會學敏鋭視角，幫讀者把這些偶然相逢的鮮活人、事、地、物案例的時代背景與歷史源流還原了，並擺回它們所屬的文化、制度與社會脈絡之中。他再把這些人、事、地、物在不同時期的面貌與本質變化，放入一個全方位的歷史分析框架中，從地理、文化、宗教、族群、產業、城鄉、階級、政治、軍事到帝國事業各種角度，來試圖回答一個所有與他有類似經歷的幾代華人留美精英心頭的共同疑惑。

正如他開宗明義即興嘆道：「六十年前，我滿懷興奮，進入新大陸，盼望理解這個人類第一次以崇高理想作為立國原則的新國家，究竟是否能夠落實人類的夢想。六十年後，卻目擊史學家、社會學家，正在宣告這個新的政體已是病入膏肓。」在結語時他又反覆自問：「回顧初來美國，曾經佩服這一國家立國理想是如此崇高。在這裏客居六十年，經歷許多變化，常常感慨如此好的河山，如此多元的人民，何以境況如此日漸敗壞？」

在許先生的字裏行間，我能充分感受與體會他的沉重心情，因為我們這幾代留美的知識分子都曾被美國的開放制度與自由風氣所吸引，都曾被美國的物質繁榮、經濟活力與國際領導威信所折服。與許先生一樣，當我在為美國社會與政治衰敗走勢把脈時，都是抱持一種哀矜勿喜的心情。美國的衰敗不僅意味著整個西方中心世界秩序將失去最重要的支柱，也可能觸發整個全球政治經濟秩序的動盪。正如同美國決策者總是懷疑中國是否能和平崛起，我們也需要擔心美國是否能和平衰落。

我在 1981 年夏初次踏上美國，要比許先生晚了將近四分一個世紀。我不曾親身經歷1950年代末到1960年代初美國國力達於巔峰的盛況，也不曾目睹美國因為越戰與黑人民權運動而爆發的嚴重社會動盪與分裂。當我開始有機會親身觀察美國時，水門事件對政治體制合法性造成的傷痕已經逐漸消退，但兩次石油危機對美國經濟的重創仍待修復，里根正以扭轉停滯性通貨膨脹為職志，開始在美國社會推行一場新自由主義革命。

這場高舉市場萬能而妖魔化政府干預角色的思維變革，在接下來的三十多年裏成為席捲全球的主流經濟政策主張。新自由主義革命的浪潮，不但將講求股東權益極大化的美式資本主義推廣到所有西方國家，也掃除了所有妨礙資本在全球追求最大投資回報的人為障礙。一場由跨國企業與國際金融機構驅動的超級全球化，乃以空前的速度推進到地球的所有角落，全球生產分工模式與產業供應鏈也快速全面重組；在此同時，跨國企業精英與超級富豪階層也順勢取得了無與倫比的政治權力，他們可以淩駕政府、支配社會遊戲規則，並一步步地肢解立意在保護弱勢群體、勞工與中產階級權益的經濟管制措施與社會保障體系。他們排斥任何限制其行動自由與資本回報的全球治理或監管機制，他們可以影響美國法律與國際規則，也可以左右國際貨幣基金組織與美國聯邦儲備委員會的觀點與政策。

新自由主義指導下的金融自由化，更驅使金融資本全面流向投機性的虛擬經濟，不但給所有國家帶來了難以承受的系統性金融風險，也對實體經濟造成巨大的扭曲與干擾。在華爾街推波助瀾之下，從1980年代末期開始，美國帶頭進行大幅金融鬆綁，拆除金融防火牆，全面開放衍生性金融產品，並壓迫各國全面解除跨國資本流動管制與放棄政府對匯率市場的干預，其結果是大量資金湧入外匯與商品期貨交易套利，投機交易淩駕真實避險需求，游資在世界各地興風作浪，製造了一波波的金錢遊戲、資產泡沫與金融危機。最後由不動產次貸危機引發的一場全球金融海嘯，給美國與歐洲帶來一場空前的經濟重創，直到今日也未痊癒。在目睹美國政府政策被華爾街徹底綁架後，諾貝爾經濟學得主約瑟夫·斯蒂格利茲（Joseph Stigliz）不禁感嘆今日美國民主已經沉淪為「百分之一所有，百分之一所治，百分之一所享」。

新自由主義革命既造就了美國經濟的空前繁榮，也為美國的社會分裂與政治敗壞種下惡果。新自由主義革命讓國家機構逐漸喪失扭轉資本主義下分配所得趨向兩極化的能力，也逐漸失去維護弱勢團體享有社會晉升公平機會與保障勞動市場參與者基本權益的能力，更失去節制巨型跨國企業濫用市場壟斷權力的能力。因此民主作為「國家層次」的政治體制日漸成為一個空殼子，既無法維護公民的福祉，也無力滿足公民的政策需求，其合法性基礎因此受到嚴重侵蝕。

美國政治最大的難題，是政黨與政治精英都被少數利益集團綁架。軍工企業集團、網絡科技集團、華爾街投資機構與大銀行、跨國能源企業、大型媒體集團、製藥與醫療集團等主要利益集團的代理人，盤踞了國會兩院的各個常設委員會。這些利益集團還可以驅動大律師事務所、大會計公司、信用評估等機構與倚靠企業主捐贈的東西兩岸大小智庫，幫助出謀獻計並引導輿論。這導致過去三十年美國的產業結構愈來愈集中化，強者恆強，大者恆大，壟斷與獨佔資本橫行。這也必然導致嚴重的腐敗與尋租。這些佔據寡頭與獨佔地位的巨型企業可以靠壓制競爭者而攫取超額利潤，它們的高獲利模式主要並非源於創新與效率，而是靠其市場壟斷地位以及左右法律與政府政策的政治影響力，以此讓它們可以併購同行、濫用知識產權保護與法律訴訟，或享受合法避稅與超額稅收補貼。

試舉美國的醫療健康產業為例。美國的醫療健康相關支出佔 GDP 的比重高達 18%，遠遠超過經濟合作與發展組織（OECD）國家的平均比例。可是，美國的人均預期壽命卻在經濟合作與發展組織國家中僅排末座。而且近年來美國是所有發達國家中唯一出現人均預期壽命倒退的國家（主要由於吸毒、槍支氾濫與自殺率上升）。2017 年美國的人均預期壽命為 78.6 歲，與中國大陸的差距已經縮小到 2 歲左右，可是中國大陸的人均醫療健康支出僅僅為美國的十二分之一。這意味著美國的醫療體系內存在嚴重的費用超收、資源浪費與無效醫療，而且醫療資源的分配嚴重不均。

新自由主義革命帶來的政策變革，也必然導致全球化的紅利與風險之分配嚴重不均，如今眾多西方國家正面臨全球化受損者的猛烈政治反撲。美國在新自由主義革命道路上走得最遠，長期由共和黨多數把持的最高法院更不斷為富裕階層打開金權政治洪流的閘門，因此美國社會所累積的貧富兩極分化問題也最嚴重，向上社會流動的通道趨近阻塞的問題也最為突出，擁護全球化與反對全球化的衝突也最為尖銳。日積月累的社會矛盾最終以選出特朗普這樣的民粹政治人物而得到暫時的宣泄，但也為今後美國社會更嚴重的撕裂埋下了伏筆。

特朗普可以虜獲白人藍領階層的支持，因為這批選民迫切需要知道：未來足以維持中等收入的工作機會在哪裏？政府何時才能大幅更新殘破不堪的基礎設施？他們的下一代是否能享有相對公平的教育與社會晉升機會？嬰兒潮世代大批退休後美國的社會保障系統能否支撐？如何扭轉過去三十年富者愈富而中產階級趨貧的兩極化趨勢？美國兩黨的主流政治人物紛紛失去這批選民的信任，因為這些熟面孔不是已經被利益集團徹底綁架，就是面對經濟與社會難題束手無策，選民寧可寄希望於毫無從政經驗的新手。

但是，特朗普並沒有紓解美國經濟困局與社會矛盾的良方。相反，他漫無章法的內政與外交舉措，更讓觀察家擔心他可能是一個加速家道中落的敗家子，不但不懂得珍惜前人累積的資產，反而輕率地將家底典當變賣。他幫富人與企業大幅減稅，必然導致美國財政結構的急劇惡化，2019 年的聯邦赤字將首度突破一萬億美元大關。他把移民視為導致美國工作機會流失的替罪羔羊，極可能令這個長期以來讓美國經濟得到必要的人力資本補充的關鍵渠道開始萎縮。他推行的「美國優先」單邊主義既粗暴又魯莽，正如布魯金斯學會資深研究員羅伯特．卡根（Robert Kagan）——這位在共和黨陣營頗受敬重的新保守主義大將——所指出的，特朗普國家安全團隊的諸多行徑讓美國愈來愈像一個「超級流氓大國」（rogue superpower），因為他打破了所有的道德、意識形態與戰略考慮的底綫。

特朗普的外交團隊在任何時候與任何談判場合，一律把自己享有的不對稱雙邊權力關係優勢赤裸裸地用到極點，試圖威逼對手做出最大讓步，不論親疏也不講情誼，也不瞻前顧後。這讓所有與美國打交道的傳統盟邦、貿易夥伴與競爭對手都不得不把特朗普所代表的美國，視為一個毫無誠信、不擇手段、隨時變卦、危害世界、顛倒是非的「流氓國家」。現在美國的主流外交精英都在擔憂，特朗普這四年將對美國國際領導威信造成無法彌補的嚴重折損。

我的上述觀察，也僅僅是幫許先生的社會病理診斷提供一點註腳。新自由主義思維頌揚個人自由，但也同時獎勵自私、自利與貪婪，並鼓勵對物質慾望無止境的追求。美國富裕階層的所得稅率在發達國家中是最低的，而且跨國企業都儘可能將利潤隱藏在國外的稅收天堂，他們自私自利到連最基本的社會義務都設法擺脱。這正好可以印證許先生所指出的：「美國的起源是清教徒尋找自由土地，其個人主義的『個人』，有信仰約束，自有分寸。現在，信仰淡薄，個人主義淪於自私。」

最近幾年，許先生連續推出多部膾炙人口的曠世之作，讓華人世界的廣大讀者群可以通過他行雲流水般的筆觸，源源不斷地汲取他的智慧結晶與知識精華。從《萬古江河：中國歷史文化的轉折與開展》《説中國：一個複雜共同體的變化》《我者與他者：中國歷史上的內外分際》《中國文化的精神》，到《世界華夏、臺灣：平行、交纏和分合的過程》，部部都是厚積薄發之作，初讀引人入勝，再讀字字珠璣。這近百萬字，都是從他一生積累的廣博的閱歷、爐火純青的智慧與融會貫通的知識中提煉而得。

這幾部大作涉及的知識面向之廣絕非我淺薄的學術功底所能置喙，連寫讀後感言都會心虛，更不用説撰文推介。唯有《説美國》的門檻較低，尚可加油添醋一番。不敢辜負許倬雲先生因材施教的美意，乃於 2019 年元旦勉強提筆，忝以狗尾來續貂。

後學　朱雲漢　伏案於北投大成堂

戊戌年冬

中國文化的使命與憂思
——讀《許倬雲十日談》

解璽璋（近代史學者、資深媒體人，著有《梁啟超傳》等）

我似乎經常要做一些力所不能及的事。起因常常是有朋友善意的建議，而我又不肯讓朋友失望，於是只能知其不可而為之，勉力去做。此事即如此。俊文要為許先生九十三歲生日編一本書，囑我作一篇文章。我真真感到與有榮焉。因此，這篇文章我不僅要作，還要作好，不能讓俊文為難。況且，這些年來，從《許倬雲觀世變》《許倬雲問學記》到《許倬雲十日談》（以下簡稱《十日談》），許先生的著作我讀過的至少在十種以上，受益匪淺，有一點表示和回饋，也是應該的。不過，我總覺得自己是學術圈的貿然闖入者，或者說，只能算是學術的愛好者。許先生博大精深的學術成就，非我所能置喙，因而只能談談我讀許先生這本新著的感想。

我非常欽佩許先生「以天下為己任」的精神和情懷。他說過他是無錫人，身體裏流淌著東林的血脈。我們看他的所言所行，不能不說是「風聲雨聲讀書聲，聲聲入耳；家事國事天下事，事事關心」的實踐者。即如這次以九十歲高齡，做十次演講，並耐心回答學員們的各種問題，便深深體會到一個心懷天下、濟物救民的士子的憂思和拳拳之心。

許先生《十日談》的核心話題是美國。固然，要談「當今世界的格局與人類未來」，美國是個繞不過去的存在。在這裏，許先生的態度很鮮明，就是唱衰美國。這個昔日的「燈塔國」，如今已陷入深刻的政治、經濟、制度、文化的全面危機之中，甚至有崩潰之虞。

一些中國內地的讀者肯定會因此而感到歡欣鼓舞，年輕一代我不甚了解，至少我們這一代，有些人讀至此會產生共鳴。因為我們這一代從小接受的就是反美教育，人事不懂時唱的歌謠就是：「一二三四五，上山打老虎，老虎不吃人，專吃杜魯門。」稍長所唱歌曲更有豪氣：「東風吹，戰鼓擂，現在世界上究竟誰怕誰？不是人民怕美帝，而是美帝怕人民。」當時便有人想像著，有一天要把五星紅旗插到美國白宮的樓頂上去。我們相信，帝國主義作為資本主義最高階段，已經呈現出腐朽、垂死的特徵，而美帝更是「日薄西山，氣息奄奄，人命危淺，朝不慮夕」，到了覆滅的邊緣。我們的使命，就是去解救世界上三分之二生活在水深火熱中的受苦人。

誠然，許先生對美國的認知，與國人這種非理性的、情緒化的反美毫無共同之處。他所依據的是在美國生活六十年的直接觀察、體驗和感受，以及歷史學家對歷史和現實的深刻思考。許先生在演講中多次提到最近一次美國大選中的亂象，進而思考民主共和體制先天、後天可能有的缺陷，以及未來發展中將會遇到的麻煩和困境。這都是很有預見性和啟發性的，對未來國際政治的進步是一種前瞻式的表述。

當今世界的國體和政體，大體可以分為君主制與共和制，君主制又有君主專制和君主立憲之分，而共和制則有內閣制和總統制之分，而總統制還有法國式和美國式的不同。僅就美國的民主共和體制而言，它的產生、發展、演變，是與其獨特的社會環境分不開的，離開這樣的社會條件，美國的民主共和體制是不成立的。這條件主要表現在兩個方面：一是一張白紙，沒有負擔，可以按照孟德斯鳩規劃好的三權分立的政治藍圖進行設計，實現其橫向的立法、司法、行政的分權制約；其二是自治傳統，不僅有州的自治，還有州以下的各級自治，從而形成了縱向的分權制約。這兩方面是美國民主共和體制的獨特性，儘管各州與國家之間的權利分割一直是爭執的焦點，國家權利的擴展也是近百餘年來的大趨勢，但基本面似乎尚無根本性的改變。至於它還能向前走多遠，目前恐怕還很難說。

不過，無論如何，美式共和要移植給其他國家是很難的。

1903 年梁啟超赴美考察就發現了這一點，他在《新大陸遊記》中對此有很充分的表述。直到民初，圍繞著國體、政體的爭論，他仍是美式共和道路的反對派，認為中國不具備實行美式共和的條件。特別是看到南美一些實行美式共和體制的國家，每當總統選舉，都會發生政治動盪、暴力流血，更讓他憂心忡忡。而曾擔任大清國駐舊金山總領事的黃遵憲，早梁啟超幾十年，就親眼見到美國大選的亂象並有詩紀之，這也導致他終其一生都未能改變美國共和體制不適於中國的看法。說這些意在表明，美式民主共和體制不是普世的。人們站在不同的立場，或能看到美式共和民主體制的種種問題，但它也有自身的發展、演化邏輯，是其他人善良或非善良的願望所無法替代的。

至於資本主義何時壽終正寢，它將被何種人類文明所取代？人類能否迎來自己的「理想國」時代？這個人類嚮往了幾千年的社會理想，雖不能至，而心嚮往之。一代一代的仁人志士，都曾為此而努力奮鬥，嘔心瀝血，甚至付出生命的代價。這些人代表著人類的良知、良心。許先生也是人類良知、良心的代表。

梁啟超在《歐遊心影錄》中就曾討論「中國人對於世界文明之大責任」，他說：「我們的國家有個絕大責任橫在前途，什麼責任呢？是拿西洋的文明來擴充我的文明，又拿我的文明去補助西洋的文明，叫他化合起來成一種新文明。」他進而表明：「我們人數居全世界人口四分之一，我們對於人類全體的幸福，該負四分之一的責任。不盡這責任，就是對不起祖宗，對不起同時的人類，其實是對不起自己。我們可愛的青年啊，立正，開步走，大海對岸那邊有好幾萬萬人，愁著物質文明破產，哀哀欲絕地喊救命，等著你來超拔他們。我們在天的祖宗三大聖（孔、老、墨）和許多前輩，眼巴巴盼望你完成他的事業，正在拿他的精神來嘉佑你哩。」梁啟超的意思，無非是用中國的文化精神，去拯救因物質主義、個人主義、科學主義而墜入泥淖的西洋文化。

梁漱溟先生的《東西文化及其哲學》也發表於這個時期，書中所討論的問題，最後也歸結為「世界未來之文化與我們今日應持的態度」。他的主張是：「我們講未來文化，並不是主張世界未來應當用某種文化，只指示現在的情形正朝著某方面去走，完全就客觀的事實來看，並沒有一些主觀的意見在內；個人的主意是無效的。我們從客觀的觀察所得，看出為現在全世界嚮導的西方文化已經有表現的變遷，世界未來的文化似不難測。」他所謂西方文化的變遷，表現為事實、見解、態度三個方面，最終指向人類文化的改變，「即由西洋態度改變為中國態度」。

具體言之，即西方近代以來以工具理性為標誌的文化所倡導的物競天擇、自由競爭、叢林法則、資本擴張等觀念，以及求諸外而不求諸內、求諸人而不求諸己的人生態度，走到了盡頭，而不怕它不走孔子的路——未來人類文化的重中之重，就是中國的禮樂文化。再有就是當年引人注目的由張君勱、丁文江挑起的「玄學與科學」的論戰，其中的主題之一，也涉及中西文化的優劣之爭。就當時的社會輿論來看，這場筆戰的結果是科學派奏歌凱旋。但世事變遷實難料，百年之後，張君勱的「人生論」則佔了上風，丁文江式的科學樂觀主義和科學獨斷論轉而成為人們反思的對象。1930 年代赴美的林語堂，也相信中國文化可以補西方文化之不足，向美國讀者介紹中國儒釋道的思想，他寫的《吾國與吾民》《生活的藝術》《蘇東坡傳》，在美國都是暢銷書，足見中國文化的魅力。

總而言之，這一代學人都相信，中國文化可以彌補西洋文化之不足甚至取而代之。他們有資格，也有本錢擁有這樣的自信。許先生是繼承了他們的精神血脈的，他表現出來的這樣的自信，是自然而然的，一點也不令人驚訝。而且，許先生對於中國文化的自信，不僅表現在人生態度、人生智慧方面，更表現在政治理念、政治制度設計方面。

他根據《禮記》一書提出了「天下大同」的理念，作為未來的社會理想；退而求其次，亦應實現「小康之世」「太平之世」的目標。不僅如此，他還對西漢以來列朝的管理制度如何有助於形成大一統的國家做了深入的闡釋，他說：「這種結構是人間社會可以做到的狀態。更上一層，就到『無所為』的大同世界了。」他還說：「中國一直以來在政治、社會秩序上努力的方向，就是把烏托邦的政治理想跟現實掛鈎，把零碎的結構熔鑄成一張大網。」這固然是很值得自豪的。記得章太炎先生就說過，政治制度是中國文化的三大創舉之一。梁啟超在歐洲考察時也向那裏的學者介紹過中國的「井田制」，引起他們極大興趣。康有為更從《公羊傳》的「三世三統說」進而「演大同之意」，寫作《大同書》，探尋國家和民族的前途。

但是很可惜，歷史不僅沒有給這一代學人留下時間和機會，也沒給中國文化留下時間和機會。正所謂「時運不濟，命途多舛，馮唐易老，李廣難封，屈賈誼於長沙，非無聖主；竄梁鴻於海曲，豈乏明時」。時光轉瞬即逝，機會從不等人，數十年來，不僅中國文化在鄉村的承載者幾乎被消滅乾淨，即便是中國文化本身，也以革命的名義、以科學的名義，以移風易俗、破舊立新的名義，經過數輪掃蕩、洗禮，已經支離破碎，所剩無幾，被掃進歷史的垃圾堆了。當下要在現實中找到真正的中國文化，實在是太難了。許先生也看到了這一點，所以他說：「中國傳統文化教育不是單單讀故事、穿漢服、祭孔子、背《三字經》，國內現在有些簡單化的復古之道是走偏了的，浮在表面上。」這裏更多的其實是作秀，是作為政績，做給別人，特別是當權者看的。

其實，對待中國文化，從來就有普遍主義和相對主義兩種立場。普遍主義傾向於將中國文化普世化，孔子是對全體人類發言。記得上個世紀末的某一天，就有一位先生跑到報社對我說，「21 世紀是孔子的世紀」，他說這是法國人說的。而相對主義則強調中國文化的特殊性，強調中國文化與西方文化的「差異」，而「差異」的存在，正是中國文化可以補救西方文化的前提。

但是，有沒有這種可能呢？無論普遍主義還是相對主義，都是人類文化面臨危機時為了自救的一種想像。制約著這種想像的，主要的並非中國或西方國家，如美國的現實，而是人類自身發展的需要。看上去這仍然是一種普遍主義的立場，不過，如果這種認識可以成立並有其合理性的話，那麼，從人類文化歷史發展的角度來看，現階段中國文化的處境，未嘗不是中國文化的宿命。

紙上的學問，與生命的學問
——《許倬雲十日談》評述

馮俊文（美國匹茲堡大學亞洲中心榮譽研究員、訪問學者）

2020年7月10日，許先生90歲生日，《許倬雲説美國》（以下簡稱《説美國》）當天上市。彼時，新冠肺炎病毒在中國大陸「驟雨初歇」，而在美國、歐洲勢已燎原。人心慌亂，世局動盪，國家間的貿易和人員往來，受到極大影響。

後之視今，猶今之視昔

大規模的瘟疫，往往也預示著社會大變革的開始，比如傷寒肆虐的漢末至三國時期的中國，黑死病、鼠疫蔓延的中世紀歐洲。混亂的變局之下，「個體生命該如何安頓？」「人類世界將走向何方？」成為社會普遍關注的話題。過年前，我也被封閉在湖北老家，兩個多月間，親見疫情暴發以來的種種不幸。徹夜難眠時讀到梁任公的聯句，悲從中來：「春已堪憐，更能消幾番風雨；樹猶如此，最可惜一片江山。」所幸母親在身旁，我們共同度過了一段難忘的時光。未料兩年後的這個春天，國內疫情又大規模暴發，深圳、上海先後

「封城」。

7 月 12 日左右，許先生說他想做十次綫上授課，有關瘟疫、戰爭、全球化、大國博弈、科技與人文，以及我們未來的「理想國」。中世紀佛羅倫薩鼠疫大流行期間，意大利作家薄伽丘創作了《十日談》，許先生說我們也用這個名字吧。先是在高山書院以 Zoom 遠程授課的方式，講了兩個多月，有數十位學者、科學家、企業家參與討論；後來整理成書，就是《許倬雲十日談》（以下簡稱《十日談》）。因其為講稿，這本書的語言較以往更為「鮮活」「在場」。當然，限於時間和條件，很多問題也點到為止，未及展開論述。至於整理、核實上若有疏漏之處，責任就在我這個「書童」身上了。

其實，當時許先生也在承受著病痛，常常需要大劑量服用止疼藥。記得有次課程結束時，他說：「接下來我要做個手術，如果順利的話我們繼續。否則，今天就是我與大家的告別。」此情此景，令我想起《十日談 · 總論》中的「夫子自道」：「只有不息的自強，才是真正的健康和健全。」

去年底我到匹茲堡時，他的身體已經相對穩定，生活和作息復歸常態。談起學問以及我們正在進行的新書《經緯華夏》，許先生眼神清澈透亮，非常專注而高效，「不知老之將至」。以至師母常說：「他是九十歲的身體，四十歲的心。」

薄伽丘在書中說：那場瘟疫「先在東方地區開始，奪去了無數生靈性命，然後毫不停留，以燎原之勢向西方繼續蔓延」，「瘟疫流行，哀鴻遍野」。面對瘟疫，有的人節制生活，「凡事適可而止」；有的人則「肆無忌憚地縱酒狂飲」，為所欲為。（王永年譯本《十日談 · 第一天》）後之視今，猶今之視昔。在開篇序言，薄伽丘呼籲「給苦惱的人以同情」，予悲痛的人以安慰。我想，這也是許先生講述這個系列課程的初衷。

在書中，許先生分享了自己在抗戰時期親身遭逢的瘟疫。他們逃難到一個村子，只有一個老太太在房子裏，提醒他們：

「你們不能隨便喝水，我們都因為喝水患上瘟疫，現在全村都死光了。」第二天，老太太也死了。戰爭給許先生帶來的創傷，是一輩子揮之不去的。師母有次和我説：「我們都不知道他當年經歷了什麼，無法真正地理解他內心的感受，所以我要經常把他拉回來。」

紙上的學問與生命的學問

除了正在發生的瘟疫，這本書還有更大的時空背景——近年來迅速敗壞的美國民主政治，及持續數年的中美「貿易戰」。特朗普當選總統時，正值《中國文化的精神》截稿，在《後言》中許先生説：「美國兩百多年的民主制度，強調人權、個人自由及種族平等。大家向來相信，這一代議政治即使不是完美的體制，較之帝制和獨裁而言還是比較公平而安全的政治制度。……這次選舉中的民粹主義非常顯著，選民只顧一己私利，公平、正義等更為宏大的價值，已經不在他們的關懷之內。這些毛病之所以產生，根源乃是西方文明長期建立在個人主義和物質利益之上。」

如此長篇累牘的引用，是因為這段話似乎可以視為他晚年觀察美國的「思想主軸」，也是《説美國》的寫作緣起和動力——他們當年所親歷的，那個開放、包容、理想主義、夜不閉戶的美國，正在眼前一點點老化、崩解。而遠在大洋彼岸的多難故國，終於成長為世界第二大經濟體，似乎看到「復興」的希望。所以，《説美國》及《中國文化的精神》亦可視為《十日談》的「文化背景」和「延伸」，三者構成一「多元互動的秩序」。

「沒有國家，就沒有個人」，這是戰亂年代倖存者的刻骨之痛。近年來，我們時常能從許先生的著作包括這本《十日談》中，讀到他對中國未來的巨大期許。當然，他也提到了對中國進一步的盼望：「國家強盛固然重要，最要緊的是……社會組織更加健全，思想言論更加自由，政治更加開放，每個人都有社會參與感，每個人都願意介入公共事務，每個人都願意為國家貢獻自己的一份力。」（《十日談・第十講》）

作為接受過東西方最好教育的現代知識分子，他將自己的工作定位為：

「不（僅）是招魂，而且是為迎接新文化的前驅喝道。」（《中國文化的精神．前言》）然而，也有論者認為他是「民族主義」，尤其不能接受他對美國的批判。

這裏有兩個情況需要說明。首先，是寫作者的「立場」。雖然自我身份認同是中國人，許先生畢竟在美國生活、工作了六十多年，似乎在很大程度上，他是以「美國本土知識分子內部視角」，結合自己多年來所見所感展開論述。這也就決定了他的「批判性」立場——美國民主制度，並非我們想像中那麼完美；當下在場的美國政治實踐，與兩百多年前、紙面上的美國政治，也存在著巨大的落差。

此外還關涉許先生歷史研究的基本觀點：規章制度和具體的執行，往往是「兩層皮」。隨著時勢推移，二者間的差距可能越來越大，直至最後不得不調整改革——類似的情形，在中國歷史上發生過很多次。所以他才反覆強調，「看東西要看東西本身的意義，想問題要想徹底」（《十三邀》訪談），「我唸書從來就不是在書本上唸，而是在人的生活裏看普通人的生活，看他們的生命裏遭遇何種困難」（《十日談．總論》）。

舉例而言，本書第四講引用安德森（Kurt Anderson）的觀點說：「美國活力的喪失，是一種社會老化的現象。」當下的現實是：總統拜登已經八十歲，眾議院院長佩洛西已經八十二歲。馬斯克最近也吐槽美國政治被一幫老人把持，很難與人民建立真正的聯繫。前總統特朗普要限制新移民，然而如今的美國面臨 800 萬勞力缺口，有 1200 萬人領著優厚的政府救濟金而不願工作。人力成本居高不下，快遞堆積在港口無人轉運；貨運中心洛杉磯的鐵軌兩側，被偷盜的包裹碎片扔得到處都是——警察無能為力，因為預算和人力有限（《紐約時報》）。

以我在匹茲堡的親身經歷而言：房東湯姆（Tom）先生已年近八十，房產中介老闆也已七十多歲。所以，他們不接受網絡匯款、銀行轉賬乃至現金支付，只能一次次送支票過去。最覺詫異者，他們至今都很習慣用信件來傳遞信息，郵箱隔三差五收到歷任房客的退款支票、銀行賬單、促銷廣告種種。或許這也是不得已之舉：太多老人接受信息的習慣，已經固化在幾十年前。當然也有好處——拿著帶有姓名和地址的信件作為身份證明，就可以去卡耐基圖書館免費辦理借書卡。

第二，是許先生對於「群經之首」《周易》裏「變」的理解和運用。「不要理想地認為將來有東西可以完全替代什麼，只有演化，只有無窮地追尋、改變，和因此而呈現更多的選項。」（《十日談·第三講》）面對福山（Francis Fukuyama）宣揚美國模式所建構的「歷史的終結」，許先生認為，「民主制度其實非常脆弱，任何一環鬆動就可能被其他制度代替」，墮入柏拉圖所總結的軍閥獨裁、富人政治、寡頭政治或僭主政治。「沒有完美的制度，只有不斷更新的制度。」（《十日談·第十講》）有次提及這個問題，我請教許先生：「關於『變化』，對於我們學歷史的人而言，應該是一個不證自明的『常識』，為什麼您能夠運用得如此深遠廣大？而很多人包括我自己卻熟視無睹？」他推薦看法國「年鑒學派」的東西，並強調說「學歷史要有 common sense」，回歸常識。

大同世界，修己以安人

關於中美之間的衝突，許先生認為是「文化之間的不協調，並不是文化衝突。東方文化沒有辦法反映到西方去，對西方沒有衝擊，或者衝擊非常薄弱」。多年來，他出版的五本英文專著，除了 *Ancient China in Transition*（《古代中國的轉型期》，1965 年）是他在芝加哥大學所寫的博士論文，偏重於「社會階層流動分析」之外，餘者幾乎都是圍繞「將東方文化反映到西方去」這一目的而展開。

Han Agriculture（《漢代農業》，1980 年）的論述，早就超出書名所限定的範疇，致力於廓清「以精耕細作農業為基調」，兩千年來傳統中國的「基本盤」；*Western Chou Civilization*（《西周史》，1988 年）則致力於解釋這一「超越政治力量的共同文化」，如何最終形塑「華夏文化本體」——這兩本書分別從

經濟結構和政治文化，解釋中國這一共同體的成因和內在機制，數十年來已成經典；《萬古江河》則以梁任公的《中國史敘論》作為理論框架，講述了「中國文化成長發展的故事」——作為許先生影響力最大的大眾史學著作，各種版本累計銷量近百萬冊，其英譯本 *China*（2012 年）成為美國大學中國史教材；新近出版的 *American Life*（《許倬雲說美國》，2021 年）及 *The Transcendental and the Mundane*（《中國文化的精神》，2021 年），對美國歷史與當下的反思以及中文文化的引介，在美國知識階層引起的共鳴和反響方興未艾。

在《說美國》和《十日談》之中，常常感受到許先生對美國日漸敗壞的哀嘆，以及對中華文明參與重整未來人類秩序的期盼。甚至在《中國文化的精神．後言》中，他都忍不住呼籲：值此人類文明轉變關頭，「西方文明已近削薄甚至毀損了許多其他文明。於是，我們必須要尋找新的因素，尋覓新生。此時，環顧全世界，能夠對西方文明提出針砭的文化系統，只有中國這一處了！」

具體言之，「中國一直以來在政治、社會秩序上努力的方向，就是把烏托邦的政治理想與現實掛鉤，把零碎的結構熔鑄成為一張大網……廣大區域共享福祉，這是中國人理想的結構」（《十日談．第九講》）。

有關中國文化的核心價值，許先生尤為關注「人心」，及其蘊含的無限可能：「你的心就是上帝，人心怎麼想就造成你看社會怎麼樣。許多人的心合在一起就是眾人的心，就是支配你、呼喚你、抑制你、鼓勵你的力量。……修身修己到一定地步就要去照顧別人，安人、安民、安百姓。」（《十日談．總論》）這是明末東林以來，江南綿延四百餘年的精神傳承；也是許先生以一生的行持所檢驗、親證過的。

關於這一點，胡適先生直到晚年也不能體會。高平子的孫子請教「橫渠四句」，他認為這是「四句空洞的話」，反問道：「怎麼叫『為天地立心』？你解說給我聽。」（《胡適之先生晚年談話錄》，1958 年 4 月 10 日）

很長一段時間，我也不能理解許先生所主張「大同世界」的政治理想。畢竟在中國歷史上，它從未真正實現。「大道之行也，天下為公」，空有理念高懸，似乎並無現實可操作性。直到最近，有幸隨侍先生左右，言傳身教之下，才漸漸有了一點堅實的體會：理想的可貴之處，恰恰在於理想本身——「明知其不可為而為之」的道德勇氣，得寸進寸的真履實踐。「永遠要有更進一步的可能性，永遠要有糾正錯誤的可能性。」

日前，他講到當年參與臺灣建設、變革時，內心秉持的信念，「認為應該做，就把自己投進去，當作一根柴燒完為止，不計得失」；也講到晚年的嚴家淦先生與他的一番談話，「不要求事功，不要求成就——只有求心之所安。事功靠不住的，及身而止，我們只能説那時候盡力讓老百姓過上好日子，我們做到了」。老驥伏櫪，薪盡火傳，中國傳統士大夫的精神境界，於此可窺鱗爪。

最後，謹此衷心祝福，「烈士暮年」的許先生：養怡之福，可得永年。

中篇

雪泥鴻爪

「家國天下情懷」的中國文人

張作錦（臺灣資深報人，曾任《聯合報》社長、總編輯）

許倬雲教授是臺灣「中央研究院」院士，歷史學大家，著作等身。如果我不在報館工作，向他請教、邀他寫文章，怎麼會有機會認識他？

我何時結識許院士，已記不清楚，大體應該是「陳文成命案」發生的時候。1981 年 5 月，居住在美國匹茲堡的卡耐基梅隆大學教授陳文成返臺度假，7 月 3 日被發現在臺灣大學校園內離奇身亡，驚動海內外。大家都希望有一可孚眾望的人士協助處理此事，當時仍在匹茲堡大學任教的許院士，就義不容辭地參與了這件事，把他的意見交給《聯合報》發表。

那個年代的通信設備極簡陋，連傳真機都沒有。大家知道，許院士自幼就手腳不便，用手掌握著筆，一筆一畫地刻出字來，然後用越洋電話報到臺北。接聽傳報新聞的電話本是記者同仁的工作，但感於許院士的慷慨與熱心，多半由我自己接聽記錄。以後許院士常回臺灣講學，後又返臺常住一陣子。他不以學問傲人，使我得有親近、認識他的機會。

許院士最近幾年出版了好幾本不是「老生常談」的好書，如 2006 年的《萬古江河》，2017 年的《中國人的精神生活》（大陸版名《中國文化的精神》）。凡讀過這兩本書的人，都可看得出，許先生念念不忘中國、中國人、中國文化，以及大格局的世界文明。同儕和讀者普遍認為，他是一位有「家國天下情懷」的中國文人。

這可能與許先生的身世有關。他幼小即在國家外侮內亂中顛沛流離，來臺後才稍能安穩讀書，後來又離鄉背井去美深造，回國後在「臺大」任教，在「中研院」從事研究工作。以後雖然較長時期在美國教書，但他念念不忘臺灣，常回臺灣講學，也到大陸做客座教授。他倡議成立「蔣經國（國際學術交流）基金會」，向全世界推展漢學研究，他幫助臺灣政治大學進行一個大型的「形塑中國」研究計劃，目標在「界定自己，走向現代，融入世界」。

他和沈君山教授共同幫助殷之浩先生與殷琪女士父女開辦「浩然營」，選拔兩岸三地青年精英，在世界各地「安營紮寨」，每次講習四星期，希望經由這些青年領袖的思想融合，進而融合整個中國。1990 年，第一屆「浩然營」在美國加州開課，兩岸三地學員共 30 人，臺灣方面參與的人員包括馬英九和陳定南。

當「二二八事件」還是禁忌話題時，1987 年 2 月 26 日，許先生在《聯合報》發表《化解二二八的悲劇》一文，直指當局應特設查證委員會，釐清責任並釋放在繫人犯，結束歷史悲劇。第二年，1988 年的 2 月 27 日，許院士在《聯合報》再發文章《又是二二八了》，提醒執政當局要儘快善後。終於，臺灣當局在 1995 年 2 月 28 日發表調查報告，正式向不幸受難者道歉，並立碑紀念，希望能撫平不幸的歷史傷痕。

許院士出生時身體就不方便，但他毅力驚人，一一克服。不僅進入學術殿堂，著作等身，而且幾乎是全神貫注地關懷國家社會問題。這樣的人，性格當然是很堅強的。但許院士雖有「冷靜的腦」，卻更有「溫暖的心」。在與他四十多年編者與作者的交往中，我至少看到他流過三次眼淚。

許先生 2001 年回臺定居，在「中研院」附近購置公寓之前，先在臺北市忠孝東路四段租屋居住，樓下有一日式餐店。有一次我們在那裏小聚，他歡喜講歷史故事，我歡喜聽。抗戰時，許先生一家住在長江口岸沙市。川軍出川，趕赴前綫，有運兵船沿江東下，在沙市上岸。許院士的母親把他放在門前的石獅子上坐著，她自己忙進忙出地燒開水、提開水，給那些年輕的軍人解渴。

「母親心疼又著急的樣子，我現在還記得。她提著一大壺開水，忽然跟我說：『這些孩子，從此一去就回不來了。』說完她就哭了。」我眼前已過中年的許院士，也毫不掩飾地淚流滿臉。

為了紀念 2005 年抗日勝利六十週年，中央電視臺早兩年就開始籌拍大型文獻紀錄片《抗戰》。一位參與製作的朋友從北京打電話問我，怎樣可以聯繫上許倬雲教授。我說巧得很，他正在南京大學講學。朋友後來告訴我，他們錄像《大家訪談》時，許院士回想抗戰期間多少將士的捐軀、多少百姓的流離，泣不成聲。許院士回到臺灣，在萬芳醫院休養，我去看他，他跟我談到紀錄片的事。八年國殤，重上心頭，他一面說，一面飲泣。丈夫有淚不輕彈，只因未到傷心處。

我因為報館工作上的關係，有幸與很多學者來往，包括臺大歷史系的張忠棟教授。他 1990 年因肝癌在臺大醫院開刀的第二天，我就去探望他。他後來因為政治理念的關係，與朋友有些疏離，但我們仍然維持往來。1999 年盛夏 6 月，與許院士共同參加一項餐會。餐後我要開車送他回家，他說：「我們一起先去醫院看看忠棟吧！」到了臺大醫院一間單人病房，張教授蓋著被子躺在床上，腹部生水，肚子挺得很大，臉上戴著氧氣罩，已不能言語，他的公子一旁侍立。許院士問張教授：「還認得我們嗎？」他點點頭。我們說了一些不著邊際的安慰話，黯然而退。

離開病房，走到走廊上，許先生哇地一聲哭了出來。他們有師兄弟的情誼：「是我在臺大歷史系做主任時，送忠棟出國深造的。」幾天之後，張教授走了。

對國家、親人和朋友的情、愛，永遠擱在許先生心裏最重要的位置。而且，不僅表現在他與學術界同行的身上，也惠及我這一介記者。2003 年我自《聯合報》退休，事聞於許院士，他賜文「以壯行色」，題曰：「將軍辭營志未消——送新聞老兵張作錦退守後防。」這樣的榮幸，真受寵若驚。只因當時仍受聘為報館顧問，且依然每天上班，恐招「利用職權」或藉史學大家以自炫之譏，故取得許院士諒解後暫未發表，後由許院士納入他自己的《倚杖聽江聲》

散文集中。2015年，《天下文化》為我編輯自選集《誰說民主不亡國》和《江山勿留後人愁》兩書，特央請許院士同意，將此文移作選集的序言，一以為拙著增色，一以稍稍彌補多年來的歉疚與遺憾。

在這篇文章中，許院士敘述曾與我有過的兩次「長談」以及談話的經過與內容。可看出一位學者和一名記者共同的關切，並展現出臺灣社會轉變的軌跡。

「我們第一次長談，正是在臺灣風雨如晦之時，我們二人都投身沈君山兄發動的革新保臺運動。有一次，我返臺參加君山兄主持的會議，討論臺灣的局勢。散會後，作錦兄送我從麗水街走回永康街。我步履遲緩，在小公園中休息一次，抵家後又續談未了的話題。記憶中，為時兩小時的談話範圍，由國際大勢、國內情形討論到改造『國會』、改善族群關係等諸項課題。其時臺灣處境艱難，民心驚慌，海外華人的心也大多被保釣運動席捲而去。然而，我們仍覺背水之戰，未嘗不能置之死地而後生。」

「此後又有一次長談，則是在紐約一家旅館。那時，美東國建會同仁有大型集會，餘興節目正在進行。我們都是不喜歡熱鬧的人，遂離開會場，借大廳一角，再次傾談臺灣現狀和國際情勢。臺灣已走向富足，民主化過程已發軔，但是內部不和諧的隱憂也已漸漸露頭。我們也因此談到民主的定義、政體與國體之間的兩難問題及國際情勢。這次長談，也是兩小時。」

「這兩次長談，長留記憶之中。一方面是談得深入，所見略同；另 方面，更因為當日估計的大局趨向，半個世紀以來，雖未能全部中的，也相差不遠。我們當日的預估未能全中，主要因為失估了一項因素——我們未能料到臺灣的老皇民們仇視大陸之深，及輕視中國人與誤解中國文化之甚！今日回想，只是失估了一角棋勢，全盤棋局遂有如此不同！」

許院士還憶及一些小事。「在海外向臺灣投稿，今日有傳真（fax）之便；但在數十年前，為了趕時效，唯有用國際電話口授筆錄。我的口述稿，勞累了臺北新聞界的同仁。作錦兄其時已主持《聯合報》編政，有時還是親自執筆，記錄我的口述稿，其敬業精神令人欽佩。我尤其感激者，是口述之前他提供的信息，啟沃我的思路；筆錄之時，他隨手修飾潤色，遂點凡鐵為可讀的文章。投稿者與編輯之間，能有這番緣分，實為奇遇；求之今日的傳真或電子郵件，恐已不易再現了。」

許院士因為研究和講學的關係，常常來往於匹茲堡和臺北之間。2010年，他忽然惹上官司，從那時起就沒有回臺灣。去年3月原告病故，官司應可結案，我問許院士：「可以回來了吧？」他表示官司早已和解，他長期不回臺灣的緣故，乃是在兩度脊椎大手術後，健康迅速退步，涉訟不久，已經不能回來。現在他起坐都不方便，醫生嚴令不准他坐飛機，回臺灣不知要何年何月了。

許倬雲院士是一位歷史學家，眼觀十萬八千里，耳聽上下五千年。但是他的心，不僅是放在臺灣，現在及未來的臺灣，更是放在整個中國，現在及未來的中國。

歷史長河經眼底，霸業興廢上筆端
——記我所認識的許公倬雲

陳方正（香港中文大學中國文化研究所前所長）

神州風雲變色，新中國成立，已經是七十年前事。它促成了許多學子遠渡重洋，在新大陸立足揚名，成為學界顯赫人物。其中四位歷史學家，我有幸相識，他們的經歷、成就大體相若，性情、稟賦、懷抱卻迥然而異。我和他們專業不同，天各一方，卻有幸逐漸相熟乃至成為朋友，也算是緣分不淺了。

我最早碰到的是張光直兄，那是 1958 或者 1959 年在麻省劍橋一個中國同學的聚會上，他黝黑，矮小的個子，堅實簡潔而又自信的語調，給人以非常深刻的印象，但當時我對考古學一無所知，他對物理學興趣也不大，所以話頭不多。過了一兩年，通過羅球慶兄介紹，我得以不時去余英時兄家裏參加他們新亞校友的聚會，從而和他認識，更由於曾經在香港出版的《自由學人》上接觸過一些西方史學掌故和理論，所以能夠談得起來。至於彼此相熟，則是十多年後他到中文大學來當新亞校長，我們一起參加負責大學體制改革的「工作小組」所帶來的機緣了。何公炳棣輩分甚高，我知道他是從拜讀其大著《東方的搖籃》（*Cradle of the East*）開始。而得以相識，則是因為 1990 年代初和金耀基兄等幾位同事創辦《二十一世紀》雙月刊之故。其時何公從實證史學轉向思想史領域，其開端便是在我們這刊物上發表一篇「檢討」杜維明對「克己復禮」所作詮釋的文章，由是引起了他和新儒家學者相當激烈的筆戰。此後他經常來港，時相過從，遂有不少機會聆聽他的高論與往事，乃至得以見到他自傳的稿本。

至於認識許公倬雲，也和《二十一世紀》分不開：他不但從頭就參加了我們的編輯委員會，而且創刊號的《二十一世紀評論》欄目就是以他的大作《理想幻滅，歷史不會終結》開篇。此短文發表於 1990 年 10 月，卻像是已經預見僅僅一年之後的蘇聯解體和接踵而來的福山驚人之作《歷史的終結與最後的人》（*The End of History and the Last Man*），而事先做出事後證明更為確切的不同判斷，即使純屬巧合，其眼光之犀利也真是令人驚訝！時光荏苒，三十年轉眼過去，面對今日世界亂局，特別是熾烈的俄烏戰爭與日益緊張的中美對峙，我們自不期然又會想起許公十年前出版的《大國霸業的興廢》來。這題目並不新鮮，奧斯瓦爾德・斯賓格勒（Oswald Spengler）遠在一個世紀之前就已經預言西方的沒落，保羅・肯尼迪（Paul Kennedy）出版《大國的興衰》（*The Rise and Fall of the Great Powers*）也是三十多年前之事了。許公此書其實是一本談話錄，以論列中國歷代興衰及其近代應付巨變的得失為主，涉及西方歷史進程乃至中國在 20 世紀之崛起者，大約只佔四分之一篇幅而已。但無論如何，能夠在英國公投脱歐和特朗普橫空出世之前四年，就再度拈出這個題目來，那也真和世界大勢的演變若合符節，使讀者眼前為之一亮。

上面這四位史學家的人生途徑，大體上是平行發展的，即在中國大陸或港臺成長，大學或研究院畢業之後到美國攻讀博士學位，然後在彼邦勤懇治學，嶄露頭角，卓然成家。由於早年經歷以及史學的陶冶，他們都懷有相當強烈的家國情懷——雖然其政治取向並不相同甚至截然相反。眾所周知，英時兄傾心自由、民主傳統，經常評騭時事，褒貶人物不稍假借。何公和光直兄雖然不常發表政治議論，但一直看好也認同新中國，經常回到大陸參觀、考察、演講，這是大家熟知的。至於許公，則態度可形容為保持善意的中立和力求客觀：《大國霸業的興廢》一書末了以「飛龍在天」「亢龍有悔」和「群龍無首」來形容中國所面臨的處境和選擇，那正是這種態度的最佳寫照。

但無論其政治傾向如何，在這四位知名中國史學家之中，有興致與精力走到歷史專業領域之外，去認真探討、分析、評論人類歷史整體與世界大勢，進而著書立説的，卻僅得許公一人而已。其故安在，頗值得思考。當然，像所有關乎人生選擇的問題一樣，這歸根究底，最後總不免牽涉個人性情、氣質與稟賦。但除此之外，它無疑也和個人成長環境、際遇、機緣有相當重要的關係。從這個方向想去，我們會發現，許公與以上三位並世歷史學家的確有兩個大分別。

首先，在表面上看，許公和他們一樣，都是生於憂患，成長於流離動亂，經歷了抗戰、內戰、逃難、漂洋過海和一番奮鬥，這才得以在一個嶄新國度立足。但稍為細究就會發現，其實大不然。當然，在抗戰期間許公所受的顛沛流離和驚恐危險，所目擊的淒慘痛苦情狀，比之定居於北京、昆明或者安徽鄉間的其他三位要多得多。這是因為他父親是負責供應軍糧民食的官員，必須在戰火四起的前綫附近工作，而他自身罹天生殘缺之苦，不能夠遠離父母。但抗戰勝利之後那幾年，他回到老家無錫居住，已經開始體會到傳統士大夫家族的滋潤和味道。而自此之後，比起那三位儕輩來，他的人生更是穩定、暢順和幸運得多了。大陸解放之際他渡海赴臺，甫入臺大便以文史考卷一鳴驚人，得到系主任、院長乃至校長的賞識，自此一帆風順。畢業後入文科研究院，再入史語所，儼然成為當時雲集南港眾多古史、甲骨、考古專家所著意培養的接班人。所以，他的物質環境雖然艱苦，心理上卻充滿希望和自信，期待將有一番大作為。八年之後他束裝就道，赴芝加哥大學攻讀博士的時候，其實已經是一位獲得安身立命之地的成熟學者，而非剛剛踏上征途，準備「結死寨，打硬仗」(何公炳棣在《讀史閱世六十年》中的自況）以求立足的外來客，其心理深層的安穩與後者之緊張委實不可同日而語。所以他自覺在古史方面遊刃有餘，沒有也不需要「在（導師）顧立雅先生身上讀到什麼中國東西」即能夠寫出論文（見李懷宇撰《許倬雲談話錄》)，甚至還參與其時風起雲湧的民權運動，這也是順理成章的。無論如何，拿到博士學位之後不久，他就踐約返臺，隨即臨危受命接任臺大歷史系主任，同時在史語所任職，重新回到了以前的穩定軌道上。此後八年間，他在臺灣學術界如魚得水，俯仰自得，行有餘力，更與一批同聲同氣的朋友集會結社，探討、議論時政，雖然經常處於政府強大壓力的陰影之下，而為此擔驚受怕，卻從來不缺乏師友同儕的鼓勵、支持與照顧。在不惑之年赴匹茲堡大學訪問時，他已經是一位地位穩固的資深教授，其後決定逗留不歸，顯然也很順當地獲得了長聘教席。統而言之，上天好像是要補償許公生來殘缺之憾，為他安排了一條特別安穩暢順的事業道路，使他有充分自信、餘暇乃至衝動去探討、議論專業以外的大問題。這是自進入美國高等學府之始，便必須面對無形但長期持續專業壓力的其他三位學者絕對無法享受的寬鬆環境。

其次，西方學術風氣講究專精，學者即使觸類旁通，也大多是為了另闢蹊徑以擴大本專業研究的範圍，或者以別的專業補其不足，而絕少願意單純為了興趣而不惜浪費精力於其他科目。記得英時兄曾經把做學問比作下棋，而有「高手無廢子」之語，那多少也就是這個意思吧。然而，許公在芝大攻讀博士學位那五年之中，卻以大部分時間遊心於韋伯理論、兩河與埃及古史、歐洲中古社會，乃至啟蒙運動等西方社會學與史學問題。到了匹茲堡之後，由於歷史系的覆蓋面廣，而且社會科學背景很強，所以他在文化學、宗教學、社會學、西方史學交的朋友特別多，雖然聚散無常，「大家已經不再聚會。可是，我一直還在這些課題上打轉」(見前引《許倬雲談話錄》)。所以，既由個人興趣，也憑因緣際會，許公的學養、背景要比其他三位開拓得更為寬廣，這自然為他從中國歷史轉向世界史和當代世界評論鋪平了道路，甚至其本身就是一種向其他領域拓展的強大吸引力。而其他三位史家，包括對於韋伯學說、軸心時代、巫文化等理論有深刻研究的英時兄，則顯然都沒有他那樣廣泛的興趣——再打個比方，在黑白方圓世界之中，他當屬「宇宙流」無疑！

許公放眼中外，盱衡古今，這種豪邁氣概是否和上面提出來的兩個原因有關，自是見仁見智，不易確定，也難以深究。另一方面，即使將他 1980 年代初的重要專著《西周史》和晚年的力作《萬古江河》相比較，也可以見到兩書出版雖然相距二十多年，其核心精神則一仍舊貫；只不過前者追求嚴謹細密，著重湮遠古史的考證與分析，後者則宏觀流暢，以抒發對中國歷史整體的見解為主，但底子裏兩者都屬通史性質。它們與錢夫子的《國史大綱》類型不同，精神則相通，與何公《東方的搖籃》、英時兄《朱熹的歷史世界》、光直兄《中國青銅時代》等著作則迥然而異。其分野就在於：前者是宏觀的、整體的，後者則無論其篇幅規模如何，卻始終是環繞特定問題而展開，其有限度目標即在於解決此具體問題。從此看來，僑居西方大半輩子的許公，心底裏嚮往的仍然是司馬公「究天人之際，通古今之變，成一家之言」那種境界，並以此為最高理想，這是以上三位史家所早已經有意或者不知不覺中放棄了的（見李懷宇撰《余英時談話錄》論「通史」部分）。那麼，他能夠不受西方學術大環境影響而堅持發揮這個理念，恐怕和上面提出來的原因也不無關係吧？

90 年代初，許公應邀來港出任香港中文大學「偉倫講座教授」並訪問歷史係數年。當時我忙於中國文化研究所所內工作，特別是推動《二十一世紀》的發展，竟沒有趁此良機認真向他請教，可謂失之交臂。其實，那時我正對不同文明在西方衝擊下所作反應的比較發生濃厚興趣，發表了一篇關於土耳其現代化歷程的長文，蒙許公惠然嘉許。我生性魯鈍，卻仍然不懂得積極響應，回想起來委實慚愧之至。

歲月匆匆，如今世界大國之間的衝突越演越烈，已經由暗轉明，從無硝煙演變為（即使是間接的）兵戎相見了，其錯綜複雜程度以及（無論就地理抑或性質而言）範圍之廣，都是人類歷史上所從未夢見，而至終將伊於胡底，則更非任何人所能夠想像——在 16 世紀歐洲宗教戰爭方興未艾之際，有識之士如博丹（Jean Bodin）、蒙田（Michel Montaigne）等輩，想來亦曾生出相類似的迷茫之感吧！處此滔滔世變，許公雖年逾耄耋，但頭腦清晰，意志頑強，在夫人悉心呵護下，身體也仍然朗健，實可喜可賀。正所謂「天行健，君子以自強不息」，我們深信，他必然能夠不負上天之託，以同樣堅強的精神邁向期頤，繼續為我們論列瞬息萬變的世界，是為祝為禱。

2022 年 6 月 27 日於用廬

「感時憂國」的知識分子典範

王德威（哈佛大學講座教授，「中研院」院士）

我和許先生之間的淵源，是從臺灣蔣經國學術交流基金會（以下簡稱「蔣基會」）開始的。許先生是其中非常重要的一位人士，「蔣基會」在他的指導下，有非常多的活動：包括兩岸的文化研習營，還有在歐洲、美國、亞洲各個不同地方的漢學活動，他也承擔了北美漢學中心的工作。所以因工作的機緣，我和許先生有比較多的接觸。

一

其實我不是史語所出身，我自臺灣大學外文系畢業後，就直接到美國威斯康星大學唸研究所，這些年多半都在美國，先是在哈佛大學，後來去哥倫比亞大學，再回到哈佛大學。1990 年代中，許先生他們希望「蔣基會」在美國有一個比較常態性的研究機關，所以他們找到我，我也很願意做一點事情。因為許先生當時是北美漢學相關事務的負責人，包括不同學科獎學金的審核、發放等都是他在主持。最近十幾年，因為年紀大了，健康情況也不如以前，所以他就將越來越多的責任轉到我這邊。他退休後，我接任北美的工作，有很多事務上的意見需要交換。到了最近幾年，許先生因為行動不便，我們雖然沒有見面，但是有很多電話交流，天南地北無所不談：學術上的問題，有關中國海峽兩岸華人世界的問題，他都非常關心。

我自己對歷史有強烈的興趣，也想過做歷史方面的研究者。但是，後來我覺得還是文學更適合自己。在這些年裏，我在哈佛大學舉辦過很多論壇、會議活動，2014 年我和歐立德（Mark Elliott）教授在哈佛合辦 Unpacking China 國際研討會。這個活動的主要起因，是我與葛兆光老師的交流——我們是很熟的同事、朋友。那一年我邀請了葛老師，還有他夫人戴燕來哈佛燕京學社做研究。葛老師同時還是普林斯頓大學一個新設立的全球歷史研究項目的訪問學者，他應該是第一位受邀的學者。會議也是受葛老師《宅茲中國》這本著作的啟發，還有其他機緣湊在一塊——但我們沒有刻意去張揚——這個是嚴肅的題目，我們希望有比較深入的學術討論，而不是流於在海外的這種表面的、政治的辯駁等等。

許先生是我們會議的專題演講嘉賓，因為身體原因不便出席，他做了一個很好的視頻演講，把整個中國放大到一個歷史的面向來看待，用更包容的眼光來思考批判。那次會議非常成功，後來的許先生有一本書叫《說中國》，邀請了葛兆光老師幫他寫了《導論》。我想我們共同的關懷是差不多的，我只是從比較偏向現代的角度來看待作為共同體的中國，或稱之為歷史實體、文化傳承等等。所謂「共同關懷」，指的就是我們對現代中國作為問題與方法的共同關懷。我不是從政治科學領域或者歷史研究領域的學問立場來談，但至少從文學的場域，我個人覺得「中國」這個名詞代表了一種「呼喚」、一種「形塑」或者一種「辯證」。這些往往都集中在近現代這一百五十年到兩百年之間，提出了很多尖銳的問題。

中國的這一兩百年間的劇烈變化，我想讓大家感同身受，所以有很多基於不同立場的辯論。但是如果我們把眼光放大，把這個「中國」放大到五百年的尺度，從明、清以來的長程視角來看待；或者放到八百年到一千年的尺度，從五代、唐、宋以來的視角看待；或者放到兩千年甚至三千年的尺度，你看到的中國其實是很多層次的，它是一個非常複雜的問題。

如果只從現當代的立場來看待問題，我們當然也可以強調「現代性」本身的複雜意義。但是我覺得作為研究者的我們，似乎應該有更多的能量。因為我們有更多的知識跟史料的積累，以及更多的想像力來構思一個更大的文明議題。這點是我個人比較有興趣的，就是不把「中國」只當作一個政治實體或者歷史傳承的一個脈絡，而是一個廣義的文明。這是一個嚴肅的話題，我想許先生更有資格談論。

不論是葛老師或者是許先生，他們所堅持的「歷史的立場」給我很多啟發。但是這個「歷史的立場」並不意味對當前主流論述照單全收——即所謂天下無疆、博大精深、萬流歸宗，我想許先生不是這個意思。所以，你看他有很多有趣的、結構性的論述：他把中國當作是一個輻射性的歷史經驗的累積，不是一以貫之，而是把它看作一個不同的環狀的或者逐層推移、輻射內外的一個發展過程——葛兆光老師強調的是一種犬牙交錯的歷史進退，華夷之間的互動，南方跟北方、中間跟周邊的辯證等。

這都給我們很多的啟發。相對一般「大敘事」，我們作為學者，是不是在思辨的過程中應該更嚴謹一點？也更應該容納不同立場的聲音之間的辯證。這點我覺得許先生特別擅長。他從經濟的立場、農業的立場以及從人口流動的立場，從考古發掘所看到的各種不同地區跟時代的文化遺址來論證，包容性特別豐富，而且有辯證性。

二

許先生成長所經歷的是一個亂世，尤其是在抗戰的時候，亂世飄零中他目睹了很多浩劫。所以，他有一種願意從世俗的立場來看待歷史問題的傾向。這個視角，與他個人的學術訓練與家庭背景似乎有所不同，因為他來自書香門第，來自一個有良好教養的環境，但他始終強調的是他所經受的這種亂離的經驗。他親眼看到大量的死亡、戰爭、逃難、饑荒等等，刻骨銘心，所以他來到臺灣之後的這些年，一方面做上古史的研究，一方面對當代的問題也非常關心。後來，他思考很多問題都是從這個方面出發的，特別想要強調民間立場和人與人之間的關聯性的問題——而這個問題，可能不能用簡單的政治上的「廟堂」和「江湖」，或者是學術上的「高雅」和「卑俗」來分辨。所以，他特別喜歡想像中國廣義的民俗世界或民間世界，他最近的這幾本書都是從這個立場出發的。

我和他也常常談到關於抗戰的話題，他不能放下這種情懷。你很難用意識形態來説明，因為他關心的不是哪一個政黨、哪一種「主義」或教條所標榜的東西，他是真正經過戰火的人。也正因如此，他對當代的、眼下的中國與世界的關係，還有兩岸的關係特別關注。他作為知識分子，面對這個世界的局勢有種危機感——這種危機感，似乎是這一代中國知識分子身上共通的，是他們的血液裏、DNA 裏的一部分。那種緊迫感，用一種很俗的話來講就是「感時憂國」。

所以，他對我們當下可能也有類似的感覺或者想像。當然，我們如果沒有身臨其境，就很難理解許先生感時憂國的心緒。他甚至還有一種悲愴的情懷，我覺得這幾年尤其強烈。他在八九十年代也參與臺灣的實際政治、政黨轉型等，以一個海外漢學界大佬的身份為臺灣的政界建言。但現在沒有這種機會了，所以他心裏的失落感，我覺得是有的——很多他們當年的期許，與當前的臺灣現狀有很大的差別，這讓他有很多的失落。

三

80 年代末，蔣經國先生過世之後，由許先生他們幾位海外的重量級學者，包括余英時先生，應該還有哈佛的張光直先生，以及香港中文大學的金耀基校長等，他們提議：應該有一個超越黨派及政治立場的學術交流基金會，純粹以「推動世界漢語學術」作為唯一的訴求。這也呼應了蔣經國晚年的一個立場——超越以往的歷史包袱，真正回歸學術層面。在這裏面，許先生扮演了非常關鍵的角色。他是能夠運籌帷幄辦事的人，能量非常大。在他們的強力主導下，我認為「蔣基會」在過去三十年裏，的確保持了學術中立的立場。「蔣基會」和大陸的合作關係一直非常密切，比如最近這些年和大陸各重點大學設立的「歷史文化研習營」等。我想，許先生從一開始就很在意學術的獨立和自覺，不願意受任何其他的干擾。這個基金會在大陸得到了相當的信任，因為基金會的對口單位是宋慶齡基金會，這兩個單位不斷在合作。我覺得，這應該是許先生引以為傲的一個成績——他強烈地主導，絕對不讓政治介入。當然，承擔這份責任，他的壓力非常大，在主導很多學術活動、做決定的時候，是不容易的。

那時候我以為他高不可攀，我非常尊敬他——我們在年齡上有差距，在專業上也有差距。可相處久了就知道，他其實是很實在的一個人。我們都在美國，但他在匹茲堡，我在紐約或波士頓，我們很少有機會真的面對面。每年開「蔣基會」海外諮詢委員會的時候，我們會見到。他是主席，所有能做的預備工作他都事無巨細，親力親為，對此我的印象特別深刻。你以為他行動不太方便，可他總是準時到。而且，他有精明的一面：基金會總是談錢的事，要談基金的營收、發放策略是怎麼樣，要怎麼補助，補助學者還是學生等，有很多枝節的討論他都參與——這個是許先生和一般偉大學者又不太一樣的地方。他很在乎個別學者的感受，所以我們後來把研究生的獎學金、助學金提高了。我後來所做的，其實也就是接過許先生樹立的一個模式，蕭規曹隨。

因為疫情的關係，我們兩年沒有面對面談過了。如今許先生算是功成身退，他關心，但是不過問。我和他的互動，其實最開始是事務性的。到最近一兩年，因為疫情的關係，我覺得他對人與人之間關係疏離的危機感特別強。後來他就問我能不能定時跟他聯絡、對話，我們就約定一週一次。他非常健談，第一次把我嚇壞了：講兩個多小時，滔滔不絕。我說：「許先生您九十歲了，要不要休息一下？」而且，多半都是我有一些問題請教他，我對歷史尤其上古史是外行，但我們做學問總是會碰到一些廣義的歷史問題，他就會從源頭上有很多細緻的發揮。

他最近一兩年在做《萬古江河》姊妹篇的思考和寫作，這可能也是他晚年最為重要的一部作品，如今已經寫完，暫定名為《經緯華夏》。他一直在思考，思維驚人地活躍。他是一個真正的學者，哪怕是九十二歲了，他也不會甘心躺在那裏養老或者消遣。

我們的談話內容其實天南地北，但基本圍繞大歷史的框架，不論是古典的還是當代的。有時候他會問我個人對美國的意見，對當下兩岸的一些想法等，也沒有刻意地定話題。我們都在學術界，常常會碰到都有興趣的話題。比如有一次，我在做 50 年代臺灣籍背景的哲學系「大佬」的研究，如洪耀勳、殷海光等前輩學人。因為許先生就是臺大的，我打電話問他，他就給我講殷海光，讓我幾乎有一種就在現場、身臨其境的感覺。他分享了很多自己的想法，但是也有批評和保留。所以我在做五六十年代的歷史思想史這方面，許先生提供了很多第一手的觀察和點評。

平時的聊天內容，大都和中國有關係，在談話中也可以感受到他的焦慮和他對中國的關心。他關心當下，但總能延伸到一個更大的問題：對廣義的人類文明持續的關懷。但這些年，他的無力感也越來越強烈，這和年紀、和現在中國及世界局勢的快速發展也有關。

感覺在八九十年代，他們那一輩學者還是有捨我其誰的責任感。但後來臺灣變了，世界變了。我在 90 年代或更早，在報紙上看到許先生的很多論述——對臺灣的期許、對大陸的建言等等，我覺得責任感是很明確的，余英時先生也是如此。在那個年代，重量級的海外學者，都是有分量的發言者。但後來，民主時代的臺灣不需要這些「學術大佬」的建言，他們也老去了，臺灣整個的政治生態也改變了。所以我覺得許先生這些年最大的收穫來自中國大陸，包括許知遠對他的訪談，以及日漸增長的讀者群體——至少他有另外一個平臺。

我覺得與其說許先生有一個理想主義的傾向，更不如說他其實有從後之來者的一種建構性的史觀。他的格局有時候拉得太大，就不見得能夠容納很多歷史實證的細節。從這個意義上，當然看起來有一點理想主義，但我覺得用「想像力」更合適。他是一個有想像力的人，有時候打電話，他會分享說自己有個新的想法，比如猜想上古的人民如何生活、遷徙之類的。我想做歷史的學者，他一定還是需要有一種先入為主的敏鋭感覺。他願意做「假設」——這個詞比較重要，我覺得他並不忌諱做假設，然後再用材料論證、理解他的假設。這是一個大氣派的做法。

他喜歡構想一個論述模式，《萬古江河》是一個非常好的例子。在這本書中，他重新定義了看待歷史的方法：不再是綫性的描述歷史，而是以環狀推展、架構歷史敘事。在這本剛剛完稿的新作裏面，他就改變了原來論述的邏輯，希望重新塑造一個新的模式。我覺得，這是史學家一個重要的能力：他有他的材料，他有他的想像，他有他的願景。

我認為許先生不希望自己回溯中國士大夫的這種風格，雖然他的確很「先天下之憂而憂」，但他不喜歡這個描寫。他有很洋派一面，他其實就是這樣訓練出來的，對西方的東西知道得特別多。所以他遊走在兩種不同的歷史觀——中國傳統歷史觀與西方的歷史觀——之間展開論述，我覺得很不容易。而且直到七八十歲，他還不斷去看大陸的考古遺址，他強調要現場看到。所以，許先生是個奇人，活力充沛，到現在我都不覺得是在與一位九十二歲的老人講話。

四

我看過《許倬雲說美國》，我覺得許先生對美國是很失望的。他看過美國好的一面，我 1970 年代末期來到美國，那時的確與現在是不一樣的。我當然不會貿然地說美國現在就真正進入困局中，但是對當下美國的狀態，我用一個比較溫雅的詞，就是一種很混沌的感覺，不明朗，也看不出民心士氣的走向。

我的個人感覺是，絕大部分在美國的非華裔同事，不論是做漢學研究，還是做經濟、政治研究的群體，都會有一種特別迷茫的感覺，都不知道政治怎麼會變成今天這樣，那種無力感是有的。尤其大家基本上不能只做研究，而要進行政治上的表態，這是很糟糕的事情。所以許先生的這種感受比較強烈，但他不是唯一的，我覺得我們正處在一個過渡階段。中美關係現在雖然緊張，可是每年申請來哈佛的中國同學還是很多；來訪問的學者，至少我的接待都沒有斷過。

許先生的無力感，其實在《許倬雲說美國》那本書中寫得特別明確。許先生畢竟是中國人，他有很多儒家的理想，有時候很像自由派。我覺得他對美國失望的心情可能比我更深一點，因為他是做歷史研究的。我們搞文學的，可能還有一種不切實際的想像、浪漫。所以他的焦慮和失望，其實不只是對美國，他對中國大陸、臺灣，我都感覺到了一種焦慮。

所以，許先生是典型的「感時憂國」的知識分子，骨子裏還是有很執著的「先天下之憂而憂」的情懷。我覺得很慚愧，自己沒有他那樣的情懷。其實我跟余英時先生也比較熟，他們倆的個性完全不一樣：余先生就是雲淡風輕，許先生身上有另一種坦然——他幾十年如一日，對身體的障礙都很坦然。哪怕如今身體越來越不好了，他一如既往地坦然面對，「做一天和尚撞一天鐘」，盡其在我，唯學為尚。這是讓我印象最深刻的。

（本文為姚璐採訪，張希琳整理，王德威教授口述並最終審定）

回顧與倬雲先生結緣三十載的情誼

蘇基朗（歷史學家，香港科技大學終身榮休教授，澳門大學前副校長）

我今年剛踏入古稀之年，即將從澳門大學致仕「還鄉」（香港之香諧音），或曰「歸田」（沙田之田）。此時此刻，也分外懷念與倬雲先生結緣三十年來的情誼。謹此回顧，他在我的人生歷程裏，扮演了怎樣的角色。

對我為學做人曾經發生重大影響的老師有兩類。第一類是曾經給我上課或指導論文的受業之師：本科生時有余英時師及全漢昇師，碩、博士生時期分別是嚴耕望師及王賡武師。第二類是於我影響雖大，但我從未有幸正式聽課的私淑之師，也有兩位，分別是斯波義信先生及許倬雲先生。諸師於我而言，都是無法望其項背的學術巨匠，但能夠略窺其皮毛，聊作東施之效，我還是有幸不致虛度了五十年的學術生涯，並且能夠熱切地期待著致仕之後，再另闢新研究領域三十年，繼續領會人生。這些過去與未來，都拜他們所賜。我心底一直對他們充滿感激。上述六位為學做人之師，對我影響最大的，是許倬雲先生。

1992 年新加坡的二月天，與其他月份一樣酷熱難當。坐在新加坡國立大學空調辦公室裏的我，凝視著窗外分外翠綠的青草，腦裏卻胡思亂想著太太即將攜同兩歲書童前往多倫多讀博的事，感覺更多像在亞馬遜熱帶雨林的邊陲之外，行將闖進那片充滿生命但同時也危機四伏的天地。忽然一陣電話鈴響，把我喚回到人間世。話筒傳來一把穩重而親切的聲音：「你好！我是許倬雲。」

我一下子反應不過來，因為接到他的電話實在太意外。雖然早聞他的大名，但素未謀面或上過他的課，為什麼會接到這樣重量級大學者的長途電話？不過，從亞馬遜雨林趕回來的我，很快便醒覺過來，這一定和我申請香港中文大學歷史系講師職位有關。倬雲先生當時剛受高錕校長之託，重振歷史系，所以參與了遴選。由於種種人事原因，我本來對申請是不存厚望的，所以沒有心理預備會接到倬雲先生的電話。通話時，他説系裏決定錄取我，若校方通過，6 月或可有合約，很希望我可以接受中大的聘請，云云。我當然大喜過望，但馬上得向他解釋，6 月才向國大中文系請辭的話，會趕不上 9 月前來中大應聘。因為新加坡國大第一學期 7 月已經開課，6 月才通知系方，對同事、同學均不公道，我不能不負責任地離職。倬雲先生慷慨答允，翌年 1 月再上任沒有問題。後來這事曾經出現波折，也幸得倬雲先生協助，才讓我不致因此而失去回港報效的機會。若沒有倬雲先生的眷顧，我也不會在中大歷史系工作十八年了。此話並無虛言。

在中大的十八年是我學術自信的起點。新加坡國立大學的中文系給了我第一份學術工作，讓我得以重溫學術生涯的夢想，我一直感激不已。中文系是一個包含文、史、哲及翻譯的漢學系，我從同事，如李焯然兄等處，學習了不少新的漢學知識，工作非常愉快。但符合自己志趣的歷史研究，一直遙不可及，當時甚至有掙扎求存的感覺。意想不到的是，一旦到了中大歷史系，忽然好像開了竅，思考問題時得心應手，新意泉湧，以前學術研究的困惑之感，一變而成讀書之樂。這和歷史系眾多良師益友息息相關。當時系內除倬雲先生外，還有系主任陳學霖先生以及郭少棠、梁元生、朱鴻林諸兄等一班飽學之士，他們或擅於文史考據，或精於思想、宗教，或長於社科理論，使我眼界大開。和這批智者時相過從，切磋學問，讓我能夠喜悦地探索各種研究途徑。莅職三年，長聘在握，又在倬雲先生推薦下，爭取到前往哈佛—燕京學社訪學一年的機會。所有這些新發展，完全改變了我的學術運程。我此後三十年的學術生涯，一切都從接到倬雲先生電話而展開。

其次，是治史方向的定位。我本科時興趣在思想史，碩、博士生時轉攻歷史地理及社會經濟史。研究方法以史料考據為本，輔以發展經濟學理論，研究對象則聚焦在閩南及外貿港口泉州。三十歲取得博士學位，惜與學術職位無緣，轉業大學行政五年；及在新加坡國立大學時，教學任務使我疲於奔命，亦未能好好重拾故業，遑論開啟新課題。雖然已經開始涉獵法律史，有轉向之思，畢竟甫入其門，未有頭緒。故此初抵中大時，我的專業知識猶不免狹隘之譏。所以與倬雲先生在中大共事的數年，恰是我學術身份認同危機冒現之時。當時師友忠告不外幾途。以同樣的史料考證協同經濟學方法，拓寬研究對象，或越入宋元時代其他地域，或跨進另一朝代的福建研究。至於法律史，類多建議先做地理經濟，有餘力再考慮。這些建議都有道理，都是坦途，足以確保自己成為宋史及經濟地理專家。但當年歷史系同仁在倬雲先生領導下，做過兩個項目，一個討論身份認同（identity），一個探究合法性（legitimation），都是十分跨學科、跨時代、跨文化的治學經歷。受這些項目啟發，我開始嘗試一條較崎嶇的路，就是跨學科之路。這要求以重大議題為出發點，而非從學科出發，前提即沒有重大問題是可以通過單一學科來解決的，因而在方法論上可以更加開放自如，不為學科所囿。作為中國史專家，我也開始思考，中國問題能否從中國以外的知識，領悟視野更廣闊的答案。在 20 世紀 90 年代，這些想法在香港學術界並非主流，嘗試時不免遭到冷嘲熱諷，很容易氣餒。結果我堅持了下來，雖然荊棘滿途，成就有限，但沒有半點浪費時間之感，也可說自己一輩子學術方向，有了個安身立命的定位。倬雲先生治學氣魄恢宏，心胸廣闊，他的不斷鼓勵及以身作則，則是我之所以能堅持下來的最大動力。

1996 年我前往哈佛—燕京學社訪問，倬雲先生亦結束他在香港中文大學的任務，回到匹茲堡大學。可我和他的緣分未盡。深秋時節，太太忽然收到聘約，需在翌年 1 月到匹茲堡一所大學應聘。我倆當時對美國或匹茲堡全無認識，小兒剛在多倫多上小學一年級。一時之間，要做種種遷徙及安家的準備，真的千頭萬緒，無從下手，彷徨不可終日。幸而想起倬雲先生正在匹茲堡，馬上向他致電。三天之內，所有頭痛問題如居所、學校、保險等等，無不迎刃而解。其後家庭得以順利安頓，孩子得到良好教育，均拜倬雲先生所賜。尤有進者，由於在匹茲堡居所，與倬雲先生府上只有一街之隔，我每年兩次一家團聚之際，亦必拜訪他面聆教益。這樣的往來十多年，直到我家孩子上大學，太太出售匹茲堡房子，搬到弗吉尼亞州北部工作，才告一段落。

這段和倬雲先生在匹茲堡的緣分，對我的留痕遠深於在中大的時期。十多年間，每次拜訪他，許夫人都會泡壺香茶，備些美點，然後在無拘無束的愉快交談中，聆聽倬雲先生暢論古今中外的人情事理、世道人心，剖析治學門徑，闡發經世求真。談得高興，往往日落西山，依然意猶未盡，但也只得不捨地匆匆回家和家人用飯。倬雲先生的學問和睿智，帶給我的衝擊太多。每次和他詳談後，往往忽然變得高瞻遠矚，悲天憫人，思潮澎湃，振奮得不能入睡。他所提出的種種微觀、宏觀問題，經常纏繞腦際。每次一家團聚，又都充滿著期待與興奮，準備到許府迎接新一輪的腦力挑戰。

私淑十載，受益太多，不能盡道，這裏僅舉幾個例子，聊述我從倬雲先生身上學到什麼。首先是作為史學工作者，以史學研究為志業的話，到底所為何事？我的領悟是為史之道，要在以立心為本。若心在名利，則是名利之史；心在生民，則是經世之學。心狹則史識難以博通，為人則史德終成大器。治史治學不得不為自己覓個安身立命之所，其實古今皆然。其次，行政與研究，往往造成痛苦的取捨。例如有次在匹茲堡度假的我，忽接劉遵義校長來電，委我兼任大學教務長，當下端的陷入兩難之局。答應則剛有點頭緒的研究工作豈非休矣？婉拒則等於逃兵，連有機會在重要崗位上為教育下一代盡點力都「躺平」，怎過得了自己良心。幸而倬雲先生近在咫尺，馬上拜訪。一席話下來，茅塞頓開，想通了學問事功，苟心在生民，本是一事，所以欣然接受挑戰。而且，此後與教育行政結緣十八載，「周遊」三大學，由馬料水到清水灣，再到氹仔、橫琴，都能做到行政與研究相輔相成，無所偏廢；沒有把兩者當作此消彼長的零和遊戲，因而亦一直享受二者相得益彰的喜悅，沒有什麼糾結與遺憾。再者，倬雲先生古稀前後，我才有機會多聆教誨，令我震撼不已的是他在經世學問上一直都勇猛精進，筆耕不綴，從不言倦，為的就是希望對世道人心有點幫助。承他啟發，我現在行將古稀，始體驗到實齡畢竟取決於心境，發憤忘憂，果能益壽。

最後不得不一提的，是他向我再三闡發的學貴貫通。這些年來，我對貫通一事，有三個最深刻的體驗，分別是在香港中文大學推動公眾史學，在香港科技大學投身人文通識以及在澳門大學住宿書院建設全人教育。於我而言，公眾史學之貫通有二端：其一在領悟求真求用，本是一體兩面，求真適所以為用，為用更必須求真；其二在為生民治史，必不致囿於學科畛域，故能貫通看似不相干的各種學識，又能活用狹隘偏僻而不問煙火的專門學問。苟能以民為體、以民為用、以民為法（history of the people, for the people, by the people），便是公眾的史學。通識教育這幾十年已經變成東亞高素質大學教育的必備元素，可是通識的方向仍然眾說紛紜，莫衷一是。於我而言，通識之通，貴在貫通。先是不同學科知識間的共構（integration）、融會（fusion）以及通達（connectedness），然後是不同學科知識與品格修養之間的貫通。通識之大忌，是在網絡時代仍營營役役在大學教授常識之識、皮毛之識以及娛人之識。作為活水源頭的通識，本屬為學即做人，知識乃生活的人文素養，亦是東西古典文明的相同教育理想。此外，另一個今世大學陳述其使命時常不離口的理想，便是全人教育。凡言「全人教育」者，必強調知識傳授與品格培育並重，亦即是德智雙修。我在澳門大學主管學生事務三年，協助宋永華校長進一步建設大學的住宿書院，出發點正是為學與做人不單要分頭並進，並且必須融會貫通。由此出發，在制度及課程上，需要努力創建一個融合專業、通識、實習以及校園生活的住宿書院平臺，藉以落實全人教育的夢想。這是以貫通為宗旨的全人教育。於我而言，貫通公眾史學、通識教育乃至全人教育的，畢竟仍是學貴貫通之義。

回顧與倬雲先生的三十年之緣，可謂涵蓋我古稀前的大部分事業與人生。他在我生命中所留下的痕跡，幾乎俯拾皆是。種種恩義與情誼，銘刻在心，難以言喻。謹以此文，以表掛念和感謝。

1912 年 4 月，孫中山先生贈予先父伯翔公手書「海天一色」*

---

* 本書圖註均為許倬雲先生擬定

1932 年，伯翔公題記，刻於佛教禪宗南宗道場廈門虎溪岩禪寺摩岩

（陸鑫攝影，張今亮設計）

約 1927 年，先母章太夫人（立者右　）率兄姐與海軍眷屬合影。

前排左起：慶雲、泰雲、婉清、有榛；立者：右二留芬

1932 年，倬雲、翼雲於廈門海關監督公署家中

約 1934 年，伯翔公由廈門關監督轉任荊沙關監督赴任，
與先母攝於廈門至沙市航船上

約 1936 年，於沙市江邊，後排左起凌雲、小姑母許毓瑛，前排倬雲、翼雲

約 1937 年，攝於湖北沙市，後起為慶雲、倬雲、翼雲、淩雲

1937 年，祖母過太夫人七十壽誕，攝於荊沙關公署花園，背後為英商打包廠。後排左五為先母章太夫人，祖母右側為伯翔公，前排左五為翼雲，左六為凌雲，左七為倬雲

約 1938 年，攝於湖北沙市，左起凌雲、倬雲、有苓、莯淇（前排）

1947 年，二哥赴美讀書前夕，攝於上海，左起翼雲、倬雲、慶雲、伯翔公和母親

1947 年攝於上海，後排左起翼雲、慶雲、倬雲、淩雲；前排左起婉清、留芬、有榛

1948 年，父母與六姐綦淇於上海

1950 年，二老攝於臺南新營烏樹林糖廠

約 1951 年，伯翔公攝於臺北寓所

1952 年，合家攝於臺北，後排左起倬雲、翼雲、菉淇、二嫂、二哥，
前排左起有榛、母親、父親

約 1953 年，攝於臺北永康街 17 巷 25 號家門口，右起倬雲、翼雲、淩雲

1954 年，父喪期間攝於臺大

1958 年，攝於芝加哥旅途中

1962 年博士畢業留影，左起王正義、連戰、錢存訓先生、錢師母、倬雲

1962 年芝加哥大學博士畢業，與導師顧立雅先生留影紀念

1962 年 6 月畢業返臺，與母親攝於永康街許宅門口

1964 年，作為第一位返臺的留美博士，獲頒臺灣十大傑出青年

1965 年，曼麗（左二）畢業留影，倬雲時為臺大歷史系主任

1968 年於淡水，倬雲、曼麗戀愛後首次合影

1968 年，倬雲、曼麗戀愛留影，右一為陳永發

1969 年，倬雲、曼麗結婚照，步出禮堂

1969 年 2 月，於臺北懷恩堂婚禮，證婚人為周聯華牧師

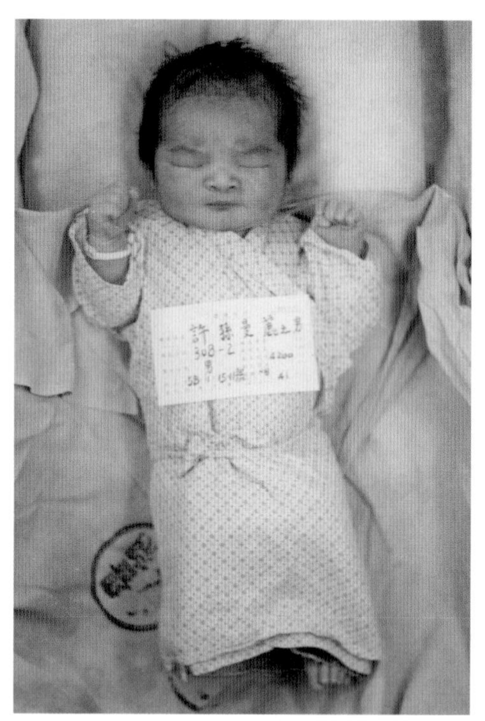

1969 年 11 月 15 日，許樂鵬出生留影

1969 年，樂鵬出生全家留影

1970 年，母親與樂鵬

1970 年代，曼麗生日，於匹茲堡家中

1970 年代，與曼麗在臺灣永康街家門口

撥雲尋古道，倚樹聽流泉
——和許倬雲老師在一起的日子

葛岩（上海交通大學特聘教授）

2020 年，許倬雲老師九十高壽。頭一年，張維迎、王軍和我還商量去匹茲堡為老師賀壽。人算不如天算，新冠疫情讓匹茲堡之行成為泡影。感謝許知遠，他做的「十三邀」中有許老師一集，讓我看到了老師、師母和第五大道上的許宅，看到了匹茲堡大學哥特風格的學習大教堂（Cathedral of Learning）和綠色茵茵的草坪，也讓我想起三十多年前和許老師在一起的日子。

一

1987 年 9 月，我開始在匹茲堡大學藝術歷史系讀書，專業是藝術考古。在國內，我本科學中文，讀過一個美術理論碩士，考古人類學和古代史方面知識十分有限。指導老師林嘉琳（Katheryn M. Linduff）要我補些課程，包括許老師的《中國古代史》，從新石器考古講到周秦。

那時，我不了解許老師。臺灣同學告訴我，老師出身民國世家，做過臺大歷史系主任，是臺灣「中研院」院士，美國著名的華裔學者。課間休息，臺灣同學上去問候老師，我也過去致意。許老師點點頭說：「北京來的？聽林老師說過。」退回座位，我吃不準自己做得是否得體。那還是臺灣尚未解禁的時代。

初到匹大，要補英文寫作課，每週一篇作文；還要突擊德文，準備讀博士要求的二外考試；加上不了解學校制度，不熟悉美國教學方式，日子過得跌跌撞撞。忙亂中到了期中考試的時候，許老師的課要求交一篇論文。

那時自己有電腦的人不多，多數學生會去學校電腦室做作業。交論文的前一天晚上，我的存儲軟盤丟了，裏面存著寫了大半的論文！晚飯也顧不得吃，我奔回電腦室，問管理員，查看用過的電腦，終是沒有找到那個倒霉的軟盤。坐在電腦前，我苦熬一夜，次日上午才弄完論文，趕到教室還是遲到了一個小時。當時只覺得狼狽不堪，信心喪盡。一週後，許老師在講臺上點名，學生們魚貫而行，過去取判過的論文。輪到我上去，許老師換用中文說：「論文不錯，下課有時間來我辦公室聊聊吧。」

記不清那次聊了些什麼，老師大概是問問我在大陸的經歷和在學業上的打算。但從那以後，幾乎每次下課，我都和徐行慢走的老師一起，緩緩穿過教學樓悠長的走廊，去他的辦公室。最初我挺拘謹，言談舉止努力符合「執弟子之禮」的規矩，時間久了便放鬆下來。

許老師的話題非常廣泛，歷史問題、做學問的方法、國際和中國的時政、做人的道理、華人在美的生活等等。其中的一些還記得，許多忘了。說到中國古史，他多次講，我們今天動輒說中國幾千年如何，其實地理上、觀念上和制度上，都有不斷的變動，中國是逐漸形成的。大概是 1988 年，復旦大學史學家楊寬教授來匹茲堡訪問，許老師稱楊先生為「前輩學者」，囑我陪他在校園轉轉。老師告訴我，楊先生對古史研究很有心得，要我請教他對「古史層累造成說」的看法，請教應該怎樣看待顧頡剛的理論，理解考古發現和古史文獻的關係。

無論課上還是課下，無論談歷史或時政，許老師喜歡比較，比較不同民族的文化和制度如何一步步走來，提醒學生不要黑白分明、簡單膚淺地斷言好與壞、對與錯。剛到匹茲堡時，我發現信仰宗教的美國人很多。在街上時不時遇到面帶微笑的傳教者遞給你宣傳基督教的小冊子，邀你參加教會活動。從小知道伽利略、布魯諾的故事，我們這一代人大多相信科學和宗教勢不兩立。原以為美國科學昌明，沒想到宗教影響竟如此廣泛。我就此請教過老師，印象深刻的是老師對基督教和科學思維的分析。宗教敘事講了許多神乎其神的事，需要放棄常識，不問證據才能相信；科學研究強調批判性，相信一個東西必須要有嚴格檢驗過的經驗證據。兩者甚是對立。許老師說，基督教、猶太教，加上伊斯蘭教，都有至高無上、無所不能的上帝，極度排他。在實證科學家那裏，科學真理也是獨一和排他的，至少在給定的條件下如此。西方的宗教和同樣產生在西方的科學，都不願意接受不確定性。這和我們相信陰陽流轉、善於變通的思維方式差別不小。孰優孰劣，需要根據歷史情境來判斷。

學校圖書館有不少中文藏書。得閒時我會去翻看，了解到以前不知的近現代史上的故事。我從小被告知，美帝國主義無時不想禍害中國。雖然美國人在中國建醫院、學校，收養棄嬰，但目的是為在精神上奴役我們。了解更多史實後，我開始相信，這些機構使中國人受益，也為中國社會注入了現代文明因子。但這些事怎樣和美國的霸道行為結合起來理解？

1990 年，伊拉克攻佔科威特，美國跑去中東把薩達姆打回原形。我讀到一篇時評，從經濟得失和政治後果分析美伊之戰，認為美國在利益上得不償失。我請教許老師該怎樣理解美國人的動機：是唯利是圖，自私霸道，還是如他們自我標榜的那樣，主持正義，捍衛自由？老師說，國家的行為一定是圍繞國家利益轉的，但解釋美國人的一些行為，還要懂得「傳教士心態」。想想那些傳教士，做了不少好事，有時還為此付出很多，但也常有逼你服從的時候。他們覺得自己是在為上帝服務，相信別人只有追隨他們的上帝，才會平安喜樂，走上通往天堂之路。善行也罷，霸蠻也罷，在傳教士的心裏，可能沒有我們想像的那許多衝突。

二

許老師一生中的大部分時間，在美國求學、工作和生活。但我覺得，他一直關注中國，在乎中國人。許老師認識不少匹大的大陸同學，關心他們的學業，也關心他們的發展。王小波是一個許多人都知道的例子。

見到李銀河，因為在北京有幾個共同的熟人，我們很快找到了話題，聊她在北京「走向未來」叢書編輯部的那些事兒，聊她的中學同學，也聊到她和王小波為什麼不打算要孩子。這類場合，王小波不怎麼說話，顯得內斂，也許是清高。不過，我也見到過他豪放的樣子。有一天半夜，從學校電腦室回家，路上遇到王小波，穿一身不整的工服，頭髮亂亂的。我問這麼晚了怎麼還在亂逛，他答曰剛打工回來。當知道他幹活的中餐館在罪案頻發地區，我問他難道不怕被打劫。小波一笑：「我怕誰呀？看到我這樣子，路上的人見了就躲，以為我是劫道的。」

許老師多次和我提到王小波夫婦，他們交流不少。老師說小波有想法，志向是當作家，計劃畢業了就回國。1993 年我在伯明翰博物館工作，請假回校參加博士考試。許老師告訴我，王小波的《黃金時代》獲得臺灣《聯合報》系的文學獎，小說寫得相當有趣。說著，老師拿出一本送我。我當時沒太在意，心想老師說好，多半是出於對自己學生的偏愛。返回伯明翰前，我把還沒有讀過的小說給了嗜好藏書的同門胡曉輝。多年後，讀《一隻特立獨行的豬》，我才知道自己曾和一個天才擦肩而過，也因此知道許老師辨識人才的眼光。傳聞老師是《黃金時代》獲獎的舉薦人之一，但我一直沒機會確認。

1980 年代到 1990 年代初，訪美大陸學者不多，文史學者更少。來訪匹茲堡大學的文史學者，大多受到許老師盡心接待。四川大學的童恩正教授是很活躍的考古學家。他業餘寫科幻小說，還得了全國大獎。童先生英文好，境外學界聯繫多，來過美國多次，也曾到過匹茲堡。八十年代末童先生忽然來美，原先打算接待的美國學校臨時變卦，他一時沒了著落。知道此事後，許老師先是和林老師一起為他安排來匹大短期訪問，接著又聯繫香港學校去客座一年，然後用自己的薪水請童先生代教在匹大的課程，安頓童先生的生計。那個年代在美的大陸留學生都知道，做到這些很是不易。

1995 年到 1996 年，許老師請張忠培先生來匹大訪學一年。張先生是蘇秉琦先生在北大的門生，為吉林大學建立了考古系，又做過故宮博物院院長，個性鮮明，説起話來很有氣場。從待遇到學術交流，許老師為張先生做了妥帖的安排。他們還制定題目，每週見面，交換意見。1996 年初，我從費城博物館返校答辯論文，許老師要我陪張先生夫婦遊覽尼亞加拉大瀑布，參觀華盛頓形形色色的博物館，我也因此有了請教張先生的機會。

從華盛頓開車回匹茲堡，張先生一路上不斷稱讚許老師視野闊達，知識豐富，説我有這樣的老師十分幸運，還不恥下問地和我討論中國考古學該從美國同行那裏學些什麼。只顧説話，我迷了路，把車開進一個破敗不堪的黑人區，興頭上的張先生要求停車下去看看。我趕緊告訴他，華盛頓全美犯罪率最高，當地人大白天都會想法兒避開這樣的貧民區。多虧張夫人堅定站在我一邊，厲聲打消了張先生的念頭。我們原路退回到國會山一帶，仔細查看地圖後，終是找到了開回匹茲堡的公路。

一年後，我意外收到張先生發自北京的信。信中關心我的論文是否通過，説香港有份考古工作，要他推薦人選，問我是否有意。當時我已有工作去向，但前輩的殷殷關愛讓我十分感動。十多年前，許老師身體尚好，常來大陸，已是高齡的張先生專程去鄭州和年齡更大的許老師見面，安排老師實地考察安陽和偃師的考古遺存，實現了老師多年的願望，也讓我再度感受到前輩學者間的情誼。

1990 年，考古學家在陝西漢陽陵發現大量彩繪俑人。許老師電話告訴我，美國《國家地理》雜誌得到了國家有關部門的許可，允許去現場報道。他們到了陽陵，卻被管理人員帶入一間屋子，只許拍屋裏擺著的四五個俑人。《國家地理》雜誌在美國、在世界主要國家都是鼎鼎大名，他們想報道哪裏的考古發現，對方都會當作難得的宣傳機會，不想這次在陝西鎩羽而歸。他們找了許老師，詢問該怎麼辦。老師知道我在陝西歷史博物館做過臨時講解員，希望我幫助溝通。

我有幾個年少時的好友碰巧在陝西考古界。張廷皓是省文物局領導，吳永琪當時任秦兵馬俑博物館的副館長，我馬上和他們商量。記不清是廷皓還是永琪提起 1974 年發現兵馬俑，《國家地理》雜誌很早發了深度報道。據説，是他們首次提出「世界第八奇蹟」的説法，為建立兵馬俑在世界考古中的地位做了貢獻。有這樣強悍的理由，問題很快得到解決。我向許老師報告進展，老師通知了《國家地理》雜誌運行室主任馬扎滕塔（意大利姓氏，拼寫我忘記了）。老馬和陝西方面迅速進入了細節安排，不久後，報道團隊再赴陽陵。

報道草稿完成後，老馬把文中數十個事實細節一一列出，記得有草籽的名稱，現場植物、土壤特點，不同氣候的影響，器物的詳細尺寸，等等。他要我先譯成中文，傳真去陝西，經過考古學家逐個核實後，再回譯成英文。老馬還邀了許老師和其他藝術考古專家（記得是巫鴻教授），請他們評論陽陵發現的意義。幾經折騰，一篇圖文並茂的深度報道終於問世。我感覺，和實際看到的文物相比，文中的照片要漂亮許多。

至此，許老師運作的這場中國文化宣傳節目還沒有完全落幕。1991 年，紐約大學邀請張廷皓夫婦赴美介紹陝西考古，特別是法門寺發現的佛指骨舍利。老馬得知此事，代表《國家地理》雜誌邀請廷皓去華盛頓雜誌總部講演，請我陪同兼翻譯。許老師和林老師也在匹茲堡大學安排了專題講座，由許老師現場點評，解釋陝西考古的意義。那些重要的考古發現、精彩的文物照片，加上彼時氣宇軒昂的廷皓夫婦，所到之處必給人留下中國考古的美好印象。前不久見面，廷皓和我還憶起三十年前的講座，憶起華盛頓之夜，在空曠無人的大街上我們高歌秦腔的歡樂。

三

開始讀博士之後，許老師是我的指導委員會成員。在學業上，也在生活中，我們有了更多交往。那時，老師住一棟兩層的獨立屋。記得一樓客廳裏，幾張皮質沙發是象牙色的。牆上掛著裝裱成條幅的墨色碑石拓片，是傳為岳飛手書的諸葛亮的《出師表》。

每逢春節，師母會邀請一群大陸和臺灣的同學聚餐，按照中國人的風俗吃餃子。大家嘰嘰喳喳，歡聲笑語，像是回到了中國一樣。此時，許老師很少談古論今，師母才是這種場合的導演。師母説個看法，老師會引經據典，證明師母持之有據。

老師、師母也有意見不同的時候。記得有一次，師母和幾個女生熱烈地討論養生、養顏問題。師母説，玉米是個好東西，養顏作用明顯。在屋子的另一邊，老師正和男生們講什麼事兒。聽到師母的見解，他有一搭沒一搭地插了一句：「玉米最初是從美洲弄來的，可好像印第安人臉上皺紋很多呀！」師母一愣，停頓了一下，轉過頭對女生們說：「別理他，男生根本不懂這些！」大家都笑了，許老師一臉無辜的表情。

除了特別必要的場合，許老師不願戴領帶。我不止一次聽到他調侃，説領帶是個很糟糕的發明。我一直覺得西裝領帶挺精神，直到有過一次尷尬的經歷，我開始部分接受老師的看法。

來美國的時候，我想過買身西裝。在香港工作的小嬸勸我説：「這裏的西裝跟朝鮮的差不多，出去了你才知道它有多怪異。到美國，攢夠錢再買吧。」聽從了小嬸的勸告，到了美國，很長時間裏我都沒有西裝和領帶，也沒覺得不方便。有一次，許老師在教員俱樂部設晚宴款待一位來訪學者，要我作陪。我穿著 T 恤衫去赴宴，在餐廳門口被門童擋下，説沒有戴領帶者謝絕入內。許老師笑了：「信了我吧，領帶很討厭。可不戴，你就是進不去。」

師母載著我，匆匆趕到我的住處。我從室友——協和醫院來的何方大夫——處借了西裝領帶。何大夫個兒不高，一米八幾的我穿上他逼仄的西裝，再配上色彩耀目的領帶，簡直像是個行走的笑話。我想起張樂平的漫畫《三毛流浪記》——三毛光著膀子想進一所大廈，在門口遭截。一轉身，他撿到一個煤球，塗黑了上身，假裝是上裝，然後昂首走進大廈，留下一臉懵懂的門衛。

這些瑣細的往事顯得遙遠，但每每想起，卻仍然能感到它們的溫度。

身體不便，老師和師母已不能再來大陸。出乎我的意料，去年到今年疫情肆虐，許老師還能連續在網上舉辦講座，內容涉及全球化為世界帶來的危機，中國需要做出的文化選擇，日漸嚴峻的教育問題等。很難想像，一位九十高齡的老人仍然思路明晰，現實關注強烈，表達清楚且不失幽默。

在近年的著作和講座中，許老師常顯得憂心忡忡。一次視頻通話中，他告訴我：「你在美國的那十幾年，美國有信心，慷慨待人，是少有的好時候。現在的美國問題太多了。」老師擔憂美國被各種力量撕扯，社會動盪不斷加劇，更擔憂在各種文化和制度的糾纏中，中國會做出怎樣的選擇。從對美國數十年的觀察和體驗中，許老師相信西方主流文化遇到了難以克服的困難。亦如以前的著述中所表達的那樣，他希冀能從中國的思想傳統中借取智慧，用「和而不同」重構社會中的個體與群體，以及世界上「他們」和「我們」之間的關係。

視頻鏡頭中，老師顯得老了，每次移動都賴於輪椅。在信中，老師說自己：「天天肌肉疼痛，藉藥物止痛。人生至此，無可奈何。」我和妻子去信，請老師萬萬以健康為重，不必過慮世事。老師回覆說：「為了做一日和尚，總得盡撞一日鐘的責任，因此來者不拒，有人願意聽，我就盡力交流。畢竟，我們都是知識鏈的一個環節，這一長鏈不能在我手上斷綫——葛岩，希望你也記得如此做。」風雨如晦，雞鳴不已。

2021 年 8 月 8 日，上海

麈尾之教誨，化雨之春風——與許倬雲老師求學篇

楊紅育（曾就讀於匹茲堡大學人類學系）
孫岩（美國蓋底茲堡大學藝術與藝術史系教授）

一

20 世紀 90 年代中期，我們從北京大學考古系畢業後，先後於 1994 年和 1995 年來到美國匹茲堡大學，有幸師從林嘉琳教授攻讀博士學位。

林教授當時在藝術和建築史系以及人類學系兩系帶研究生，我們一人就讀於人類學系，一人就讀於藝術與建築史系。當時我們本科剛剛畢業，躊躇滿志，對未來在美國的學習充滿了期望。同時我們也意識到自己專業知識有限，對藝術史和富有美國特色的人類考古學知之甚少，對如何選題、做研究、寫文章則更是一頭霧水。林嘉琳和許倬雲兩位老師正是引領我們進入古代中國研究的領路人。

初次聽説許老師，是從當時在匹茲堡大學訪學的喬曉勤老師那裏。我們剛到美國時，喬老師在生活上對我們關照很多。記得和喬老師聊天，他告訴我們歷史系的許先生從事中國古代史研究多年，著作甚豐，在中美學界名望頗高，學期開始後林老師定會讓我們去拜訪他，而且許先生未來也會是我們博士學位

的指導老師之一。

後來我們才知道許老師和林嘉琳老師不僅是同事，也是很好的朋友。許老師比林老師年長，林老師敬重許老師的學問和為人，他們之間的友誼長達幾十年，共同培養了一批學生。

我們來美之前未聽説過許老師，更沒有讀過先生的著作，當時很是期待見到他。記得和許老師第一次見面是秋季開學後的第一個星期，在老師馬斯頓四角樓（Forbes Quadrangle，現在叫 Posvar Hall）的辦公室。

我（楊紅育）在人類學系就讀。人類學系和歷史系是鄰居，從人類學系出來，正對面就是歷史系的大門。第一次見許先生，多少有些敬畏，具體説些什麼記不起來了，主要是自我介紹和談了一下以後學習的方向。老師很熱情，記得當時我們是用漢語交流的，覺得很親切。

我們一起上過的許先生的第一門課，是他專門給幾位研究生開的先秦歷史和社會的小班討論課（seminar）。班上是一起開始做研究生項目的幾位同學，有美國本土的學生，也有像我們一樣從大陸和臺灣來美留學的學生。課上有關歷史學發展進程的討論，我們記憶猶新。

討論中，老師給我們介紹了法國年鑒學派的觀點，我們第一次聽到了「longue duree」（長時段）這個詞。課後老師還把他收藏的年鑒學派的代表學者費爾南．布羅代爾（Fernand Braudel）的書《論歷史》（*On History*）送給我們讀。這本書的英文版是 1980 年出版的，書中收入了布羅代爾的多篇論文。書中的這些文章不僅讓我們了解了年鑒學派的大歷史觀，也讓我們認識到史學與其他社會科學的緊密關係。

老師考慮到我們就讀專業的人類學和藝術史的方向，特意為我們選了這本書，回想起來這應是老師對我們的歷史理論框架的啟蒙訓練。

我（孫岩）在藝術史碩士班就讀期間，和老師上的另一門課是先秦文獻選讀。記得這門課是在研究生二年級上的，是 independent study，也就是和教授一對一的課，課上只有我和另外一位同學。老師給我們選讀的文獻也與我們的研究課題關係密切。我碩士論文的研究課題是西周的燕國。當時燕國都城琉璃河的發掘材料剛剛出版不久。我印象最深的是老師給我們解讀《儀禮》中的《士喪禮》篇時，啟發我們結合文獻，從考古學的角度和物質遺存去考察葬禮祭祀的過程。

在閱讀《禮記》的《禮器》篇時，許老師則啟發我們思考禮器的使用與男女在周代祭祀過程中所扮演的角色問題。這些跨學科的研究角度，對當時的我來講，還只是一知半解的感性認識。而在博士畢業後的研究中，我才深深地感受到跨學科研究的重要性，自己也注重在文獻提供的大的歷史背景下釋讀考古出土的物質遺存。

有關先秦女性、身份認同和權力的問題，在後來的研究中我也多有涉及。老師當時的點撥，可以說讓我受益匪淺。這種不拘泥於一個學科的方法和理論的角度，正是我們對古代中國認識的一條蹊徑，它讓我深切地體會到「他山之石，可以攻玉」的道理。

1998 年，老師從匹茲堡大學歷史系榮休，但對我們這些在校學生的指導如故。我們在匹茲堡大學就讀的六年裏，到老師在福布斯大道家中多次請教。有時我們兩人，有時和同學一起去。逢年過節的時候，孫曼麗師母常常會留我們一起聚餐慶祝。師母對同學們很是照顧，除了關心我們的生活，也支持我們到家裏和老師問功課。有時師母也會加入我們的討論，增添了不少輕鬆愉快的氣氛。

老師知識淵博，我們在和他的談話中學到很多。他總能把複雜的理論以簡明扼要的語言講給我們聽。他反對畫地為牢的學科界限，引導鼓勵我們做學問不拘泥於一種思維方式、一種研究方法。我們從 90 年代中期求學美國到現在的二十多年間，一直和老師有郵件和電話的往來。老師榮休後，在杜克大學、南京大學和香港中文大學都做過訪問學者，不管老師和師母遠在哪裏，我們發郵件問問題，老師都會及時給我們解惑。

最讓我們感動的是，2020 年疫情期間，我打電話告訴老師，我有關西周北疆研究的英文專著即將出版，他高興地和我通了將近一個小時的電話，和我交換了對古代中國北方考古學文化的看法。要知道老師當時已是九十歲的高齡，他對學術的執著和熱情為我們這些後輩學者樹立了典範。

二

多年來老師和我們討論的話題廣泛，遠在我們主修的三代考古之外，可以說是古今中外，包羅萬象：有兩河流域、希臘、羅馬和古代中國的比較；有何為華夏，何為中國和中國未來的討論；有全球化的興起和美國當今社會的動盪、變遷；從儒家、道家談到基督教和伊斯蘭教。

我們向老師問美國的選舉，問中國的崛起，問世界的未來。老師對這些問題的看法和分析，點點滴滴，匯而成溪；隻言片語，綴而成章。老師出版了多部專著，以一個史學家敏銳的洞察力和寬廣的胸懷，講述了古代和當今中國與世界的「萬古江河」。

老師有時也給我們講他幼年在大陸經歷過的抗戰時期，和年輕時在臺灣大學與李濟之、沈剛伯、董作賓、李宗侗、凌純聲等多位先生的師生情誼。記得一次茶餘飯後，閒聊之時，老師和我們幾個同學談到抗戰時期逃難的經歷，當提到親眼看見抗戰將士開往前綫，有去無回的情景時，他潸然淚下。當時在座的每位同學無不動容，也深感今日中國繁榮之不易。

老師思想活躍，思維敏捷，和他談學問也好，聊天也罷，都是一種精神享受。多年和老師的「閒談」豐富了我們的知識，提高了我們的思考能力。

老師可以說是史學界中的「雜家」。他曾經調侃地說，學界同仁說他「不務正業」。傳統的史學家多專注於一個時期、一個地域或一個歷史問題。熟悉老師著作的讀者會發現他的著作涵蓋了從歷史的角度去看一系列的問題，包括民族文化、政治經濟、組織管理和文化的時空格局等。老師的著作既能微觀漢代農業和西周歷史，也能宏觀華夏中國，我者他者，西方文明與今日美國。

老師能成為雜家，是因為他學貫中西，知識淵博。他強調學科的融會貫通，強調由古及今，強調從中國看世界，也從世界看中國。他把嚴謹精深的學術觀點，既能闡釋得舉重若輕，又能敘述到深入淺出。老師是「象牙塔」外的學者，他的聽眾和讀者遍佈學術圈內外。他的著作演講是面向每一位願意聽讀、願意思考的人，而不僅是像我們這樣的專業研究人員。他能為南大歷史學系的學人說文化歷程，也能為北大光華管理學院的學子講管理經營。他給在匹茲堡大學讀書的學生們授課的同時，也樂意參加當地華人的小區活動，談史論今。

細心的讀者一定會發現，老師的書、文是非常易讀耐看的。包括《西周史》這樣的專著，寫作的一個目的就是「為一般讀者提供稍為通論的讀物」。老師這樣做，是因為他認識到知識的生命不僅在於著述，也在於傳播。他孜孜不倦，誨人不厭，謙虛地講，旨在為前人小結，為後人引路。老師多年不懈的努力正是這種意願的寫照。

三

我們的訓練和研究是中國考古學，研究的課題也重在解讀物質文化。在和老師多年的學習交流中，我們感觸很深的是老師對考古學的關注和支持。

他常常和我們談到蘇秉琦先生的區系類型的觀念。他欽佩蘇老先生的見解，對童恩正先生提出的「半月形地帶」的觀點也情有獨鍾。在他和林嘉琳老師安排下，童恩正先生曾來匹茲堡大學訪問交流。在我們在校的六七年間（1994–2000），兩位老師曾邀請多位大陸考古學者來匹茲堡大學訪學，我們印象較深的是林沄和郭大順兩位先生。

林先生嚴謹睿智，郭先生風趣幽默。老師和大陸考古學家張忠培先生有著深厚的友誼。1995 年至 1996 年，張先生和師母在匹茲堡大學訪學。張先生回國後和老師先後於 1997 年在香港，1999 年在清西陵，2003 年在臺北，聯合舉辦了三屆考古研討會，每次會議有不同的討論議題。這三次會議時跨六年，彙集大陸及臺港老、中、青三代考古、歷史和藝術史方面的多位學者。我們有幸參加了 1997 年香港和 2003 年臺北的會議，深刻感受到會上濃厚的學術氛圍和學者們暢所欲言的交流。

每次會後，老師和張先生都把論文結集出版，把各位學者最新的研究成果介紹給學界。1997 年香港會議後，老師還促成了由林嘉琳教授、張忠培先生領隊的中美聯合赤峰田野考古項目，探究古代中國北方早期文明和文化的起源。這一長達十年的合作項目為匹茲堡大學和吉林大學培養了多位考古人才，也極大地促進了中美雙方在考古學研究方法上的交流。考古調查的豐富材料，也激發了對中國和世界其他地區複雜社會的形成模式的比較研究。

老師很早就認識到考古材料的學術價值。在他的研究中，考古材料不是襯托文獻這朵紅花的綠葉，而是舉足輕重的證據。這一點在《西周史》一書中有明顯的反映。

《西周史》一書不同於傳統史學家以文獻著史的傳統，更不同於考古學家以考古發現為主體的物質文化研究。老師書中以史學問題為架構，以文獻、考古、金文三項資料為證據，對史學研究和考古資料的自然融合，確實耐人尋味。

此書自 1984 年初版以來，不僅再版，還增訂多次，簡體和繁體版並行。不難發現，新發現的考古資料是老師每次增補的重心。老師對考古材料寄予厚望。他認為豐富的考古資料向研究者提出了挑戰。我們要從考古材料中歸納現象，尋求解釋；不僅要研究中國文化，而且要突破限制，探討人類文化的異同；不僅研究文化文明，而且應揭示人類與環境，文化與生態的關係。老師對考古資料如此重視和重用，在歷史學家中並不常見。

我（孫岩）的研究方向是商周時期中原王朝的北方。在對我多年的指導中，老師時常提醒我關注長城沿綫的地方文化，這讓我認識到中原與北方接觸地帶的邊疆，是我們認識青銅時代中原王朝形成的關鍵。

老師強調文化的多元性，認同的多樣性，強調文化和生態環境的互動關係。這些思想都很大地影響了我自己這些年對西周考古材料的研究。老師史學家的大框架、大視野的思考方式，可謂高屋建瓴，對我的研究啟發很大。在西周北疆的研究中，它讓我能夠從細膩的器物和物質遺存的分析中抽離出來，在更高的層次上把握每個地區大的歷史發展趨勢和文化進程。

過去多年，我們每次回匹茲堡的時候，都會去看望老師和師母，重溫當年在校與老師探討學問的感覺。時光荏苒，我們對老師和師母的感情依然純厚，老師和師母對我們和其他同學熱情依舊。學術之外，我們看到的、感受到的依然是一位心繫世界，思無界、思不止的長者。

2021年10月12日馬里蘭州　厄巴納

我所認識的許老師

陳寧（學者，曾任職於新加坡國立大學、聖塔克拉拉大學等）

我才疏學淺，師從許老師達七年之久，畢業後也仍然接受老師的學術指導。我本應該寫些有關學習過程中有意義的片段，可是，老師在學術方面的內容，我寫過專門的介紹，在此不如記錄一些與老師交往的小事，以便讀者更加了解老師的為人和品德。難免的是，在回憶老師的同時，「我」也成為被介紹的對象。

我是 1986 年進入匹茲堡大學歷史系的，在這之前就知道許倬雲教授是我的指導老師。我在北師大史學研究所的專業是先秦史，所以報考了許老師的博士生，成績剛過錄取標準。那時對於許老師本人的情況及其學術思想了解甚少，只知道他是位研究先秦和兩漢的學者。在初次與許老師通信的時候，竟然把老師的名字錯寫成「許綽雲」。在美國（在中國也同樣），把對方名字說錯或寫錯，普遍被視為很失禮的表現，而許老師絲毫不在乎，只回覆一句「沒關係」。後來我每次想起這件糗事都深感愧疚。

此文既然以自曝糗事開始，就繼續揭短吧。第二件糗事是第一次見到許老師時發生的。當時在他的辦公室，我做了簡單的自我介紹，包括個人背景、學習經歷和研究興趣。許老師聽完後，問：「祖上是哪裏？」我回答：「父親是無錫人，我在南京出生，北京長大，沒有在無錫生活過。」許老師接著問：「無錫哪裏？」我告訴他是無錫郊區的一個農村，父親上中學時就離開家鄉了。許老師又問：「老太爺身體還好嗎？」我說：「我爺爺早就去世了。」許老師笑了，說：「老太爺是指你父親。」我太無知了。老師還問我是否能說無錫話，我說我連聽都聽不懂，因為我父親的口音已經是南腔北調，我母親不是無錫人，家裏沒有人說無錫話。

我在歷史系先後做過好幾位老師的助教，給許老師做助教次數最多。許老師講課之前，把將要提及的一些術語交給我，課上我寫在黑板上。可是，他在講課中往往會即興發揮，所用的術語不在事先準備的單子裏，此時他會對我說：「陳寧，請把某某字寫在黑板上。」我的英文拼寫的能力極差（中文都能把老師的名字寫錯，就別說英文了），每到這個時候我都頭大。記得最清楚的是要我寫「elixir」（煉金術），我連一個字母都拼不出來，在黑板前發愣，還是老師將字母一個一個拼給我，我才寫上。也許老師理解我的語言水平，沒有責怪我。

許老師對我在生活上是非常關心和照顧的。我剛到匹茲堡不多日，許老師就介紹我去一家校外的冰激淩店打零工，掙點生活費。冰激淩店在一條商業街上，顧客來來往往，生意很好。我的工作是做保潔，同時熟悉冰激淩的不同種類和名稱，以便將來當服務員。報酬按小時計算，冰激淩也可以隨便吃。我為了給僱主留下好印象，工作勤奮，而且一口冰激淩也沒有吃。但是，不久僱主發現我持有的是學生簽證，按規定是不可以打工的，所以就辭退了我。以後，凡是可以掙點小錢的機會，許老師都會想到我。比如，抄寫文章，搜集資料，製作卡片，等等，都是計價報酬的工作。2019 年我搬到弗吉尼亞州，與許老師通電話，他首先關心的是我的生計情況，並說可以幫我聯繫些翻譯的工作。我告訴他我的經濟狀況很好，謝謝他的關心。老師還表示，我搬去匹茲堡就好了，可以經常見面。我解釋說內子有好朋友在弗吉尼亞。

除了經濟方面以外，老師和師母也關心我找對象的事。我到匹茲堡的第二年，他們就為我介紹一位女士，我發現她是我北師大的校友，在美國也彼此認識，只是沒有感覺。許老師不僅對我關心，對其他同學也是如此。葛岩的夫人就是許老師和師母給他介紹的。我結婚後，與內子一起去老師家，老師和師母詳細詢問她的專業，並提供了很多找工作的經驗，尤其是起步要高。內子畢業後，很快就找到一家在加州的大公司工作。我也搬去加州繼續我的論文寫作，許老師特地給伯克利加大的熟人寫介紹信，讓他們提供使用圖書館的便利。只是一封介紹信，許老師寫了很多內容，我在一旁問他為何寫這麼多，他笑著說：「博士買驢嘛。」

許老師對王小波的欣賞，當時我就知道。老師告訴我，小波喜歡思考問題，有獨到的見解，正在寫小說，涉及性方面的描寫，突破了當時的禁區。許老師建議我與小波交往，可是我那時一心讀書，無暇旁騖。雖然我在圖書館見到過小波幾次，但都沒有主動與他攀談，至今後悔莫及。他的裝束我至今記憶猶新，總是一件 T 恤衫，一條寬鬆的短褲，一雙涼鞋。當時流傳一句小波說的話，大意是，千萬不要小看大學校園裏的窮酸學生，他們中間或許就有將來影響社會的人物。我萬萬沒有想到，當時那麼不起眼的王小波後來就成為這樣一位有巨大影響力的人物。1997 年 4 月中旬，我與許老師通電話，老師的聲音很沉重，他說這些天心情非常不好，因為「小波走了」。我那時才意識到，許老師對小波的情誼如此之深。行文至此，我突然發現，今天，4 月 11 號，正是小波的祭日。

許老師曾經告訴我，他為很多中國大陸來美留學的學生做過經濟擔保人。我們知道，如果沒有經濟上的保證，申請留學的大陸學生，即使有學校錄取，也不能實現留學願望。另外，許老師在匹茲堡經常會見來訪的大陸學者，或在辦公室交流，或請到家裏做客。談話間如果得知對方需要某些資料，許老師就請學生去圖書館將其借出複印，由他支付複印費。

去老師家做客，是我最開心的時候。師母精通廚藝，每次做的菜都與上次的不同，而且非常可口。從她那裏我們學會了一種省時又省事的方法：烤箱一次烤數種菜，有葷有素。許老師負責洗菜、擇菜和飯後洗碗的工作。許老師的話題包羅萬象，從學術到娛樂，似乎沒有他不知道的，話題甚至包括武俠小說和電視劇。師母也非常健談，與男生聊天的話題有別於與女生的，也非常喜歡開玩笑，大家總是笑聲不絕。老師和師母在美國有豐富的生活經驗，並主動傳授給我們，所以每次去做客，都感覺收穫滿滿。在那種氣氛中，我們感覺不是師生會面，而是朋友們的聚會。

歷史系除了我以外，還有幾位同學也師從許老師。我們既是同學，又是朋友。許老師認為有的學生沒有達到獨立做研究的水平，或是勸其轉學，或是勸其改換其他專業。有一位同學很無奈地轉去了別的學校，但是，他在畢業後，許老師幫助他找到了一份大學的工作。為此，他非常感激許老師。這件事說明，許老師在關心學生的同時，也不忘堅持原則。

堅持原則是許老師做人的準則之一。我剛進歷史系時，就有學長告訴我，許老師非常講原則。匹茲堡大學曾經有一個學生，是位全美著名的美式足球運動員，他上課就是混個大學文憑。他選了許老師的課，成績一塌糊塗，遠低於及格綫，許老師沒有讓他及格。這件事轟動了學校，很多學生，甚至教員都不滿意。但是，許老師就一直堅持原則，沒有改變他的成績。

我赴美之前，專門為許老師在北京琉璃廠買了一個漢代陶狗的仿製品。去老師家做客時，我很吃驚地發現，許府除了這個仿製的陶狗，沒有其他任何文物。後來我才知道，許老師遵守他當年與李濟之先生的口頭約定：從事古代史專業的，不可以收藏出土文物。多年以後，許老師在大陸和香港數次遇到低價的真品出土文物在出售，都沒有動心去購買。能夠拒絕如此之大的誘惑，是絕大多數人都做不到的。也許正是這個原因，他們非常寵愛那隻陶狗，把它擺在客廳的顯眼處，客人一進門就能看到。幾年後，師母告訴我，小狗的顏色變綠了，更加可愛了。[1]

許老師和師母酷愛傳統字畫，家裏的客廳總是掛有大幅小幅的字畫，而且每隔一段時間就更換一批，輪流欣賞。當然，這些不是出土文物。2019 年年底，老師告訴我，要將家裏珍藏（由他弟弟保管）的一幅清宮原拓的「三希堂法帖」捐贈給公家單位，讓我詢問一下國會圖書館是否願意接收。我聯繫了東

---

[1] 據說出土的漢代綠釉器物的表面有一層氧化了的銀白色的物質，是自然的「返鉛」現象。現在的仿製品表層的白色物質是為模仿真品而塗上的；時間長了以後，白色物質變薄，裏面的綠色就顯現出來了。

亞圖書館的邵東方館長，後者回覆，國會圖書館十分願意收藏。我想到孟子提倡的「獨樂樂」不如「眾樂樂」。

許老師在任教的同時，也兼任蔣經國國際學術交流基金會北美地區的主席。全球申請基金的材料一摞一摞地擺放在許老師的家裏和辦公室，他經常把處理過的空文件夾送給學生，可以幫助學生省去每個學期交報告的文件夾的費用。我至今還在使用當時獲得的一些文件夾。掌管這麼大的一個基金，是一個令很多人垂涎的「肥缺」。記得他當時對我說：「我沒有財運，雖然每天經手大量的錢，但半點都不是我的。」我明白，如果私自挪用資金是很容易的事。

許老師在別人的眼中是位令人尊重的大學者，而對我來說，他首先是位正直而可親的長者，其次才是我的學業指導老師。我一直慶幸自己此生能夠遇到他，每每想到這兒，心裏就有一種暖意。除了家人，許老師是我夢裏出現次數最多的人。

我所認識的許叔叔

馬毓鴻（學者、收藏家，著有《故宮簡史》等）

第一次見許叔叔，就像見岳父其他有身份地位的朋友們，不同的是，許叔叔多一分親切，更像親人，也不介意當晚輩的我侃侃而談。當時不太清楚許倬雲是何許人也，只覺得他目光炯炯有神，頭腦特別清楚。仗著岳父和他熟悉，我講東講西，又談政治又談歷史，想想當時自己對文史、時事其實是一知半解。今天自己雖已出版五本和藝術文史有關的書籍，但才剛剛認真讀了幾本許叔叔的著作，有關文化的、有關歷史的，才真正明白「班門弄斧」的含義。

在內人佑遠口中，他是遠在匹茲堡教書的許叔叔，從小記憶中兩家就是很要好的朋友。加上在臺灣號稱「永遠的副部長」的李模先生，被公認能力很強只是官運不濟，因曾任好幾個「部」的「副部長」，和岳祖父馬壽華及岳父馬漢寶雖在不同部門，但總有數不清的公務和私誼上的交往。李模娶了許叔叔的姐姐許婉清女士，孩子當中有以唱《龍的傳人》出名的民歌手李建復，家喻戶曉。有一年，在美國華盛頓特區臺北文化經濟代表處任職的李建復的弟弟李建國，碰巧和在華府當律師的我有業務上的交流，兩代的交情和關係，可稱得上「錯綜複雜」，而且許多過往發生的陳年舊事都成為家裏最溫馨的回憶。

岳父家原來是喜歡狗的，卻一直沒機會養狗。在偶然一次拜訪住在「中央研究院」宿舍的許叔叔途中，發現一隻孤苦伶仃的土狗，小孩子們都很喜歡那隻狗，但大人們還在猶豫如何處置。許叔叔像橫空出世仗義相助的俠士，又像習慣縱容溺愛小孩的長輩，竟也一起向岳父母說情。在岳父有絕對權威的家中，許叔叔那神聖的一票，可是關鍵的一票。小土狗就這樣子成為馬家的第一隻狗，取名 Karry，十分聰明討人喜歡，也從此結束了岳家不養狗的習慣。

許叔叔後來移居美國，但有機會回臺灣時，必定和岳父相聚敘舊。見面時，就像一般老朋友一樣，話家常、談時局，天南地北。有可能是家世相近，學識相當，又同時都在大學任教，他們一直是十分投緣的朋友，許叔叔在岳父眼中也是難得的摯友。很可能是與岳父相交時間持久，心靈契合，家中總認為兩人就像結拜兄弟一般。二老一高一矮相伴的影像總是鮮活地烙印在大家的腦海裏，記得許叔叔自己還開玩笑地說，他們走在一起，就像臺灣寺廟裏為抬神轎繞境開道的「七爺」「八爺」一樣。

發現許叔叔其實是一位很有影響力的學者，是在我到華府一家歷史悠久而且最具規模的律師事務所工作時。那時蔣經國先生已過世數年，一個為了紀念他而發起的組織——蔣經國國際學術交流基金會成立。在過去強人政治的時代裏，帶著強人名號的組織備受尊敬，同時也意味著背後一定有不容忽視的實力。許叔叔安排我任職的律所作蔣經國國際學術交流基金會在美的法律顧問，我了解，這絕對不是憑著我律所在華府卓越的聲譽就能成事的。其實，在過程中我也了解到許叔叔的書生本色，他不會不明就裏胡亂幫人，而是必須清楚比較相關情況，況且基金會在華府附近設置美國辦事處，確實有法律服務方面的需要。

從他的著作中，看不到臺灣歷史教科書中一般正朔紀年宏大敘事觀點的歷史內容。對我這個充其量只是聯考歷史拿過高分的文史門外漢，讀起來像是重新認識歷史。好比他從政權、經濟、社會、文化觀點解讀中國歷史的《說中國》，朝代的更迭起伏已經不是歷史的經緯，四個主題有機隨時變化地演繹著「中國」這個概念。明明應該是艱澀難懂和海量研考的學術題材，卻能深入淺出，而且還能讀出偵探小說的味道——抽絲剝繭，直到最後水落石出，緊緊地抓住讀者欲罷不能的興致。

閱讀這本書，又像上了一堂別開生面的歷史課，看到不少過去沒特別注意的歷史細節。譬如說，中國人中佔主體的漢族，其實也是兩千多年來經過許多文化磨合、碰撞、融合出來的族群，其血統並不是那麼「純種」。在外人口中等同於中國人稱謂的秦人、漢人、唐人、桃花石、契丹，也不單指中國政權統治下的子民。即便「五胡亂華」時代，及其以後的遼、金、西夏、元、清等「外族侵擾」時期，也是異族通婚文化交融的契機，更不用說隋唐盛世，漢人、胡人你中有我，我中有你的大融合，連皇族都有胡人血統。印象中，中國子民受了兩千多年的帝王封建專制統治。事實上，封建世襲階級分明的社會體制，早在周朝之後已經瓦解。後世雖有種種出於不同原因形成的世族門閥等特權階層，廣大子民卻基本上都是編戶齊民，而只在後來的遼、金、元、清征服王朝期間，因種族差異而待遇有所區分。

從書中又了解到，中國從唐玄宗安史之亂後就開始失去上升的勢頭，甚至到了宋朝，無論從何角度都無法自詡為天下中心的帝國，當時連北邊的遼、金政治版圖都勝過南、北宋，宋更像是東亞列國中的一國，還不是那最強的一國。這顛覆了自己所熟悉正統歷史的傳統觀點，更讓自己放開視野，從世界史中來看中國的大元帝國，原來是幅員遼闊的蒙古帝國的一部分，後來和蒙古四大汗國維持著若即若離的關係。接下來的明朝，也和元、清征服王朝如出一轍地奉行高壓統治，和過去政治精英在體制中制衡君權、追求儒學政治理想的情況，不可同日而語，這些都不是我從一般歷史讀物中所能讀到的。

從許叔叔的《萬古江河》更能體會出，他是用特定的文化視角來觀察中國文化圈的變化：有關一般小民百姓的日常生活、心靈活動及群體思想，有關外來文化融入中國社會的歷程⋯⋯他的敘事跳脫傳統正史只專注「帝王將相，聖賢名流的記錄」的觀點，同時也擱置了中國文化以自我為中心的心態，不再以自身文化獨步世界、源遠流長自居，而漠視中國以外的事物。他承認中國文化是「一個接納多元的複雜體系」，正視中國文化和其他文化交流的史實，著眼中國文化的偉大在於其「吸收」及「消化」的能力。即便中國文化圈的核心「中原」也不是一個固定的地理區域，而是在諸多文化碰撞、融合、轉移的過程中，從原來的黃河中游、關中地區，轉到華北，再到東南，又到了最後的近海地區。中國文化成就中國，挺立東亞諸文化中，最後如滔滔江河匯入世界的文化體系。這些對中國歷史文化的新理解，讀來有如靈光乍現——中國的歷史發展到今天不再是事不關己的文字記載，而是和自己所認知的起居生活日常、信仰思想、藝術文學和血統地緣關係息息相關，一切都有了脈絡可循。

《中國文化的精神》更是從庶民日常生活和集體記憶的史料，來梳理歸納中國人的精神生活內容，不立足於高深精微的理論，說的是老百姓身邊被視為理所當然卻不明就裏的東西，舉凡中醫「上火」、風水五行、民間信奉英雄偶像，都能和中國以人為本的宇宙觀相聯結，從中整理出庶民的文化內涵，既有宏觀的整體把握又不乏具體細節的辨析，雖不見得都是高大上的傳統文化，卻往往是深入廣大民心的風俗文化，而影響傳統中國至深的部分。

而《許倬雲說美國》又帶我走進許叔叔的另一個世界，一個他大半歲月居住的他鄉。心中總認為他是客居美國的中國學者，不覺得有一點被「美國化」的痕跡，但是這本書讓我由衷佩服他對美國的了解。這應該是得力於他終身研究歷史社會學的積累，以及長期關懷周遭所培養出來的敏銳觀察力。

《說中國》《萬古江河》《中國文化的精神》《許倬雲說美國》這四本書，是馮俊文先生贈閱於我。去年經共同友人介紹認識時，他正準備赴美去許叔叔家替他整理一些資料和書稿。在此之前，對許叔叔的認識，一直是停留在「美國教書的許叔叔」。看完這四本書，才發現原來這許多年錯過的不只是四本書的厚度，錯過的是他對中國歷史文化的深度了解和對國際形勢及時事的殷殷關切。於是開始遍尋許叔叔的著作，不願意再錯過任何一本。更重要的是，我開始琢磨許多過去沒想過的問題，感染到一點許叔叔悲天憫人的胸懷，希望能多關注過去，好放眼未來。

我曾在法政界為岳父八十大壽祝壽的紀念文集中，為文批露了一些岳父從不知情的故事。這次向許叔叔九十二歲大壽祝壽為文，只想讓許叔叔知道，我也是崇拜他的大齡粉絲。

海報與合影

趙冬梅（北京大學歷史系教授）

許先生九十二歲大壽之前，馮俊文老師策劃了一個賀壽視頻，要給許先生和師母一個驚喜，在微信上約我。我很想尋些可資回憶的憑證，卻遺憾地確認，我和許先生、師母是真的連一張合影也沒有。

但是，我找到了一張珍貴的海報。海報的標題是「許倬雲教授再臨北大歷史系演講：『解釋』之解釋」，時間是 2003 年 9 月 16 日星期二下午 3 點到 5 點，地點在二院 108 室。二院是燕京大學的女生宿舍，中式建築，曾經屬歷史系，現在歸北大文研院使用。108 室在歷史系時代是會議室，現在是文研院的接待室，裝修進步了太多，格局卻還是一樣的——正對大門打橫的一大間，臨著走廊的一面全部是活動門扇，合上是牆，打開便與走廊合為更大的一間。許先生來的那一次，所有的門扇都打開了，走廊裏站滿了人，還有人站在院子裏。

許先生講的什麼呢？海報上寫著：「在解構的虛無中為歷史學找一條出路。在解構之後，歷史學陷入相對主義，不再相信有所謂真實。在蘭克史學所引領的客觀史學與解構之後的虛無之間，許先生說，任何一種歷史記載都是有觀點的解釋，我們所要做的是合理地理解和解釋。……記憶歷史的人、敘述歷史的人和解釋歷史的人構成三個交相作用的層次。因果綫索無窮無盡。對史事的切割、界定這種有意識的行為，許多歷史學家在無意識地進行著。發展我們的自覺，才能對歷史採取虛心、公平、容忍的態度。」

與今天以文研院海報為代表的北大學術海報相比，我這海報簡陋得近乎寒磣，就是一張 A4 紙，上面用大字揭示標題，下面用同樣大的字提示時間、地點，中間以小字說明演講主旨。這「演講主旨」是我和許先生商量過的，等於他先簡單地給我講一遍，我記錄、領會、起草，許先生當面首肯，我才去打印張貼。

許先生的演講聲音渾厚、字句清晰、頓挫有力，善傳遠，入人心。他的深思遠慮，他的深察洞見，沾潤著那一天在二院坐著、站著的每一個歷史學人，而我所得獨多。

既然是「再臨」，那麼，許先生一定是之前來過、講過，並且由我負責接待的。許先生「首臨」北大歷史系是在什麼時候呢？既然是我負責接待的，那麼一定是在 1998 年 8 月我留校任教兼任外事秘書之後，2001 年 7 月我休產假卸任外事秘書之前——典型的歷史學時間定位方式，然而畢竟還是太模糊了。

嗯，這個時間區間還可以再縮小一點，第一次見到許先生的時候，我鼓足勇氣，在臨別之際奉上了我的第一本小書《武道彷徨：歷史上的武舉和武學》。而這本書的版權頁所標註的出版時間是 2000 年 1 月，以當時的出版和物流速度，我拿到這書肯定是在幾個月以後了。我們見面的時候是穿著夏天衣服嗎？好像是的。所以，我和許先生、師母第一次見面的時間應該在 2000 年夏天吧。

我為什麼要把這本小書敬獻給許先生呢？因為在這本書的「後記」裏，我提到了許先生和他的《西周史》。許先生在《西周史》的「前言」中說，他想「嘗試整理這許多累積的原始資料及研究成果」，寫一部前所未有的「西周文化史」，一方面「為過去的累積作一個小結，俾便自己及有同樣興趣的史學同行，由此小駐的尖站，作更進一步的探討」，另一方面「為一般讀者提供稍為通論的讀物，俾知中國古代有這一段歷史及其發展模式與形態」。在做了如上交代之後，許先生又說：「作者本人只希望這樣的體例，佔了學術專著與通俗作品的執中點。——也許，兩頭都落了空！凡事成敗，總由嘗試開始，後果如何，在開手時殊不易逆睹；是以也只能暫時不管後果了。」武舉是我的碩士論文內容，具體題目是《宋代武舉研究》——這是一個初學者在短時間內有能力操作的題目；《武道彷徨》是出版社約稿，卻不能只寫宋代，為讀者著想，當然「要盡力避免作史料考證細節的討論」（許先生語），儘可能作「光滑的敘事」（我自己的說法）。一個初入學術門庭的年輕學者的第一本書，就做了這樣不合常規的選擇，難免私心惴惴，而許先生在《西周史．前言》中的自謙之辭，就這樣給我壯了膽。

回到當時，我在「後記」中引用許先生的話，肯定有「拉虎皮做大旗」、狐假虎威的嫌疑。如今二十多年過去，反觀來路，許先生的話倒像是我的寫作指南，《大宋之變》《法度與人心》《人間煙火》這些「改官」之後的作品，哪一本不是「過去積累的小結」「稍為通論的讀物」？而我的努力又何嘗遠離「俾知中國古代有這一段歷史」的方向呢？感謝《西周史》，感謝許先生在那個最恰當的時間抵達我、充實我、鼓勵我。

許先生之「再臨」，應當是應張維迎教授的邀請，在光華學院開設「從歷史看管理」課程，時間大概有一個月吧，住在剛剛修繕一新的帕卡德公寓，也就是健齋，一個推窗可以看到未名湖的小公寓，有簡單的廚房。師母命我買過雞毛菜。我還陪師母去雙安商場給許先生買過棉毛衫，售貨員勉力推介新品，說是「大豆纖維」製品，我疑惑這東西會不會下水之後變成豆漿，說出來三人哈哈大笑。這時候我做了媽媽，經歷了一場兵荒馬亂剛剛安頓下來，卻得到機會，可以去牛津進修，正在遲疑之間。跟許先生和師母說起，他們堅決主張機會難得。我得了鼓勵，下定決心接受命運的好意，第二年去牛津，待了一年。這一年，雖然不能像理科生那樣深度融入當地學術界，卻也收穫滿滿。現在回想，許先生和師母簡直就是專程來點撥我的。

許先生兩臨歷史系，我都沒有求合影。第一次大約是因為時間短，擔心打擾；第二次則是因為時間長，感覺就像會一直在一起一樣。從那以後，我再沒見過許先生和師母，只是從網絡上得知他們的消息。我是個懶人，看到許先生老而彌健，持續輸出，便只遠遠地望著、聽著，就彷彿當日在二院裏站著的人，默默聽完，悄悄離去。此番馮老師策劃祝壽視頻，我聊發少年狂，破天荒開嗓唱了生日快樂歌，許先生對著屏幕開懷之際，馮老師按下了快門——隔著二十多年，我終於有了跟許先生的一張合影。

松浮欲盡不盡雲，綿綿哲思念文明
——於匹茲堡拜訪許倬雲先生記

劉波（東南大學原黨委副書記兼副校長）

2013 年春天，為慶祝東南大學與田納西大學和得克薩斯大學達拉斯分校共建孔子學院，應兩所大學的邀請，我帶領學校大學生藝術團赴兩校訪問演出。「East meets West——和聲風動專場音樂會」在美國大學的音樂廳拉開帷幕，裊裊民樂餘音繞樑，朗朗民歌蕩氣迴腸，翩翩民舞美輪美奐。藝術團的同學們以「和聲風動」為主題，用民樂合奏《梅花三弄》《夕陽簫鼓》，舞蹈《愛蓮說》、琵琶獨奏《春雨》、民樂合奏與人聲《杏花天影》、合唱與民族管弦樂《和聲風動》、大合唱《禮運大同》等節目，呈現和傳達了來自東方文明古國的文化藝術，在觀眾熱烈的掌聲與感動的淚水中，我深切地感受到文化的力量、文化傳播和交流的意義，也更加熱切地盼望去拜望定居在匹茲堡的歷史學家許倬雲先生。

由於「華英文教基金」的緣故，從 2000 年開始許倬雲先生就與東南大學結下深厚的友誼。當年，應臺灣《中國時報》董事長、東南大學傑出校友余紀忠先生的邀請，許倬雲先生與楊振寧、劉遵義、劉兆漢等社會賢達人士擔任華英文教基金的董事，同時也受聘為東南大學名譽教授。許先生對東南大學充滿厚愛，多次來學校訪問、講學並指導工作，尤其關心東南大學人文教育和文科發展，更是對東南大學的學子充滿無限深情。

2012年之前，許先生伉儷基本上每年都會來南京住上一陣子，工作一段時間。只要先生來寧，他總會在百忙之中接受我校的邀請，親臨學校，為廣大東南大學學子開講座。特別是九龍湖校區落成以後，許先生更是身體力行地致力於新校園的文化建設和人文精神的傳承。從2006年到2009年，先生連續四年在九龍湖畔開設講壇，為東南大學學子講了《我為何寫〈萬古江河〉》《中國史前文明核心的形成》《新世運與新問題》《你們必須面對的挑戰——讀書與人生》四個專題，可謂眷眷情懷、誨人不倦。

我有幸於2005年結識許倬雲先生夫婦。初見他們，先生和師母熱忱平和的態度，把我面對世界名人的緊張和不安一掃而空，之後無論是陪先生去演講還是到府上小坐，先生和師母都周到有度，溫文爾雅，令人感到他們就是一對熱愛生活、樂善好施的智者與長者。他們相濡以沫、恩愛如初，許先生讀書、寫作，師母陪伴左右，是好聽眾，更是位好參謀。師母愛花，許先生就發誓要帶她看遍各處的春花爛漫、夏荷妍妍，以及凌寒的蠟梅。每次陪伴他們都是一次學習提高、心生喜悦的過程，無論是請教學問還是拉家常，先生娓娓道來的話語總是充滿了文采和韻味，洋溢著達觀和智慧。於是，每年能在南京接待他們，成了我新年裏一個最大的願望。

還記得2009年春天，交談中談起辛亥革命，先生評價孫中山是一位仁者，遺憾因身體原因未能到中山陵謁陵。於是我多方聯絡安排，先生感喟於我的誠意，硬撐著到了中山陵，還巧遇正在南京訪問的臺灣國民黨副主席林豐正先生一行。在花崗石牌坊處仰望三百九十級臺階，頸椎病正在發作的先生還是未能如願，只能遙拜祭堂，這也成了我的遺憾，甚至深深自責為何不能有更好的辦法幫助先生了卻心願。這以後，先生的頸椎病越發嚴重起來，去年春天當我還盼著他們來南京、陪師母看梅花的時候，先生發來郵件説醫生已經不允許他再坐長途飛機，他們不能再來南京了。遺憾的同時更有一縷憂傷掠過心底，於是我暗暗發誓一定找機會去美國看先生與師母。冥冥之中自有安排，當我寫信告訴許先生我將於2013年4月份帶大學生藝術團赴美演出交流，屆時抽出一天到匹茲堡拜訪他們時，許先生也格外高興，甚至積極地幫我建議行程了。

在 UTC 和 UTD 的正式演出任務結束後，我和孔子學院副院長楊智勇暫時與藝術團的同學們分開，從達拉斯飛往匹茲堡。匹茲堡位於美國東海岸的賓夕法尼亞州，是美國著名的工業城市和鋼鐵工業中心。沿途所見，路橋橫縱，依稀可見老牌工業城市的模樣，也能感覺到城市經濟轉型後的變化，還能在起伏的街道、路邊的咖啡店領略歐洲的風情。

我們的航班晚點，下午才到達。下了飛機租了部車，一路導航到了許先生的住所，那時已是傍晚時分。一如往常，師母開了門，先生拄著拐杖靜靜站在門口，以一副慈眉善目的歡顏歡迎我們，我不禁快步上前、緊緊擁抱了老先生，那一刻我有了跨越時空的感覺。較之以前在南京，許先生消瘦了許多。先生告訴我，去年秋天他做了頸椎手術，力氣跑了不少，休養了近半年的光景，力氣一點點回來了。只是行動更加不便，不能出遠門了，越是這樣，先生的大愛情懷、歷史責任越是強烈，越是珍惜時間，厚愛晚輩。先生目前還堅持工作，雖然不出門，但他的思想卻馳騁古今、跨越時空。由於年事已高、行動不便，先生已經不再用筆或用電腦寫作，先生就「說歷史」。目前，先生一週還會工作兩三個下午，先生口述，由助手幫助整理講稿，也是筆耕不輟。

《大國霸業的興廢》和《現代文明的成壞》兩本著作分別於 2011 年 12 月和 2012 年 5 月由上海文化出版社出版。在前一本書中，先生主要分析中國朝代的興廢，同時兼顧世界歷史上的興衰，中國史部分從秦漢帝國開始，提綱挈領地分析了歷代王朝組織架構的聚散離合對其存續的影響，簡明扼要地勾勒出中國歷史的脈絡，世界史重點分析了羅馬帝國，進而比較了近代西方列強如荷蘭、英國的成敗因緣。先生運用有機系統的歷史觀，認為人類政治和社會共同體也是更大有機系統的一部分，這一系統應該從過去吸取經驗，發展一些知所約束、知所節制的智慧，維持系統自我調節的彈性，他還特別分析了今日之中國與美國走向何處的問題，強調全世界範圍內文化融合、重樹人類精神與價值觀的必要性。後一本書主要討論大國崛起的問題，先生以宏闊的視野與通俗的語言，高屋建瓴地描繪了一幅現代文明的全景圖，從宗教革命到民族國家的興起，從啟蒙運動到工業革命、到近代資本主義發展，勾勒出現代社會的形成與發展，反思了文明變遷的得與失，以此為中國的發展提供參照。在現代文明成與壞的框架下，許先生認為中國當前所需要的是對內、對外都要有所趨避，對內做到自由平等，對外與所有國家和平相處，擁有大國的地位，卻秉持容忍與互助的心態，不以領袖自居，只以群龍之一自處，與列國和平相協，才是真正崛起的大國。先生這兩部口述歷史，既是他融會貫通的學術成果，更是他拳拳愛國心、悠悠赤子情的寫照。

做客先生在美國的寓所時間非常有限，我們也不忍心打攪他太長時間，在短短幾個小時之間，先生一直與我們討論世界發展、美國的現狀、中國的未來等問題，還特別把他對孔子學院的認識與如何建設的意見説給我們聽，話語中深深浸透著先生對中國文化的深刻理解與熱愛。

許先生在美國的家非常「中國」，餐桌上許師母為我們精心準備的晚餐既有許先生家鄉無錫的精緻菜餚，也有師母家鄉山東的鮮美水餃，更有師母發明的美味豆飯。環顧四周，先生家裏掛滿了字畫，許先生説都是好友的墨寶，其中不乏大家、名家之作。許先生的書房更是飄逸著翰墨之香，許先生以其殘疾之體安坐於此一隅，卻是胸懷天下、坐談古今，那份懷揣終極關懷、展望人類未來的家國情懷，那副穿越歷史長空、行走於古今中西的瀟灑形態，不禁令我又一次肅然起敬、難以忘懷。

近深夜，我們起身告別，卻是依依不捨、久久留戀。黑夜中回眸，許先生書房的燈依然亮著，「松浮欲盡不盡雲」，一位歷史學家對文明的綿綿哲思一直縈繞在我的心中，讓我感受到歷史的溫度、文化的張力以及人性的美好。到匹茲堡拜望許倬雲先生，是為這次文化之旅的點睛之筆。

許倬雲氣象

樊和平（教育部長江學者，東南大學人文社科資深教授）

許先生和我

許先生對我們這一代，尤其是江南這一帶的學人的影響非常大。他是我們江蘇無錫人，是從江蘇走出的國際學術大師。江蘇的兩個 985 高校，東南大學和南京大學的師生，都非常尊崇許先生。無論是作為大學同行的人文科學領域的學者，還是兩個大學的學生以及校長和中高層領導，幾乎沒有不知道許倬雲先生的，很難想像一個學者有這麼大的影響力。南京大學在校本部的附近專門裝修了一套房為許先生做公寓，以便他經常回南京講學。我做院長那時候，也專門在東南大學人文學院開設了一個許倬雲先生辦公室，請一個畫家專門為他畫了一幅很大的畫像，掛在辦公室。

我跟許先生有幸相識，是在 1996 年左右。東南大學有一個華英基金會專門選拔和資助優秀青年學者出國深造，資助力度比較大，許先生是華英基金會的最著名的專家之一。學校有意送我出去，校長陳篤信教授對我説，你跟許先生相識一下，把你的書也呈送給許先生指導。因為他的名聲太大了，我當時還比較年輕，雖然出道比較早，1992 年已經成為全國最年輕的哲學、倫理學教授，但還是有點畏懼。我參加了學校的歡迎晚宴，送了自己的幾本書請許先生指教，這樣就開始有了聯繫。但沒想到他對我們年輕人這麼鼓勵支持。

舉個例子。我 2006 年申報教育部長江學者特聘教授，人文社會科學特別是人文科學的長江學者項目啟動得比較晚，競爭也十分激烈，哲學學科最初每年只獲批一個，還要兼顧年齡等因素，我應該是第四期吧。當時我在國內請幾位學界泰斗和前輩做推薦人，有中國人民大學羅國傑先生、武漢大學陶德麟先生、復旦大學劉放桐先生，海外學者則請許倬雲先生做推薦人。當時我也是斗膽冒昧地請求，雖然有了一些交往，但完全沒把握，沒想到許先生一口答應了。更沒有想到的是，許先生給的鼓勵那麼大，這是完全出乎我意料的。記得推薦信上有這麼一句話：「這樣的學者在世界任何地方都在優秀之列。」這是很高的評價，我當然沒達到這個水準，所以我不是把它當成一種肯定，而是當成一位德高望重的前輩對我、對年輕人的一種期望和鼓勵，這種鼓勵幫助我一直銘記，成為我努力的目標。按照美國管理學家泰羅的觀點，優秀的員工就是最有抱負完成工作的人；我雖然沒有達到許先生所期望的優秀，但在任何情況下都應當也必須有抱負。那句話一直在鞭策著我，我覺得不能辜負這樣一種期望和鼓勵。東南大學經常請許先生做全校性的學術報告，許先生在南京大學也做了很多次，由此我們的聯繫就更多一些。我女兒去英國讀博士之前，我專門帶她到南京大學拜訪了許先生，意在讓她領略一下大師風采，也請先生給予教誨和指點。

江蘇省原計劃 2021 年 10 月份要舉辦一個大型國際論壇「江南文脈論壇」，以傳承、傳播江南這個特殊的地域文化，推進中國文化的國際化，它是江蘇發起的一個涉及江蘇、上海、浙江、安徽三省一市的長三角國際論壇。我因為負責學術尤其是主題演講的策劃，經過反覆討論，大家一致認為最理想的方案，是請許先生和哈佛大學的杜維明先生做主題演講。我沒有把握能請到他們兩位，因為他們聲望那麼高，年齡也這麼大，許先生的身體還不好。我記得 2012 年左右，許先生就給我寫過一個郵件，說現在身體狀況不是太好，可能再也不能回到中國了，當時我讀到這個郵件蠻傷感的。東南大學副校長劉波教授藉助一個機會專門到許先生的美國家中看望，我因為課務太多沒參加，只能請劉波校長代問好。後來許先生由於身體原因一直沒有回來過，我們也就只能通過郵件和許師母的微信聯繫。這次我同樣是先發微信給許師母，過了兩天，許先生就親自回信，詳細詢問有關情況，欣然應允錄製視頻，做大會主題演講，令大家非常感動。這個江蘇最重要的文化工程之一，在許先生的家鄉無錫舉辦，所以許先生的報告具有特殊意義。杜先生也應允了我的請求，並發來主題演講視頻。視頻發來後，大會組委會有關人員反覆觀看聆聽了兩個報告，深受教益和鼓舞。這次論壇雖因為疫情未能如期舉辦，但有兩位國際大師的開幕式主題演講，便成了歷屆論壇中學術規格最高的一次。

當年許先生每次回南京，我只要知道就會去拜訪，但沒到美國去拜訪過。我美國去的不多，去英國學術交流較多。許先生屬那種令人向他「心靈鞠躬」的學者。我主持過許先生的大師講堂，記得講過這樣一句話：康德說，「我向貴人鞠躬，但是我的心靈不鞠躬」；我說「許先生是我們大家都應該心靈鞠躬的大師，我們獻上心靈鞠躬不是因為他的權威，甚至不是因為他的聲望，而是因為他的人格和精神，因為他對人類文明所作的貢獻，他值得，也令我們情不自禁地獻上心靈鞠躬」。

許先生的格局和情懷

在許先生身上有現代中國知識分子所缺少的那樣一種氣息，那樣一種氣派。在他眼睛裏，一切都是平等的。一方面他對人，所有的人，包括年輕人，都非常尊重；另一方面，不會因為你是權貴，就有絲毫特別對待。這一點非直接交往可能難以體會。有人說有些大學校長比較畏懼他，因為他很剛直。他有一種屬世界的、中國的、江南的特殊性格、氣質和精神。他是一個世界級的學者，一個有國際影響的大師。但是他同時非常中國。不少人說他就是人文科學領域的霍金，但是他和他的家庭有很多是霍金所沒有的。霍金和他的相似之處是兩個人都在身體上非常不方便，然而學問，對人類文明的貢獻，都在各自的領域做到了最大、最高。現在的人和未來的人，包括未來的歷史和文明，都應該向他們表示感謝。但是許先生的那種人品，可能是霍金不可比的。西方學者的特點是在知識上的貢獻很大，像哲學家培根、盧梭，劇作家易卜生，科學家霍金，但是他們可能在人格上有嚴重缺陷，如與他相處可能會有許多接受不了的方面——培根就是典型，他是知識上的巨人，「知識就是力量」的名言激勵了幾代人，然而最後因任大法官受賄而坐牢，被關在倫敦塔的地牢中。在西方傳統中，知識和倫理道德往往是分離的。在後來的歷史演進中，因為這些人對知識所作的重大創造，人們寧願原諒或忘記他們在道德上的嚴重缺陷甚至大惡，而肯定和感謝他們對文明所作的貢獻，這是集體記憶中所謂「有選擇的遺忘」。

但是中國知識分子、中國的學者，那是不一樣的。他們不僅在知識上作出了很大的貢獻，在道德上，在人格風範上，也與他們的知識相匹配。歷史上絕大多數中國的知識分子，特別是人文科學的知識分子，都是如此。許先生就是這樣的典範。一方面他是一個具有世界眼光、世界影響的大師；另一方面，他牢牢扎根於中國文化傳統，站在中華民族的立場上，以一個炎黃子孫的倫理身份進行學術思考，發表自己獨特而精闢的見解。他不斷思考和探索整個人類文明的深遠問題，對中國、對世界滿懷憂患意識，同時有一種江南士人的特殊情懷和氣質。在許先生的作品、氣質、精神裏，有很多中國文化，尤其是江南文化的顯著標識，比如家國情懷，天下意識，憂患意識。這些都是現代學者所缺少的。

他比較典型的幾部著作都如此，如《中國文化的精神》開篇便直言：現在的世界文明，似乎搭上了一輛死亡列車，飛速地走向毀滅。這種嚴肅的預警絕不能解讀為危言聳聽，而是表達一種關於現代文明的深切憂患——他要通過研究中國文化，中國文化的精神，來對世界盡一份責任。他與中國歷史上的士人有一種一脈相承的氣質，如屈原、梁啟超。屈原「問天」，以死啟蒙國人的憂患意識。當年梁啟超一開始激烈地批判中國傳統文化，但是到了歐洲以後，與一個記者交談，那個記者對他說：「這個世界沒有希望了，我們西方人把希望寄託在中國，你又說中國文化不好，那世界還有什麼希望呢？」這次談話對梁啟超產生了很大的影響，轉變了他對中國文化的態度，覺得中國文化應該對世界盡一份大責任。許先生也是這樣，他不是一個批評家，更不是一個牢騷文人，他體現的是一種大憂患，這種大憂患是要為世界、為文明找到一個解脱憂患的道路。從屈原的《離騷》到中國傳統知識分子，一直到作為國際學者的許先生身上，都體現了這種一脈相承的中國知識分子非常寶貴的文化基因。因為是歷史學家，在許先生身上承載的就更多、更明顯一些。

他不僅是一個歷史學家，他還有一種哲學家的洞察力。很難想像，他的身體是那麼殘弱，但是他的目光具有那麼大的穿透力。在他的作品中，「史」和「思」的交織非常完美，非常濃厚。他的作品往往既是一部史，又是一種哲學的思，是一種思想、一種思辨。他既是古典的，又是現代的。這樣一種知識分子，現代很難見了。不僅中國文化本身變化了，更重要的是像許先生這樣一種貫通中西又具有強烈憂患意識的學者，已經非常少見。

許先生是從無錫走出來的，很明顯地感受到他身上的江南文化基因。江南文化與北方文化那種金戈鐵馬的氣質不一樣，和齊魯文化那種修齊治平的氣質也不完全一樣。江南文化有一種家國情懷，一種天下意識。讀許先生的著作與讀其他學者的著作，一個很大的不同感受是什麼呢？就是不只感受到一種理智的滿足——一般人讀書，總希望得到一種理智的滿足，得到一種知識的提升，但是讀許先生的著作，在理智滿足之外還能夠得到一種情感的享受。從孔夫子開始，中國文化重要特點之一，就是理智滿足和情感享受是一體的，內聖而外王。僅僅是理智的滿足，可以心生崇敬，但是效法就很難。中國元典中理智高度的典範應該是《道德經》，老莊的學問智慧最高，論學問，孔孟和老莊不能比。但是為什麼是孔孟儒家成為主流，而不是老莊，不是道家？差別就在這裏，就在於內聖與外王、理智滿足與情感享受能否統一。

中國知識分子的這種精神傳統，現在退化、消逝得很嚴重。讀許先生的《中國文化的精神》，不僅明白怎麼做學問，而且會明白怎麼做中國知識分子。將在海外影響較大的中國學者寫的關於中國文化的三部經典的著作拿來比較，就會明白這個道理。介紹中國文化的代表作品，在海外有影響的，除梁漱溟先生的《中國文化要義》《中西方哲學與文化》之外，還有三部：林語堂的《中國人》或《吾土吾民》，辜鴻銘的《中國人的精神》或《春秋大義》，許先生的《中國文化的精神》。它們有何不同？前面的兩本，一開始都是用英文寫，或者是翻譯成英文，給外國人看的，作者都是國學大師，但是總體上他們是把中國人、把中國文化對象化的，或者說他們把中國文化、把中國人作為研究的對象加以敘述，然後讓外國人了解中國人，了解中國文化。所以在他們的書中，中國文化實際上成了一個「他者」。但許先生這本書不一樣，許先生在書的一開頭就申言：他要把這本書獻給他的父親，獻給他的母親。接著講到中國文化流傳五千年，到近代飽受西方的羞辱，然後發生了一種中斷，我們這代人要把中國文化承接起來，要完成祖先委託給我們的任務——如果我們不能完成這樣的任務，那就枉為子孫。他不只是作為一個知識人研究中國文化，把中國文化作為一個對象，而是把自己作為其中的一員，承擔一種沉甸甸的歷史責任，據此坦言如果我們不能完成這樣的任務，就枉為子孫了，這是這一代人的一種大責任。這句話講得非常重，也非常富有情感，他要用這部書對中國文化，對中國的祖先表達一份無限的崇敬，同時也要用最通俗的語言，把中國文化傳遞給我們的子孫。他就是用這樣一種倫理身份、這樣一種情感情懷寫作和研究。

許先生的為人和作品，有一種大格局、大氣象，更有一種大情懷。他中西貫通，格局非常大，《萬古江河》的基本架構就是中原的中國，中國的中國，到東亞的中國，亞洲的中國，世界的中國。它研究和呈現中國文化如何從中原一步一步地向外擴散，走向世界。所以許先生自己說，這是承續了梁啟超那種對中國文化、中國歷史的理解。這種大格局、大眼界，在其他學者、科學家，特別是歷史學家身上極其少見。另外他也呈現出一種大氣象，與他交往，聽他敘述，可以分明感受到一種氣象，但很難表達出來，這種氣象與他特殊的身體狀況一旦結合起來，令人不得不獻上一掬心靈的鞠躬。但是更重要的，他有一種大情懷。有大格局的大師也是不少的，但是有大情懷的，並不是那麼多，在他身上，體現了范仲淹所說的「先天下之憂而憂，後天下之樂而樂」的那種中國傳統知識分子的情懷。在許先生的世界裏，家鄉的觀念、鄉土的觀念、國家的觀念和世界的觀念，都結合於一體，並且非常濃郁。跟他談話交流，不僅能接受知識，似乎也在接受某種浸潤。

許先生的身體哲學

許先生自己也説，他的人生中一直伴隨著病痛，他在苦中作樂。在有限的交流中，我沒有主動跟他聊這些，因為提出這樣的話題可能會有所不敬，或者説觸動一個人內心最柔軟的部位。2012 年那封信中，他説可能這輩子回不來了，當時我讀了十分傷感。中國知識分子、研究中國文化的學者，有另外一種理解世界的方式，這種方式也許是西方文化少有的。比如，很多中國學者把學術當作身後事，中國知識分子的特點是入世中出世。西方文化有一種宗教情結，出世中做入世的事；中國文化是在入世中達到出世的境界。我有類似的生命體驗，能夠理解許先生的心境。2002 年，我在牛津大學訪學時生病，回國落下病根，非常鬱悶和痛苦。在這個時候，我就開始拿出最難讀的書來讀。黑格爾的《精神現象學》是公認的學術界的天書，我試圖通過這個過程一方面度過苦難，另一方面在病痛中積累學術功力。在這段漫長的日子裏，我經歷了一個文化調整的過程，在這個過程中，道家哲學就發揮了「用生」的功能。最簡單的做法就是調整心理坐標，不要把自己當作病人，而是認為我是一個正常人，其他人是「超人」。如果把這樣心理坐標稍稍位移一下，也許自己就能安頓下來，否則可能永遠心懷惆悵。許先生作為一個歷史學家，肯定有一套自己的身體哲學，否則不會有那樣一種樂觀的精氣神。許先生書寫的那麼多文字，那麼有靈性、那麼深邃，讓人很開悟。我們都説「真知灼見」，其實他的文字都是真知，但是從來不灼人、不逼人。在直接交往中，特別的感受是跟不上他的思維速度，所以聽他講課絲毫不敢怠慢，因為你稍微不留神，就跟不上他談話的節奏。

許先生以這種樂觀的精神，孜孜不倦地進行文化傳承和知識創造。知識分子的天命不僅是學習知識，更重要的是創造知識，服務人類的文明。創造知識不僅是讀書，不僅是傳播知識，而且是通過創作而創新知識。嚴格說來，只讀書不創作，只是一種文化上的寄生生活。如果我們永遠只是讀孔子的書，讀孟子的書，讀歷史上的經典，那麼後人讀什麼呢？我們這些人豈不成了文化消費主義者，成了文化上的紈袴子弟？知識分子的使命也不僅僅是傳播知識，傳播知識只是個郵遞員，一個送信的人，我們要做一個寫信的人，要創造新的知識，這樣才能為人類文明做一些新的貢獻。但學者創造知識的方式是不一樣的。愛因斯坦提出引力波假說，相信人類能傾聽到來自遠古的乃至宇宙的第一次大爆炸，只要有一隻大耳朵，我們就能聽到。許倬雲先生的創作也是這樣，《萬古江河》就是為我們提供一隻大耳朵，以此傾聽來自五千年文明史的歷史心聲，中國人的心聲、中國文化的心聲。

當然，知識分子應該和這個世界保持一定距離，沒有距離可能就沒有超越。因為有距離，所以才有機會去思考、去創作，能夠發現人類文明的一些密碼。知識分子是一些理想主義者，因而往往對社會採取批評的態度，但絕不能止於批評。人類世界於今還沒有專門為某個批評家立一座紀念碑。屈原的《離騷》不是發牢騷，而是一種情懷，屈原「問天」不是為自己憂患，而是為整個天下憂患。正如許紀霖先生所說，許倬雲先生既有中國傳統知識分子的「道統」，又有現代知識分子的批判精神，二者的完美結合，生成許先生及其作品的大氣象、大格局、大情懷。

歌德說過，我們正在變得更強，但並不是變得更好，我相信上帝總有一天不再喜歡他的創造物，要把他打碎了再創造一遍。許倬雲先生的憂患和情懷，也許正在於此。

（本文為姚璐採訪，張希琳整理，樊和平教授口述並最終審定）

情深意遠　積健為雄
——記許倬雲先生和東南大學的交往

陸挺（博士，東南大學吳健雄學院院務委員會主任委員）

由於工作的關係，我 2002 年開始得以親近許倬雲先生，感受到先生的大師風範和精神境界。後來我們的交往逐步加深，一直延續到 2011 年先生定居美國。先生給予東南大學很多幫助，尤其是推動學校的人文教育、文科建設等工作方面。本訪談結合自己和先生夫婦交往的親身經歷，略記下先生和東南大學交往的雪泥鴻爪。

緣起：和余紀忠先生的情誼

許倬雲先生與東南大學有著深厚的淵源，這個緣分起始於余紀忠先生。許倬雲先生第一次來東南大學應該是 2000 年左右。東南大學傑出校友、臺灣《中國時報》董事長余紀忠先生創辦「華英文教基金」。余紀忠先生在臺灣聲譽崇隆、影響深遠。他創立的華英文教基金的宗旨就是為了支持他的母校——東南大學和南京大學的發展。余紀忠先生是中央大學歷史系畢業的，他是著名歷史學家沈剛伯先生的學生。而許倬雲教授是沈剛伯先生赴臺以後的學生，所以他們有這樣的「學緣關係」。余紀忠先生當年在東南大學四牌樓校區（原「中央大學」舊址）就讀，所以他對這塊土地的感情很深。余先生曾捐資一百多萬美金修葺了東南大學的標誌性建築——大禮堂，並在大禮堂旁邊修建了「春暉堂」以紀念他的母親。余紀忠先生與許倬雲先生相差十九歲，但他對許先生禮遇有加。曾聽先生談起，余先生對許先生特別禮賢，而且對先生的母親很是尊敬，最終感動了許先生。許先生後來對余先生交代的事情，都是全身心地投入。

余紀忠先生捐資設立了華英文教基金後，邀請了學術界享有盛譽的著名學者擔任首批董事，這些人都是了不起的人物，具體包括：諾貝爾獎獲得者楊振寧教授，著名經濟學家、後任香港中文大學校長的劉遵義教授，著名歷史學家許倬雲教授，臺灣「中央大學」校長劉兆漢教授等。2000 年的時候，他們就應邀到東南大學來參加華英文教基金董事會，許倬雲先生在那次活動裏被聘為東南大學名譽教授，並做了精彩的演講《從中國歷史看世界未來》。許倬雲先生跟東南大學的交往，就是從那個時候開始的。其實許倬雲先生和東南大學還有個緣分，就是他的堂妹許蜀筠也在東南大學工作，那段時間因為許先生的緣故，我們也有過接觸。

許倬雲先生是個特別重感情和念恩情的人。當年余紀忠先生對他的禮遇讓他銘記終身，因此他對余紀忠先生所託付的東南大學和南京大學的事情也就特別上心。他答應余先生做基金會的董事，就把這個工作當作自己的職責。我特別記得一件事情，許倬雲先生那年來南京參加華英文教基金董事會議，其間安排了很多活動，先生很是疲勞。在一次演講結束之後，我送他回到下榻的金陵飯店，他特別深情地對我說，「我對余先生託付的事情，都是盡心盡力的」。他那時做得相當辛苦，但還是努力為之，很重要的因素是要報余紀忠先生對他母親的關懷。

初識：人文教育高層論壇

我自己跟許先生接觸，是從2003年開始的。當時我負責東南大學的人文教育工作，東南大學、清華大學、華中科技大學、中國高等教育學會等單位於2003年11月共同策劃了首屆中國人文教育高層論壇，當時邀請了很多的學界名流前來參加。那次活動可謂名家雲集、盛況空前。目的就是希望通過這些大家的倡議，擴大人文教育的影響，在青年學生中推動經典閱讀。當時我作為國家大學生文化素質教育基地的負責人，試著跟許先生聯繫，邀請他來參加首屆中國人文教育的高層論壇，他聽完活動介紹就欣然答應了。我想一來是因為東南大學是余先生的母校，二來是因為「人文教育」始終是先生心中關注的主題。結果，包括許先生在內，錢偉長、楊叔子、張豈之、陳鼓應、葉嘉瑩、文懷沙、席慕容、龐樸、韋政通、劉夢溪、成中英等名家均應邀參會。

這裏還想起當時的一段往事。我去南京祿口機場接許先生，他坐在輪椅上，手上捧了個東西。我們表示要幫先生拿，他說這個不能，這個你們是幫不了的。他說這是他母親的遺物，包括眼鏡和一些隨身使用的物品。當時他藉來寧參加活動的機會，到無錫老家去為母親奉安，因為許先生是一個有名的大孝子。

首屆中國人文教育高層論壇吸引了眾多名家參加。許倬雲先生高度重視，親自撰寫了一篇文章《情理相通的通識教育》，也就是他在大會上的發言稿。記得許先生寫文章的速度極快，毫不費力。這篇文稿後來在《中國大學教學》雜誌上登載出來。那次活動是中國教育界和文化界的盛事，轟動了學界。《揚子晚報》策劃了一個整版，題目就是「雨夜，與人文大師面對面」。許倬雲先生那時因為身體的緣故拄著雙拐，只能勉強坐在沙發上，身體也不太好，還不停地咳嗽。當時的報紙是這樣描寫的：

> 在夜晚11點30分左右去採訪這樣一位老人，記者實在有點於心不忍。可這位老人得知記者是專程向他求教人文在現代經濟社會中發揮什麼

樣的作用時，他愣是在沙發上和記者長談起來。這位老師就是臺灣著名的人文大師許倬雲，理工類大學生不懂人文，電影市場低迷，這些出現在中國的人文失落現象，絕不是中國特有的。許老一語中的地告訴記者，發展中國家，為了發展科技、工業，人文被忽略，人文失落的現象俯拾即是。人文缺失的結果是非常可怕的，設想一下，如果社會上只有科技而沒有人文，那麼這種科技只是一種工具性的理性科技，一種找不著目標的科技，一種忽略了人存在的意義的科技。科技發展到最後的結果就是，出現了為一己私利而不擇手段的科學怪人、科學狂人，一種沒有人文的經濟，發展到最後就是不管人性，只要能獲得利益就可以去奴役別人、侵略別人，這樣的經濟毫無存在的價值。拋開社會不談，一個人如果沒有人文精神，那麼他就不會知道欣賞美，不知道尋找快樂。作為東南大學的名譽教授，許倬雲每年都會來南京。提及南京的人文環境，他感慨萬千，南京的人文底蘊非常深厚，在面臨人文保護和經濟發展的選擇時，更應重視人文的力量。

許先生的見地是極為深刻的。那次許先生除了大會發言外，還應邀作了兩個相當精彩的演講——《歷史：人文教育的第一環》和《從中國歷史看全球化的趨勢》。這兩個演講都產生了廣泛的影響。

交往：對東南傾注深情

大概從那個時候開始，我們之間的交往就相當之多了。後來南京大學人文高級研究院成立，延請許先生幫助他們做相關工作，提供了較為方便和舒適的後勤保障條件。所以此後他基本上每年都會來南京，每次個把月。我們就藉機邀請先生來校訪問和講學。先生有時會給學生作講座，有時候會參加我們的研討會，有時候指導學校的人文教育工作，還有時候我們會陪著他們夫婦出去轉一轉。

大概有九年時間，我們之間的交往相當之多。先生對於東南大學、南京大學的事情全身心投入，對於和青年學子的交流也都十分樂意，不管有多忙，他都會抽出時間與學子交流。特別是九龍湖校區落成以後，許先生更是身體力行地致力於新校園的文化建設和人文精神的傳承。從 2006 年到 2009 年，先生連續四年在九龍湖畔開設講壇，為東南大學學子講了《我為何寫〈萬古江河〉》《中國史前文明核心的形成》《新世運與新問題》《你們必須面對的挑戰——讀書與人生》四個專題。真可謂眷眷情懷、誨人不倦，要知道從他居住地趕往九龍湖要一個多小時的車程，這些人文講座給學生以很深的啟迪和思考。在這期間，許先生對東南大學的人文教育和文科建設都給予了悉心指導。先生數次為東南大學的人文教育出謀劃策，參加東南大學舉行的人文教育高級研討會以及與青年教師的各種活動。

從前面分享的《揚子晚報》對許先生的採訪中，就知道我們之所以和先生關係非常密切，其實主要還是因為先生的大愛情懷和對人文教育的關注。首先東南大學是一所以工科為特色的綜合性大學，這種學科生態其實是有其偏頗的，培養出來的人很多都是那種「單向度的人」。許先生特別希望我們現在能培養科學與人文融合發展的人才，所以許先生對教育事業有深度的人文關懷。這是我對他一個最重要的印象。老先生的格局是超越「小我」，追求「大我」。他想的都是大事，想的是中國的事情、人類的前途和命運。許先生雖然身有殘疾，但是他對這個世界有深度的關懷，他對教育有自己深度的理解。他講的很多話到現在為止，想起來都會覺得振聾發聵，所以我們才會一起做些事情。因為我是搞人文教育的，他是人文教育的大師，所以我們的基本價值觀和目標是一致的。

在很多問題上，他都會予以指點。這麼多年裏，他對東南大學的幫助都是無私的。比如說，他曾經跟時任東南大學校長易紅教授專門講過，東南大學該如何發展人文學科。他提過一個非常詳細完整和切實可行的方案，後來我們人文學院的董群教授整理了全文，提供給學校領導以作參考。例如對於東南大學沒有歷史學科這件事，許先生一直覺得是一個遺憾。不僅是學科生態，對人才培養來說，也是個遺憾。但是東南大學如果再從頭開始建設歷史學科，估計是不行的。當時他提了個建議，因為我們東南大學在科學技術研究領域很發達，許先生就說可以重點做科技史方面的研究。他當時給了非常詳細的建議，包括人文學科怎麼佈局，如何發揮作用等。許先生的用心可謂良苦，但他的建議後來因為各種原因最終沒有實施，我覺得十分可惜。我和許先生曾經就東南大學復建歷史學科通過郵件，他專門回郵指導：

> 欣聞東南大學有此想法，十分高興，要特別注意科技史和科技哲學，尤其中國文化的如此項目。如果可能邀請中科院的華覺明替東大幫忙籌劃，他是我在無錫輔仁中學的老同學，學問扎實，見解高明，於礦冶史有重要的貢獻。另一位老同學是大連醫學院的裴德凱，知識廣博，多才多藝，天分極高，也可請教。在科技史方面，東大的建築、橋樑等學科本來就是強項，必可找到高手；農業、工業史方面，材料不少，可以先著手。如果時間合適，我們可以遙聚聊聊。
>
> 祝好，倬雲

再比如說，在他的倡導下設立「華英文化系列講座」的事情。余紀忠先生當時設立「華英文教基金」，那是一筆數額相當可觀的款項。但是後來由於投資和運作的問題，再加上國際經濟形勢的低迷，整個基金損失掉很多。東南大學主要運用該基金資助舉辦國際學術會議、邀請國際知名大師，還有很大一部分是資助青年學者出國訪學。當時這個基金的資助是很寶貴的，資助一個出國研修的名額，大概是五千美金。但許先生認為，人文教育對學生的影響更為深遠，所以在其倡導下，在他和當時的遴選委員會召集人陳篤信教授的幫助支持下，特地拿掉一個資助出國的名額，用這個款項加上學校配套的部分款項，啟動舉辦了享有盛譽的華英文化系列講座。雖然用於延請著名學者的款項有限，但是這個系列講座邀請的都是學界第一流的大學者，包括諾貝爾獎獲得者楊振寧、著名社會學家金耀基、哈佛大學教授李歐梵、詞學大師葉嘉瑩、哲學大家張世英、文化學者陳平原等。許先生對該系列講座的舉辦也特別支持。舉辦首屆華英文化系列講座的時候，他親自出席開幕式和閉幕式。我們當時邀請李歐梵教授作首場演講，他也都陪同接待。記得李歐梵教授對於許先生非常尊敬。

細節：情理相通對待世界

講一段我們和許先生交往中的往事，説明一下許先生的影響力。現任中國礦業大學黨委書記的劉波，當時是東南大學黨委副書記兼副校長，她曾多次參與接待先生，在與先生交往的過程裏同先生及夫人結下了深厚的友誼。2009年春天，劉波書記在和許先生聊天的過程中，聽説他去中山陵的願望一直未能實現，就多方聯絡、周密安排。先生感喟於劉書記的誠意，在她的陪同下，撐著病體來到中山陵。但由於頸椎病發作等原因，最終還是未能如願。但是在中山陵園下面的時候，偶遇了一批臺灣代表團的客人。他們發現了許先生——因為他坐的輪椅是很明顯的，就圍攏上來打招呼，在他兩旁佇立，向先生表示敬意。後來我們才知道，帶頭和許先生寒暄的是時任國民黨副主席的林豐正先生，他們正好因公到南京來參訪。

許先生是個蘊藏深厚的巨大寶庫，因為他有著深邃的目光和豐富的智慧。有一段時間，我博士論文沒有及時寫出來，自己比較拖拉，沒有合適的想法。有次跟師母聊到這件事情，她就跟我説：「你有不懂的地方儘管去請教許先生，從古至今他都知道。他會跟你從頭講到尾，幫你梳理成體系，那其實就是一篇很宏大的論文提綱。」許先生就是一個智慧的寶庫，對很多的問題，他都能娓娓道來。你會感覺他在馳騁古今，跨越時空。而且在許先生講授的東西裏面，我有一個突出的感受：裏面貫穿著他的大愛的情懷，這種情懷是對人類歷史的深度思考和對人類命運的關懷。他其實在學問上面非常嚴厲，所以我們都很敬畏他。因為說實話，我在學問上面沒有那麼深度地去著力。所以，我們跟先生講話的時候，都特別緊張。

但是，許先生的為人真的是充滿了無限深情。好多時候講到有些問題，他會潸然落淚，不禁動起感情來。後來我看《十三邀》對許先生的採訪，許先生落淚了，因為講到了戰爭。2018 年 8 月，我們的同事去美國訪問，我專門委託她們到匹茲堡去看望先生，還拍了兩段錄像回來。許先生在錄像裏面還讓我去看他，並且特別感謝我在南京對他的照顧，我看了以後特別地感動。我想，當年許先生寫的「情理相通的通識教育」，「情理相通」既是對通識教育提出的，其實他做人也是如此。

許先生特別了不起的是，雖然在學問上他是一個大家，但他永遠傾其所學來幫助別人。我調到吳健雄學院工作之後，需要先生幫助時他依舊傾其所能。例如，我跟先生聯絡並向他請教大學書院該怎麼辦，他不僅細緻地提供思路，而且還表示有需要的話可以通過網絡交流。先生就是這樣的一個人，他就是傾其所有地要教給你們，希望你們好，希望你們能上臺階。

許先生在人文學者裏比較特別的地方，就是他對現代科技理解很深。所以前幾年他身體好時，我們經常通過郵件交流。許先生在郵件中的風格是比較理性的，就事談事，學者風範。但他在現實生活中，其實還是感性的。感性和理性的結合，成就了先生的兩面。我之前請他給吳健雄學院擬定一個院訓，一來他和吳健雄先生有交往；二來他博古通今，想法都是信手拈來；三來我們希望實現科學與人文融合的目標。他擬定的院訓是：「修己安人，學博明辨，體大慎微，積健為雄。」這個院訓充滿神韻，產生了極大的影響。後來健雄書院建成，他又幫助擬定了書院的院訓，發來的郵件是這樣說的：「我想配合吳先生的才學品德，我們連綴如下：積學進才，積知啟悟，積德是福，積健為雄——作為書院的院訓。」

我和先生這兩年的交往又多了起來，麻煩他的地方相當之多。比如說健雄書院成立，我們希望能聯絡到李政道教授，但是找不到聯絡方式。後來我們就向許先生請求幫助。許先生幫我們致信臺灣南港「中央研究院」，聯繫李政道先生。但是對方回覆説李政道先生現在很少跟臺灣聯繫了，所以後來這個事就停滯了。有一天，我忽然收到了許先生給我的郵件，他在郵件裏面告訴我説：「李政道先生的哲嗣，李中清教授現為香港科技大學人文社會科學學院的院長，他必定知道政道先生的地址，足下何不專函詢問，去信時，不妨替我致候起居。」後來通過此方式，我們很順利地跟李中清教授聯繫上了。李中清教授聽説是許先生介紹的，特別熱情和支持，我們就順利地和李政道先生聯繫上了。

我們和許先生的交往還有個重要方面，那就是崑曲。先生和師母都很愛崑曲藝術，尤其是師母。他們在南京的時候，我們曾陪先生或師母多次觀賞過崑曲，因此他們夫婦與江蘇省崑劇院結下了深厚的情誼。梅花獎得主、著名崑曲表演藝術家李鴻良也多次見過先生。那次我特地向他要了兩套江蘇崑劇院經典作品的影碟，專門請人帶到美國去，送給許先生夫婦。許先生拿到的時候，特別地高興。他對崑曲是真喜歡。

許先生夫婦對生活其實是很熱愛的，我們那個時候陪他們品嚐了南京的很多美食。他鄉情很重，懷念家鄉的美味。劉波書記去美國許先生寓所的時候，師母做了無錫特色飯菜來招待他們。但真正到吃的時候，他可能也就吃那麼一點點，出於身體的原因他不能像正常人那樣喜歡就多吃，他很自制的。許先生後來將他的新書《許倬雲説美國》的電子版發給我，這本書講述了他對美國的觀察。許先生其實是一個特別堅韌不拔的人，面對生活的困難都是迎難而上。書中他講到在從臺灣去美國的海船上面，行動不方便，但是他當時都是完全靠自己一個人的力量。有一次遇到海嘯的困境，最終在船員的努力下脱險。他回憶起父親的話：「面對困難，唯有正面應對，或可過關。」我當時讀到這兒的時候，內心特別感動。許先生在現實生活中就是這種狀態，所以他面對生活中的困難困苦，是沒有任何迴避的。

2019 年元旦，我給許先生寫了封郵件。郵件裏説今天南京下著小雨，陰沉沉的，坐在辦公室裏面整理東西。想到最近金耀基教授八十書法展和收集文獻展中對他的採訪，忽然心中升起了一種感慨。這個採訪已經轉給師母了。能夠認識先生是我們後學的寶貴財富，從先生這裏也汲取到許多的營養。金耀基校長以前還送給我一本書，叫《人間有真情》，裏面收錄了他跟名家大師的信件往來。其中有許倬雲先生給他的一封信，在信裏許先生稱他為「耀基」，推崇備至。我見到金校長的時候，他也跟我說：「許先生是個了不起的人。」所以，他們是互相欣賞的。我是真心覺得應該把這些點滴都記錄下來，可惜時光易逝，和先生一起的時光太少了。

我想起第一次和許先生接觸時，去祿口機場接先生和師母，先生是帶著老夫人的遺物抵達機場的，似乎那次專門去無錫辦理了最後的奉安事宜。還有想起來在秦淮河邊上昆曲名家們和先生的聚會，楊振寧先生也參加了。前兩天我還找到了當時的照片。記得與先生交往的過程之中他談起過很多事情，有很多難忘的瞬間，這其中也蘊含著很多很深的感情。所以我才體味到金校長的書信集定名為「人間有真情」的深厚含義。他說讀書人之間心有靈犀，那種感覺叫作「知音」。我有幸親近先生多年，感受到許多難忘的點滴，我希望能花點時間把這些都整理下來，這真的是一筆寶貴的精神財富。

後來許先生給我回覆的是什麼呢？先生在信中說：

> 謹覆：
>
> 收到大函，感謝垂念。歲時更新，最令人思念故舊，尤其是我的歲數，故人們紛紛離去，現在已所存無多。回憶余紀忠先生與夫人，音容笑貌猶如眼前，能不惆悵。我也老了，東南大學未來發展就仰仗你們各位了。
>
> 今日除夕，謹遙祝，人間存善意，世界有太平。

在郵件中我們清晰地感到，他覺得東南大學的事情就是他的事情。因為余紀忠先生的關係，所以他希望把東南大學辦好。最後的幾句，他最終還是會回到對人類前途的關懷上面去。說明許先生的格局和關注點，都在這裏，絕不會囿於名利的「小我」，而是有更高遠的境界。

許先生的學術研究、待人處事、家國情懷等，都在潛移默化中給予我們很深的影響，提升了我們的人生境界。能夠親近先生，讓我們看到更為廣闊的精神世界，就像許先生在我們學校演講時所引用的曾國藩的話：萬頃波濤鷗世界，九霄雲外鶴精神。衷心祝願先生健康長壽，希望先生的人文思想能夠照亮更多青年學子前行的道路。

（根據《人物》雜誌 2021 年 12 月 26 日採訪稿改定）

生於憂患：關於知識分子及許倬雲先生

葉超（華東師範大學地理與環境科學學院特聘教授）

時代孕育思想之子

我們現在正經歷百年未有之大變局，一些人只把它當作一句場面話去理解，沒有看到它背後實際及可能蘊含的變化。但目前及未來變局的尺度甚至不是百年，而是千年。單從時間上看，我們還在公元2000年的延長綫上。所以，這是千年之交下的百年大變局，它也許不是一個偶然的時間節點。已經發生的事情在極大程度上顛覆著人們的認知，並以極快的速度改變著生活，無論世界還是地方，無論是價值理念、技術還是社會，都面臨前所未有的重建。

在這種時代背景之下，身處這個變動不居且不可預測的世界，當發現所有的問題——無論微觀和宏觀，無論個體與社會——人和事物的命運正頻繁交織在一起。這對知識界是前所未有的挑戰，但同時也是前所未有的機遇。回顧人類文明的發展歷程，那些偉大的思想正是誕生於大變革的時代。時代和社會孕育了它們的思想之子。正是因此，有必要重提和重新思考一個重要命題，那就是創造和實踐新思想的主體——知識分子。這個話題目前人們討論得很少，有時避而不談甚至是將其污名化。但正如我們迴避不了時代，消滅不了思想一樣，我們也無法迴避時代中的知識分子這一群體。歸根結底，也是因為我們無法迴避自我。而知識分子也許是反映這一群體的最重要的標籤或身份。

學術、藝術、社會、世界的本質到底是什麼，表面上看，這些最重要的問題好似是知識分子說了算，但實際上恰相反，知識分子是被廣義的社會環境、氛圍和條件所定義的。不存在一種脱離了其所處的社會環境的、超脱性的知識分子。不管是中國的諸子百家，還是古希臘的哲學家，其實都是被當時的社會環境、時空所孕育的，這是歷史的必然。資本主義的發展孕育了亞當．斯密、馬克思、尼采等思想家。民國時期則湧現了魯迅等偉大人物。對偉大人物與時代的關係，馬克思在《路易．波拿巴的霧月十八日》中已經有精彩、深刻的論述，此不贅言。

説起知識分子，許倬雲先生在2006年有一篇著名的演講稿《歷史上的知識分子及未來世界的知識分子》，值得反覆閱讀。許先生早在十多年前就有了深遠的思考和精準的預感，目前的現實在某種程度上驗證了他的擔憂與判斷。所以，他不顧年老體衰，頻頻與媒體對談，發表自己的觀點，試圖提醒大家注意時代隱伏的危機，情真意切，令人動容。他其實也是在追索和踐行知識分子的道路。他所提出的知識分子的命題不僅對中國發展很重要，對世界未來也很重要。但最重要的也許是，它對我們自己最重要。

困境中的知識分子

中國的知識分子處在困境之中。一方面，知識分子的社會評價或認可度其實並不高，經濟方面勉強與中產階層掛上鈎，實際上很多人還處於不得不為「稻粱謀」的狀態，加之種種制度約束和規訓、考核，在這種情勢之下，別説擔負天下道義，真正的學術追求都是阻力重重，生存狀況其實堪憂。社會流行語「公知」，即公共知識分子，後來演變為一個被污名化的詞語，成為被嘲笑的對象，也側面反映了知識分子的尷尬處境。所以，許先生提到歷史上的以及未來的知識分子，是因為他想以古聖先賢為榜樣激勵自己和後人。在思考「理想型」知識分子的同時，我們必須看到，未來的知識分子必須要從真實的或現實的知識分子境況出發。在多重困境之下如何突破，這也是我一直在思考的問題。知識分子應該怎樣界定，或者怎樣去看待，甚至怎樣成為一個能夠面向未來、塑造未來的知識分子，其實是非常不容易的事情。

許先生提醒我們的是：學者，尤其是人文與社會科學的學者，不僅應該成為學術上的專家，更應該思考世界的命運、社會的命運、國家的命運。個人的命運與時代和世界的命運息息相關。知識分子作為助推社會進步與變革的一大力量，對自身使命的反思將深刻影響他們的知識實踐，並最終對世界、社會、國家和個人的命運產生影響。

古代中國將知識分子看得很重，士農工商，士在第一層，知識精英可以做官，掌握權力去影響社會或百姓。但現在的知識分子只能在高校或者研究機構裏做專門的學術研究，影響社會的能力與效力其實越來越小。他們的話語權大幅度降低，社會地位已然變化，社會對他們的期望或評判標準卻停留在以往或西方知識分子的標準，甚至動輒以民國大師的標準要求現在的知識界。生存和環境的壓力使本該具有憂患意識的年輕人和中年人，不得不迴避這類休戚相關的話題。許先生的大聲疾呼，在此時喚醒的人也許終究寥寥，但他將專業研究、家國情懷與知識行動聯繫在一起，知行合一，身體力行，這本身就是知識分子的精神，又豈能以結果論之！

知識分子一方面是學術上或領域內的專家，另一方面本身就應該兼具公共性。當然有那種所謂「純粹」的知識分子，只是出於好奇自然物而進行研究，但這種純粹的「自然物」是相對的，而純粹的「自然科學家」實際上也不存在。對於人文與社會科學的學者來講，好奇的不僅是自然物，更是社會，是自然和社會之間的關係。從這個角度講，知識分子有可能純粹地探討「物」的一方面（無論是自然還是社會之「物」），但這個「純粹」實際上是打引號的。我們都生活在現實的社會與時空中，若是避此不談，說自己只是做一個純粹的科學研究，那麼這個純粹實質是逃避或自欺欺人，就像埋頭沙堆的鴕鳥一樣。哪怕是自然科學，比如研究病毒、疫苗，其實也是一個社會問題。當然我不否認病毒學及自然科學的實驗，但實驗是否符合倫理，成果有效性如何判斷，怎麼驗證、發佈和推廣，會受到多方面的影響，國內在這方面的關注和研究是很少的。

許先生在 2006 年甚至更早的時候就覺察到知識分子的身份與危機問題，他有一種深切的憂患意識。他看到不管是在歐美還是在中國，專家型的人才越來越多，但是真正能夠把專業跟社會、國家、世界發展的命運聯繫起來的人越來越少。這意味著學科和研究越來越細碎——所解決的問題越細越容易獲得所在小圈子的認可。但若是這樣，公共的或大的事情有誰來發聲，有誰做研究呢？這是許先生與一般的歷史學家不一樣的地方。一方面他的興趣是很廣泛的，他求學期間接受了考古學、宗教學、人類學等學科的知識和訓練，他有這樣一個底蘊，形成了大歷史的視野和深度。我向他請教很專業的一些問題，比如城鄉起源，他講得很仔細，涉及考古知識，因為他的老師之一李濟就是考古學家。從學術訓練看，他有一個多學科名師點化、扶持的背景，這使他能夠思考一般專家不去思考的問題。

知識分子從來都是在現實社會之中做學問並受社會的深刻影響，只有認識到這一點，才有某種超越的可能。越來越多的知識分子選擇成為專業型的研究人員，成為某一細小領域的專家，而非綜合型的學者。生存的艱難、制度的壓力、格局的縮小與憂患意識的衰退，使得知識分子處在彷徨歧路的狀態。知識分子脱離公共性，學術脱離社會性，從根源上是社會化的產物，而非社會化的動因。這並非為知識分子開脱責任，而是說，只有認清這種現實才能面對真正的知識分子問題，而真正的知識分子面對的唯一問題只是：什麼是真正。

我與許倬雲先生

我在上大學時就聽聞許先生大名，並拜讀其大作。他的學問涉及很多領域，不僅有歷史，還有哲學、管理、文學、社會等，融會貫通，遊刃有餘，令人敬佩。我本科讀經濟管理專業，碩士研究生期間鑽研人文地理，但剛好也對文學、歷史、哲學、文化很感興趣，這是我與許先生產生聯繫的重要基礎。但那時我是仰望他，覺得他的水平很高，是大家風範。隨著對許先生的了解漸趨深入，我也逐漸明瞭他的學問進路。許先生承襲並發揚了民國時期的學術傳統，又接受了專門和扎實的西學培養，在不同地方生活和學習的社會經歷使得他具有一種宏大深厚的時空觀，先天身體疾病和接觸社會底層又使他具有豐富的人生閱歷和敏感體察事物的智慧。將古今中外聯繫和貫通，再去尋找自己的定位，這種格局既是許先生的個人稟賦和志趣所在，又是他所處的社會和時代，尤其是那些老師和大學所培育而成的。就許先生的人生經歷而言，無論是在中國大陸和臺灣地區，抑或是在國外生活期間，他都受到很多人的提攜。他在接受這些長輩和老師的幫助時，也把這些老師的思想和精神吸收、轉化，無私地傳達給後輩，這是知識分子學術思想的薪火相傳。他選擇的道路、遇到的人，都直接和間接地改變了他的命運，然後他也直接和間接地改變著別人乃至社會的命運。若問知識分子的信仰是什麼，那麼也許就是相信知識和思想可以改變人的命運，而不管這種改變在當時是多麼有限。

在知識的傳遞上，許先生也充分發揮了知識分子的公共性，通過不斷發聲來破除知識分子與大眾的隔閡。他用非常通俗、平實的語言傳授專業的知識，正所謂「道不遠人」。有些學者可能專業研究得很精深，問題剖析得很透徹，但不一定能用通俗的語言把他研究的東西傳達給別人。但在許先生的身上，我們看到他既有傑出的學者和教師的特質，又是一個理解大眾、善於溝通和傳達知識的很「社會化」的知識分子，正是後者使他也獲得了大眾的認可。

2017 年，受許先生這個演講激勵，加之想在城鄉關係研究方面和他探討，所以我就冒昧地跟他聯繫。他很熱情地回覆了我，之後我們的郵件聯繫就變得頻繁和密切。共同的愛好和志趣將不同年齡和專業的我們緊密聯繫在一起，這也許是這個時代的饋贈。作為一個與許先生素昧平生、既無師承關係又鮮有學科交集的人，我僅通過與許先生在思想和價值上的情投意合，就能獲得許先生的勉勵與幫助，給我很深的觸動。他對包括我在內的後輩的幫助，以及憂國憂民的情懷、務實的作風，都體現了他作為一個知識分子的真誠。也許是切身的經歷、專業的判斷以及濃郁的家國情懷等，種種原因促使他不顧自己的年老體衰做相當於佈道的工作。對他來講其中肯定不存在名利方面的因素，我們唯一能看到的就是他的一顆熱忱之心，這種承繼自中國傳統知識分子的擔當精神，是通過他的實際行動表現出來的。

人一過六十，就是所謂的「耳順之年」，退休大吉，「事不關己，高高掛起」，但許先生天生的古道熱腸和家國情懷，使他年逾九十仍對世界和周遭的人、事放心不下。他並不僅僅著眼於中國，而是有一種更為全球性的、審視世界的眼光。他並不是空喊家國概念，而是以他實實在在的經歷，確確實實的言行傳遞這種思想和情感。所謂「世界視野、家國情懷」，他是真正能擔得起這八個字的學者、老師和知識分子。

許先生目前格外關注的議題和他的主要觀點，基本上都在他的著作、接受媒體訪談的視頻、微信公眾號及其他媒體刊出了，也獲得了較大的關注。他不顧自己的年老體弱去講這些話，做這些事，是因為他敏銳地感到劇烈的變化與潛在的危機，因此要大聲疾呼，做出預警，以喚醒更多的人，就像最後的知識分子一樣。與其說這是一種學者的職業或知識分子的身份使然，不如說這是他的天性和經歷使然。他生於動亂之世，常懷憂患之思，但始終不變的是對世界和中國、歷史和人文的不可遏制的熱愛。這使他超出了一個歷史學家單純地研究對象、一個考古學家勘別文物真偽的範疇，現實中的人和文明，是他最關注的。

就對歷史和未來的態度而言，我儘管跟許先生有相似的憂患意識，但我倒並不像他那麼悲觀。我們都知道個體的力量畢竟有限，明瞭這一點也許就可以稍微被撫平一下。憂患意識或焦慮不安的背後關鍵看你本質上是一個什麼人。如果本質上是一個非常熱忱、關注社會和自我發展的人，那麼也只是暫時的撫平，因為不同的人對社會和世界的敏感程度是不一樣的。如果我們有了非常難得的這麼一個人，那麼，重點並不在於他的結論是悲觀還是樂觀，而在於和他的這種赤子之心一樣的熱忱。如果我們看到這種熱忱是維繫在社會和人身上，維繫在國家和世界的命運以及人類文明的命運之上，我們就會理解他的這種渴望超越的熱情，也會對他有一種更深刻的理解。這也許是專家與知識分子的最大區別。知識分子其實並不只是以知識為目標，因為知識畢竟是死的，真理也是相對的。如果不投射到具體的事物和人上面去的話，書本上或他人高明的道理在某種意義上來講都是空的。他懷著熱忱把知識和道理認真地投射向研究對象，但這是活生生的研究對象，是具體可感、與他一樣的眾生及其文明進程，所以就像能感受到別人的痛苦一樣，他敏銳地感到這個世界的不可預測的變化，為危機而不安或焦慮，覺得有必要告訴大家。也是因為他經歷過可怕的亂世，所以似乎有一種本能的預感或警覺意識。他對人有這樣一種異乎尋常的熱情和愛，促使他覺得有責任、有必要站出來發聲。

學術和思想因代際傳承而進步，社會主要還是要靠更多的中青年建設。一方面，他自己也深切意識到這一點，這也是他跟我們這些中青年保持交流和聯繫的重要原因；另一方面，他作為學者沒有停止學習，想補充知識，繼續拓展視野。真正的學者其實就是到老都堅持學習的人。這一點非常重要。我現在把他的思想、精神和文章時常講給、傳遞給我的學生，讓他們去研讀和理解，這也是某種意義上的薪火相傳吧。

社會變遷與真正的知識分子

家國情懷意味著國家和世界的命運，是我們必須關心和思考的重要問題。因為在急速信息化的數字時代，個人的命運和時代、國家、社會、世界密切聯繫在一起。如果你不關心，將來甚至可能損害自己的權益。另外，許先生也反覆強調小「家」的經營。小家既包括因血緣關係形成的家庭，也包括由業緣等關係形成的小的共同體與團隊，後者也會起到類似家庭的作用，幫助抵禦不確定社會的風險。比如學生和老師構成的社群，以及師生和學校構成的社區等都是非常重要的。廣義的、大的社會重建是在個體的聯合、組織的聯繫與社區的團結基礎之上。只有把家庭和與自己非常密切的工作群體穩固了，才有韌勁去抵抗外在的劇烈變化。面對不可預測的未來，家庭很重要，團隊很重要，工作很重要。現在中國的家庭問題是非常嚴重的，人口增長趨緩甚至可能負增長，三胎的話題成為熱點，老齡化趨於加重，但除此之外，更重要的是家庭結構的深刻變化。三十年前是四口之家，現在根據「七普」(2020 年) 資料每戶才 2.62 人，不足三口之家，這對未來社會的穩定性是很大的挑戰。

千年未有之大變局下，舊秩序面臨崩壞，但社會流動又奠定和形成新秩序。這種超強的流動性導致的新舊交替將會成為未來社會的常態。流動不僅涉及人、生產和生活要素，也是空間意義上的城鄉或區域、社區交流，也是知識分子與大眾的交流，個體身份面臨著迭加和互換。知識分子本是大眾的一分子。大變局時代易出偉人和思想家，知識分子的憂患意識和行動可催生社會重建的新思想與新秩序。許先生在著作中，尤其在回憶個人經歷的時候，都有一種對中國民間秩序的讚賞或者呼喚。他自身的成長經歷，對民間疾苦的感受，都深化了他的這種人文意識。他雖然是一個知識分子，但很了解民間生活。不論是城市、鄉村及任何一種空間，如果缺乏了流動性、社會交流和交往的話，都是非常嚴重的缺失。就對這一問題的判斷和擔憂而言，我與先生不謀而合。

就我和許先生都關注的城鄉發展而言，城市和鄉村關係表面上看起來不是大的問題，但是一個國家的發展跟城鄉發展密切關聯。城市相當於中等尺度，鄉村、社區、各行各業的人則是相對微觀的尺度。從個體、社區、城鄉、國家到世界，尺度不同，但互相關聯。許先生雖然是歷史學家，也很重視地理問題，重視歷史在這些尺度上的展開和聯繫。他關於中國歷史的「三部曲」，裏面的時空格局和社會秩序都十分清晰，不僅有歷史，而且有人文和地理的很多東西。我很理解和同意他對社會秩序的看法。現在的城鄉關係跟民國時期，甚至跟改革開放初期的都大不相同。不管是空間還是景觀，以及社會交往的方式、日常生活、思想文化等，都變了。但是許先生的核心觀點倒不是恢復以往的社會秩序，而是倡導我們反思秩序背後最核心的人的生活、人的社會交往和交流。如果城市和鄉村成為缺乏社會交流的、彼此都有隔膜的空間，那再美好的建築和設施都會失去意義。

許先生認可的價值準則，包括家國情懷，實際上也承襲了前人並啟發著後人。他是這麼說的，也是這麼去做的。他把他感受到的或者認為真實的東西傳遞給別人，有時候甚至像一個預言家一樣，對災難和危機發出信號，但別人可能沒有像他這麼敏感，沒有像他這麼通透，不一定能體會到，這也是他憂心忡忡的一個原因。學術的傳遞，一個知識分子要培養或者提攜後人，應該怎麼做？他不只是要有套價值理念和思想深度，更重要的是的確要有這樣的行動。他在堅守和實踐他的價值理念，這是中國知識分子的擔當。他本身是一個非常熱情的人，骨子裏的這種熱情不是待人的熱情，而是對於這個世界、對於人文的熱衷和深情。他跟一般的那種像醫生拿手術刀一樣去分析社會問題，指出這個、那個弊病然後就開始動手術的冷峻學者是不一樣的，他是帶著熱忱和感情去看他所研究的問題的。他的著作有時候可能需要大聲讀出來，才能感覺到他的感情。這種感情我認為是知識分子最重要的一個方面。家國情懷是具體到個人身上的。他對後人和世人是寄予希望的。他傳遞給青年學者的思想與精神又成為新思想迸發的源泉。當知識分子具備這種人文精神、時空敏感性及不可遏止的熱情時，他也就是一個真正的知識分子。

其實對於什麼是真正的知識分子這一問題，我也沒有特別確定的答案，甚至就像要釐清羅生門的真相一樣，不同的知識分子對於知識分子的理解和定義也不一樣。中國有些知識分子，比如梁漱溟，願意參與鄉村社會建設，有些知識分子，比如魯迅，持一個徹底批判的態度和棄醫從文的方式，許倬雲先生則是通過把專業知識通俗化的方式進行言說和教化。他們都有自己的選擇，也都是真正的知識分子。只要堅守自己的價值理念和道路選擇，不管他是為了民族、家國，還是個體自由，又或者是其他的什麼主義，都值得尊敬。價值判斷對知識分子很重要，但它本身是充滿爭議的，在活生生的、複雜的人性面前，單以價值判斷和立場論知識分子是輕率甚至愚蠢的。知識分子需要理解、發現並立足於真實的人性和生活，進而尋求超越。只要學者有這樣一種真誠，他的作品有一種真誠，那麼，是否達到所謂知識分子的標準或身份其實倒也不必太在意。因為，在「真正」的試金石面前，我們其實很少有合格的。也許這個詞就是知識分子的目標或理想，甚至值得用一生的努力去追求和維護，不論他是作為一個歷史學家，還是作為一個人。

未來的知識分子

世界和社會未來的發展目標不一定是恢復原先的秩序。既然已經面臨或進入前所未有的新時代，就應該鼓起勇氣改變現在，而不是陷入回不到以前的哀愁。我們經常不自覺地把原先當作一個標榜，所以重建好像顯得很困難。比如說鄉愁，鄉既逝，何所愁？皮之不存，毛將焉附。只是對現在的生活不太滿意，覺得現在的生活不好，所以才要去尋覓所謂的鄉愁，實際上它也並不像想像中的那樣好。很多的時候我們是對現實不滿和感傷，所要的其實也不是一個理想化的狀態或美好回憶，更非未來的目標。未來的目標、創造性的建設不可能遵循原來的模樣，靠著原先的秩序和懷舊的鄉愁而實現。如果我們認清了時代和世界已經進入前所未有的大變局，那麼，我們又怎麼能靠過去的經驗和情緒去應對呢？做一個新時代的知識分子，首要的是改變現在的勇氣，而不是追古懷舊。以前的狀態只是一個參照，並不是一個標準，所以即使懷古也不是為了復古，而是人們的記憶裏頭有了這樣一種基因，揮之不去，但是這個基因不能應對和解決新問題。

面向未來，重建的問題和形勢是清楚的——我們都在時代疾馳不停的列車之上，在世界空間資源重重限制的範圍之中，必須去做我們能做和應該做的事情。時代的車輪在牽引和推動著，哪怕你不想前進。如果能預感這種時空節奏，甚至預判它的發展走向，那麼，在這多重時空交錯的節點上，哪怕是個體做出的微小的事情，也許都會引領或改變時代。這個個體也許不是知識分子，但知識分子應該對這種時空有清醒的認識和獨立的判斷，進而行動起來。引領或突破時代不是向後面看，不是靠懷舊來改變，懷舊改變不了任何東西。懷舊也許在文學上、在藝術上是好的，甚至是具有極高價值的，但在真真切切推動現實社會進步方面，則可能起妨礙作用。相比學問和知識，未來知識分子的勇氣和膽識將變得異常重要。許先生在一本書中，特意提到有一次在海上行船時遭逢海嘯，感覺船都要翻了，但唯有憑著穩定的心態、堅韌的毅力迎風破浪挺過去，那麼再厲害的災難也可能會度過。這是他的人生感悟，也是我們應對未來應有的態度。

時代在孕育著不安與躁動的同時，也孕育著希望和創造。在重重困境之中，知識分子也難免迷茫與焦慮。但認識清楚現實的情況以後，也就不存在迷茫了，該幹什麼就幹什麼。若是因為迷茫而停下手邊事情，什麼都不做或躺平，那會更加迷茫，甚至走向空虛。知識分子的力量畢竟有限，像魯迅那樣的偉人，也只能「躲進小樓成一統」。但其實，魯迅以及許先生在內的許多知識分子，他們都或多或少、或遲或早地改變了社會。認識到個人能力的限度，並不意味著放棄自己的責任與擔當。知識分子只能儘可能地言說和行動，至於社會效應和結果，並非他們所能把握的。這也就是所謂的「盡人事，聽天命」吧。

許先生是歷史學家，而且早過了不惑之年，所以他應該是不迷惑的。他對很多事情都看清了、看透了，但為什麼在耄耋之年還盡力發聲？這是因為我們已經到了一個非常重要的、關鍵的時空轉折點，中國和世界正在走向人類命運的拐點。我們不僅是被病毒和疫情影響，還有很多其他的事情，自然的、社會的都交織在一起。在這關鍵的轉折點，總會湧現出一些非常關鍵的人，其中有一些是最關鍵的人物。正如中外歷史展現的那樣，最關鍵的人物也許不是政治家、商人或娛樂明星，而恰恰是知識分子，也許後者身份與前者不矛盾，尤其是當前者也有這樣一種真誠和智慧的時候。未來真正的知識分子可能並不是專家型的，也不是價值理念或先知型的，而是真正把價值、技術和思想結合在一起的新知識分子。這種新的知識分子，與歷史中的知識分子一樣會遭遇困境。比如要生存，那麼可能就跟引車賣漿者一樣，必須活在世俗的環境裏，套用流行的話，「都在為碎銀幾兩奔忙」，知識分子亦未能免俗。把知識分子單獨地推上神壇或祭壇，或者一個純粹的、脫離世俗的高位，這本身就是「捧殺」或假想。我們對民國時期知識分子的美化即是如此，你要是不看他們的日記，你會覺得他們都很勇敢和超脱，但是看了之後，發現了他們的頹廢、彷徨，知道他們也都是生活化、世俗化的人，這反而説明他們是鮮活的知識分子及文化英雄，而不是別人眼中的知識木偶或雕像。這並不矛盾，在個人領域經常或必然是世俗化的，但在公共的領域，則既要考慮世俗，更要打破乃至超脱世俗。真正的知識分子是在這兩者之間的一種狀態。

許先生是焦慮的、著急的或者有憂患意識的，但他不是迷茫的，因為他明白自己該做什麼，想做什麼，他很透徹，很清楚。我們的迷茫，往往是在生存的壓力之下不能做自己想做、該做的一些事情，才會感到糾結與虛無。作為學術中人，其實很清楚自己想做什麼，但迫於生存的壓力，不得不做那些能夠維繫生存的事情，很多想做的事情就不得不一再延後，甚至不能放到一個很重要的位置上。很多年輕人的迷茫，確實是不知道自己的人生方向在哪裏，有時是所做的不是自己想做的，有時是也不明白自己想做什麼，所以覺得迷茫。這個時候應該去行動，用我的話講，就是「你的腳步就是你的方向，你的方向在你的腳步上」。

如果我們盡力而為之後，發現還是很難改變，那麼，也許意味著沒必要改變。甚至於，也沒必要刻意去掩飾或擺脱迷茫或彷徨，而應該學會接受。接受自己的迷失，也是一種勇氣、一種獲得意義的方式。有的人可能天生氣質憂鬱，因而成為天才或藝術家，當然同時也是病人。你如果要去除這種氣質，天才可能也就沒有了。知識分子需要喚醒青年對真我和真實的重新理解與建構。成為青年之前，我們只是被社會和家庭塑造，被狹義的社會建構起來的人生很容易被真實嚴酷的社會現實擊碎。社會再劇烈變化的話，以往的那個自我就會崩塌、瓦解。而到二十多歲以後，我們能夠有機會主動重新建構自己的意志、精神和人格，這與你是否遇到了這樣一個關鍵的人或一本書，或從某一個事情上汲取了什麼力量有關。也許這本身解決不了一個人現實的困境問題，但其實每個人都有自己超越性的一面，只是説被平凡的、瑣碎的生活遮蔽和糾結住了，很多時候沒有辦法從中跳脱出來。在接受中超越，同時變得更社會化和務實，可以共存於一個人乃至一個知識分子身上。有時候你必須得接受一些東西，然後才能改變一個東西，關鍵是你接受的或者你改變的是不是真正的。

每個時代有每個時代的命運。現實可能將我們囿於困境之中，一個人的力量無助又弱小，但如果我們大致了解這個時代的命運，就能為自己定位。藉助智者的雙眼，我們能夠看清世界的真相，感觸面臨的危機，但道路依然要靠我們自己來走。未來的知識分子，也許正如現在的一樣，還是擺脱不了重重困境，擺脱不了焦慮、迷茫和彷徨。但是，若在這種焦灼與迷茫中認清世界和自我的限度，並竭盡所能地超越或突破這種限度，便做好了面向未來和創造未來的準備。其實，未來與現在、過去之間本沒有清晰的界限，正如許先生和我們一樣，都有一種類似於千年之前的孟子主張的「生於憂患，死於安樂」的精神。正是這種精神激勵著一代代中國知識分子前赴後繼。未知與劇變皆不可怕，因為無論是腳下的路還是手中的筆，其實都是確定的。面對極不確定的未來，孤獨的知識分子並不是獨醒和獨行者，這一點，也是確定的。

許倬雲先生的學術脈絡

陳心想（中央民族大學社會學系教授）

由遠及近：許倬雲印象

朦朧記得初次聽到許倬雲先生的名字，是在二十年前讀碩士研究生的課堂上，鄭也夫老師提到許先生和他的《西周史》，留在我印象裏的是，遙遠的異國有一位史學大家，名叫許倬雲。後來讀博士，在明尼蘇達大學圖書館，遇到了許先生的很多著作，但依然對作者比較模糊，只是覺得許先生是一位高山仰止的學者，無從想像自己會與之有任何個人聯繫，更不會想到有朝一日能面聆教誨。

2015 年 6 月初，拙著《走出鄉土：對話費孝通〈鄉土中國〉》殺青，希望找到一位學界德高望重的前輩寫序。很奇妙的想法產生了——找許倬雲先生。帶著非常忐忑的心情試著與許先生聯繫，説明意思。那是 6 月 14 日。次日就收到許先生回覆：「謝謝賜函。我們雖然從未見面，為費先生大作的演繹作序，義不容辭。但須等幾日，等我的助手來，幫助筆錄口述。」7 月 4 日，即收到許先生三千零七十二字的序文，題目為：《〈走出鄉土〉跋》。開篇第一句「陳心想先生送來大作《走出鄉土》，吩咐我撰寫一些意見」。裏面的「吩咐」一詞，表達了先生身上的「禮謙」古風，於我則覺得心有不安。在當下中文語境中，晚輩「吩咐」長者，這樣的詞實在不敢承受。這一來一往的交流，讓我體會到了許先生身上一種不同於其他學者的獨特品格。三千多字的序文寫得很用心，滲透著先生提攜後生之意。在送來序文的郵件裏，先生還寫道：「你我研究興趣相近，盼望常常彼此切磋，歡迎保持聯繫。」有時候想像，如果時光倒流，我大概會選擇跟從許先生讀博士。自此，時早時晚，我們通過郵件、Skype、電話等聯繫愈多。

記得第一次與許先生 Skype 通話是在 2015 年秋季，通過視頻見到了許先生「廬山真面目」，當時許先生已經八十五歲高齡，用鶴髮童顏來形容再恰切不過。笑容像純真的孩童，慈眉善目鑲嵌其中，聲音依然中氣十足，真不敢想像一位八十五歲的老人還能這樣活力充沛。許先生還解釋了他身後的一副對聯「滿眼雲山畫圖，一天星斗文章」的出處來歷。第一次通話不知不覺間有一個多小時。後來每次通話，我都害怕累著先生，盡量控制在半小時之內，但又怕先生談興正濃戛然而止不妥，多次一不小心就一個多小時過去了，約下次再談。後來一些雜誌編輯知道了此事，覺得應該記錄下這些聊天，都是珍貴的資料。徵得先生同意，後來錄製、整理了幾篇發在《書屋》《教師月刊》等雜誌上。驀然回首，與許先生聊天的記錄和閱讀其大著後寫的書評已發表多篇。

世間的事情有時真是太巧妙了。許先生給拙著寫序落款是 2015 年 7 月 4 日，而 2016 年 7 月 4 日下午，我則坐在先生家客廳與先生和師母吃西瓜聊天，許先生贈送我諸多書籍（除了他自己的著作，還包括一些學人贈送先生的書籍），其中《說中國》一書的簽名落款正是 7 月 4 日。如此近距離，或者零距離向許先生求教學問，感受學界宿耆的風貌，「得觀賢人之光耀，聞一言以自壯」，此前不敢想像會有這樣的良機。師母說，好像你們這些文科學者家國情懷比較濃厚。許先生雖然因年歲漸長，加上身體不便，不能長途旅行再到中國大地上走走，但無時無刻不在關懷著中國這片土地上的發展和建設，致力於研究探索世界的文化和歷史，目的也是為中國借鑒，即要「拿全世界人類走過的路，都要算是我走過的路之一」。

2017 年 11 月初，我在《新京報》發表了一篇紀念費孝通先生的文章。約半年後（2018 年 4 月 15 日，我當時在上海大學訪學），許先生在給我的一封郵件裏寫道：「友人送來一批文章。其中有你評論費孝通先生的大作。讀後深獲啟發。如果費先生能專心學問，其貢獻可以更大。可惜了。」看了這個郵件，我想有空能寫一篇關於許先生的類似文字。但自覺遠遠還沒有真正理解先生的學問，一直遲遲不敢動筆。再加上工作越來越忙，更是難以靜心整理思緒。但為了增加學人對許先生的一些了解，我還是勉為其難，陸續把自己閱讀許先生的一點心得感想整理出來，請教於同仁！

三著奠基：史學大家的學術主脈

奠定許先生史學家地位的著作，應該説是其三部曲，即三部古史英文專著：按歷史時間順序為《西周史》（*Western Chou Civilization*）、《古代中國的轉型期》（*Ancient China in Transition*）和《漢代農業》（*Han Agriculture*）。但按照出版順序，卻是《西周史》最後。從三本書出版時間上看分別是在許先生三十五歲、五十歲和五十八歲時。這三本書應運而生的「運」各有不同，雖然一脈相承，卻是多年諸多因緣聚合的產物，堪稱知識社會學關於知識生產的較好案例。

《古代中國的轉型期》是由許先生的博士論文整理出版的，英文版 1965 年由美國斯坦福大學出版社出版，雖為第一部，但其研究的歷史階段則是三部曲的中間——春秋、戰國時期，在西周之後，漢代之前，中國社會大轉型時期，也就是從封建體制向帝國體制轉型的時期，英文書名為「*Ancient China in Transition*」；該書還有個副標題，即「*An Analysis of Social Mobility*」（社會流動的分析），是關於社會分層與流動的歷史研究，算是比較早期的歷史社會學著作。作為芝加哥大學東方研究所的一位博士生，許先生受到當時芝加哥學術氛圍的影響。當時芝大的社會學，兼具本土發展起來的社區實證研究（微觀社會學）和源自歐洲的社會學理論（宏觀社會學），尤其受韋伯的理論影響，社會學家彼得・布勞的文官制研究尤其啟發了許先生博士論文的選題和寫作。這部作品嘗試用統計方法根據不同時代歷史人物的出身家世與社會背景，來測量社會轉型變遷的方向和幅度，並以此探討政治、經濟、意識形態諸變量是如何相互作用，發生社會變化的。這部作品不僅看到社會成員在地位上的升降，還顧及社會結構本身的變化。

我就此書中的部分內容寫過一篇筆記小文，即《〈論語〉裏的社會轉型——讀許倬雲〈中國古代社會史論〉[1]》。春秋戰國時期官職不再由貴族身份來世襲取得，而是開始要依憑學習得到的知識和技能。這是由封建制向後來的君主官僚制轉變的開始，這種轉變的一個重要方面即「先賦身份地位」讓位給「自致身份地位」的轉變（社會學家拉爾夫・林頓對社會地位的二分法）。今天我們的社會，教育受到極大重視，其中一個原因就是，教育是「入仕」的必由之路，延續的還是春秋戰國時代開啟的通過「學」而「入仕」的傳統。僅靠出身來襲得地位在合法性上已經難以成立。

第二部是《漢代農業》，在第一部出版十五年之後的1980年由西雅圖華盛頓大學出版社出版。其實這部書的經歷頗為傳奇。這部書原來是作為華盛頓大學出版社的漢代研究系列叢書之一與楊聯陞教授簽的約，但是退約了，恰好許先生來到美國匹茲堡大學任教，被找到接下這個活。許先生回憶說：「這個專題當時請哈佛大學楊聯陞教授寫，但楊教授忽然身體違和，於是華大將這一任務轉交給我。從春秋戰國到漢代，時代過渡，順理成章，我也就接受了。」當時匹茲堡大學還有一個農業與農民問題的學者討論會，每月舉行一次，許先生參與其中，幫助促成該書成稿。可惜因出版社經費問題，這本書耽擱了近十年才得以出版。該書結合人口壓力、農耕技術、市場網絡（道路網絡），以及政府與工商關係等方面討論漢代的小農經濟特徵，以及對中國小農經濟的影響，其中最後一部分還應用了地理學中的「中地理論」。這一研究影響的不僅是商品流通問題研究，而且對人才流動以及文化傳播研究都很有啟發。《漢代農業》

[1] 即《古代中國的轉型期》一書的早期譯名。——編註

從歷史時間段上向下延續了許先生對春秋戰國時期中國史的研究，類似「命題作文」的課題也做出了一流的成果。

《西周史》是三部曲裏最知名的一部，研究的歷史時間段也比上兩部更早，但它是在完成以上兩項研究之後進行的，如同第二部，也是出版社的約稿（耶魯大學出版社，1988 年版）。該書英文直譯應該是《西周文明》（*Western Chou Civilization*），與 Katheryn M. Linduff 合寫（Linduff 其實只有《兩周藝術》一章）。用許先生的話說：「這本書是友人張光直兄主編中國古代文明系列之一。由於 60 年代在臺工作時期，李濟之先生吩咐我襄助他老人家主編中國古代史，我自己也撰寫幾篇兩周的篇章。」這是自身條件準備與機緣在一定時空下促使學術知識生產的比較典型的例子。

非常值得指出的是，《西周史》對天命觀念的討論，許先生借用了雅斯貝爾斯的觀念，認為天命觀是中國文明初次有「超越性突破」。天命觀是從道德的超越意義上講的，在殷周之際，周人不僅在觀念上提出「周」替代「殷商」為天命之所歸，更重要的是出現了「天命靡常，唯德是依」，「天本身變成一個裁判人間好壞、善惡的裁判者」。掌管天下的需是有「德」之人。當時關於天命觀在周公和召公之間還有一場爭論，天命所將，是「周王」還是「周人」，一字之差，天壤之別。對於這種天命觀念的重大價值，許先生總結為：「可說是開闢鴻蒙，將史前的文化帶入文明；自此以後生命才有意義，人生才有善惡好壞的標準，才有超越的道德的判斷。人類曾有過不少文化，但只有若干文化提升為偉大的文明傳統，而大多數人類締造的文化成就不過解決了衣食住行，卻未再提升境界。人類之有文明也不過是這一念之差別而已！」可見周人提出的天命觀的價值意義。生命的意義是許先生歷史研究一直探尋的主旨之一，在《十三邀：對話許倬雲》裏，先生警醒式地提出：「現在世界全球性的問題是，人找不著目的，找不著人生的意義在哪裏，於是無所適從。」

從周到漢，「三史」奠定了許先生作為史學大家的地位。

治學經驗：方法論及其形成

我總把許先生歷史研究的宏觀視角看作大歷史觀。後來我向許先生請教，他做了一個錄音發給我，敘述了自己一生治學的經驗和方法論的形成。結合錄音整理，這裏與大家做些分享。大歷史觀其實不是大歷史。許先生說他所做的和德國實證學派的歷史學不一樣，屬法國的年鑒學派。實證學派著重在史料的檢驗，法國年鑒學派著重在史料之間的聯繫，歷史各個現象之間的彼此因應的關係即歷史當中有機的結合。

許先生這種治史觀念的來源是多方面的。首先，一部分來自我們中國的史學傳統，源自東林學派。許先生在無錫長大，東林學風對無錫人影響很深，尤其是顧亭林的經世之學，非常受注意。他們都檢討各種典章制度、風俗習慣與歷史現象的關係。先生從其父親庭訓聽到這方面的討論最多。同時中國史學的傳統，就二十四史來說，都是若干志書的專門史項目。這種做法不是歐洲的敘述歷史的路綫可以涵蓋的。歐洲敘述歷史相當於我們的《左傳》，是正史裏面的本紀，而志書之間的關係常如司馬遷所說的，是歷史現象和現實世界的一切發展和互相之間的勾連關係。甚至個人的性格、個人的特殊遭遇，怎樣影響歷史的全貌，這都是中國歷史傳統中的常用之事。

第二個來源是考古學訓練。許先生在中國臺灣史語所跟著李濟之先生、董作賓先生等人學習。李先生的做法是把最零碎的考古殘片從點連成綫，一直這樣建立關係，尋找淵源及其之間來去分合的影響。藉助於殘破的陶片、銅片以及建築物的痕跡，從這類蛛絲馬跡的小綫索因小見大，從單獨的因素聯繫多量的因素，建立起每個遺址的特色，這些特色就形成區系類型。各地區的現象與器物的形態有關係，這是區系連綫；從個別的點拉成綫，綫與綫之間特殊的先秦文化互相糾纏在一起，即接觸學習，其中所用的方法也是使用實證的資料進行解釋。德國的實證學派只求實證，不尋求解釋，方法是不一樣的。在史語所方面，傅（斯年）先生在德國留學，他著重實證史料，但傅先生並沒有注意到這只是現代史學的一支而不是全部，這就是考古學方面給許先生的影響。比如說董彥堂先生研究甲骨上面的字，他的目的不在認字，在於文字解讀之後，把文字中間留下來的一些痕跡串聯在一起，成為可以解釋的資料，或說是綫索。這都是見微知著，整個過程之中有相當部分靠我們自己的經驗和訓練，看在別的歷史個例中有沒有可以串聯的，有沒有類似的、互相影響的地方。

說到區系類型，類跟型的關係，區跟系的關係，都是從很小的單位拉到更寬大的範圍，拉得更遠。關於區系類型，蘇秉琦先生特別強調地區之間的文化彼此接觸，接觸之後融入，或者是產生反應，或者是學習。強調接觸以後有融合，融合以後結合成更大的單位，更大的單位和另外更大的單位又有接觸、適應和融合的正反合的過程。這些都幫助許先生注意到個別的事和整個歷史面貌的關係。不僅是人間留下來的痕跡，在每個時代都有天然的因素，氣候的轉變、大災難的發生、疾病的傳播等都是可以影響歷史發展方向的。這都是形成許先生的大歷史觀念的基本條件。

許先生在芝加哥留學的時候，受到韋伯思想的影響，受益終生。當時韋伯之學剛剛傳到美國，芝加哥是傳播的第一站，許先生的導師顧立雅（Herrlee G. Creel）先生研究中國古代史，那十來年正致力於中國戰國時代申不害的理論研究。申不害和韓非子、商鞅的理論各有特色，三家互相支持，互相學習，韓非、申不害都是從儒家分出來的，稱為法家。「法家」之「法」不能當法律來看，而是方法之學——治國的方法。這個學說的出現正好是在韋伯學說傳進來的時候。當時討論近代史的特色，尤其是近代資本主義的特色，資本主義下面是工業、商業有組織有管理，韋伯之學裏面就特別強調官僚制度（bureaucracy），或者說管理的科層制度怎麼樣在文化層面呈現它的特色。這些中國早在戰國時期就實行了。

在芝加哥讀書時，許先生做比較研究，拿兩河流域的埃及和中國做比較，研究自己覺得很有意思的地方。許先生說，這對他是個很好的培訓。許先生發現雅斯貝爾斯等「現象派的學者」認為：一切存在的東西都有它的理由，一切發生過的事情都有它發生的緣故。有這個背景，雅斯貝爾斯也是拿若干主要的文化發生的特色做了相應的比較。他指出：每一個主要的文化在它胚胎期間、在它的嬰兒期間都已經發展出特色，受它的地理自然條件和生活選擇的影響形成了基本假設以後，會有一個重要的超越性的轉變，會有幾個重要的思想家，比如中國的儒家、道家，印度的佛陀，猶太教的摩西，這一路走過去都有，每個宗教代表的文化，都有一個成型的階段，等成型的階段過去，它超越性的改變、籠罩全局的一個大改變就傳承下去，成為其他文化發展方向的指針，或者起點。這個存在主義就是以現象本身詮釋現象，存在的一定有它的緣故，這是許先生受到的雅斯貝爾斯的啟發。

法國的一派就是年鑒學派。年鑒學派不僅是大歷史，也有小歷史。大歷史大到地中海地區的歷史，小歷史小到法國小鎮，小市鎮、小村莊，或者是鄉下教會。大的環境轉變，與小的環境轉變，一層次、一層次，像剝葱頭一樣，由當地當時本身的發展可以推敲它的大環境、大的歷史傳播之發展過程。接下來就由小見大，反過來由大來解釋小，用大現象來解釋小現象，這是年鑒學派給許先生留下的很深的印象。比如，布羅代爾處理資本主義發展的工作很細緻，氣魄很宏大，這在許先生整個的歷史學構想裏有很大的影響。不是純粹為了大而化之，眼光看得遠。每一個大的個例有其特點，每個小的個例也有其特點。從各個階段、各個層次去看，這方面背後的假設是什麼？比如，許先生對中國歷史的研究在腦子裏的假設是從孔子到董仲舒，中國是多層次的，從天到人、從大環境到小環境、從裏到外、從身體以外到身體以內的五臟六腑、意念智慧等等，各種方法，上下之間、內外之間是互動的，一切都是互動，宇宙的結構牽一髮動全身。比如，人對超自然的現象有一種假設，具象地表示就是有一個通天的柱子，從地到天的柱子。比如說，一棵大樹旁邊一個人、一隻狗，最低的到九泉，最高的到天頂。人、樹、狗三角形的互相依附的關係，這一類的象徵，也同樣表現於通天塔、通天臺，登上去碰到天。人與超越性的現象之間常是從具體到抽象，從現實到超越。再者是生命，生命存在有各種方式，生命跟智慧、跟知識之間的關係都是大課題。沒有生命，我們觀察的感覺不可能變成超越，不可能變成對生命的追溯。

因此總結來看，許先生治學方向的影響因素是多方面的。所以許先生說，他幾十年來都是逐步在開拓，中國的歷史，最初做的春秋戰國，從西周到春秋戰國，再到秦漢，這是中國文化成型的階段，然後就做比較研究，討論到人口的轉移，文化從互相對立，互相做鄰居，交換，以至於到融合。南北之間融合，東西之間融合，跨時代的變化，從五胡亂華到唐末五代，再到清朝，三次大的變動，每次發展都不一樣，總的發展都是從小地區衝突，擴而大之成為東亞範圍的整合。現在也是嘗試以中國代表東方，美國代表西方，東西兩方的差異在哪裏？我們從東方來看西方，美國本身有他變化的過程，離開了其本來的構想。這都是許先生在延續之前的治學脈絡。許先生的這些經驗都不是從空洞的理論來的，而是從實際操作的研究課題中獲得的經驗，或者說追溯綫索和考察綫索的能力。

結語：把歷史的經驗凝成智慧

許先生的人生和學問，高山仰止，遠不是一篇小文可以涵蓋。本文從與許先生的關係從遠而近的認識，到對許先生三本學術著作的脈絡回顧，以及這些學術著作背後的方法論的回憶，從某些側面給大家提供了一些對許先生的人生與學問的理解，也是對一位寄望後學的前輩表達的敬意。許先生近些年不僅出版了《萬古江河》,《說中國》和《說美國》兩書更是用其一生之閱歷和學問把歷史的經驗凝成了智慧。我願把此文作為「閱讀許倬雲側記」的上篇，希望下篇以「把歷史的經驗凝成智慧」為主題，早日完成。

2021 年 3 月 25 日於中央民族大學南睿樓

「心」在何處？「身」在何處？——從學許倬雲先生記略

王波（廈門大學哲學系教授）

自匹茲堡拜別許倬雲先生，至今已過兩載。自與許先生彼此通信往還，至今則十年有奇。而從開始讀許先生的書算起，至今已是二十餘年的光景。憶昔十二年前，許先生擔任南京大學高級研究院「余紀忠暨夫人」講座教授，彼時我正在南京大學攻讀博士學位，多次有幸聆聽許先生的講座。記得有一天，許先生在鼓樓校區逸夫館報告廳作講演《形塑中國：以漢、唐、宋為例》，臺下座無虛席，鴉雀無聲。時年已屆八旬的許先生精神矍鑠，聲若洪鐘，縱論古今，娓娓道來。他教導我們讀歷史不能只看單純的綫性史實，也不宜簡單地用朝代來切割斷代，而要看大的趨勢和方向。歷史有它的起承轉合、成住壞空和生老病死。漢的厚重，唐的包容，宋的自由，這些在人類學意義上不同文化系統（包括生產方式、政治制度、社會組織，乃至文學、藝術和美學等感性表達形式）力量的合力，雕刻、形成了一個複雜的和多義的中國。從中原之中國，中國之中國，東亞之中國，亞洲之中國，直到世界之中國，這樣一個不斷變化和成長的複雜共同體，「因能容納，而成其大；因能調適，而成其久」。許先生面前雖有茶杯，卻滴水不進，一口氣講了近兩個小時。把這個講座記下來，無須改動，就是一篇漂亮的文章。

當時我的研究重心放在心理學上，有意超脱於西方「心理學」典範之外，以專題整理中國傳統心理思想，與作為「現代」科學的西方心理學對話，寄望於能夠開掘出一種和中國人的日常經驗相契合的、作為其他可能選擇的「心理學」。在此過程中我秉持一種歷史認識論的方法論路綫，試圖在東西方思想史邏輯的高度把握兩種不同文化中「心理」的形成與演變。但相關文獻浩如煙海，妙理難尋。在漢語材料方面，雖窺得熊十力、梁漱溟、錢賓四諸位先賢的專題著述，並了解到傅孟真負笈英倫、浸淫實驗心理學六年有餘的經歷，然而切入點仍茫然無緒。雖與許先生素不相識，卻冒昧投書一封，叩請先生指點迷津，燭幽顯微，使爬羅剔抉，有方可循。沒承想，這樣一個無知無畏的舉動，卻開啟了從學許先生十餘年的奇妙緣分。夤夜信件發出，清晨時分，許先生即有回信，絲毫沒有「史學大師」「華人之光」的架子。他信中說，謬獎愧不敢當。為學做人，都是無止境，盼自勉亦勉人。並教我一個檢查他人心情的想法，即「推己及人」，將心比心，大概就可以理解他人在哪些情況下，會有如何反應。這一方法，用於歷史上人物，或人群，大約都可以琢磨到幾分。

實際上，許先生指點之「推己及人」在心理學中亦有對應，此即心理諮詢中強調的「empathy」(共情，或可譯為神入)。它一般被定義為交互地體驗他人思想、情感和直接經驗的能力。如此看來，似不如「推己及人」內涵豐富。類似地，維柯亦曾指認一種超越人的自然的、本能的、私人性的和個體化的狀態而上升到一種普遍的存在的「共通感」(Sensus communis)，從而開啟了一種與自然認識論迥異的人類新認知類型的可能性。這似乎與許先生的「推己及人」異曲同工。當然，「共通感」之獲得依賴於「教化」(Bildung)，即一種從個別性向普遍性的提升，而這種普遍性在共通感上表現出來。後來伽達默爾即從此出發，揭櫫了理解的前提問題，將乃師的解釋學推向前進。而多年以後，當許先生特別跟我講起費迪南・滕尼斯（Ferdinand Tonnies）提出的「Gemeinschaft」(一般譯為「共同體」) 和「Gesellschaft」(一般譯為「社會」) 這兩個概念的區別時，我才逐漸理解了他素來重視的這種「推己及人」的共通感所內蘊的矯世之深旨。用滕尼斯本人的話來講，它意味著「關係本身即結合，或者被理解為現實的和有機的生命——這就是共同體的本質，或者被理解為思想和機械的形態——這就是社會的概念……一切親密的、秘密的、單純的共同生活……被理解為在共同體裏的生活。社會是公眾性的，是世界。人們在共同體裏與同夥一起，從出生之時起，就休戚與共，同甘共苦。人們走進社會就如同走進他鄉異國」。許先生多次向我強調這種具有自動自發精神的有機社群組織的作用。美國的崛起受益於其個人主義，但是如今卻為個人主義所反噬。如果一個社會離散成只是許多個人的話，那麼這個社會就無法運作了。買賣不能做了，夫婦不能結合了，親子關係也淡漠了。美國現在就在面臨這個階段。大家吵吵嚷嚷，不能團結起來做事情，甚至把民主機械而狹隘地理解成「一人一票」，從而彼此只能夠抽象地連接在一起。

後來我以聯合培養博士生的身份，遠赴加拿大約克大學，與許先生同在北美，有了更多的請益機會。在博士畢業之際，當時有三個選擇。一是留校任教，二是赴上海財經大學，三是再修讀一個心理學博士學位，並已經獲得美國一所大學的全額獎學金。許先生鼓勵我道：欣悉學業有成，可喜可賀。仍祝百尺竿頭，更多進步。我最近有過頸椎大手術，仍在接受復健輔導中。老矣，望青年新銳，努力超越我們這一代。並誡我以無錫許氏家訓，「窮不失志，富不癲狂」。《周易》六十四卦第一卦是乾卦。「飛龍在天」，既中且正，沒有比它更好的位置了。然而一旦陽爻上升到最高位，陽氣達於極盛，龍亦由亢而有悔，「亢龍有悔」。到了最高一層的時候，它走到盡頭了，此時唯一的方向就是衰退。滿招損，謙受益。盛極而衰，否極泰來。吃藥有君臣佐使，吃飯有葷素搭配。小到個人，大到社會，都要尊重各種因素的平衡配合，把握不易和變易，概莫能外。

許先生對後輩人生道路的關心，遠不盡於此。某著名大學欲充實其榮譽學院領導隊伍，敦請許先生推薦候選人。我固堅辭，許先生還是鄭重地把我的名字報了過去。後來我從金陵移帳鷺島，許先生也非常掛念，數次通過電話和郵件予以指導寬慰。聽到調動事宜並不簡單，許先生勉勵説，無論身處何處，都要在教學崗位努力工作，一切盡其在我，處處均有可以盡心盡力的空間也。等到事情定下來，許先生很是高興，寫了一封長信，其中教誨我道：「凡事只怕不確定，一旦確定，即可安頓性情，投入工作。天下沒有何處是完美，何處是不足。一切因緣，均可以出現遇合，開花結果。總之，付出心力，功不唐捐，必有成果。最怕者，坐此山，望那山，便覺得那山高，那峰青。其實，德不孤，三步芳草，開眼便有風景。一切盡其在我，便不會自嘆命苦了。」信的最後，還不忘讓我去找他在鷺島的一些老朋友。其説項獎掖之情，殷殷切切如此。讀者諸君可能不知道，許先生先天不良於行。我親眼看見過先生如何費力地強挺起脊背，將自己勉強撐在電腦前，幾乎是用單指按鍵，沉重而又緩慢地把字一個一個地敲出來。這樣一封長信，還有那麼多及時回覆的信件，他該付出了多少辛勞和汗水啊！

許先生在後輩面前不只是「菩薩低眉」，有時還會「金剛怒目」。有一段時間我見獵心喜，對 20 世紀 40 年代初由法國年鑒學派開闢的情感史學研究產生了興趣，粗粗讀了幾本《瘴氣與黃水仙：18–19 世紀的嗅覺與社會想像》（Alain Corbin）、《感情研究指南：情感史的框架》（William Reddy），以及意大利歷史學家史華羅的《中國歷史中的情感文化：對明清文獻的跨學科文本研究》等著作，就興沖沖地去徵詢許先生的意見。許先生似乎並不高興。當時他正帶著我讀顧亭林的《日知錄》，甚至為了配合我心理學的專業方向，還教我對一些文學作品做心理分析。例如《紅樓夢》，分析人物於不同語境中發言的態度及其語氣如何反映其身份及社會地位等。我卻貪多不得，不知深淺地揚言，「更想做一些於家國天下有所裨益的研究」。許先生不厭其煩地回覆我，「學到用時，方知少」，這是起步抄近路。很多學者，一輩子爬不起，就是因為幼功不足，當年以為討便宜，後來才知吃了大虧。前信寫罷，「餘氣」未消，許先生又來一信，彷彿母親面對自己淘氣的孩子，抬起手卻又捨不得打下去，終究還是屈從了孩子的顢頇。他語重心長地説：情感研究，千門萬戶，其實難以下手。若從史料進入，也許有一起點。我們在讀的《日知錄》，固然內容宏富，但是情感部分，則不是亭林先生的主要課題。他最注意處是國家制度：如賦稅、吏治、典禮、輿地。我建議你從詩、詞話下手，至少可以看到這些文藝理論在論「情」時的課題與分類。第一步，從王觀堂先生的情感論入手，就頗有可觀了。可惜當時我冥頑不靈，研讀許先生著作，正如孫悟空聽菩提祖師講道，每每會意妙處，便手舞足蹈。但是想下手做一些具體的史學研究，又眼高手低、細大不捐，沒有切實學到多少許先生綿密扎實的治學功夫。

2018 年我又去約克大學擔任訪問教授，再一次獲得就近向許先生請教的機會。那一時期，我們的談話，隨著我漫遊的腳步，從多倫多到尼亞加拉，從孟菲斯到舊金山，從特拉尼達到哥本哈根，一路輾轉延續到許先生匹茲堡家中，前後有近兩百次。許先生從他碩士論文「天」和「帝」的嬗替，講到中國秩序演變的三部曲《西周史》《古代中國的轉型期》《漢代農業》，乃至上溯新石器時代，下延至當代，整體一貫，作為此三部曲的補充，並推演到距今四千年前的氣候大變化對文明發展「銅山西崩、洛鐘東應」之效應，如何形塑了東亞、歐亞交界處，以及兩河和左右兩條移動帶及其內嵌的相應經濟、政治、社會和文化系統的過程，諸如此類。許先生以望九之年，空手而談，辨剖源流，觸緒發揮，如萬斛泉源，不擇地而出，滔滔汩汩。其卓瞻綜括，使中國乃至世界歷史文化的崇山峻嶺，大河幽谷，一一朗現，盡收眼底，令我時有妙悟。許先生雖閱盡滄桑，卻又至情至性，每談到動情處，常潸然淚下。印象中讓他落淚的情形，一是追念其先府君伯翔公諱鳳藻艱苦創業的事蹟。許先生家的中堂至今仍掛著孫中山先生當年題贈其父的「海天一色」匾。再就是關切故國故土前途命運的拳拳之心。一則以孝，一則以忠。而每當講到得意處，許先生就會開懷大笑，滿面春風，眼睛都瞇成一條縫。其襟懷朗落，灑脱無塵，彷彿天光暖暖地從遠古而來，還不曾被異化。離開匹茲堡時，許先生特囑我在他書房中隨意揀選一些藏書帶走。我不客氣地挑出了包括他處女作在內的林林總總一大堆圖書。而許師母則每天變著花樣給我們做好吃的。師母雄而有俠氣，慈悲中有詩心，揮袂之間出風雲。我可沒少吃師母烙的海鮮雞蛋餅。

許先生既教「四種三角關係的金字塔」「找到大問題的指標」等方法論，更啟發後學沉潛自修，「寧犯天下之大不韙而不為吾心之所不安」。就前者而言，許先生之學，博極群書，歸於至精，於六經、子、史以及考古、金石之學，罔不綜覽。乃援社會科學博考西周、春秋戰國至漢三代典禮，至於名物象數，賦役秩祀，益以論撰之文，為上古史三部曲。又深於中西文明比較，著書立説，識議超卓，可謂民國以下所少有。此許先生以經師所教我者。

就後者而言，許先生平生遭際，備歷艱辛。自傅孟真先生後，幾獨任斯文之重。近代以來，外患內憂，華夏危殆。人民流離失所、食不果腹，但「國家」二字當頭，仍剛毅堅卓，共赴國難。所謂「惟我國家，亘古亘今」，終於「視金甌，已無缺。大一統，無傾折。中興業，繼往烈」。凡此種種，許先生皆曾親身經歷，耿耿至今。烈士暮年，心憂天下，啟沃後進，敦化流俗，使中華讀書種子不絕，以紹漢唐之遺烈，作並世之雄國。「天地有正氣，雜然賦流形。下則為河嶽，上則為日星。於人曰浩然，沛乎塞蒼冥。」此許先生以人師所教我者。

許先生早年在文集《心路歷程》中，即以李濟老「希臘精神與儒家修養」自勉。這種宗教性的情操自有其矯世之深旨在。我們曾談到德國思想家雅斯貝爾斯。他主張，「超越性文化體系」之能夠遠流長久，頗因為那些體系，在關鍵時刻，有偉大宗師，例如孔子、瑣羅亞斯德、佛陀、蘇格拉底等人物，一錘定音，界定其主張的超越俗世的價值。這一超凡入聖的特色，提升了人類存在的意義。同時，有若干文化體系，例如亞述、日本，即缺乏如此「超越」經驗。「人能弘道，非道弘人。」此道即超凡入聖之維。所有歷久彌新之文明，都具有此超越性特徵。陽明先生曰，人唯患無志、不患無功。許先生經常說，修己安人，體大慎微。我輩當恆以此志為志，弘揚大道，庶幾不負許先生厚望苦心！

行文至此，忽又想起在匹茲堡隨侍左右，臨別時許先生特地召我至身前，以手示電腦屏幕上鼓浪嶼諸處名勝種種，如數家珍。他用充滿懷戀的語氣告訴我，八十九年之前的七月，自己就出生在該地，「是傳教士的醫院，就在渡口旁」。我到廈門後，多方尋訪，終於找到了這家位於鼓浪嶼河仔下（今鼓浪嶼三丘田碼頭附近）的鼓浪嶼救世男女醫院（Hope and Wilhelmina Hospital）。如今它已被闢為「故宮鼓浪嶼外國文物館」。作為故宮博物院的分館，主要展出故宮博物院收藏的外國文物。許先生出生之地，如今又被賦予延續他畢生為之奮鬥的歷史和文明互鑒研究的使命，這是多麼奇妙的巧合啊！

許先生曾填詞寄我：「江南子弟他鄉老…… 萬重山、萬里浪，才是太湖。中夜醒，孤燈黃，眼模糊…… 拭眼問：『心』在何處？『身』在何處？」我想，這應該不只是許先生的夫子自問。噫，「家國身猶負，星霜鬢已侵」。子曰：「故大德…… 必得其壽」。信夫！

傳統文明的一把薪火，現代文明的一面鏡子

杜君立（歷史學者，著有《歷史的細節》等）

人之常情，厚古薄今。在中國歷史上，有一個關於「三代之治」的大同夢想。對於中國讀書人來說，似乎也有個「三代」的理想國，如「五四」時期、民國時期和 20 世紀 80 年代。余生也晚，「三代」我都沒有趕上。正經開始讀書，其實已經是千禧年之後的事情。

2000 年在深圳時，我偶爾讀到王小波的小說，竟喜歡得放不下來，一口氣看完他所有的書。其時，人間已無王小波，這讓我有一種未能相逢於生時的沉痛感。

王小波說：「我活在世上，無非想要明白這些道理，遇見些有趣的事。倘能如我願，我的一生就算成功。」從這句話來說，王小波無疑是成功的。實際上，王小波在死後，多多少少已成為整整一代中國讀書人的精神領袖。至少於我確實如此，正是他榜樣般的存在，讓我從蠅營狗苟的生存中抬起頭來，向死而生，勇敢地去尋找生活的意義。從此，我逐漸走上了寫作道路。

因為王小波，我知道了許倬雲先生。

千里馬常有，而伯樂不常有，其實老師是常有的，但伯樂依然難覓。許先生不僅是王小波的老師，更是他的伯樂。讓我最感動的是，當王小波處於寫作

與生計兩難之時，許先生將他的作品推薦給《聯合報》文學獎。正是這筆獎金雪中送炭，幫助王小波得到了他生前最後一段心安理得的寫作時光。

白髮人送黑髮人，後來我多次看到許先生懷念小波的文章，每次都感到無限傷懷。

在某種意義上，王小波算是八九十年代中國文化熱潮的一個另類標杆，而許先生則或許是最後一個民國知識分子。中國這兩個不同文化黃金時代的人物相遇相惜，不僅有一種承前啟後的歷史感，更有一種高山流水的古君子之風。

俠之大者，憂國憂民；俠之小者，救人困厄。許先生在年輕的時候，寫過大量時評文章，為臺灣的民主開放做過許多輿論工作。移居美國後，他寫作了一系列講述臺灣及中國其他地區，還有美國以至世界的歷史文化類著作，書中無不充滿家國情懷和天下憂樂。

許先生熱切勤勉，這些思想貢獻為人所共知，但在我看來，他與王小波之間的這段往事才是真正動人的士林佳話。

人是一種智慧動物，因為人有一個超級發達的大腦。大腦唯一的缺點是需要腸胃來供養。如果一個人自甘愚昧，那麼腦袋只是「吃飯的傢伙」；但對於喜歡「胡思亂想」的人來說，如何解決腸胃的問題，就是一個不大不小的煩惱。

中國文人都想和陶淵明一樣，有一個桃花源式的田園夢。傳統文化的核心是耕讀傳家，其實「晴耕雨讀」是可以生存的，但如果專心讀書寫作，吃飯就成了問題——「人生歸有道，衣食固其端。孰是都不營，而以求自安？」

黃仁宇，一生歷經艱辛，中年後赴美求學，六十一歲遭到解聘。學術生涯也頗為失意，且始終面臨經濟上的窘迫，等到《萬曆十五年》一出而譽滿天下，其時他已經六十四歲。王小波大致也是如此，四十歲辭職寫作，煮字療飢，作為體制外遊民，發表困難，出版無望，他甚至準備考個駕照，去做大貨車司機。

唐代王勃出身世家，少年成名，在《滕王閣序》中留下一句「馮唐易老，李廣難封」。左思一篇《三都賦》而洛陽紙貴，他在《詠史詩》中感嘆：「四賢豈不偉，遺烈光篇籍。當其未遇時，憂在填溝壑。英雄有迍邅，由來自古昔。何世無奇才，遺之在草澤。」在一個功利的經濟人社會，一個知識人特立獨行，試圖靠寫作而獲得精神與生活自由，在現實中則意味著許多生存壓力與風險。

黃仁宇最艱難的時候，余英時親自找到臺灣《聯合報》老闆王惕吾，請求他資助黃仁宇來安心寫作；後來《資本主義與二十一世紀》付梓，余先生又熱情撰序推薦。這都是《萬曆十五年》之前的事情。其實王小波那筆珍貴的獎金也同樣來自臺灣《聯合報》，那時候中國還沒有幾個人知道王小波。

余先生與許先生都是名滿天下的當代史學巨擘，他們二人既是同年，又是惺惺相惜的良師益友，兩人相知相交大半生，成就了一段學林美談。2006 年《余英時文集》出版，許先生親筆撰序；2018 年許先生的《中國文化的精神》出版，又是余英時先生給他寫序。余先生在序文最後特別引用了一段顧炎武的話：「君子之為學，以明道也，以救世也。」

確實，無論是許先生還是余先生，他們都是知行合一的真君子。他們繼承了孔子和司馬遷以來的史家精神，仁愛而有正氣。學問之外，他們關心天下，同情苦難，都有過不少俠肝義膽的軼事。

有趣的是，後來王小波專門給《萬曆十五年》寫過一篇書評（《不新的〈萬曆十五年〉》），那可能是王小波僅有的一篇書評吧。我正是從這篇書評才知道了《萬曆十五年》和黃仁宇，從此喜歡上了歷史。現在看來，黃仁宇和王小波都很幸運，但余先生和許先生那種急公好義更是彌足珍貴。

黃仁宇是機械科班出身，王小波做過半導體廠的工人，這讓我對他們感到非常親切。我當初學的是機械專業，後來做了半輩子工程技術，當我在四十歲也開始寫作時，寫的是一部機器技術史。我發現，古人幾乎是沒有什麼機器的，機器的大量出現始於工業革命，從鐘錶、蒸汽機開始，西方世界依靠機器文明迅速崛起，從而以「堅船利炮」征服了世界。一部機器史其實也是一部現代史，所以我將該書命名為《現代的歷程》。

這部書差不多寫了整整六年，2016 年，書終於要出版了。朋友馮俊文來訪，他是許先生在中國大陸的助理和出版人。讀完稿件後，他說可以幫我問問老人家，是否願意列名推薦。

我知道，許先生寫過許多關於現代文明的書，如《現代社會的公平與正義》《現代文明的成壞》《中西文明的對照》等。這些書都非常暢銷，我都讀過，而且對我寫作《現代的歷程》也有過諸多啟發，甚至書中有不少對他作品的引用。

《現代的歷程》以現代文明史為主題，明顯也在許先生的知識視野之內，若由他推薦，也不算太出格。只是許先生是歷史界泰山北斗式的大家，而我只是一個初出茅廬的業餘寫作者，身份地位懸殊太大。其實，我之前也邀請過一些有點名氣的大學教授，都是與我有過一面之識的，一説做推薦，都婉言謝絕。自古都是錦上添花易，雪中送炭難。

俊文熱心，我自然很感激，但也沒有太在意，因為我覺得這事根本不可能。誰知沒多久，他打來電話，讓我發送書稿電子版，許先生要看看書稿再定。這讓我大喜過望，然而等發完書稿之後，我總是感到惴惴不安——這部書稿有六七十萬字，還有大量註釋，對一個年近九十歲的老人來説，要在屏幕上閱讀，肯定是非常耗費眼力的，而且許先生還大病初癒。

這樣的不安持續了很長一段時間，直到後來才慢慢散去，我開始寬慰自己，許先生肯定沒顧上看，或者看了一點，又把這事情給忘了。畢竟，許先生事情很多，而且身體也一直不太好。所以，推薦的事情就不要想了。

《現代的歷程》2016 年 8 月出版，大概出版前三個月，我的電子郵箱中突然收到一份陌生來信，打開一看，竟然是許先生寫的推薦序。這封郵件是許先生親自發的。

我當時激動得手足無措，好長時間都回不過神來。我記得那天，我把許先生的序反反覆覆看了整整一天，第二天起來又看。在序中，許先生對我有很多勉勵和讚揚，這讓我對這份錯愛感到萬分惶恐不安。但許先生在序中對現代文明提綱挈領的歷史回顧和未來憂思，確實讓我感受到歷史大家的厚重分量。對《現代的歷程》這本書來説，許先生的推薦序如同驚堂木一般，確實是一個無與倫比的精彩開篇。

過了幾天，俊文來電，我才弄清楚事情原委。原來他將書稿發給許先生後，許先生只顧著看書稿，等三個月過去，書稿看完了，他不僅同意推薦，還欣然寫了一篇長序。很明顯，這篇序一氣呵成，極富情感。

寫完序後，他居然忘了當初這書稿是誰送來的。無奈之下，就讓美國的助手陳先生按照我的名字輾轉找到出版社，出版社將我的電子郵箱告訴他。就這樣，許先生就將序文直接發給了我。九方皋善於相馬，卻常常記不得馬的顏色，許先生大概也是這樣。

後來，我給許先生寫信表示感謝，並告訴他我是岐山人，非常喜歡他的《西周史》。許先生以前多次到過西安，也去過岐山周原。《現代的歷程》出版後，我將書寄過去，並遵照他的囑咐，將稿費付給他的江蘇許氏宗親，作為宗族公益金。

藉助許先生這篇推薦序的加持和背書，《現代的歷程》出版後，頗受社會各界歡迎，銷售也非常好，並在年底被評選為當年的「華文十大好書」和國家圖書館文津圖書獎推薦圖書。我將獲獎消息告訴許先生後，他也非常高興。我每次給許先生發去電子郵件，他都會很快地回覆，言語之間，如春風化雨，透著殷殷溫暖。許先生語重心長的諄諄鼓勵，也讓我對自己的寫作逐漸有了信心。

對我來說，半生飄零，在底層掙扎，閱盡社會之陰暗，也嚐盡人間冷眼；但自從寫作以來，所受知遇無數，我得到的遠遠超過我所付出的，每念及此，便覺得慚愧不已。人生如此，夫復何求。

《現代的歷程》出版以來，我被問到最多的，就是像我這樣的「草根」，怎麼會得到許先生的垂青。每次我都要將上面的故事講一遍，而每講一遍，我就覺得又得到了許先生的一次幫助。

據我所知，許先生給他人作品寫序的事情並不是很多，尤其是對我這樣連大學都沒有上過的寫作者，真是絕無僅有，這讓我感到萬分榮幸，也倍感珍貴。2018 年，《現代的歷程》在臺灣出版（書名為《人機文明傳》），出版方「大寫」特意告訴我，正是因為許先生的推薦序，所以他們選擇了我這本書。

在許多人看來，許先生一生中對晚生後輩最大的提攜，就是幫助王小波成為「寫作個體戶」，從而讓他圓了一個以筆為犁的作家夢。但實際上，許先生的這個義舉並不是唯一的。我從一個生活在社會底層的農民工，有幸成為靠版稅生活的歷史寫作者，同樣也有賴於許先生在關鍵時刻的鼎力成全。或許在許先生看來，這只是舉手之勞，他也不見得了解我當時的窘迫與彷徨，但他出於善意與公心，不經意中做了一件改變我命運的「小事」——於他只是一件微不足道的小事，於我則是一件天大的大事。我有時候常常想起王小波，我雖然才華不足，但卻要幸運得多，因為我趕上了一個互聯網時代，才讓電影《立春》裏的悲劇沒有發生。

江河萬古，人心不易。從王小波到我，在一個人隨波浮沉的歷史河流中，總會偶爾邂逅一隻「貴人之手」，讓作為後來者的我們避過險灘湍流，走出人生的峽谷。這種幸遇不是每個人都有；但如果有了，就值得一生銘記。

古語云：「不凡之子，必異其生；大德之人，必得其壽。」許先生的身體先天殘疾，但他性情恬淡，悲天憫人，古道熱腸，品德高潔，用歷史的智慧與人性的良善影響了海內外無數人，這裏既有他的親人朋友，也有他的學生讀者，還有像我這樣素昧平生的底層農民工。在我看來，許先生以九十二歲的高齡，走過中國與世界，穿越秦漢與羅馬，不僅活出了高度，活出了厚度，也活出了溫度和境界。

他如此自況：「傷殘之人，不敗不餒，不去爭，不抱怨，往裏走，先安頓自己。」在我們面前，他是一個高大的背影，一切正像他說的，全世界走過的路，都是他走過的路的一部分。

天道無親，常與善人。許先生學貫中西，親歷古今，勤於思考，筆耕不輟，著作等身，其所書所寫，視野開闊，如登泰山而小天下；其所思所感，悠遠深邃，如醍醐灌頂。許先生倡導有學無類，關懷眾生，絕不以精英自居，而作象牙塔之清高。許先生為普通大眾讀者寫過很多歷史通識好書，他說：「今日讀史的讀者不同於舊時，在這平民時代，大率受過高中教育以上者都可能對歷史有興趣。他們關心的事情當為由自身投射於過去，希望了解自己何自來，現在的生活方式何自來。」

在我看來，許先生本人才是一本真正完美的大書，讓後來者高山仰止，景行行止。他常常說：「一千人、一萬人，只要兩三個人聽到耳朵裏，聽到他心裏面去，我也滿足了。」許先生人生之完美，多半出於他仁厚博大的精神世界，他尤其獎掖後學，鼓勵年輕人要多讀書，多了解歷史，要有遠見，去超越未見。

「一個人可以從最起碼的閱讀能力，思考訓練底子上自己摸索出自己的道路來。」許先生作為一個長者和智者的存在，如同傳統文明的一把薪火，又宛如現代文明的一面鏡子，讓我們對這個歷史還懷有敬畏，對這個世界還懷有希望，對自己充滿警醒。

謹以此文期盼許先生期頤之壽。

許倬雲先生：一座陌生而重要的燈塔

李樂駿（青年茶文化學者，弘益大學堂校長）

有一種鼓勵，能讓人走在艱難而正確的道路上

三年來，世界不再輕盈，它像一塊巨石，壓在每個人的胸口。昔日那些迷人的歲月，似乎已經一去不復返。

2014 年，時代同我一樣意氣風發。我與好友周重林，竹杖芒鞋輕勝馬，走西藏、下甘肅，匍匐在香格里拉雨崩，踏步於沙溪茶馬古道。我們觀察的重點是茶的文化，旅途的筆記思索，隨後結集成為一本書《茶葉江山》，並於同年在北京大學出版社出版。我們試圖探索一個問題：中國的茶葉與邊疆版圖之間，形成了一種怎樣的互動關係？中國北方有石頭修砌的長城，而南方用茶葉築就一道「綠色長城」。茶葉用貿易連接與飲品記憶，塑造了西南與西北邊疆對於中華文明共同的味覺忠誠。

這本書的編輯是馮俊文兄。我們年紀相仿，他是我欽佩的、有才華、有使命感的青年夥伴。他熱情地把書稿推薦給身在匹茲堡的許倬雲先生。得知當今世界最負盛名的歷史學者將要點評我們尚不成熟的新書，內心十分忐忑。

我還記得那是一個午後，俊文兄告訴我，許先生看過書稿，評價不錯，並願意為《茶葉江山》新書做一個推薦語。新書的封面上，由此閃耀著許先生的

一段話：「茶乃國飲，與酒和咖啡，三足鼎立。日常生活中，茶與米、油、鹽並列。本書表彰茶事，堪稱陸羽知己。」

我為此至少得意了半年，這要感謝馮俊文兄的引薦。

我做的是茶，研究的是茶的文化，辦了一所學校，教授的也是茶的知識、茶的技藝、茶的美學。茶文化在今天，仍然是學術研究領域的小眾，雖然中國茶產業正在復興，涉茶人口超過 6000 萬，但茶文化的教育，仍然處於相當初級的階段。十三年來，我固執地走在這條道路上，也充滿著困惑與浮躁。

2014 年許倬雲先生對我的鼓勵提攜，是一個分水嶺。敬仰的前輩學者的一句肯定，讓我內心更加篤定。時至今日，歷經三年疫情，我和我的學校仍然堅持著「辦真教育」的理想。一個年輕教育工作者，能得到這份定力，源於許先生的善意關愛。

2021 年，許倬雲先生在綫上視頻舉辦「教育十日談」，專場有芝加哥大學、北京大學、清華大學和嶽麓書院等頂尖名校。受主辦方之邀，我的學校，一所辦茶教育的學校，弘益大學堂榮幸地舉辦了一次專場，專題探討社會教育與自我教育，全校師生都非常激動，深受鼓勵。許倬雲先生的提攜，真正是我輩辦教育以來的清風明月，不敢忘懷。

我記得視頻連綫中，許先生說茶道，談花道，是大家風采，也是生活中最細微、最精妙的觀察者。他說有一段時日，身在病中，頗多無聊，無可奈何。所幸床前有一窗戶，得見窗外一面白牆之上的 棵爬藤。日積月累，藤的形態，不斷成長，變化萬千。許先生說，在困頓時，他的思想也是自由的。病窗之藤，就是他的花道。

近年來，我看到許先生耐心地，緊迫地，和越來越多的年輕人在綫上展開交流，他真正想把自己的經驗、智慧，無私地傳授給更多的下一代。許先生在我的心中，是一位真正的教授。

再難的日子，只要想到許先生談話時的那種從容篤定，赤子情懷，我就能獲得片刻的勇氣。他的鼓勵，讓我走在艱難而正確的道路上。

陌生而又重要的燈塔

對於1985年後出生的我來說，對許倬雲先生的學問，無須掩飾，也無法掩飾，從整體性的理解來說，其實是相當陌生的。要真正熟悉一位學者，並不能從論文的引用，書本的閱讀中得探究竟。我們總是更能把握離我們生活時代、視野格局更接近的人。正因為成長歷程、教育模式、文化習性和家國塑造的大不相同，在今日大陸，接受過完整系統的小學、中學和大學教育成長起來的一代人，很難理解同樣的山谷，曾經因為不同的氣候環境，可能生長出的那些更加多樣而美麗的植物。而多樣性的山谷，才是生命的意義所在。

許先生，對於年輕的一代人，或許是一座陌生而又重要的燈塔。

何謂「陌生」？

人在個體困頓與時代紛亂間，何以能茁壯涵養獨立而豐富的靈魂？對於童年、青年時長期處於穩定充裕的大陸年輕一代來說，這是相當陌生的經驗。也是我必須向許先生請益的人生大課。這門功課，許先生成績斐然。

物質的穩定並不必然帶來精神的充盈，恰恰相反，我們是在過度娛樂下成長起來的一代人。我並不能簡單批評，或是高高在上地談論周遭正在「娛樂至死」的年輕夥伴。今天的全民娛樂，必然與時代的塑造、教育的迷失息息相關。這種沉迷於短效娛樂的麻醉，以及對於大問題、真問題的迴避與放棄，是長期社會不斷馴化嵌套的結果。而更年輕的一代，不僅僅是缺乏探尋真理的勇氣，就連起碼的興趣，也是沒有的。

我們只有殘存在書本上的零星印象：中國近代曾有一批知識人，在國家動亂、民族紛爭之際，守住了學者的本分，守住了自己的道。許先生正是此中楷模。最難得之處，他願意用漫長的生活與思索，向今日我輩大陸年輕人，不厭其煩地傳授這種陌生而重要的心法。

許倬雲先生在接受70後作家許知遠視頻訪談時，談到抗日戰爭時的中國。師母說：「一講起打仗，許先生就要落淚。」

說起避難時刻，中國人民撤退有序，後方無私支持前方，走不動的老年人把生存機會讓給年輕人，他刹那間淚灑當場，真情流露如赤子，令無數觀眾動容。

戰綫前後，許家常常借宿農家，總是受到照顧。農民把稀缺的糧食拿出來大家一起吃，許先生由此對農民與土地充滿著深情。

世道越亂，內心越定。愈沒有希望，愈要點亮微光。生活再困頓，世界再無可能，也要堅持靈魂的自由與豐富。許先生給予我輩陌生的經驗是：「往裏走，才能安頓自己。」

也許在未來更加困難的時刻，當老者陌生的經驗變得熟悉，我們也將面臨能否堅守自我的「道」這樣的大考驗。許先生，將是我輩心底那個永不褪色的坐標。

不能再被培育出的知識人

許倬雲先生對於當下年輕群體的第二種陌生，來源於教育背景。

最後一代江南世家的家庭教育、近代中國最卓越學者的言傳身教和西方學術體系的熏陶訓練，三位一體，這是他不可複製的教育土壤。

許先生 1930 年出生於江南無錫的一個大家族，七歲到十五歲，隨父親在抗戰中飽經顛沛離亂之苦。後隨家遷臺，考入臺灣大學，受學術大家傅斯年的影響從外語系轉入歷史系，又經胡適襄助，爭取到一筆留學經費，赴美國芝加哥大學深造。

「我們許家是士大夫世家，在乾隆年間從福建搬到無錫，代代都有讀書人。太平天國之時，許氏大宅被太平軍據為王府，家境一落千丈。我祖父艱難困苦地掙扎，出去做幕，就是師爺，維持生活。」說起家世，許先生這樣開頭。

中國近兩百年來，加速變化的大時代，一潮緊接一潮。所謂世家，也不過是漂泊在歷史江河之上的大船，無法平靜。物質上的富裕生活，已經無法在時代的變更中忠實傳承，好在一個世家如果積累了真正的家風，擁有了家族價值觀念，就能成為留給子孫後代的福報。

許家到了民國，許倬雲先生的父親是一位海軍軍官。「我父親雖做武官，卻有文人修養。一方面受到家裏的傳統教育，一方面受到英國紳士風度的熏陶，所以他的人文學術素養很高。歷史、地理、文學功底都不錯。孫中山先生將總統位子讓給袁世凱了，他說要巡視江防，就是坐我父親的大船。上游到宜昌，下游到浙江海面，東邊到連雲港，陪他看江山的形勢，指點江山！」東西之間的學養，事功之上的榮譽尊嚴，是許倬雲先生兒時腦海中關於父親留下的揮之不去的偉岸印象。

「等到我父親退休了，可以在海關領到一筆豐厚的退休金，但是貨幣改革，發行金圓券，他全數兑換，後來金圓券變成廢紙。老人家一生辛苦，完全白費。」世道顛沛，雖然為官，許父沒有留給兒孫物質上的財富，唯有精神上的家教，在許先生其後輾轉臺北、匹茲堡的歲月裏長久迴響。

「我母親章舜英也是出身無錫世家，也是在太平天國時遭遇家道中落。無錫從宋朝開始富足，不是靠農田，而是靠外貿，絲綢瓷器都是從這一帶出口，跟東南亞以及西方貿易。江南致富的一個原因是靠生產絲綢。從明朝起就是如此。江南士紳階層的頂尖是士大夫，但通常也維持不了三代。我們遷到無錫，第一代的祖宗是安徽布政司，最後奉派擔任湖南巡撫，可是聖旨到時他已經死了兩天。那時淮北水災，他七十二歲了，日夜辛勞救災，累死在任上。他在無錫之後三代都是道府州縣的官，在無錫算是不錯的一家了，但財產不多。」在許倬雲先生的回憶裏，無錫的士大夫階層，是談話的重點。他們以知識起家，心懷社區與文化，在廟堂與江湖間，造就了中國社會長久的精神連接。

近代無錫的大族士紳，給許先生做出卓越的榜樣。他在視頻訪談中生動回憶：「這個士紳集團是熱心公務的人，士紳領袖起先是楊翰西，後來是錢孫卿（錢鍾書叔父），需要錢，他們一吆喝，各行各業的人支援，修路，挖運河。春荒，蘇北農家青黃不接，到無錫打工。一來幾千條船（手划船），（士紳）安置他們，分配他們工作。城裏有個南禪寺，我們叫習藝所，學本事的地方，無業遊民就往那裏去。公家的事情、私家的事情，需要人力，往那個地方去叫人，寡婦有寡婦堂，棄嬰有育兒堂，諸如此類。排難解紛，這種人無錫多得很。」

愛鄉里，愛社區，才會真正愛國家。願意為鄉親奉獻公益之人，才談得上有更大的追求。許先生評價這群在今天已經消失的群體：「士大夫的世家不高高在上，上通天下通地，能幹，學問好，熱心。」

能幹是本事，學問好是教養，熱心是擔當。

從明代開始，中國的江南，是經濟的重鎮，也是文化的糧倉。那些或富麗或簡陋的家宅裏，有真正智慧的教育，有真正善意的社區。

在許倬雲先生那些令我們傾慕的才學背後，也必須要看到能培養出這樣人物的教育土壤。如果文化教育的土壤已經沙化，那麼過不了多久，整個天下都會氾濫起缺乏教養的「沙塵暴」。物質豐裕的今天，內心貧瘠的「窮」人眾多。中國的溫飽脫貧已經完成，相當數量的精神乞丐卻無比需要「施捨」與「救濟」。

今天的學校教育、家庭教育、社會教育還能培育出許先生這樣內心富足、有尊嚴教養的知識人嗎？

許倬雲先生自己的回答是遺憾的：「今天教育，教育的是凡人，是過日子的人。我們沒有機會再去培養一批所謂知識分子，我們現在的知識分子是網絡知識分子，是檢索機器，不是思考者。今天的大學教育令人失望，美國大學教育也是，最大缺陷是零碎。」

學術需要脊樑，思想需要尊嚴，許倬雲先生一個人屹立在時代中，就像一座陌生而重要的燈塔。而中國文化的萬古江河，又將駛向怎樣洶湧的未來？

大問題的回答者

許倬雲先生自 1957 年秋天從臺北啟航，遠赴美國芝加哥大學攻讀碩士，自此在美國生活了六十多年，見證了美國大歷史上極為重要的一個甲子。他參加過平權運動，親歷了「鐵鏽地帶」的興衰，特朗普敗北，拜登上臺，俄羅斯出兵烏克蘭。眼下，他則和大多數美國人一樣，親身經歷著新冠之困。

中華文化和美國精神，是可以互補借鑒，以拯救人類未來？還是無法兼容，終將對抗，以毀滅共同的命運？面對這樣的大問題，我們的經驗何其稀薄。一方面，對於對岸的美國社會，對於我們自身的中華文明，年輕一代的理解，或許是雙重的陌生。我們流於表面地從好萊塢、奈飛和社交平臺解讀美國，即便留學，也是匆匆而過，無意認真融入當地社會。我們亦從表面理解我們自身的中華文明，從王朝霸業、歷史英雄和宮廷奪鬥中幻想一個朝代的好與不好。而遺忘的，永遠是人，人的生活，由人生活而帶來的文化精神。

許先生的代表作《西周史》格局迥然不同，沒有專章來講周文王、周武王、周公等周朝歷史上的英雄人物。他說：自己治史的著重點是社會史與文化史，注意「一般人的生活及一般人的想法」，而且在如今這個時代，「已有太多自命英雄的人物，為一般小民百姓添了無數痛苦，我對偉大的人物已不再有敬意與幻想」。

在《中國文化的精神》中，他更熱衷於「常民」一詞。所謂「常民」，就是老百姓，他們為英雄唱讚歌，卻被王朝所忽視。但許先生認為，正是常民創造的中國民間傳統文化精神，留存了廣闊的視野。由此帶來的治學圖景，是對中國文化精神的重要反思。王朝中國之上，更有文化中國，而這個文化中國的根基，正是「常民」的生活，老百姓的日常。

「見王朝而不見國，見國而不見民，見民而不見人。」（刀爾登）當講述綫索一直捏在王朝歷史觀手裏時，人們發現：原來上千年裏講來講去，講得都差不多，沒有得到什麼破解問題的答案，反倒發展出了厚黑學和陰謀論。歷史的本質並不是權力更迭，而是人類社會生活的發展。許倬雲先生一語中的：「國是經常變動的，不是真正存在的東西。」古往今來中國人賴以棲居的中國，應該是天下的中國，文化的中國。

許先生以睿智的洞見，不斷致力於從中西文明的對比演進中，找到一劑藥方，期盼讓能我們倖免於現代文明最終的頑疾。

對於中國和美國及其關係的問題，他始終去叩問，始終去求解。在《許倬雲說美國》中，他花了不少篇幅講美國和西方社會歷史，希望美國歷史能對中國社會有所啟發，因為「全世界人類走過的路，都要算是我走過的路之一」。

對於中國與美國的評價，許先生堪稱勇敢而真誠的學者，他並不在意當下任何一種喧囂的成見，也不擔心因為這些言論而招來學術或者政治上的負面聲音。英國首相撒切爾在與英國女王會面時，曾引用憲章派詩人查爾斯．麥凱的詩歌：

You have no enemies, you say?
你說你沒有敵人？
Alas! my friend, the boast is poor;
嗚呼！我的朋友，這樣的誇口實在可憐；
He who has mingled in the fray of duty, that the brave endure,
Must have made foes!
那些混雜於衝突中，敢於承受責任的勇者，一定會樹立敵人！
If you have none, Small is the work that you have done.
如果你沒有，你所做的還實在太少，
You've hit no traitor on the hip,
你沒有狠狠打擊過叛徒，
You've dashed no cup from perjured lip,
你沒有辨析過虛偽者的謊言，
You've never turned the wrong to right,
你從來沒有把錯誤變成正確，
You've been a coward in the fight.
在戰鬥中，你不過一直是個膽小鬼。

如果有見地的學者，總是明哲保身；如果有能量的專家，總是迎合大眾；如果意見領袖，總是狡猾地隱藏自己真實的意見；我們腳下的土壤，一定會讓無數的怯懦填滿。面對未來，需要勇氣。

幸好，在中國文化裏，住著一個許先生；在美國的土地上，站著一位許先生。

許先生研究的是中國歷史，身在異鄉，卻一輩子活在中國的文化精神裏。同樣，他亦深刻體驗著美國社會，匹茲堡的歷史、地理特殊性，讓他六十年看透美國的風雲變化。他對美國的觀察時間足夠長，扎根足夠深。

中國與美國，是 21 世紀最重要的一對問題，亦是人類能否延續共同命運的必答題。對於這個關乎時代的「大哉問」，許先生眼觀四海、腳踏東西，給出了自己的回答。

壬寅年春月於雲南昆明

許倬雲先生的治史情懷

劉環景（青年學者）

無錫許倬雲先生，行年九十有二了。高山仰止，這樣一位大師，真使我們衷心敬佩。

大學問

當代史壇，許先生無疑是祭酒級人物，望實俱重。他的存在也是極其獨特的。當今華人史學，時論多以吾鄉饒選堂、潛山余英時及先生為鼎足三家風雅並列。先生論世俗名聲似不及饒余二公，唯我不愜公論不私鄉曲不避譏諷，對許先生尤為推仰偏愛。敢陳臆斷管窺之見。三家史學，固各有優長，若拈其特色，或可襲用王觀堂先生舊說：饒公之學精，潛山之學新，許先生之學大。許先生治史，最顯豁特色就是此「大」：大視角，大問題，大情懷，大宏願——前二者是為學方法，後二者是業史理念。因其大，是以學理論證上纖綜根深、高明廣大，思想底蘊上沉鬱憂患、見照人類盛衰流變，證悟體驗上直下承當、莫能測其進止，最終突破「史學」藩籬，駸駸然一代「思想家」了。也難怪葛兆光先生會説，讀許著感受最深的是「那種截斷眾流的大判斷」（葛兆光《〈説中國〉解說》)。沒有那些「大」張本，如何有「大判斷」的最後勘破？只嘆當代學者，早不敢「大」也無力再「大」，連「小結果」都畏畏縮縮，從此以往此調或成絕響矣。

許先生之學，不唯極「大」，實也甚「潮」。近二十年來，他如此熱誠地投身學術下移的普及工作，寫通識書、上電視宣講、接受媒體訪問……儼然「流量時代」的弄潮人，這也是他較之時賢的領異標新處。出走書齋，直面大眾，豈是晚年許先生淡泊半生後驟然好名？這顯然與許先生的治史理念有繫。從1970年代的「思言社」肇始，許先生就已初步展示出一種「為文須有益於天下、有益於將來」且當「成己成物立己立人」的經世史學觀，游離於那種隨波逐流徒勞無益的學術遊戲。故鄉無錫長達四百年的東林學風，對他的影響是潛移默化、既深且巨的。

只不過，許先生的經世理念，更注目在社會下層，更看到「民間」這種次級系統所蘊藏的張力與能量，是以倒廩傾囷，上說下教，持為職志，堪稱新時代的「東林君子」。尤其在晚年，當自覺「我跟大家共同努力的時間不會太長久了」(《許倬雲十日談 · 序言》)時分，更以一副藹然的心情，用力益勤篤行不怠，「盡其在我」。傳統中國知識分子的理想是「得君行道」，許家也是典型士大夫世家，自乾隆年間從福建搬至無錫，代代都有讀書人，但許先生的志趣是「覺民行道」的，「平民百姓的日常生活」始終是他的學術焦點之一。因此，嚴肅的治學作風、悲天憫人的心懷與活潑潑的思想言談，在許先生身上是可以並存不悖的。

九十老翁何所求？「潮」實是不斷在尋求方法與路徑，唯變所適，唯義所在，罄志無私。這是他與那些「網紅學者」同轍不同途的點，也是一個「在當代」的中國知識分子，實踐其世界主義、淑世情懷及社會責任感的下腳處。遠見卓識，苦口婆心。只是，近二十年來，中國知識人的啟蒙話語徹底瓦解，這種「潮」顯得孤獨且突兀了。「歷史有什麼用？」年鑒學派巨擘馬克 · 布洛赫曾遭幼子如斯質問。許先生既以治史為天職，也始終力圖回答這個問題。許先生的「大」與「潮」，其底是先生的志事與人格，是其生平學術之「大」略也。

西化反思

某種意義上，許先生的著作，特別是晚期著述，也可說是對現代西化史學的一種矯枉反撲。夫子取瑟而歌，透著不言之教的微意。入民國來，西方化與現代化、專業化幾乎成為同義詞，甚者有「非西化即保守，非革命即反動」之論（梅光迪語）。逮至當下，西化現代學術體制一統朝野，中國史學依附於其間，設教仰人鼻息，文心流於俗賞，方法論目迷五色，煩瑣與空疏共生共長，史學的精義湮沒不彰，幽心深微漫漶不明，實所共鑒。當代中國史學，最大弊端或在一種日漸西化的思維模式，是以表面上越來越規範化、專業化、理性化、科學化，但帶來的後果卻有「歷史世界的終結」之虞，讓史學研究日益淪為富貴本子、試場題目、利祿之具，欲尊而反卑之矣。這種虛假繁榮，正系統地消滅與扭曲中國史學固有的人文視野，深刻的洞見飄散了，察世的智慧隨之稀釋了，史學作為人類反芻「生活世界」（Lebenswelt）的真實體驗，墮為既精密又虛空的論文玩狎，其變至此為極。「無視東方的智慧，歷史研究就會失真。」這是西方同行柯林伍德的昌言忠告。「我們現在的知識分子，是網絡知識分子，是檢索機器，不是思考者。」許先生在採訪中三復斯言，所指即此為學治史弊端。「史學專家」可以層出不窮，但具有中國傳統風範的史家其幾？

許公論史，知來藏往，開物成務，充溢著智與悟的色彩，精神底色上所承繼的更多是中國史學血脈。這位漂泊異鄉者，他的史學觀既全面接軌國際，又多有保留。他之治史，主體性非常強，不抱殘守缺，但也絕不依順著西人的思維模式接著講，而是嘗試整合中與西、古與今、內與外、前沿與後臺、人文與社科，並將其置於一個「疏通知遠，察勢觀風」的大架構之中加以審查，不迷從任何固定僵化的系統與方法，既不趨時髦，亦決不妥協，自見殊勝。許先生的知識體系如此駁雜，與這種學術抱負有關，也與他對徹底西化取向的史學觀乃至整個人文學抱持警惕有關。他說，「我們自己文化傳統中的修養和智慧，幾乎已經完全喪失了」（《許倬雲說歷史：現代文明的成壞》），每談都未嘗不愀然嗟悼。但他的著眼點，並非純粹反西化，鄙視知識化、專業化、科學化及指標化的大勢，而是意在突圍與超越。許先生也並非不諳「西學」，不能「專業」。早年的他，就以驚才絕艷的「學院功夫」出道，靠《求古編》《西周史》等作品展示的「漢學家法」峙立聲名。比如 1967 年的《古代中國的轉型期》一書，不僅以英文寫就，所用的「四個系統論分析」方法，其「西化」與「專業化」程度，至今都不過時，甚至是開一代新風的。1980 年，他就榮膺「中研院」院士之位，為「象牙塔」學人所共仰。但他深悉其中弊端，早思出路。而後的他，絕不牽拘於學院學術之無理限制，能以資治察世的通識超越煩瑣的經院滯礙，以簡易之功展現功夫成片智性觀照的風範，還復史家通世變究天人的志趣立意，今之古之新乎舊乎，據款結案而已。鄙意這也是許先生著作最有光芒、最有價值與意義的所在。

自 1980 年代後期開始，許倬雲先生就有意識地轉向。其一，「中國」與中國史學之特性不可喪失；其二，與此同時，治史當尋繁領雜，存其大端，求其通會，在許先生的學術生涯中，這兩條主綫是逐漸明朗化的。研究中國歷史，固是許先生畢生志業之所在，但故國歷史對他而言，顯然絕非僅是一個客觀無血肉的研究對象，而是一個千載百年後子孫來憑弔祖先所踏過的足跡。從《尋路集》到《萬古江河》《我者與他者》《中西文明的對照》《現代文明的成壞》，無一不看出苦心孤詣與深情款款。許先生深知，「樣樣都知道的狐狸，斷成不了製造大東西的刺猬」（伯林語），任何歷史探究「都不是僅僅通過人文歷史的研究所能回答的」，任何專門問題都需「刺猬」和「狐狸」式的訓練，才能高屋建瓴，不至於只見樹木不見森林。湯因比提到納米爾曾告訴他說：「湯因比，我研究片片樹葉，你研究整棵樹木。其他的歷史學家則研究成簇的樹枝，你我都認為他們是錯的。」許先生是不願停步在「樹葉」或「樹枝」這種現象追認的低水平綫上謹小遺大的。這位自稱的「學術界的世界公民」，對待異邦遺產有「運用腦髓，放出眼光，自己來拿」的氣魄，中西方法揮使得圓融無礙，交叉學科的工具如臂使指，但他的精神底色仍是一名「中國史學家」，所信受奉持的治史宗旨，仍是司馬遷的「究天人之際，通古今之變，成一家之言」。許先生之史學，也可稱「通人之學」，他的學術關懷是沉浸在「打通」中的。經曰，「不此岸，不彼岸」，執兩為中是非雙遣，同時又能守一不墮，這就是史家許倬雲的高明與超越處，也是他在西潮中敢堅持的大願悲心，底裏悉見，情款不遺。

許先生的史學，為不刊之言，著將來之法，實有範式意義。金耀基先生說，如此「大歷史書寫」，且敢對西化思潮把脈，是許先生的通史敘事中，最匠心獨運最別開生面的地方，是為的論（金耀基《創造現代文明新秩序》）。當代史學，雷海宗錢賓四之後，有許氏遙接其緒，是國族文化之大幸，是真史學起弊的回音。

中國情結

何以會有這樣的史家許倬雲？推究其心理，我意很大程度上要歸導於這樣一個原因：許先生一生，內心都埋藏著極其深重的「中國情結」。他在「疫中口述」中深情自白，「我具體的根在中國。我真正的歸屬，是歷史上的、永遠不停的中國」，可謂潛心鋭志，生死以之。於今視之，「戰亂」一詞，在許先生漫長的治史生涯中，是最具心解作用的關鍵詞。何兆武先生《上學記》有慨，一代人有一代人的情結，他們那代人的情結直接源自抗戰。這番自我認識，與許先生的心路歷程是完全一致的。許先生少何先生十一歲，是同代人，都是戰火的劫餘之人。他民國十九年生在廈門，長在天崩地解、國破家亡的叔季之世，政制窳敗，同胞殄瘁，天下喪亂，乾坤顛躓，二十歲前的許先生一一目擊之，這是他有生最傷最痛最無力的親身經驗。在日後的《許倬雲談話錄》中，他如此愴然説道：「抗戰是我非常重要的記憶，看見人家流離失所，看見死亡，看見戰火，知道什麼叫飢餓，什麼叫恐懼，這是無法代替的經驗……我逃亡的經過，沒講得很慘，再講我自己會哭。火光血影，流離失所，生離死別，人不像人。」許倬雲的「觀世變」，實質是「傷世變」。在這種情結的籠罩下，他在劫難逃，目擊心痛，漂泊流離，於憂世傷生中過了半輩子。

揣許先生治史動機，最離不開其身世對他的刺激。故而先生一生奉獻於寫史事業，是有激有為，是感於今事而洞然會心於古，是對生命、對世界悲憫的文字鋪展，是沉哀與希望纏雜的名山寄託。一個人，遭遇如此大悲大慟的劫難之後，如何還能把學術視為賣弄知識或弋獲功名的智趣遊戲？也所以，他輕視張愛玲，書中坦率批評其「小說怎還敢存在，她的書裏看不見救亡」，並自稱「永遠不原諒日本軍閥，五十歲後才能原諒一般日本民眾」……

知識分子的精神自癒，總要藉助文化達成。也只有還復那段身世，才能理解中國史家許倬雲，感知其念茲在茲的現實關懷與憂患意識，洞曉他的治史意旨之所出。這是一代中國知識分子的宿命與立命略傳。多年前，無意中看到許先生一段視頻，讓我感觸尤深。那是他八十歲高齡之際，接受電視臺訪談的實錄。屏幕上，年暮的老人，起初靜穆如入禪的老僧，說到後半場漸漸動情，當言及一件銘心刻骨的幼年往事時，更是克制不住地潸然淚下，只能忙慌不驚地隻手揩淚：七八歲那年，抗日軍興，他隨家人逃難江岸躲避連天烽火。一日黃昏，一支中國軍隊偶然路過其家門，稍作休歇。少年許先生蹣跚而出，協助母親一起端茶遞水勞軍。少頃，眾軍整隊出發。母親佇立家門，望著這群差不多都是二三十歲的青年，對著年幼的兒子吞聲忍淚地說了句，「他們這一走，永遠不可能再回家了……」許先生談完這段淒愴往事，已是淚眼婆娑。他接著說，正是這些年少時既懵懂又真切的經歷，讓他至此有了更多思索，諸如人世無常，文化衝突，世界來去，歷史悲喜劇，人類生命的不安穩與刹那生滅，還有中國人的國族、文化、政制、個體的何去何從等等。

這段童年往事，我素以為就是解讀許先生畢生心史的密鑰。一個人的早期經驗，那些自身都可能遺忘了的童年時期的經歷，特別是創傷性經驗無疑將如影隨行永遠纏繞，並且助長著他的心志，左右著他的抉擇。正是時代的野蠻，培育出一個思考野蠻，以及如何從野蠻中自我得救、集體重生的大史家。這也是許先生思想上頗為微妙的地方：他自稱「世界公民」，他提倡多元化，他接受以西方社會為模範的文明的洗禮，他一貫都是現代價值的堅定捍衛者，可始終「多淒惻傷感，不忘故國」。

他近七十年的治史生涯，東海西海左突右衝，但思考主軸是念念不變的：重新審視「中國」，重新思考中國文化價值，重新檢討己身與同時代人所共有的那種中國認識與中國觀，重新考察這個共同體本身強弱、盛衰和聚散的規律，再度尋求在強勢全球化與劇烈文明衝突的當下應對重生的方法。這是大問題，也是大難題，是致用之學，亦是有為之學，是遺留給新一代中國史家最重要的學術使命，許先生自覺責無旁貸。《萬古江河》《說中國》《中國文化的精神》《我者與他者》皆為此而作。

「我認認真真講，這是我最關心的事情。」晚年的許先生總擔心得不到理解，大業後繼無人。英國史家霍布斯鮑姆有言，「歷史學家只有在回顧自己的經歷時才會認清本質」（《極端的年代》），道理亦灼灼明矣。

許先生近些年的言論與作品，都可視為一個「返念自念、返觀自觀」的文化老人，最後留給後人的殷殷囑託。他對故國如此念茲在茲，但不是民族主義者或正統主義者。毋庸諱言，他的思想立場，某種程度上是沾染了「中國文化本位」色彩的，但絕非中國特殊論或民族主義式的狹隘。那種炫賣智力且夤緣獻媚的策論作品，他未曾寫過。他期待的某種「本位」，理由僅僅只是因為：我們畢竟是中國人，不是西方人；我們所要創造的，是未來的中國文化，而非未來的西方文化。這種本位，只是意在維持自身主體性，增強認同感，並無絲毫排他性，是一種新生或重建，與陳寅恪 1930 年代所申說的「竊疑中國自今以後……其真能於思想上自成系統，有所創獲者，必須一方面吸收輸入外來之學說，一方面不忘本來民族之地位」的治史理念若合符契。「中國」「中國人」，是萬古江河、變動不居的，更多隸屬文化史範疇，如何有「一根筋到底的歷史」？

近二十年前的名著《萬古江河》，於時下「重建中國歷史論述」的流行命題早著先鞭。2015 年出版《說中國——一個不斷變化的複雜共同體》，申說其「變」；三年後又推出《中國文化的精神》，引眾於「常」，看似自我矛盾雙手互搏，實際上他的苦心也寄寓其中。

情感上，我以為許先生心中始終存在一個「理想中國」：包容，閎放，健康，人人有尊嚴，真正「以人為中心」，永不失嚴正的批判精神，是一個「足以挹注和灌溉正處於危機中的現代社會」的文明體。人類世界，花謝花開月圓月缺，成住壞空循環無盡，他不是看不穿，但他更掛念故國與同胞，救焚拯溺之心無日或忘。更何況，中國不僅是他的故國，也是全球四分之一人口的聚居地，中國的任何動向都是影響人類變局的，此即吾粵梁新會《歐遊心影錄》中所說的「中國人對世界文明的大責任」，也是王陽明「視天下猶一家，中國猶一人」之精義。

壬寅年除夕辭歲，許先生在鏡頭上口說身示，「新年新歲，祝福中國人，也祝福中國，順利走向這條看上去艱難，其實很容易的大道」，意或取此。一代宗師許倬雲，不自矜，不自伐，張皇幽眇，憂心忡忡。

天下觀

許先生治史，還有一種極其強烈的意識，那就是「天下觀」。這裏的「天下」，主要不是政治概念，而是他對全人類處境與世界未來通盤思考的實體對象。他對古、今，中、西的考索，最終匯流在此。許先生的史學，是「問天下蒼生」的。江湖寥落，暮色四合，當軸心文明的終極關懷日益消逝，當工業文明逐漸日暮途窮，當國際和平再度成為奢望之際，天下秩序將歸往何處？而脆弱的人類又該如何呵護？這是晚年許倬雲尤孜孜不倦的「大哉問」。晚近幾部曠世之作端倪愈顯，幾乎言必及此大事因緣。我生之後，逢此百罹，遠託他國，昔人所悲，似乎所有人生患難化為一代史學家的「增上緣」，從而造就了他思無畛域的歷史視野、筆底蒼生的人文情懷、齊物觀照的普世脈絡、立心天地的智者品格。

陳永發先生在《許倬雲八十回顧》序言中說，「『中研院』兩三百位院士，許先生獨樹一格」是有感而發，也是切中其治學特色與治史心境的。許先生自釋心路歷程，是「全世界人類走過的路，都要算是我走過的路之一」，即是以自己的理性追尋解釋，既「去思考世界」，也「從世界去思考」。法語之言，能無從乎？

許先生對天下人類走向，有悲觀感，但非絕望。「四五百年的發展，現代文明竟走到了夕陽銜山的時光，再下一步也許就是茫茫長夜。」這是他對當下世界的基本診斷。舉世酒酣耳熱，唯他早早敏銳嗅聞到一種文明行將崩潰的危機四伏。對於歷史而言，豁達並不是負責的態度。「這個世界病了嗎？」，這當然不是危言聳聽，眼下的世界大疫、干戈雲擾種種，都可說是一種不祥的回應，也都是在不斷證實他判斷的一種預告。但與此同時，許先生也堅定認為，當下也是歷史轉捩的最重要時機，是「接受重大手術的前夜」。所以他之治史，是要「盡一己綿力」留下叮嚀，「提供給這一代和下一代思考」，從而「盼望各處人類共同締造第二個『現代文明』」(《文明變局的關口》)。在他心中，這是一個歷史學家的職責。他不盲目自信，也從來都不是「投降派」。他說，史學是要有為的。史家許倬雲，悲智雙運，諸法如義。

甲申年，許先生出美歸國，避地江左，年歲漸入桑榆，情緒不免牢落——而相隨著的，是筆法和思考的益見壯闊磅礴與光芒四照。近年新著「許倬雲說歷史系列」五冊，以及病房中完成的《許倬雲十日談：當今世界的格局與人類未來》一書，全部中心就此展開，形成一套極有系統的陳述，此前中國史家從未如此深入涉足。其中智性的廣度、思辨的深度、邏輯的密度、視野的寬度、體系的圓融度，布羅代爾、湯因比諸傑之後，環顧國際史界都已是微斯人矣。「故以身觀身，以家觀家，以鄉觀鄉，以邦觀邦，以天下觀天下。吾何以知天下然哉？以此。」《老子》這段名言，足概許先生的治史心緒。

只可惜，天下沉濁，世人渾渾，沒有多少人真懂老人家。許先生還有特別多重要的思考成果，沒有引起重視。大眾理解不了，知識界也誠意不夠。晚年的他，用盡平生功夫指注世人，依然書齋寂寞。在知識聯網後博學頓然輕易，學術研究荒腔走板的年代，一代史家許倬雲遭刻意漠視，著作聲光不彰，學思知音彌寡，乃是學術思想史的錯位。揚子雲之言曰：「世不我知，無害也……後世必好之矣。」許先生應如是。

晚年心緒

讀許先生作品，常特意調音響放喜多郎《敦煌》諸曲。我意許先生的襟懷與雄心恰與此曲相配，得其益彰之效。「儂家自有麒麟閣，第一功名只賞詩。」讀史，無須諱言，我是偏重許先生的。我仰望他學術建樹的海嶽高深，更感佩他治史情懷的深切遠大。許先生著史，是宗法中國班馬教法心印，又承襲西方希羅多德、吉本的精神宏願，取用自如，打破九界，略去無關宏旨，直面生活世界，直造一學思渾融、今古匯流、東西無別、國身通一之境，凝聚為一種「立言垂範」；而其苦心孤詣和思想落腳點，終究還是以中國的歷史、文化、願景為中心，意圖在伊洛榛曠、崤函荒蕪的書寫中，分是分非、辨得辨失，探尋人類共同體的命運出處，特別是現代中國人將往何處去的大關節要，是謂「不忘初衷」。這是一個現代史家的不能忘懷，是對故國、世界及人類的一往情深，東西南北敢安處，萬里區區獨往還。這也是我讀許書，常無端感動與其樂無涯之由。如此史家，海內一人而已。

許先生一生，立言為公，赤心片片，其浩茫心事與治史情意都深埋此中。只是，造化弄人的是，許先生有躄疾，是所謂「殘障人士」。出生時，手掌內屈，雙腳無踝，足背向地，一生只能藉助雙拐行走，為此「一生很痛苦，不但精神苦，身體上也苦」。

而在我看來，他的跛蹇，是透著某種隱喻與宣示色彩的。近世以來，吾國以不良於行而做出絕大成就的學者，總有四人，許先生是其一。新會梁思成、寶山潘光旦、閩人翁獨健，俱是有確乎不拔之志終究成果斐然的一時之選。這其中，許先生行年最後，巋然魁首，冥冥中似有集成收尾的意味。前人有云，古今第一流文人，「無不具有至崇高之人格，至偉大之胸襟，至純潔之靈魂，至深摯之感情。眷懷家國，感慨興衰，關心胞與，忘懷得喪，俯仰古今，流連光景，悲世事之無常，嘆人生之多艱，識生死之大，深哀樂之情，為天地立心，為生民立命，夫然後有偉大之作品」，信然！

許先生其作品，即其人格心靈情感之反映及呈現，是為史學之本。本植，自然枝茂，捨本逐末，無益也。許先生尊名「倬雲」。此名揣測是由《詩．大雅．雲漢》「倬彼雲漢，昭回於天」一句化用而來。詞句按現代漢語可翻譯為：「那浩大的銀河啊！天上的光芒從你那兒轉照過來。」許先生是「名副其實」。我不敢妄說許先生是「宇宙完人」（呂坤《呻吟語》「為宇宙完人甚難」），但我深信，中午桌前的陽光，必和他來自同一個光源。

2018 年 2 月 5 日初稿，2022 年 4 月 24 日改定

三個世代傳燈人
——讀錢穆、費孝通與許倬雲先生

張冠生（學者，費孝通先生晚年助手）

在時代精神的需要下，並不需師承而特達自興……在他們內心深處，同樣存著一種深厚偉大的活動與變化。

——錢穆《國史大綱》

恕我淺陋，「三個世代」，是最近從許倬雲先生文章裏學到的說法，在這裏嘗試使用。

以往讀、寫過程中，留下一些和許先生相關的片段印象。「三個世代」的說法，使這些片段連綴起來。印象轉為意象，成了一幅圖景。

遠景是五千年人類文明演進，中景是百多年中國歷史風雪，近景是三位抱薪人雪中行路。

錢穆先生在前，費孝通先生居中，許倬雲先生殿後，可謂「秀才教」三人行。三位前輩「以迂愚之姿，而抱孤往之見」(錢先生語)，不捨晝夜。

他們抱薪為續火，為傳燈。對中國文化，他們懷敬意，寄溫情，共認其正大光明。

一

許先生厚愛後生，為陳心想博士出版《走出鄉土》寫跋語，説到中國社會學的斷和續，感慨作者「比費孝通、楊慶坤二位晚生六十五年，我讀到他的文章，內心的感受，悲欣交集。傷心的是，要到三個世代以後，費、楊二位的工作，才有人真正接下去。欣喜者，三個世代以後，有這麼一批人能接下去」。

從斷裂看接續，出困境向化境，是許先生的本領。天賦他不良於行，也賦他敏於求知、求智。讀其「問學」，隨其「觀世」，聽其「史論」，察其「心路」，像觀賞一部人文紀錄片。只見許先生志於道，據於德，勤於學，精於思，善於談，遊於藝。這一切，依於仁。

許先生傷心或欣喜，不為自己，是為他人，為學問，為文化，為眾生。

他說過，「世界的日子好過，我的日子也好過」。「我更多地是從老百姓的角度去看待這個世界，理解我們的時代。」（《許倬雲十日談》）「人溺我溺、人飢我飢」（《心路歷程》），也是他說過的話。他相信同情心可以轉化為責任感，去為社會公義坐言起行。

二

1930 年，許先生出生，睜眼看世界。

1930 年，錢先生從蘇州省立中學轉燕京大學任教。費先生由東吳大學轉燕京大學唸書。

錢先生在國文系，諫言司徒雷登，力促「燕大中國化」，對月考新生的學籍百般迴護。費先生在社會學系，聆聽老師講「社會學中國化」，去社會底層做實地調查。

「中國化」話題背後，是國運問題。中國知識分子在尋找改造國家和社會的工具。

余英時先生說：「錢先生自能獨立思考以來，便為一個最大的問題所困擾，即中國究竟會不會亡國？」(《師友記往——余英時懷舊集》)

費先生對早年隨母親多次逃難有深刻記憶，沒齒不忘。「一輩子啦！從小就知道『國恥』『國恥』的。有『國恥紀念日』嘛！」(《費孝通晚年談話錄》)

許先生說，他的童年被日軍「切開」，開始「八年的顛沛流離」。小小年紀，一再經歷生死場。「躲不過炸彈與機槍；死的人沒有罪，只因為他們是中國人……」(《問學記》)

三

1939 年，錢先生寫成《國史大綱》。該書「國難版」扉頁上，錢先生寫道：「謹以此書獻給前綫百萬將士！」讓人聯想曾慕韓先生一句詩：「書生報國無他道，只把毛錐當寶刀。」

1939 年，費先生出版《江村經濟》，投身雲南三村調查。他說：「我當時覺得中國在抗戰勝利之後還有一個更嚴重的問題要解決，那就是我們將建設成怎樣一個國家。在抗日的戰場上，我能出的力不多。但是為了解決那個更嚴重的問題，我有責任，用我所學到的知識，多做一些準備工作。那就是科學地去認識中國社會。」(《雲南三村．序》)

戰亂中，許先生繼續流徙。他記錄目睹實況說：「在豫鄂邊界的公路上，日本飛機用機槍掃射慢慢移動的難民群；軋軋的飛機聲和嗒嗒的槍聲交織成我腦子中一連串的問號。在青灘之濱岸時，目擊過搶灘的木船突然斷纜；那浩盪江聲中的一片驚呼，也把一個大大的問號再次列入我的腦中。」(《心路歷程》)

錢先生以筆為刀。費先生作超前的學術準備。許先生經歷日後治學的情感準備。

四

1949 年，錢先生到香港創辦新亞書院，費先生在大陸清華大學執教。許先生考入臺灣大學讀書。三個地方，三所學校，三位學者，都在一個新開端上。

錢先生「手空空，無一物」，租九龍偉晴街華南中學課室和炮臺街宿舍，篳路藍縷，以啟山林。費先生政學兩棲，身負知識分子改造重任，組織清華園「大課」。許先生選課於歷史系、中文系、外文系、人類學系，錢、費二位都在其學術視野。

許先生少年時已仰慕錢、費兩位鄉賢。讚嘆「《國史大綱》可說是在日本人的槍炮聲、炸彈聲中寫成」，認為「費先生發在《觀察》上的文章，每篇都有見識」，稱費先生是「自己趕不上的天才」。及修人類學、社會學，許先生確認費先生歸屬功能學派的同時，有新發現——「錢先生一輩子沒有認識社會學中的功能學派，寫《國史大綱》的時候，西方社會學的功能學派還未當令，但此書所用方法和角度，都與功能學派相當切合」(《問學記》)。

許先生見人未見。錢、費方法歸一。這是現代中國學界尚未經人充分注意的一段佳話。

五

費先生想過一個問題，燕園、清華園和西南聯大，和錢先生三度同處一個校園，為什麼「我們兩人一直沒有碰頭？」他覺得「被一層什麼東西隔開了，相互間有距離」(《費孝通全集》第 17 卷)。後來，錢先生到了新亞書院和外雙溪素書樓，隔得更遠了。

1990 年，錢先生作古，留下畢生著述。最後一課，留下對「天人合一」的徹悟。

1990 年，費先生說：我今年八十歲了，想起八歲該看的書還沒有看。我要補課。我的上一輩學者，從小熟讀經典，用的時候張口就來。我想起一句，還要去查書，才能說得準。

讀了錢先生的書，費先生說：「越讀越覺得他同我近了，有很多相通的地方。比如我覺得在社會和自然人的關係上，最好的表達方式就是中國古代的『天人合一』。⋯⋯讀了錢穆先生的書，⋯⋯有了豁然開朗的感覺。」（《費孝通全集》第 17 卷）

早年裏，十七歲的費先生曾對著風雪中人大聲發問：「老先生！你為什麼這麼老還要自己出來採薪呢？」（《山水．人物》）晚年補課，讀錢先生，他有了答案，也有了體驗。

殊途同歸。費先生說，他想寫一篇《有朋自遠方來》，寫寫心中的錢先生。

六

錢先生說：「大凡一家學術的地位和價值，全恃其在當時學術界上，能不能提出幾許有力量的問題，或者予以解答。」（《陽明學述要》）

許先生說：「學術研究就是不斷給自己找問題。」（《許倬雲十日談》）

費先生說：「經濟上休戚相關，興衰與共了，文化上還是各美其美。⋯⋯兩者不協調，這是當今國際社會的一個大問題。」「人與人、民族與民族、國家與國家怎麼相處⋯⋯將是二十一世紀的一個關鍵問題。」（《費孝通晚年談話錄》）

為保持言語和文字通俗，費先生常做比喻。他說：「我曾借用中國歷史上的術語，把二十世紀比喻為一個更大的戰國時代，事實上的國家關係中也確實出現了更大規模的合縱連橫現象。」（《世紀老人的話．費孝通卷》）

《許倬雲十日談》中，有人提問：「當前的形勢和人類歷史上的哪個階段或者時刻是比較相近的？」許先生回答：「可能當今的時代相當於中國的戰國時期、希臘的城邦時期⋯⋯」

七

觀世變，回溯戰國，看天下，說中國文化價值。費先生破題，許先生接續。

費先生說：「中國人口這麼多，應當在世界的思想之林有所表現。我們不要忘記歷史，五十多個世紀這麼長的時間裏，中國人沒有停止過創造與發展，有實踐，有經驗。我們應當好好地總結，去認識幾百代中國人的經歷，總結出好的經驗，為二十一世紀的人類發展做出貢獻。我也希望自己加入總結經驗的隊伍，做一點思考。」（《世紀老人的話．費孝通卷》）

許先生說：「中國地區從上百種新石器文化一步一步整合，從以前沿著河流的整合，變成沿著道路的整合，再變成網狀的整合：最後到漢朝的時候，主流文化就有高度的異質性。這一路整合的過程中，古老中國文化不斷吸收差異、承認差異。中國文化的高度異質性在於容許不同的東西共同存在，在中國文化裏，承認差異是常態。同中要有異，異裏面可以加入和發展出新的同。」「我個人的理想是，未來世界可以模仿中國幾千年走過的過程，從中獲取處理當下國與國之間關係的思想資源。」（《許倬雲十日談》）

兩代學人，兩門學科，呼應得如此默契，人意之上，有天意。

八

1997 年，費先生參加香港主權回歸交接儀式，現場見證「英國旗降下來，中國旗升上去」，切身感受改革開放以來累積的國家實力，領悟中國歷史對不同文化和制度的融匯、統攝功能。回到大陸，他和三聯書店讀者座談，大段說起錢先生，推薦《國史大綱》，推重錢先生「整理中國歷史，認識中國文化」的功德和意義，提示年輕一代珍惜「現實當中從歷史裏邊保留下來的活著的東西」。

費先生由現實說未來，提示年輕人想問題。中國「強大起來之後，該怎麼辦？是不是也像美國一樣，我們做老大？」「你們長到我這個年齡，很可能碰到這個問題的」。他預言：「再努力二十年，而且能保持現在的速度，到 2020 年前後，…… 格局就真的改變了。」(《費孝通晚年談話錄》)

2005 年，費先生作古。2022 年，許先生接續這個話題。他主張：「中國做帶頭羊，但不做『唯一的』帶頭羊，可以做幾個帶頭羊裏面的一個。我們有自己的負擔，有十幾億人要餵飽肚子 …… 不要忘記做頭頭的人是必須準備吃虧的人。」「做頭馬要付出代價，要比別人累、比別人苦，得任勞任怨。個人如此，國家如此；個人如此，民族如此；個人如此，社會如此。都是這樣的。」(《許倬雲十日談》)

九

對錢、費二位先生留下的話題，許先生有接續，有拓展，有深化。

1938 年，錢先生著文討論社會與政府孰高孰低。他引顧亭林言論說：「國家興亡，肉食者謀之。天下興亡，匹夫有責。」認為「言天下，亦猶言社會，其地位尚遠高於政府之上，而一士人一匹夫可以直接負責，而政府之事，可置之不問」(《現代中國學術論衡》)。

2006 年，許先生寫「劫難七印」，說中國人百多年裏付出無比代價，才將傳統「天下國家」架構轉為現代民族國家。「目前正在進行的巨變項目中，區域性政治群體 …… 明顯地將要取代民族主權的國家了。…… 中國必須及早面對潮流，知所避趨。」(《中國文化與世界文化》)

錢先生曾諄諄囑咐學生：記住你是一個中國人。許先生寫《脫離以中國為中心的世界觀》說：「我一方面記住自己是一個中國人，另一方面也是世界人類中的一個成員。」(《問學記》)

1999 年，費先生說：「我的實際是立言重於立功，甘心做個旁觀者，而不做操作者。」(《費孝通晚年談話錄》) 2008 年,許先生說,「我其實是做了一輩子『旁觀者』,常常不能親身參與其中」(《觀世變》)。兩位旁觀者在同一方向關注人類未來。

2001 年,費先生問:「在一個大變化的時代裏,我們如何生存和發展?怎樣才能在多元化並存的時代裏,真正做到『和而不同』?」(《費孝通文集》第十五卷) 2020 年,許先生問:「再往後面走,是我們自己擁有繼續往前演化的能力呢,還是我們沒有這個能力?」(《許倬雲十日談》)

人類命運還有更多可能性。看出這一點,使費先生的問題又深一層,可通薩根「暗淡藍點」境界。如許先生自勉:「要有一個遠見,能超越未見。」(《許倬雲十日談》)

十

許先生的遠見,來自意願,他想看見;來自學養,他能看見;來自現實問題刺激及其開闊、深入的思索,他有機會看見。

錢先生一生浸身於傳統文化和思想資源,對國故富於溫情與敬意,也有大惑,曾表示「東西文化孰得孰失,孰優孰劣,……余之一生亦被困在此一問題內」(《八十憶雙親 / 師友雜憶》)。

費先生自認是「東方的底子」,又喝足洋墨水,兼涉東西,初覺脫「困」,寫《人生的另一條道路》,質疑「東西的盛衰是一個循環」,設想「有沒有一個共同的光明?」(《美國與美國人》)

許先生早年親歷國難,後求學於臺灣、美國,深耕於「中央研究院」,執教於國際名校,比錢、費二位更具文化比較研究優勢,已超越錢先生之「困」。他和今天的讀者共同面對的當下問題,是錢、費二位未曾遭遇的。許先生提出錢、費二位不曾提出的論題,擴展和深化兩位前輩的思想疆域,天時地利,水到渠成。

從治史看，許先生認為「不能將歷史約束在一個民族與一種文化的框架內」，主張並實踐「打開這個框架」（《觀世變》），這是對《國史大綱》等錢著選題與視野的超越。

從治學看，許先生「盼望將來沒有人文科學、社會科學跟自然科學三個領域的界限，我們都在遵循一個真正美好的秩序」（《許倬雲十日談》）。這是對費先生晚年試圖「擴展社會學的傳統界限」的升級式擴展。

不為許師多高明，應是鴻蒙藉君手。費先生說過，到一定時候，時代會找人出來做事。

十一

拙文起草過程中，承馮俊文先生發來兩幅照片。一幅是 1989 年，許先生在臺北素書樓拜訪錢先生留影，一幅是 1980 年代，許先生在香港中文大學祖光堂，和費先生、金（耀基）先生的合影。三個世代的學者，經由許先生連綫，從心思到影像，三代學術因緣有了視覺呈現。「不需師承而特達自興」的場景真實發生在面前，我們得有機會親證，要感謝錢先生接引，感謝費、許二位先生先後追隨。

史實中，費先生和錢先生沒有過接談，許先生和費先生沒有過深談，這無妨他們共有同一片頭頂星空，更有同一則心中律令。

1949 年，錢先生選擇「自我流放」（費先生語），艱辛辦學，摩頂放踵，絕境逢生。1957 年，費先生不意「落入陷阱」（費先生語），1980 年「改正」後夙興夜寐，匆匆於道，「用餘下的十年追回失去的二十年」（費先生語）。2020 年，許先生脊椎痛到生不如死，自感朝不保夕，不知道自己能不能堅持到講完，像錢先生當年辦學「全靠一口氣撐著」（錢先生語），晨鐘暮鼓完成「十日談」⋯⋯無不是在為故國招魂，為文化續命，為人類求前途，為生民開太平。

許先生常感孤獨。讀錢先生，看費先生，又知吾道不孤。更遠處，還有更多志士仁人。他說：「很多人像我一樣承受過去留下的擔子，寧死也背著擔子。這是中國文化最大的本錢。」（《許倬雲十日談》）

十二

「過去留下的擔子」，說明前有古人。如今，許先生負重於九旬，舉學燈，待來者。

《十三邀》訪談視頻、《許倬雲十日談》的傳播，使許先生的「孤往」演為眾議。三代學人的關懷越出學界，滋潤社會。九十歲感染了十九歲。藉許先生的話頭說，三個世代以後，大陸青年才聽到他的心事，讓人難過。三個世代以後，他有機緣「晚年開了新的門戶，有機會跟國內的青年才俊一起討論問題」，且感同聲同氣，使人欣喜。

聲氣同源。「秀才教」三人行中，費先生對錢先生，許先生對錢、費二位先生，都有深度認同。他們世代不同，心思聚在一處，晚年都進到「究天人之際，通古今之變，成一家之言」的殿堂。「在他們內心深處，同樣存著一種深厚偉大的活動與變化。」上至宇宙，下至草木，中間無窮人事，在在縈懷。生而為人，人能如此與天地參，這場景，何其動人。

錢、費、許身影中，有師從，呂思勉、潘光旦、李濟之等，栩栩如見。也有私淑，王陽明、朱熹、司馬遷、孔夫子等，清晰可辨。清流如許，高貴，虔敬，可師，可從。

印象裏，馮友蘭先生說過一段話，大意是，人類文化像一團真火，古往今來，多少思想家、學問家、詩人、作家，用自己的膏血當燃料，傳續這團真火，欲罷不能。他以詩言志：「智山慧海傳真火，願隨前薪作後薪。」

十三

聚在許先生身邊，後生們看得眼睛發亮，躍躍欲試。其中一些，已有相當準備。

三個世代的「傳燈」接力，來者眾，是實情。以許先生關注的中國社會學為例，周曉虹教授主編的《重建中國社會學——四十位社會學家口述實錄：1979–2019》可證，陳心想博士的同道，陣容可觀，且含兩個世代。

許先生說：「我真是抱了很大很大的希望。」

周曉虹教授在上書「後記」中表達的一個願望，可看作對許先生希望的回應。他設想，到「2029 年，即中國社會學恢復與重建五十週年的時候，完成本次遺漏的社會學家的補訪，同時再訪問五十位比我們年輕一輪的社會學家，用一百位中國社會學家的個人成長史與學術演進史，回應一百年前即 1930 年孫本文等老一輩社會學家建立中國社會學社及吳文藻、費孝通等創立社會學『中國學派』時的偉大設想」。

尊敬的許先生，您看，屆時又是一場三個世代的傳燈。那年，您九十九歲。

此刻，天下大疫瀰漫。生物疫情飄忽無常，「政治瘟疫」（許先生語）猛於虎。至暗時刻，見白衣卿相，岸然前行。

雖千萬人吾往矣。舉學燈，穿長夜，自光明。

2022 年 9 月 9 日於北京博雅西園

厚生利用，仁民愛物

陳航（美國厚仁教育集團 CEO，華言美語傳媒 CEO）

我與許先生最早應該是 2006 年認識的。當時我在美國西屋電氣做工程師，有一個臺灣大學畢業的同事叫于慶，他年齡很大，是資深工程師。有次他組織了一場講座，那時候《萬古江河》剛剛在臺灣出版，許先生就在匹茲堡講了這本書——當時還有人帶了幾本到匹茲堡，我就買了一本。當時他狀態很好，拄著拐，已能走路。我看了他的書，感覺他是一位史學大師，覺得我們之間離得很遠，遙不可及。

後來，在于慶的組織下，許先生每個月會講一兩次不同的話題。這個活動也不定期，他那時候基本上一年有半年的時間不在匹茲堡。我記得他講的內容有佛教、道教、基督教、天主教、伊斯蘭教和猶太教的專題，以及這些宗教之間的比較，還有講希臘、古羅馬的文化等。有時候，他也回答大家的提問，比如：為什麼韓國人經常把發源自中國的歷史文化遺產註冊成韓國的？他就會順著講亞洲文化尤其東亞文化的起源。因為我經常去聽他的講座，那時候聽講座的人以臺灣背景的老一輩華人居多，我是唯一一個來自大陸的年輕人，慢慢也就熟了。

真正與許先生接觸，是 2009 年我從西屋電氣辭職後。我辭職之前去過他家一趟，跟他聊過未來的打算。後來他就跟我說：「陳航，你下星期來我家一下，我跟你說點事。」我之前就去過他家一次，那時候我們還不怎麼熟，所以我還覺得有點意外。

然後他就告訴我：「我有一個想法，一個心願，想了好幾十年了，希望你能夠把這個事情實現。」他說未來五六十年，世界政治、經濟、文化可能都會有一個大變局。在這個變局當中，以美國為代表的這一套經濟、文化體系，可能都會遇到大的問題。那時候剛好碰上美國的次貸危機，很多銀行都倒閉了——他覺得這是美國社會發展一個必然的現象。他認為在未來能夠發展的，其實就是中西結合或以東方為主體的人類共同體文化，而且中國和中國人的作用會相當大。

他認為，未來的世界需要更多華人人才，而這種人才在美國的文化背景裏比較好培養。大陸或者臺灣不一定能培養得出來，因為他們都是考試為主，思維相對比較死。他還提到晚清的「留美幼童」，後來這些人回到中國，基本上全都是精英——比如像大家都知道的詹天佑，還有民國第一任總理唐紹儀，他創建了天津大學。這批人在各個領域，參與塑造了近代中國的歷史。

許先生認為，現在其實也需要有這樣的一批學生。所以他當時和我說：「在美國，能不能辦一個中國文化為主的高中？讓這些孩子過來，在美國接受高中和大學教育。」

後來過了一週，許先生就說，他在匹大有一個老朋友，教育系的休斯（Hughes）教授。許先生、師母、休斯教授還有我，約在一個麵包店裏見面。休斯教授當時就推薦了他的兩個博士生，是一對父子：父親叫白泊恩（布萊恩．懷特，Brian White），兒子叫小布萊恩．懷特。父親是以前匹茲堡公立學區的負責人，退休以後，又創建了兩所特許高中，當過一個私立學校的校長，在教育領域四十多年，非常有經驗；他還是富布萊特（Fulbright）學者——「富布萊特」是美國國務院支持的國際教育交流項目。他兒子當時是一個學區的副總監，後來一直擔任匹茲堡附近一個學區的總監，相當於一個區的教育局長。

我就去見他們，白泊恩對我說的這件事情很感興趣。我們不到半年就快拿到開辦學校的執照了，但綜合考慮了各種因素後，也跟許先生溝通過，我們決定服務在美國各地的中國學生，這個學生不一定要在某個特定學校。所以，2010 年 5 月 4 日，在白泊恩家的廚房裏，我們共同創建了厚仁教育。

公司的名字，我們當時想了很長時間。一開始白泊恩想起個拉丁文名字，後來我才想到「WholeRen」，英文和漢語拼音混合，是「全人」的意思；中文名叫「厚仁」，「深厚」的「厚」，「仁慈」的「仁」。公司一開始，許先生就給我們很多建議，比如要步步為營，不要誇大宣傳，等等。我們厚仁創建一年以後，就開始招人了，也需要建立自己的網站。那時候，才開始考慮公司名字的意義。我就去請教許先生，他說：「厚生利用，仁民愛物。」「厚生利用」出自《大學》，意思是盡量地使用資源來幫助大眾；「仁民愛物」出自《孟子》，意思是我們不僅要對人好，而且還要保護環境、珍惜物產。許先生也為厚仁定下了目標和使命，是「發掘潛能，走向優秀」。我們想通過教育，把學生的潛能發掘出來，讓他們越來越好，走向優秀。

在公司運營過程中，許先生對我們的幫助也非常大，師母也很關心我們的同事。公司創立五週年、十週年的時候，都請許先生作過講話；今年十二週年慶沒請他，因為怕打擾他。有一段時間，許先生和師母還讓厚仁的年輕同事週末去他家，聽許先生講課或者請教他一些問題。直到後來他身體不好，家裏又發生火災，接著就是疫情才中止。

大概是 2011 年，許先生在《南方都市報》有一個專欄，後來整理成為《大國霸業的興廢》這本書。那時候我在中美兩邊跑，就幫許先生聯絡大陸出版的事情，我和馮俊文也是在那時候認識的，到現在已經十多年了。最開始是陳佩馨錄入、整理，我們三個人合作出版了「許倬雲説歷史系列」五本書。後來陳佩馨當了幾個孩子的媽媽，錄入的工作就由王瑜等人協助，出版和公共關係的事情，大陸這邊則一直是馮俊文在安排。2020 年，許先生指示，成立了厚仁許倬雲辦公室，許先生說這是他「對外的一個『堂口』」，馮俊文任主編。

在厚仁成長過程中遇到一些疑問時，我也會來請教許先生。印象很深的事情是有次我請教他：為什麼大陸、臺灣的學生和家長如此看重學校排名？許先生說：「自古中國人讀書就和美國人讀書不一樣。中國人自古就是要分等的，狀元、榜眼、探花…… 美國人則認為，你去普林斯頓大學是因為你的研究需要。」他自己後半輩子一直在匹茲堡大學教書，雖然有很多更好的學校邀請，他還是覺得匹大好。但在中國人的思維裏，如果有機會去哈佛，就是比在匹大強。他接著說：「這是有歷史原因的，並不是說中國人剛有錢，土豪心態。在美國的華裔，思維可能和美國人差不多，但也很希望孩子去更好的學校。所以就以平常心來看它，你要尊重這個事實。」

我們當時還有一個困惑：我們是應該集中精力，服務特別優秀的學生，比如能考到哈佛、藤校的這些學生，還是更應該服務需要幫助的學生？比如有的學生一開始學習不好，先來美國上個一般的社區大學，再轉學到更好的大學。他也給我們很好的建議：「這樣的學生，你如果能夠幫助到他們，那當然是好的。他們經歷得多一些，鍛煉出來的能力或許也會強——不是只有學霸才能成為領導者。」

今年 5 月 4 日，厚仁教育集團創立十二年了。我現在比較慚愧的就是，不知道自己這麼多年的工作，到底有沒有培養過「領導者」。比起十二年前，這個世界好像越來越亂，文化、經濟、信仰的衝突到處都是，不過我們的學生和家長的心裏，因為有了厚生利用、仁民愛物的信念，能保持一分安定，也能不斷進步。希望不斷有各個領域的領導者出現。

我們也根據許先生的期待、教導，定下公司的幾個價值觀：第一，以學生為中心，發展學生個人的成長；第二，一定要做對的事情，我們首先要成為行業領導者，絕對不能做假的東西；第三，不斷地改進和創新，步步為營。疫情期間，厚仁在美國和中國的運營處都沒有裁員，也沒有減薪，現在還在繼續努力，繼續發展。

許先生是有大智慧的人，他看到的東西很遠、很深，而且他能夠在很短的時間裏把重點總結出來。有時候我覺得，許先生的智商可能是我的十倍都不止，他的頭腦很快，一下就能看到本質。我感覺很幸運，從十二年前到現在，能得到許先生的指導。至於許先生當初的期望，我不敢說全部實現了，至少一直在做。厚仁一年服務上千個學生，以後只要學生走正路，我們一定是可以實現的，我覺得只是時間問題。

許先生其實還是比較感性的人，說起來以前的一些事，尤其是抗戰時候的事他都會哭，他不是高高在上或者高人一等的態度，他對事情尤其對自己要求嚴格，待人非常平等。

許先生這樣的大師，在當今，甚至在一段時間以內，是不多見的。這些年，我們從許先生這兒受到很多恩惠，也希望他健康長壽。同時，我覺得僅僅一個小圈子受惠，或者僅僅厚仁一家公司受惠還遠遠不夠。他的這些理念、談話、著作，應該讓更多人知道，我覺得這也是我和馮俊文共同的責任、使命。

忍不住的關懷與未盡的才情

馮俊文

解題

歷時近兩年，《倬彼雲漢：許倬雲先生學思歷程》這本集子終於要出版了。去年年底，我應許先生邀請來匹茲堡大學訪學至今，在他身邊度過了一段難忘的時光。如此近距離地體察、學習，是人生中未曾料想到的機緣。藉此文章，我想總結一下近來的所得、所思、所感，也回顧總結這麼多年來，「與許倬雲先生走過的日子」。

追溯許先生的人生底色，需要回到八十多年前的離亂之世。湖北鄉下磨盤上、山野間長時間的獨處，讓他學會了觀察、理解這個世界，成為「孤獨的旁觀者」。這種視角和能力，貫穿他一生的為學為人。行年九十有二，許先生學人本色不改，無一日不思考，無一日不進步。在我的世界裏，他還是個豐富多面的「精神個體」——其眼光、見識，投射在政治、文化、傳媒、公益等眾多領域，數十年間綻放出的光彩，當代學人罕有其匹。

七十多歲時他寫作《萬古江河》，借用了梁啟超對中國歷史的架構。其實他自己，何嘗不是梁啟超、費孝通型的學人，一生帶著問題在世間行走。令我感到深深受益的，是有一次他和我講對考古學研究的體會：「這個行當，學問是一方面，你需要懂得很多人情世故的東西：common sense。」生而為人，我們對這個世界的感知、理解、分析能力本自具足，而很多所謂「學術中人」，似乎早早放棄或否定了這部分能力——其中也包括三十歲前年少輕狂的我。

在許先生身邊的日子，常常為這種樸素的理解力所感動。當年「消化不良」的很多零碎知識點，被一條條「基於人的行為和環境」本身所推演出的「常識乃至於必然」貫穿起來。他做學問注重人與環境、經濟、政治、文化這個「複雜多面體」的互動，注重將個體置於長程的時勢推移中觀察、考量——固然，這與年鑒學派、雅思貝爾斯的影響有關，又何嘗不是深刻洞悉「真相」後的必然之舉。

「決定性的瞬間」

第一次讀到許先生的著作《求古編》是2006年夏天，武漢大學校門口三聯書店的新書展臺：青綠色雲龍紋做底，左下角一個青銅鼎，那本書主要收錄了許先生三十歲以前的文章。記憶猶新的是那篇長序《傳統中國社會經濟史的若干特性》，講到對古代中國農業社會的結構化認識，尤其是對秦漢及其以後中國縱橫交織的道路網絡的理解和體認，以及政治、經濟、社會、思想四面體模型及其內部相互關係。與嚴耕望先生的《唐代交通圖考》或譚其驤先生的東西不一樣，許先生更多藉助了現代社會學的方法，但似乎從學理上又透出來一層社會、生活乃至於生命的體悟和關切，有種很熟悉親切的感覺。對於當年大學二年級的我而言，無異於「將軍下筆開生面」。如果說人生有「決定性的瞬間」，那個夏天午後的光芒，一直照射到多年後的今天。

《求古編》對我刺激很大的，還有《〈殷曆譜〉氣朔新證舉例》這篇文章，裏面對傳統曆法的推演，非常深細。看完以後心生感慨：以我的狀態，三十歲無論如何也達不到這種精神深度——所謂「高山仰止」，大抵如此。但畢竟，還是硬著頭皮讀完，也嘗試去理解了。

此後，許先生的書見到必買，臺大、「中研院」背景學者的著作，很多年間也是特別關注：逯耀東、毛漢光、王汎森、王明珂等，上溯到傅斯年先生的著作，包括學校圖書館藏的幾十冊《史語所集刊》。記得有歷史學、人類學、語言學等方向，文章的範圍涵蓋傳統的中華文化圈。絕大多數文章囫圇吞棗，但確實開拓了傳統政治史以外的眼光見識，也奠定了此後的所謂「趣味」。

這本書，是所有故事的開始。後來，有機會編輯許先生的著作，進而協助他處理在大陸的出版、公共關係等事務，於我而言，就不僅是一項工作，更像是「得償所願、正中下懷」，有一份深深的情誼和感激在其中。

有一天，許先生講到他年輕時代參與臺灣民主化，很容易就和嚴家淦、孫運璿等國民黨「大佬」成為忘年交，背後的原因是父親伯翔公的「遺澤」，抗戰時他父親在川鄂交界的第五戰區負責物資籌備，贏得很多人的尊重。如今想來，我何嘗不是受惠於許先生多年，才有機會經歷如許豐富的人生，收穫如此多真誠的朋友。

他的晚年是熱鬧的，也是寂寞的

2011 年，許先生八十一歲。一場脊椎大手術後，為他們服務了數十年的家庭醫生說：「你的身體狀況，最多允許坐一次單程飛機，就別想著再回來了。」此前他們常年奔波於臺灣、大陸及美國間，「曾不知老之將至」。這句話，像是個猝不及防的強力休止符。我們的相識，也是在這年秋天。

困居匹茲堡的許先生，是熱鬧的，也是寂寞的。臺灣對「外省人」日漸疏離，他的寫作對象也越來越聚焦於中國大陸，像要把一輩子所思所想盡情吐露，反哺彼岸的故園故國，斯土斯民。雖然有家難回，晚年的許先生卻意外成為關注度極高的人文學者，十年間我們出版了十本新書：《大國霸業的興廢》《現代文明的成壞》《中西文明的對照》《臺灣四百年》《文明變局的關口》《說中國》《中國文化的精神》《許倬雲說美國》《許倬雲十日談》《往裏走，安頓自己》。近兩年，我們還錄製了五個綫上課程：高山書院「十日談」系列講座、看理想 APP「十日談」音頻課程、荔枝 FM「教育十日談」音頻課程、混沌學園「許倬雲先生八堂人類文明通史課」、B 站「許倬雲説世界史：五百年大變局」。晚年的許先生常懷憂慮，像一座劇烈噴發的火山，卻時常羨慕余英時先生，「一覺睡過去，就再也醒不過來」。費孝通先生晚年有言：「我身邊只有十塊錢了，一年用一塊也只能用到八十歲。」許先生身上的緊迫感尤甚於此，他是按「天」來計算的，以至於經常説，「我不願意欠債，這件事情今天完成，這筆債就還上了」。

當年手術過後，醫生還説：「這次手術，大概能保你八年平安。」果然，2019 年前後，許先生開始頻繁摔跤。那年春天，許知遠給我打電話，説希望做一次許先生的採訪。此前十年，因為種種原因，我們幾乎拒絕了所有媒體的訪問；每次新書出版，只是錄製一段視頻，作為對公眾和出版方的「交代」。

感覺那是疫情以前最後的太平年月：拍攝是在 4 月，此前我們已經反覆討論近一個月的採訪提綱。那時許先生雖還能拄著拐棍移動，但已經較為勉強。等到節目播出，已是庚子年初，因疫情，整個中國大陸正陷入普遍的迷茫與焦慮之中，許先生則已喪失行走的能力——好在還有電動輪椅。3 月 4 日節目上綫，一句「往裏走，安頓自己」，令無數困於疫情中的人潸然淚下，感動不已。甚至有讀者留言：「説這期節目救了我的命，也不為過吧。」

2021 年 11 月 28 日，許先生獲得嶽麓書院、中華文化促進會以及鳳凰網頒發的「第四屆全球華人國學大典終身成就獎」，我有幸前往北京幫他代領了這個獎項。提前錄製的感言結尾，許先生説：「九十一歲的人了，我盼望有生之年看見中國人終於真正在地球上不僅腰杆站直了，中國人還能繼續提出重要的貢獻，使世界因為有中國而更好。」

晚年杜甫在安史之亂中飽嘗顛沛之苦，對身處離亂之世的庾信，大概是心有戚戚。《戲為六絕句》中他説：「庾信文章老更成，凌雲健筆意縱横。」《詠懷古蹟五首》更是評價道：「庾信平生最蕭瑟，暮年詩賦動江關。」許先生喜歡杜甫甚於李白，也曾數度向我提及庾信的《哀江南賦》，「太湖的風是軟的，水是柔的，可惜我回不去了」。

最近一年，我們八易其稿，終於完成了他構思多年的「總結性」作品《經緯華夏》。在書中，許先生申述道：「我要從世界看中國，再從中國看世界。沒有這一番內外翻覆的嘔心吐血，我們將無法順利地面對歐洲領導的近現代文明。沒有這一番自省，我們將無法採人之長，捨人之短，在我們源遠流長的基礎上，發展一個對於未來全人類有益處的選擇。使全人類終於可以在這個真正的東與西之衝突與疏離後，熔鑄一個未來全人類真正全球化之文化的初階，才可以在更遠的未來繼長增高。」這本書順利完稿，於我、於我們，都是極其幸運的事情，以至於平時從不喝酒的許先生，都提議小酌一杯家裏「閒置」多年的茅台。

「十日談」：做一天和尚撞一天鐘

《許倬雲十日談》出版後，我們收到不少讀者反饋。尤其是「問道許先生」部分，有的讀者覺得許先生更在乎自己想講什麼，以至於有時候「答非所問」，另外一些回答則感覺不夠完整。這可能需要放在當時的具體情景中，才能給出解釋。當時，「十日談」課程的組織方式，通常是提前錄製一段三四十分鐘的音頻，大家提前在綫學習，然後在 Zoom 上進行一小時左右的問答。那個階段，是許先生身體極為不好的時候，身體疼痛到徹夜難眠、「痛不欲生」，服用最大劑量的止疼藥，經常只能保證一兩個小時的正常狀態。

在這種情況下，他依然關心當時正蔓延全球的疫情，閱讀中世紀有關大瘟疫的文章，並向我們提出想做十次的系列講課——這是「十日談」的緣起。在第九講，回答管清友教授提問時他說：「我九十歲了，身體不好，隨時準備垮掉。但我做一天和尚撞一天鐘，求修己。」

以前面提到的 common sense 來體會，如果我是許先生，九十高齡，病痛纏身，首先，一方面會有力不從心之感，另一方面，恐怕也會選擇盡量講自己認為重要的話，而非讀者想聽的話；其次，許先生思考、回答問題的方式很「萬古江河」，身體正常的時候，一個問題講一兩小時很常見，要讓他一個小時內回答五六個問題，反而會「言不盡意」。而最近一兩年他的身體狀況，已不足以支撐大篇幅的補充和修訂，這也是為何這本書最後是由我來協助整理補充，實在是情勢之下的不得已和無可奈何。此外，此前出版的《中國文化的精神》和《許倬雲說美國》，可以視為《許倬雲十日談》的「背景」，如果先閱讀前面兩本，再讀這本書會更為清晰、全面。

許先生在書中說：對歷史的判斷，我們要存一份原諒之心。在此，我也希望諸位讀到這本書，能夠「存一份原諒之心」。

「忍不住的關懷」，永不止息的戰爭

《十三邀》的採訪播出後，很多人向我訴說他們的感動。混沌學園的李善友教授說，他當天連續看了兩遍，淚流滿面。而許先生在大陸的形象，似乎也從一個歷史學家「升級」為「智者」乃至「先知」。然而，「常懷憂愁」的許先生卻時常講：「很多問題，其實我也不知道該怎麼辦。我盡我的心，修己以安人。」前幾天，有家媒體提出幾個問題，見面許先生就笑著和我說：「他們提出來的這些問題，實在頭大，我也不知道該怎麼回答。」然而，真正面對問題時，又瞬間進入狀態、「金句頻頻」，滔滔不絕講了一個小時。講完後他非常開心滿意，對我和師母開玩笑道：「我想我可以做神父了。」

夜深殘月過山房，睡覺北窗涼。起繞中庭獨步，一天星斗文章。

朝來客話：「山林鐘鼎，那處難忘？」「君向沙頭細問，白鷗知我行藏。」

許先生喜歡蘇軾和辛棄疾，家裏客廳正對著會客沙發的位置，就掛著臺灣書法家杜忠浩先生的行書作品《朝中措》。其實，辛棄疾的這首詞，堪稱其一生寫照：山林鐘鼎只是行履所及，我們的文章、我們的生命、我們的使命和責任，終究是與一天星斗、殘月山房、沙頭白鷗等齊，不可分割的。

抗戰期間離亂歲月導致的內在「永不止息的戰爭」，伴隨了許先生一生，也塑造了他自律嚴謹、永不屈服的堅強個性，凡事往自己身上找原因，凡事在現實中尋求解決方案。師母有一次和我講：「我們都不能完全理解他，因為不知道他當年經歷了什麼。八十歲以後，他經常回憶起抗戰，一講起來就忍不住流淚；有時候在夢中驚醒，尋找媽媽。所以，我只能把他不斷往回拉。」

1934 年，父親伯翔公從廈門海關監督轉任荊沙關監督，負責處理這一地區的長江航運及戰備等，抗戰開始以後又負責第五戰區的後勤籌備及民團組織。許先生因為行動不便，沒有上過小學、中學，經常跟著父母和流民逃難，隨日軍的進退在湖北、四川交界的一帶輾轉。稍微太平一點，就在家隨父親讀書、讀報，從旁觀察父親如何處理公務。因為這些戰亂的經歷，他對中國傳統社會的農村生活有真切的體察，對普通老百姓有深厚的情感，對國族的認同也非常強烈而堅實——沒有國，哪有家？加之無錫源遠流長的東林實學傳統，使得他更著意於現實的影響、介入，一點一滴地轉化世道人心。這是理解許先生「內心世界」的非常重要的一個背景或者「出發點」，《西周史》《古代中國的轉型期》《漢代農業》《萬古江河》《說中國》《中國文化的精神》…… 背後無不閃動著七八十年前，那個「戰爭難民」的小小身影。

許先生曾數度問我：「我心裏的苦，你能體會嗎？」許多同輩學人，並不能體會他如此心境下，對於「本土的」中國的情感，對於中國文化和中國普通老百姓的情感。關於戰爭創傷對人的影響，眷村出身的王明珂院士寫過一篇非常動情的文章——《父親那場永不止息的戰爭》，可以作為這個話題的參照。

這也是為何，許先生到臺灣以後，撰寫社論、時評等文章上手就是佳作，辦理學術外交、行政事務成熟老到，以至於同學們評價「許倬雲是趕不上的」。他對社會的觀察，對時局的關切、思考，對報刊文章的研讀、學習，從少年時期的川鄂鄉間，在父親身邊就已開始，成為持續終身的習慣。

感覺他身上，我「不能理解」的還有另外一層——史語所這一輩人所傳續下來的「歷史使命感」。6 月 2 日，許先生回覆中歐商學院院長汪泓教授來函，提及「建設一個健全的人類大群體」，他說：「要群策群力，共同推展這無終無了的大事業。這大事業，一代人完成不了，十代人完成不了——要一路一路、一寸一寸趕下去。我九十二歲，我從悟到這點開始到今天，我沒有敢放鬆一步。」

結束後，許先生可能是怕我不明白，接著說：「我這些東西，也都是從傅先生、錢校長他們身上繼承來的啊！傅先生早逝，他是把命給搭了進去。錢校長白天開會，管理學校的各種行政，還帶著兩門課；晚上回家，司機手上提著兩大包公文，吃一碗小米粥批改公文到兩點，早晨六點多又起來了——他就沒有兩點鐘前睡過，身體也是這樣搞壞的。」

「1970 年我要離開臺灣，李濟老跟我說：我心裏不想你走。但是，我們拚了命，身體也吃不消（李濟老有心臟病），你再待下去，也會是一樣。李濟老沒有孩子在身邊，兒子光謨留在大陸，他把我們當自己的孩子看待。後來我在中國藝術研究院和光謨見面，他說：『謝謝你照顧我父親，幫我們盡到了孩子的責任，也彌補了父親心中的遺憾。』我和光謨說：『濟老心中的缺憾，誰也彌補不了。』傅先生和錢校長，他們管著學校三千人，多少的事情。對於我這個剛入學的新生卻能關注到，勉勵、提攜有加，可以想像背後他們做了多少這樣的事情！他們當年這樣對我，我就把一生都賣給他們了！可憐的是曼麗，沒有享受過青春歲月，跟著我一輩子受苦。」

說到此處，我們都沒忍住眼淚：許先生是感傷，我是感動。如果說這段日子，在許先生身邊學到了什麼東西，我覺得是胸襟、眼光、見識，以及對人對事的點滴用心和「誠意」——尤其這最後一點，是近來極為真切的收穫和體悟：成人成己本就是一體的。

複合多元的「精神個體」

有一天許先生說：「我和王德威通過電話，談起來臺灣，我們都覺得不樂觀。萬一打仗，當年好不容易建設的局面，就七零八落了。」接著他提到「鸚鵡救火」的典故：「雖然離開臺灣這麼多年，我們也『嘗僑居是山』，不由得不關心。」這個典故首見劉義慶的《宣驗記》，原書亡佚，故事被後世的類書如《藝文類聚》等記錄下來：「昔有鸚鵡飛集陀山，乃山中大火，鸚鵡遙見，入水濡羽，飛而灑之。天神言：爾雖有志意，何足云哉？對曰：嘗僑居是山，不忍見耳！天神嘉感，即為滅火。」

我問道：「您覺得臺灣是自己的故鄉嗎？」聽到這個話題，他很激動地說：「我的故鄉在無錫，我的故鄉在湖北、四川、河南——我的故鄉在我去過的地方，以及雖然沒有去過、但曾經共患難的地方，我的故鄉是我父親拚心搏命要保衛的地方。」

九十年滄桑歷盡，似乎很難用某一個標籤，界定如此豐富的「精神個體」。我們偶爾「唱和」一下詩詞、聯句，或者論及遣詞造句，許先生笑著說：「我是古人啊！」更多時候，他呈現出來的是自由主義知識分子的生命狀態，各種身份和語言自如切換。我相信，王小波的「精神底色」，是有許先生的思想投射其中的。當年，王小波在匹大亞洲中心以作家的身份申請「個別指導」的研究生學習，唯一的導師就是許先生。前幾天看見李靜的文章《七十歲的王小波，會對今天的世界說什麼》，裏面講到當年他見王小波，「在他談論的過程裏，經常出現『我的老師說』這個句型……我老師說，我還得煉字」。這裏面的「老師」，就是許先生。提及這段經歷，許先生說：「我向來是有教無類，小波是我無心插柳的收穫，但確實花了工夫用心教。他後期的文字相當精煉，看來我的話他聽進去了。」

如果仔細分析許先生身上的精神特質，「家事國事天下事，事事關心」，這是故鄉無錫東林實學的精神傳承；有多年湖北鄉間生活的印記，對過去湖北鄉下的農業社會相當熟悉，直至如今他的普通話還帶著明顯的湖北口音，我這個湖北人聽起來分外親切；有臺灣精英知識階層的現實關懷——可惜隨著兩代人故去，他們當年苦心經營、竭力推動實現的民主化的臺灣迅速內捲，他自己都變成「不受歡迎的親大陸人士」，當年的很多學生轉向「臺獨」，他們曾引以為精神家園的史語所也日漸衰微……寫作《許倬雲說美國》時的他，更多顯現出來的則是「美國本土精英知識分子」的狀態，對這個兒孫還將長期生活的國家憂心忡忡。俄烏衝突剛剛爆發那幾天，他的心情就很不好，擔心下一代人該怎麼辦。有一天一見面，許先生就說：「我們今天的工作先等等，剛才看了一篇有關全球化的文章我發給你了，給我很大的啟發和靈感，我們先講講這個。」這篇文章的整理稿，後來整版刊發在《經濟觀察報》。

因為主編《倬彼雲漢：許倬雲先生學思歷程》，我有幸向金耀基先生電話請益，他說：「作為一個讀書人，我自己有強烈的感覺——許先生和我生存的時代基本上差不多：中國這一百年來，處在非常強烈的變化過程當中；而且，我們都身不由己地生活在政治分離的格局之下。『國家』和『民族』，不抓住這兩個最根本東西的話，只是看政權，就會非常痛苦。我覺得許先生他也有類似的感受，所以他到大陸去做了很多事情，一直做到現在。」這種多層次，跨越不同時代、文化、語言背景層層交疊的生命狀態，也是我們閱讀許先生的著作，以至於理解他們這一代知識分子所需要考慮的。而許先生本人，則提醒我要更注意超越國家、民族二者之上的「文化」——既附著於本土的文化遺存，也凝聚為抽象的文化遺產。

這種「現實複雜性」對具體生活的影響，也體現在他們同輩人的交往之中。許先生因為手寫不方便，六十多歲時學會了使用電腦，平時討論學問也很少寫信；有了電腦以後，傳真機漸漸棄用。像余英時先生和金耀基先生，都是很老派的手寫文稿、傳真發送的方式——自然，他們二位的交往就較為方便、頻繁一些。數年前，余先生寫完《中國文化的精神》序言，要交給許先生看，只能先傳真到臺灣，再錄入為電子文檔，用郵箱發送。

「未盡的才情」

如果沒有一定的觀察力和價值認同，給許先生做助手，容易感覺到壓力。他身上呈現出來的「精密性」，可以說是全方位的：從論著、結構到語言，當然也包括待人接物以及生活的諸多細節。寫作新書的過程中，有些句子講完後他會反覆推敲，不斷嘗試各種可能的方式。有一次，可能擔心我反覆修改嫌麻煩，他說：「我寫字不方便，就盡量簡省，很多年這種推敲已經習慣了。」其實往往這種時候，我也一邊在順著他的思路揣摩學習。一段時間後，發現不知不覺寫文章有了些進步。

因此也就分外能理解，為何當年他能指導王小波寫文章：「我們也討論他的文字。第一次討論時，我特別提醒他，文字是礦砂？是鐵坯？是綢料？是利劍？全看有沒有煉字的淬煉功夫。」還有段話，對我觸動很大，是許先生為王小平著《我的弟弟王小波》所作序言裏講的：「我常常提醒小波，自由不僅是掙脱外在的控制，還更在於從內心得到解放。」當年，許先生還給王小波列過一個重述中國古代神話的「清單」，類似《唐人故事》《故事新編》這種題材，可惜天不假年。

此外，許先生還終身保持了廣泛的文學興趣和鑒賞力，例如現代詩歌、古典詩詞、小説（包括科幻小説、武俠小説）、電影、戲劇、歌劇等等。閒來無事，他常常在 YouTube 上聽戲、看新聞。《許倬雲説美國》中就講到頗多關於美國流行文化的內容，他也曾翻譯弗羅斯特的詩歌和鮑勃．迪倫的歌詞。

前幾天，在許先生家看到 2007 年北島簽贈給他們的《北島詩歌》。這本集子裏有首我喜歡的《很多年》：「冰山形成以前 / 魚曾浮出水面 / 沉下去，很多年。」《許倬雲説美國》和《中國文化的精神》兩本書的英文版，是北島的夫人、香港中文大學出版社社長甘琦主持出版，《我者與他者》也是甘琦當年追到匹茲堡約的稿件。

大約在 2007 年前後，讀完《北島》的散文集《青燈》，許先生寫了一首現代詩《讀北島〈青燈〉有感》，刊發於臺灣《聯合報》：

仲夏夢裏，星隕如雨。
一顆流星是一個人。
事蹟，命運，緣分，
化作疾射的光點，投入無邊。
一束光的軌跡，便是一個思念。
當滿天光束縱橫，
投情梭，紡慧絲，
編織大網，鋪天蓋地。
將個人的遭遇，歸與詩人青燈的回憶；
將民族的悲劇，寫進不容成灰的青史。
再撒上鮫人的淚滴，
如萬點露珠，遍綴網眼；
珠珠明澈，回還映照：
一見萬，萬藏一。
無窮折射中，
你我他，
今昔與未來，
不需分辨，
都融入 N 維度的無限。
芥籽中見須彌，
剎那便是永恆——
人間在我，我在人間。

《青燈》也是美國漢學大家魏斐德退休時，北島為他寫的賀詩：「⋯⋯大門口的陌生人，正砸響門環。」嵌入了魏氏生平，包括部分著作名。有一天傍晚，我翻出這篇文章重讀，心有所感，仿寫了一首《江聲》：

江　聲

——致許倬雲先生

江聲浩盪
自神女峰翻湧奔逝
萬古心事捲起千堆殘雪
偉大的人死於偉大
倖存者在舊夢中掙扎

命運如輪轉動西風
故國餘音徹夜迴響
此岸之水愈深
彼岸身影愈發清朗

饕餮吞噬青銅
寒鴉喚起孤村
聽著江聲你一寸寸老去
江河入海，望月於朗夜升起

第二天請許先生過目，他評價説「不古不今，有點像宋詞的味道，我也喜歡這種」。裏面埋藏的「包袱」：著作名稱、平生經歷、晚年心境種種，他似乎都懂得，也就無需多言。

餘音

2021 年 11 月，《人物》雜誌記者姚璐來匹茲堡採訪。考慮到疫情之下諸多不便和風險，一開始我們是拒絕的。結果，姚璐提出了三十多個用心準備、「無法拒絕」的問題，使我決定全力促成此事。這是十年來，許先生首度接受雜誌的訪問，同行攝影師陳榮輝也為他拍攝了一組非常傳神的肖像照。採訪結束後，在 11 月 26 日的郵件中，許先生吩咐：「上次奉上各位友生郵址，乃是為了我年紀大了，希望在平生資料中，有各位故人對我了解較深的評斷，可以避免陌生人提供的錯誤信息也。我謝謝各位了。以上幾句話，請納入請求同仁評斷我的性格等方面的函件中，作為我的願望……」這個名單之中，有哈佛大學的王德威教授，史語所的王明珂院士，1980 年代在匹茲堡大學的學生葛岩、陳寧，「南京時期」交往較多的馬敬、陸遠、樊和平、陸挺，以及近年來時常向許先生請益的大陸學者陳心想、王波、葉超等。

完稿時我已到匹茲堡，帶著稿件呈請許先生過目，他首先問道：「接受採訪的人，他們所講的內容在文稿裏都有體現嗎？」我核對完畢，說有幾位的名字沒見到，他當即吩咐：「你看看他們的原始採訪素材，找合適的內容和位置加上去，再請記者看看。如果版面有限，關於我的部分刪一些——人家講了那麼多，不能一句話都沒有。這都是人情，我要還的。」

在我的觀念裏面，晚輩接受這類採訪順理成章，記者取捨材料有自己的角度。然而，在許先生的世界裏，他們是一個個具體的人，他們的付出需要被看見、被尊重。

功不唐捐，這期有「蓋棺論定」意味的採訪稿刊發後，在中文互聯網形成了「爆炸式」的影響。當即，我把鏈接轉到師母的微信上。結果第三天，許先生問：「那篇文章，你怎麼沒有轉給我？」我這才意識到，師母的信息渠道在手機、微信等平臺；許先生因為手不方便，他的「朋友圈」在郵箱——某種程度上，他們也生活在各自的「平行時空」。

收到後，他當即轉給了很多朋友、晚輩，也吩咐我給臺灣的親友寄了幾本雜誌。於我而言，這又是一次「教育」：我還是不自覺把他片面地看作一個知識人，其實他首先是一位九十二歲的老人。這種「重量級」採訪出來了，自然會希望與自己相關的人能夠儘快知道。無關名利，這是一位老人的暮年心曲。

近年來，許先生面對公共媒體的頻率高起來，也頻頻提到孔子的「修己以安人」。有一次他說：「可能也會有人批評，許某人九十多歲突然愛出風頭了。我無所謂，盡我的一份心而已。」言念及此，我用《論語》中的典故擬了一副對聯，謹此表達一個晚輩的祝福：

萬古江河，壽者如斯夫不捨晝夜

滿目星斗，知我其天乎修己安人

壬寅冬至，改定於匹茲堡

下篇

水流雲起

許先生是一本讀不完的大書

張維迎（經濟學家，北京大學教授）

記者：可以談談與許先生認識的經過嗎？

張維迎：2002年的時候我主持光華管理學院的工作，經常思考如何改進學院的課程設置和學員的知識結構，一個偶然的機會，讀到許先生的兩本書，一本是《從歷史看領導》，另一本是《從歷史看組織》。許先生是歷史學家，但非常關注現實生活，結識了不少企業家，對企業管理中面臨的問題有非常深刻的認識。這兩本書篇幅不長，通俗易懂，以古論今，通過對中國古代思想家的觀點、中國歷史上政府制度成敗得失和一些真實案例的分析，討論了現代企業管理中面臨的許多問題，如選人和用人、集權與分權、激勵和監督制度，等等。讀這兩本書讓我得出這樣一個結論：管理沒有新問題，有的只是問題的不同表現形式而已。現代管理學是西方學者創造的，是舶來品，但中國古代政府的管理體制和方法有許多可供今天的企業管理者學習和借鑒的東西。我們不能只從國外引進管理知識，還必須發掘中國古人的管理智慧；不僅要洋為中用，而且要古為今用。這樣，我就萌生了邀請許先生來光華管理學院講授《從歷史看管理》的想法。

後來，我通過許先生的好朋友、芝加哥大學刁錦寰教授與許先生取得聯繫。許先生愉快地接受了我的邀請。他克服行動不便，於2003年9月來光華管理學院進行了為期六週的授課。其間，我還介紹他給亞布力論壇的中國企業家作了講座，也非常受歡迎。他在光華的講課內容經整理後出了本書，之後，我就與許先生一直保持著聯繫。去年夏天我去洛杉磯，本計劃去匹茲堡看他，但因為他剛做過手術不方便，我們就約好通了兩次電話，每次談一個多小時。他雖然年事已高，身體欠佳，但思維敏捷，聲音洪亮，很關注現實問題，特別是中美關係。我們還聊到他這本新書《許倬雲說美國》。

記者：和許先生認識這麼久，他哪些地方給你留下比較深的印象？

張維迎：許先生為人師表，是一個非常有責任心的老師。在光華上課時，他總是早來晚走。早來，因為不良於行，擔心遲到；晚走，是因為總是耐心地回答同學們提出的各種問題。有一次司機在樓外等的時間實在太長，才由助教提醒同學們把問題留待下次上課再問。

許先生是有大智慧的學者。有一次一位學生提問說，許先生的課很有意思，不過故事少了些，鬥爭少了些，學不到權謀。許先生說，我不講權謀。人生在世，不需要權謀，能秉承古訓，行忠恕之道就足夠了。

許先生大家風範，謙謙君子。他在光華的時候，我組織了一個企業家論壇，讓他給大家講。來參會的有二十多人，都是事業有成的知名企業家，好幾位是我朋友，堪稱「大炮」，說話很直，講到激動處甚至爆了粗口。許先生不以為忤，一直微笑著聽他們講，就像長者聽自家子弟發牢騷。他後來對我說，這些企業家真有趣。

許先生知識淵博，說話風趣幽默。他剛來時，光華管理學院和歷史系的幾位老師請他和夫人吃飯，席間他講了很多掌故，其中包括家鄉和童年的經歷。他家鄉在無錫，剛講完水鄉的渡船，許先生看著手中的飲料說：「中國不少地名很有意思。古代河南有個縣，名叫酸棗。後來改名字了，其實叫酸棗也挺好。」原來，許先生正在喝一聽酸棗汁。酸棗縣就是今天的河南延津縣。

許先生無論做人做學問，都是後學的榜樣，讓人高山仰止。他學貫中西，融通古今，九十高齡仍然著書立說，本身就是一本讓人讀不夠、讀不完的書。

他的書我只讀了幾本通俗的，除前面提到的《從歷史看領導》《從歷史看組織》，還有像《説中國》《現代文明的成壞》等。他從小故事看大歷史，對我很有啟發。

記者：關於美國究竟是在走向衰落還是「重新強大」，一直以來都有不同的聲音。許先生認為是在走向衰落。你認同他的判斷嗎？

張維迎：許先生在美國執教、生活六十年，他認為美國在走向衰落，是基於他個人的經歷、觀察、思考，不論你是否同意他的判斷，他的話是有警示作用的。

人類歷史上出現過不少被稱為「帝國」的大國，如古代有波斯帝國、羅馬帝國、中華帝國、奧斯曼帝國等，近代有大英帝國。美國作為當今世界最強大的國家，與歷史上的帝國有什麼不同？簡單説，古代帝國的崛起靠的是強盜邏輯，美國的崛起靠的是市場邏輯，大英帝國的崛起介於二者之間。強盜邏輯是指依靠以武力為代表的破壞力，誰征服的領土多，誰殺的人多，誰就是超級大國。所以歷史上的「英雄」，都是殺人最多的人。

市場邏輯靠的是生產力，也就是用更低的成本、更好的產品和更先進的技術，獲得更多的客戶，吸引更多的人才、更多的資源，背後是企業家精神和創新能力。企業家精神和創新能力背後，又是制度和文化。美國能成為世界強國，靠的就是企業家精神和創新能力。許多其他國家的優秀人才變成了美國人，是他們自願選擇的結果，不是被征服的結果，這與古代帝國的人口增加完全不同。因此，看美國是不是在衰落，最重要的指標是創新能力是不是在衰落，企業家精神是不是在衰落。

由於第二次世界大戰這個特殊原因，還有戰後其他後發國家利用「後發優勢」趕超，美國在世界經濟中的相對份額自「二戰」之後一直在縮小，這也很正常。美國確實面臨很大的挑戰，包括種族衝突、黨派政治、民粹主義、階層固化等，如許先生書中講到的，這些問題如果惡化到一定程度，危害到企業家精神的發揮和創新能力，如果美國變得不再是一個自由和開放的國家，那一定會走向衰落。

中國能在短短幾十年時間裏變成世界第二大經濟體，靠的也是市場的邏輯。中國未來的前途也依賴於我們是否繼續市場化改革。中國最大的優勢是人多，市場潛力大。所以，只要我們堅持走市場化道路，經濟總量超過美國是完全可能的。

記者：許先生在談美國文化時，有個觀點比較有意思。他說那些動輒吸引上萬人參加的流行音樂會、球賽，「淺薄而煽情，熱鬧而空虛」，娛樂和體育業在文化和社會意義上像羅馬帝國從盛而衰時鬥獸場和格鬥場上的活動，是「虛空的浪費」，而且娛樂業使用的媒體一旦被政客利用，很容易導致「群眾民粹主義」。對娛樂和體育業的看法，歷史學家和經濟學家似乎不太一樣。你對這些觀點怎麼看？

張維迎：民粹主義就是講多數人是對的。但多數人的意見未必是對的，尤其是因為群體壓力和羊群效應導致的「群體無知」，也就是某種東西（包括觀點、行為）即便每個人私下都不認同，但每個人都以為其他人認同，因而公開表示認同，結果就形成狂熱。在許多情況下，民粹主義是非常有害的，尤其是政治家需要討好大眾或利用大眾的時候，整個社會可能誤入歧途。學者的一個重要責任就是反民粹主義，通過理性分析，發出自己獨立的聲音，警示社會，引導人眾。娛樂和體育產業作為「公眾消費品」，對每個人的價值依賴於消費者的數量，因而容易出現「虛空的浪費」。從這個意義上講，許先生對某些大眾文化的批評，履行的是一個學者的責任，令人敬佩。

娛樂、體育產業和其他產品一樣，給人們提供的價值本身是主觀的，見仁見智，莫衷一是。娛樂業與羅馬鬥獸場有一個很大的不同，就是羅馬鬥獸場是政府提供的，娛樂業是市場主導的，消費者自己埋單。羅馬帝國靠掠奪來的財富建立起鬥獸場這樣的遊樂設施，給羅馬居民提供了各種各樣的福利，使羅馬人變得懶散，道德墮落，武功全廢，面對蠻族入侵毫無抵擋之力。羅馬人對鬥獸場的瘋狂伴隨著他們對商業和生產活動的鄙視。而在市場經濟中，一個人只有首先創造財富，才有足夠的收入享受商業化的娛樂。

記者：許先生在談美國政治時引用了「波士頓婆羅門」這個提法，認為美國的豪門大族不僅掌握美國大部分財富，也掌握了教育。近年來中國也在擔憂「寒門難出貴子」，大城市的居民要想享受好的教育資源，必須得有昂貴的學區房或進入收費較高的民辦學校才可能。中國出現這些現象，是否也是階層之間流動減慢的表現？該如何避免階層固化？

張維迎：許先生給我們提供了一些很有意義的素材，他關心的問題也是許多美國人和中國人都關心的問題，學術界也有不少討論，有分歧。一種觀點認為，總體上講，美國還是一個比較開放的社會，為出身寒門但有才華的人提供了上升的機會。像臉書創始人扎克伯格、谷歌創始人布爾和佩奇、太空技術公司創始人埃隆．馬斯克，這些當今的商界領袖和美國首富們都是普通家庭出身，其中謝爾蓋．布爾是俄羅斯移民，埃隆．馬斯克是南非移民。但另一種觀點認為，美國確實有階層固化問題，如許先生在書中指出的。

人口的垂直流動性與經濟增長高度正相關。這是因為，一方面，較高的經濟增長給普通人提供了更多的機會；另一方面，經濟之所以增長，是因為企業家精神在發揮作用，而企業家精神就蘊含在普通人口中。市場是不確定的，不確定性意味著在自由競爭的市場上，沒有人能穩坐釣魚船。富人俱樂部就像一個旅館，總是住滿人，但不斷有人出去、有人進來，而不像古代的城堡，一個家族祖祖輩輩住在裏面。所以，「富不過三代」是市場經濟的基本特徵，世襲貴族只能存在於非市場經濟中。反過來，一個社會出現階層固化，說明市場被破壞了。美國的市場機制確實受到了不少破壞。

本文首發於 2020 年 8 月 7 日《第一財經週刊》

記者彭曉玲

當今時代的知識分子，應該發出理性的聲音

李銀河（社會學家，中國社會科學院研究員）

記者：您第一次見到許倬雲先生是一個什麼樣的場景？第一次見面給您留下了什麼樣的印象？

李銀河：當時在匹茲堡社會學系讀博，博士導師組一共有四個成員，其中一位就是許倬雲先生。他是跨社會學和歷史學這兩個專業的老師，他給我的印象就是非常嚴謹認真，而且有長輩的慈祥。

記者：許先生對您的學習和生活有什麼樣的指導？您覺得他對您最大的影響是什麼？

李銀河：我和小波一起去見過他，跟他聊過天。我覺得他對我最大的影響是，作為一個學者，一方面要認真做學問，另外一方面也要關注社會的發展。許教授自己也寫時評，有知識分子那種社會責任感，這是他的特色。後來我寫時評，是受了他的影響的，在做自己的專業之外，還關心一般的社會問題，比如社會發展、國家前途命運之類。

記者：在許先生的《許倬雲説美國》裏，他非常痛心地談道：「回顧初來美國，曾經佩服這一國家立國理想是如此崇高……但現在，信仰淡薄，個人主義淪於自私……西方原本最接近理性的美國政治體制，居然淪入如此困境！」他提到的諸多撕裂美國的社會問題，比如貧富分化、種族糾紛等，在疫情下似乎暴露得更加明顯。結合您自己在美國生活與學習的經歷，以及您多次訪美的感受，您如何看待他的這一觀點？

李銀河：我上次去匹茲堡見他的時候，他就説過特別不看好美國的前途，有點悲觀失望。我當時還挺意外的，因為我沒有他這樣的經歷，沒有這樣來想美國、看美國。我覺得這是因為他在美國待了那麼長時間，大約六十年吧，他對美國的這種衰敗看得特別清楚。

比如説他剛去的時候，匹茲堡那時是個鋼鐵城，整個夜裏半邊天都是紅的，後來就衰落了，工廠全都衰敗，現在被稱為「鐵鏽帶」，所以他感觸特別深。

我還記得自己在美國上學的時候，一個美國教授也跟我講過，年輕的時候在匹茲堡，要是想串門，得穿一件襯衫再帶一件襯衫，在這一路上襯衫的領子什麼的就全黑了，當時就是污染到那個程度，因為有那麼多鋼鐵廠在那兒熱火朝天地生產，穿過全城以後到了朋友家，就得先把衣服換了，不然就特別不體面。你穿著領子、袖口都黑漆漆的一件襯衫，怎麼進人家家去參加家宴？

從這樣類似的好多細節上，可以看出許老對美國的衰落看得比較清楚，我沒有這個對比，沒有這種感覺。

我前兩年見他的時候，他跟我談到對美國的失望，説他在寫一本書，可能説的就是這本書，我還覺得挺意外的，因為我沒有感覺。我去的時候對美國也沒有那麼深的了解，在匹茲堡待了六年，主要是看書學習，根本沒有融入他們的社會生活。

我倒是覺得，中國的崛起是非常明顯的。比如當年我們去的時候，大家都非常窮，都去打工。五六年前，匹茲堡社會學系邀請我去做學術演講，那是我畢業以後第一次回匹茲堡，再見到在那兒的中國學生，都特別棒，全都進入中產。能夠看出中國整個是在崛起的過程中，但我對美國的衰敗倒是真的沒有什麼印象。

記者：許先生在最後一章「未來的世界與中國」中提出了關於學習美國成功的經驗，避免其失誤的軌跡的六點建議，您覺得這些建議可行嗎？他最後希望中國能採取列國體制之長，創立最好的綜合體制，成為大同世界的楷模，您覺得中國有這種可能嗎？

李銀河：對他提的幾個建議我都挺認同的。比如說糧食要自給自足，就是說作為這麼大一個國家，不管是百分之幾十，靠從外面買糧食，這就很麻煩。工業化是好的，但是作為一個人口大國，糧食就不能讓人卡了脖子，是吧？比如貿易戰一開打，人家不賣給你了，然後就餓肚子了，這不行。其實我們現在去買國際市場的糧食、肉類，是因為他們那兒的價格低，種不如買。我覺得從國家的長遠發展和國家安全考慮，這麼大一個人口大國，應該發展自己的農業、畜牧業，糧食一定不能夠太依賴國際，這一點我是非常贊成的。其實現在已經有好多互聯網大公司跑去養豬了。我覺得飲食這類東西應該在中國大發展，不管是從立國戰略，從糧食安全，還是從經濟發展來考慮（都應該如此）。

關於貧富差異這個事情，他的第二點建議我覺得也非常重要。美國貧富差異太大，中國現在貧富差異也越來越大，應該吸取美國的教訓：有的私有經濟利潤太大，如果能將這個利潤想辦法通過基金會等方式投入社會福利，我覺得這是非常好的一個建議。你說他們有了巨額財富，與其到國外去買別墅揮霍，不如想想辦法，看許教授提的比如弄一些基金會或者什麼，盡量把他們的錢留在國內，轉投社會福利，不要讓這些東西全都流出去。我覺得好多富人也不是那麼不關心社會，那麼自私，光想著自己一家人，不能說他們一定就不想把錢留在國內、投入社會福利，他一定就沒有這樣的情懷，是吧？應該完善制度。

他提的賢能政治，實際上也是在批評美國，就是說美國的好多議員不是專業人士，是很業餘的，他們要處理起事情來就很麻煩。許教授說中國有賢能政治的傳統，就是咱們過去幾千年的文官制度，他是一級一級選拔上來的，這種人是真正的專業人士，由他們來做具體的事可能要好得多。

記者：您覺得像您和許先生這樣的知識分子，在充斥著浮躁、憤怒情緒，謠言和煽動言論滿天飛的當下社會，應該發揮什麼樣的作用？

李銀河：我覺得應當發出理性的聲音。許先生就發出了非常理性的聲音，他的聲音源自他對中國社會歷史幾十年的潛心研究——怎麼做是對的？怎麼做對中國人有好處，對中國的發展有好處？怎麼做是不好的？所以我覺得我們應當反對那種極端的聲音，我們既不要倒退，也不要把一切都推倒重來，是吧？我覺得應該主張漸進式的改良，一切是循著理性、漸進的改良。我們也不要倒退，要不斷地往前推進。現在有了新的技術，比如說互聯網出來以後，它也有些地方不一定完全能夠引導進步。網上有非常激烈的言論互罵，各種非常激烈的觀點全都出來，比如說要跟美國打仗之類的，其實你要一打第三次世界大戰的話，那不是說中國勝或美國勝的問題，那是全世界毀滅的問題，是吧？有一些這麼激烈的觀點，也是挺非理性的。衝突越來越大，雙方都會有一些非理性的態度、觀點和主張。在這種情況下，許教授致力發出的就是一種非常理性的聲音。就是說，我們大家坐下來好好談，看中國怎麼樣能夠發展，怎麼樣能夠進步，怎麼能夠克服障礙，怎麼樣能夠糾正過去的錯誤，怎麼樣正確地評價歷史。讓國家更加進步，更加開放，更加理性，這應該是許教授為我們發出的聲音。

本文為 2020 年 7 月 9 日《環球》雜誌對李銀河老師的採訪

許倬雲，以及那一代人的怕和愛

連清川（資深媒體人，哥倫比亞大學訪問學者）

「我殘廢，我不慚愧。」許倬雲說。

這位出生在廈門的史學大家、臺灣「中研院」院士、匹茲堡大學榮休講座教授，先天肌肉萎縮，身高不足一米五，一生依賴輪椅行走。

「我運氣好。我父母老早就跟我說，老七，你是不方便。但我們疼你，和疼老八完全一樣。不是因為你的外表，是因為你的心。因為你是我們的孩子，因為你的笑容。」說到這裏的時候，九十一歲的老人家停頓了，瞬間含淚。

但他堅持講了一個小時，在匹茲堡的家裏，給中國剛剛上大學的青年們。

很難想像，這樣的歲數，這樣的身體，他卻仍然繁忙。8 月 28 日，他錄製了《人生開學季》的視頻談話，接下來，他在 9 月 7 日、10 日，還分別有兩場與國內的連綫直播。

一

許倬雲身上有許多標籤，至少在學術界傳為奇譚。

他考臺灣大學的時候，報的是英文系。但是教學秘書馬上拿了他的成績表給校長傅斯年看——因為他的語文和歷史考得太好了。傅斯年「欽點」他上歷史系。結果，他一輩子就錨在了歷史上。

臺大畢業的時候，跟許倬雲沒有直接教學關係的胡適，卻幫他四度出面拜訪紐約華僑徐銘信，爭取到 1500 美金的留學費用，才讓他得以成功赴芝加哥大學，跟隨漢學家顧立雅攻讀博士學位。

他還有一個身份，為國內的知識圈子所津津樂道：他是王小波的老師。

王小波給去匹茲堡上大學的李銀河陪讀。後來他申請了東亞系的研究生學位，以作家身份獲得「個別指導」，許倬雲成為他唯一的導師。兩人每週見一次面，聊《綠毛水怪》、唐人故事的構想，有關西方文明、現代社會的種種。《黃金時代》獲得《聯合報》的文學大獎，也是許倬雲推薦給王愓吾的。

許倬雲在史學界早已是風雲人物。1965 年，才三十五歲的他出版了《春秋戰國時期的社會變動》，當年的美國漢學泰斗費正清即有評價，謂之為小經典。

1999 年許倬雲從匹茲堡大學榮休，從這時開始，他擺脱學術身份，開始寫作大眾史學。其中的《萬古江河》已是中國大眾史學的經典。

雖然在學術與教育界聲名隆重，但他始終停留在其中，未曾走入大眾視野，一直到 2020 年的《十三邀》訪談。

在這場訪問中，許倬雲有一次淚崩，在談到八年抗戰他自己的所見所聞時，他說，那個時候他就明白，中國文化不會亡。

這是許倬雲一生之中幾乎最為執著的層面。在幾乎所有的作品之中，他都再三強調中國文化的韌性。在《經濟觀察報》的一次訪談中，他歸納說：中國文化的系統，能夠使它在最危難的時候，忍下去，不會垮；而在最得意的時候，不張狂。

因此在退休之後，許倬雲把所有的時間都給了關心中國文化的讀者，談論中國歷史，以及中國文化的基礎性知識。

我猜想他有著非常深刻的恐懼。在和文化記者李懷宇的談話中，他有一句很重的話：「中國文化到了今天，只剩皮毛，不見血肉，當然也沒有靈魂，這是叫我傷心的地方。」

但中國文化的崩塌，不過是積重難返，更核心的在於，文化所依存的許多建制早已崩壞，他給出的具體時間，是從乾隆開始。

在重版的名著《大國霸業的興廢》開篇之中，他提到了中國力量的喪失：「廣土眾民的中國，政府也沒法純粹靠公權力來管一個個老百姓，老百姓抱成團，對國家的統治也是有幫助的——政府只要管住每個地方的大族，大族會管好自己的成員。這裏面所說的『大族』不一定是親緣團體，也可能是地緣團體結合在一些有聲望的人物周圍。」

這同樣是許倬雲在許多著作中的重要論斷：在中國的傳統時代中，士紳集團力量的存在，對於穩定中國的政局，具有至關重要的作用，它既是底層公眾與上層之間進行博弈的代表，同時又是社會變動時的中間力量。缺乏了這樣的緩衝地帶，危機隨時出現。而這些中國文化的基礎建設，在現代化的過程中被輕率地拿掉，會導致政治的剛性。

解決方案呢？他在《萬古江河》的後記中寫道：

> 其實，中國從來不能遺世而獨立，中國的歷史也始終是人類共同經驗的一部分。在今天，如果中國人仍以為自己的歷史經驗是一個單獨進行的過程，中國人將不能清楚地認識自己，也不能清楚地認識別人。中國人必須要調整心態，從中外息息相關的角度，認識自己，也認識世界別處的人類。

二

在談話《人格不是大理石，是可塑體，直到最後才完成》中，他講的卻是人性最基本的概念——從二十歲開始的人生新階段，你是什麼樣的人，人家便待你什麼樣子。

許倬雲的所有著作中都有很深的憂慮，儘管從名稱看，都在討論中國文化之獨特性、普世性，以及對現代西方文化的矯正作用。

經過近一個世紀滄桑，曾經先後見到中華民國與中華人民共和國的學人，已然所剩無幾。那一代的學人都有著十分深刻的憂慮，在「二戰」結束之後，普遍走上通讀中西文化道路，包括黃仁宇、鄒讜、楊聯陞、余英時、唐德剛、許倬雲，都先後負笈美國。

而這些人，儘管學術道路各自不一，用力的地方也各自不同，但幾乎都有一條相同的軌道——深入中國政治制度的軌跡與文化的肌理，試圖尋找中國政治興衰的根本緣由，從而為中國未來的發展「開萬世之太平」。因而從根本上說，這些人都有著十分相似的話題體系：以中國歷史為底本，宏大敘事為方法，冀圖直達中國興亡的根本。

從結果上說，這些人或多或少地影響過一批中國學人，滋養了相當一批中國的史學後進。

只是非常可惜，他們終究只能停留在學術圈層之中，很難深入大眾，即便許倬雲的《萬古江河》與《大國霸業的興廢》已然屬大眾史學範疇，沒有難懂的術語、沒有難解的邏輯。如今的華文史學界其實已經甚少黃仁宇、余英時、唐德剛與許倬雲這樣兼具文學素養與史學底蘊的人了，這便是許倬雲常說的，我們可以培養出專家，卻再難培養出知識分子了。

宏大敘事所要解決的，恰是根本問題。他們這些人都經歷過中華民族與文化最為驚險的時刻，於是念茲在茲的，總希望從根本的制度基底上改變社會與文化的基本結構，從而能夠融合進西方的建構，重塑中華文明的生命力。

當下的學人，即便是經過西方培訓的，也很難有這樣的高度與宏觀視野，根本原因在於，他們一方面缺乏民國成長的那批學人基本的中國文化根基訓練，無法從經典文本本身去體察中國文化的素養與基礎，另一方面更無法宏觀地觀照東西方的交融與摩擦，從中去尋找融合的道路。

而整體社會的下行與庸俗化，自然也就造成了年輕一代的輕浮與表面，讀起來尚且困難，更何況去理解與探尋？

那一代人最怕的，從來就是中華文明面臨消亡的滅頂之災；而那一代人最愛的，又從來是中國文化基底的溫情與人性。

如今，當我們再一次進入地緣戰略激烈的競爭之中，還有哪些人，能夠承擔起這樣的憂慮和宏大呢？

也許聽一聽、看一看許倬雲會有一些好處。畢竟，最深切的熱愛，從來都是從怕開始的。

這期節目幫我找到了戰勝疫情的鑰匙

李舒（作家，著有《山河小歲月》等）

1930 年，三十五歲的錢穆獲得了伯樂顧頡剛青眼，被聘為燕京大學國文講師。他準備出版自己的《國學概論》，拜託無錫本地鄉紳錢基博寫序。錢基博讓二十歲的兒子試刀，結果文章寫得老到暢達，老先生便一字不改交付了。

這個二十歲的兒子叫錢鍾書，當時在清華大學讀一年級。

錢基博有個孿生哥哥叫錢基厚（孫卿），是無錫商會會長。他為長女錢鍾元擇婿，選中的是世居東河頭巷的許建人先生的兒子，在上海海關做事的許景淵。

1935 年底，錢鍾元、許景淵結婚，錢基厚將此前一年多來雙方的議婚函札輯為一集綫裝書《議婚集》，封面請他們兄弟倆的老師許國鳳先生題簽。

許家是從福建遷徙過來的，《遷錫許氏盛衰記》裏説，乾隆時，許家的高祖青岩公擔任安徽布政使，有一次奉天子命去看管被革除官員的家產，半夜「舟抵錫城師古河」，青岩公喜歡吳郡山水，待到授江蘇藩臺，便舉家搬遷，在無錫落腳。

許景淵族譜上的名字是鳳岐，他的哥哥叫許鳳藻。1930 年，當錢鍾書替父親給錢穆作序的時候，時任廈門海關監督的許鳳藻喜得雙生子，可是，全家喜憂參半——

雙胞胎一個健康，另一個卻手掌內屈，雙腳無踝，足背向地。這是在胎中時，被另一個奪了養分，所以只得兩斤七兩重。

人人都説他活不下來。

九十年之後，這個被預言活不過十五歲的人在《十三邀》節目裏説：「只有失望的人，只有無可奈何之人，才會思考生活的意義。」

他是歷史學家許倬雲。

很多人知道許倬雲，因為他是王小波的老師。也有一些人知道許倬雲，因為他是傅斯年的學生。還有人知道許倬雲，因為他和李敖的恩怨。更有人知道許倬雲，因為他是王力宏的舅爺。

許倬雲自己對於自己的評價是，「傷殘之人，不敗不餒」。是的，他一出生，就輸在了起跑綫。直到七歲，他的活動範圍最多只能到家門口。不能玩耍，沒有朋友，更不用説上學了。他最早讀的書，是父親教給他的《史記·項羽本紀》。抗戰期間，父親擔任湖北沙市的荊沙關監督，許倬雲跟著父親往來各地，「那邊屬前綫，差不多每年要逃一次難」。

可是無論多難，父親都沒有忘記讀書。在重慶南山，一盞油燈，父親燈下閱讀，他在桌邊閱讀。父親和他一起聽 BBC，給他唸《大公報》的社評，「父親給我的這套教育和別人不太一樣，他給我的教育就像英國式的全科教育，他教我做一個懂得歷史的人，教我戰爭史、地理、政治學、外交、文辭等」。

他有一個開明的父親，也有一個堅強的母親。他至今記得在萬縣時，住處遭了轟炸，全家遷移到郊外山上，安頓在半座茅屋裏。下雨時，全屋只有一個角落是乾燥的，母親讓他在乾燥的地方睡，他永遠記得「電光中只有她兀坐在床沿上」。「有一回，我們又撤退了，在一艘長江輪船的邊上，我們搭了一隻小木划轉駁上大船，日本飛機在一次又一次地呼嘯著掃射甲板上的平民及四周蟻附著的小划子。到現在，我還記得她（母親）在江風中披散了頭髮，把小孩一個個由小划子推進大船的船艙。大船正在行駛，小划子和大船之間唯一的聯繫只是一杆竹篙，她那時大概只想著把子女送到比較安全的大船上。她剛登輪，竟發現凌弟不見了，即刻又衝進人群，船頭、船尾尋找，把哭泣著的弟弟從另

一層甲板找回來。大家坐定了，她又找來一壺開水，讓每個人都喝一口，但是她自己竟沒有分到一些餘潤。」（《許倬雲談話錄》）

母親不太過問孩子們的功課，許倬雲說：「她的方針是在密切注意下自由發展。大綱大目不差，小節是不計較的。這些大綱目中有最不能侵犯的一條——誠實；最必須注意培養的一條——對別人寬厚。至於饞一點，髒一點，都在容忍之列。為此，我們家的兄弟姊妹都有胖胖的體型，幾分邋遢，愛躺著看書，但是快快活活，笑口常開，不大會發愁，更不會善感。」

戰爭給許倬雲帶來了無數悲傷故事，直到今日，在《十三邀》的節目裏，聊起那些細節，他仍然哽咽不已。他最常講的是在重慶，某日有運兵船沿江而來，母親把他放在門前的石獅子上坐著，自己忙進忙出給那些年輕的軍人燒開水喝。她提著一大壺開水，忽然跟他說：「這些孩子，可能一去就回不來了。」

但也是戰爭，讓許倬雲和無數的中華兒女百煉成鋼，在近乎絕望中，他們尋找到了活下去的意義，只要活著，中國就還有希望——是什麼讓我對中國有信心？是人民，是廣大的勞動人民，是抗戰前綫的戰士。

抗戰勝利後，許倬雲回到無錫輔仁中學上高中，1948 年舉家赴臺，許倬雲在臺南二中讀了半年，畢業後考進臺大外文系。上了兩三個星期，校長找到他說：「你應該讀歷史系。」原來，校長看過他入學考試的國文試卷和歷史試卷。校長對他說：「讀歷史，將來到史語所工作。」這位有點霸道總裁感的校長叫傅斯年，是當年西南聯大的常委。因為傅斯年的建議，許倬雲走上了歷史學道路。

他遇到的貴人還有胡適。讀研究所的第二年，許倬雲以第一名獲得李國欽獎學金，本可赴美留學，但出資人李國欽要求身心健全者才能獲得這筆獎金。許倬雲是殘障人士，不符合這一條件，大家為許倬雲不平，請胡適出面。胡適四次去紐約郊區拜訪了華僑徐銘信先生，其實徐先生主張科學救國，不重視文科，但礙於胡適情面，破例捐了 1500 塊美金，且說好下不為例。

靠了這筆錢，許倬雲得以赴美留學。但他始終不忘的，是恩師們的教誨：要學會獨立思考。赴美求學第一堂課，是威爾遜講授的。許倬雲說，威爾遜最常說的一句話是「我們不知道」。一位日本學生：「究竟我們知道的是什麼？」威爾遜答：「我們知道的就是我們不知道！」（We know that we don't know！）

這讓許倬雲醍醐灌頂，「悟出了一個關閉型文化與一個開放型文化的區別：前者只追尋答案，後者則是追尋問題。『知之為知之，不知為不知』固是誠實的態度，到底還須以『知道自己未知』為前提的」。

師長們的錚錚傲骨，也鐫刻在許倬雲的心裏。他擔任臺大歷史系主任時，教育行政部門突然來函說，據有關方面反映，你們用的教科書篡改了歷史，必須換政戰人員編寫的教材。許倬雲當即回函要對方告知「有關方面」是哪方面，對方說是國民黨中央黨部。許倬雲正色曰：「如果我是貴黨黨員，你們可以用黨部的名義發文給我，但我不是貴黨黨員，礙難從命。」

但成就許倬雲的，除了父親，除了母親，除了師長，還有一個女人。在遇到孫曼麗之前，嫂嫂們曾說：「老七，你去鄉下隨便找一個女人回來，可以給你生孩子、管家就行。」許倬雲聽了很生氣：「為什麼我就只能找一個人來生孩子、管家？」

學術上不妥協，愛情也不。

孫曼麗是許倬雲在臺大歷史系帶的第一屆學生，但曼麗一再強調，讀書時期，他們沒有交往，「我那時候有男朋友的」。

1943 年，孫曼麗出生。山東女子熱情直率簡單，這一切在曼麗身上顯露無遺。許倬雲上課雖然風趣，要求卻十分嚴格，和學生碰面，開口就問：「書讀到哪裏去了？」大家都害怕，見了許老師就跑，只有曼麗不跑。兼任系主任的許老師要把課調到週六上，大家「敢怒不敢言」，只有曼麗逃課——「禮拜六，我要和男朋友出去玩的」。

這一份無形中的親切，也是早早種下的緣分。許倬雲去哈佛大學訪問期間，收到了已經畢業的曼麗的信。那時候，她發現和男朋友的關係越走越遠，有些迷茫，於是寫信請教老師。兩人通信，發現「凡事都談得攏」。等許倬雲回了臺北，曼麗決定和男朋友分手。

「我心裏一直存著一條界限，必定要有一女孩子，能識人於牝牡驪黃之外，就像伯樂識馬，她看得見另一邊的我，不是外面的我，而我也看見這個人，如果有這種心理上的自然條件，我會打開心門的。」(《許倬雲八十回顧：家事、國事、天下事》)

家裏人當然是反對的，但曼麗堅持——「再苦，我願意」，她這樣說。

「我太太對我非常重要。在美國，我不會開車，她開車送我，她一個人獨擔我所有的事務，讓我沒有後顧之憂。她帶孩子、掃雪、剪草，一切都包下來，她無怨言。我們大小問題也商量，思想問題可以討論，帶孩子的方針可以討論，對朋友的選擇彼此尊重，這是我一輩子最大的福氣。她懂得我這個人，懂得我的脾性，懂得哪些人我不喜歡，哪些事情我不願意做。她從來不在乎我的生活起居寬裕不寬裕，窮過窮日子，寬裕不浪費。」(《許倬雲談話錄》)

懂他，這一點何其重要。因為懂他，曼麗從不把他當作傷殘之人。他們拉著手去買菜，路上遇到嫂嫂，嫂嫂大為驚訝，曼麗說：「怎麼了？他為什麼不能出來買菜？」

因為懂他，三言兩語就能撫慰他的心靈。許倬雲曾經被口舌中傷，曼麗說，他們都是嫉妒你，讓人家去說，沒關係。

因為懂他，雖然嘴巴上抱怨著「你不是先天下憂，你是天天憂，人太聰明了不是福」，但一轉眼笑著承認「他要是不聰明我就不喜歡他了」。

說這句話的時候，七十七歲的曼麗眼裏都是笑，儼然一個嬌羞的少女。

他們之間當然也會有矛盾，有不合拍，可是曼麗總是說：「沒關係，他走路慢一點，我等他。」

可愛一個人，並不意味著把自己全部交付。在這段婚姻裏，曼麗崇拜許倬雲：「我的原則是你必須尊敬他，你才會愛他。如果你不尊敬這個人，你看著他，你東挑他的毛病，西挑他的毛病，那這個人就不能跟你處下去。同樣對方要尊敬你，問題就沒有了。」

但她有自己的自信，她有自己的事業，也會戲謔「我賺的比他多」。「女孩子不是只負責被愛就好，我們不是泥人，不要忘記過自己的生活。」這才是婚姻最美好的樣子，兩個旗鼓相當的人，懂得彼此：「我必須自己站起來，樹立自己性格，然後可以跟他平衡。我如果不跟他平衡，我如果是一個乖乖的女孩子，跟著他走的話，那我們不知道過的是什麼日子。很多事情，你得有自己的看法，然後才能支持他的看法。如果我不像現在這樣，心理上相當強壯，我如果跟他一樣弱，那我們不知道到哪裏去了（滾到哪個溝裏去了）。」

結婚五十年，曼麗說就像是照鏡子，自己是他的另一面。許倬雲的情緒常常起伏，曼麗是他的情緒緩解員，不動聲色地轉移他的注意力。倦鳥思林，許倬雲想家的時候，曼麗會給他做一道許媽媽做過的燉蛋。

他們相差十三歲，許倬雲有時擔心：「我走了你怎麼辦？」曼麗說：「我們現在先過好我們現在的日子，等你走了再說。」這真是山東女子，明艷爽朗，天下無雙。

2020 年，許倬雲先生九十歲了。

他從沒有那樣想念家鄉，在《十三邀》裏，他數次提起太湖，提起清漪茶室：「無錫有個茶館店，叫清漪茶室。這個士紳集團是熱心公務的人，商量事情，縣長每天中午跟他們吃飯，『你們說什麼，我就做』。領袖起先是楊翰西，後來是錢孫卿（錢鍾書叔父），需要錢，他們一吆喝，各行各業支援，修路，挖運河。當時軍閥之間戰爭（齊盧戰爭），錢孫卿從城牆上坐筐子吊下去，跟軍閥談價錢，『不進城，開拔費要多少？』『十萬銀圓。』『沒問題，過一會有人送到。』⋯⋯所以士大夫的世家不高高在上，上通天下通地，能幹，學問好，熱心。」

巧合的是，2019 年，我曾因為許倬雲先生的書而專門去拜訪過無錫的城中公園，1922 年出版的公園畫冊中提及的「芳堤柳浪」早已物是人非。錢鍾書的父親錢基博所寫的《無錫公園創制記》，據說刻書條石置於公園內，找了半天，亦是黃鶴杳然。我的一位無錫朋友，講起自己上大學時獲得孫庵獎學金，卻不知孫庵便是許倬雲提到的錢孫卿（晚年號孫庵老人）——家屬遵照他的遺願，將他在「文革」開始至去世前補發的所有工資，捐獻給他生前曾任副董事長的江南大學。

似乎唯一不變的，只有太湖，煙波浩渺。

在這個春天裏，疫情席捲全球。而正因為此，人性的善與惡都彰顯無遺。許多言論令我迷惑，許多評價讓我不解，更令我困頓的是，我感受到一種無力感，巨大的無力感。

《十三邀》採訪許倬雲先生的這期節目，是我的強心針。我所迷惑、所不解的那些現象，許先生都做了解答。

對於教育，許先生說：「今天的教育，教育的是凡人，過日子的人。我們現在的知識分子，是網絡知識分子，是檢索機器，不是思考者。」

「現在做註腳的人越來越少，答案太現成，都是像麥當勞一樣，思想上的麥當勞。短暫吃下去了，夠飽了，不去想了。今天的大學教育令人失望，美國大學教育也是，最大缺陷，零碎。」

對於理想，許先生用名著做了解釋，「（《水滸傳》）元明之際天下大亂，施耐庵想要安排一個理想世界——梁山泊，沒有高低，宋江一輩子假，到了最後一百零八人統統完蛋，施耐庵的朋友，也是小輩，寫了《三國演義》，從頭到尾成敗不計，義氣為重。作為關老爺，純粹壞在『義』字上，腦袋也丢了，劉備壞在『義』字上，江山也丢了。反諷的呢，司馬家成了，又是個破滅。然後我再講《西遊記》，『意馬心猿』，孫猴子是心，意是那個白龍馬。心在導路，馬只載人。豬八戒是慾望，但還非他不可，這個慾望駕馭著馬。到最後求真經，真經是沒有字的。那個河，無定河，先死了才能過去。所有的追尋、理想、意氣、慾望，到了最後，是虛空。」

如此虛空，我們應當怎麼辦？

面對這個問題，許先生笑了一下，說：往裏走，安頓自己。

1970 年，與馬漢寶赴美國科學院辦理學術交流事宜，攝於華盛頓的傑斐遜紀念堂，
左起翼雲、漢寶、倬雲

1970 年代，倬雲、曼麗於匹茲堡公園

1972 年 9 月，樂鵬、曼麗、倬雲攝於匹茲堡家中

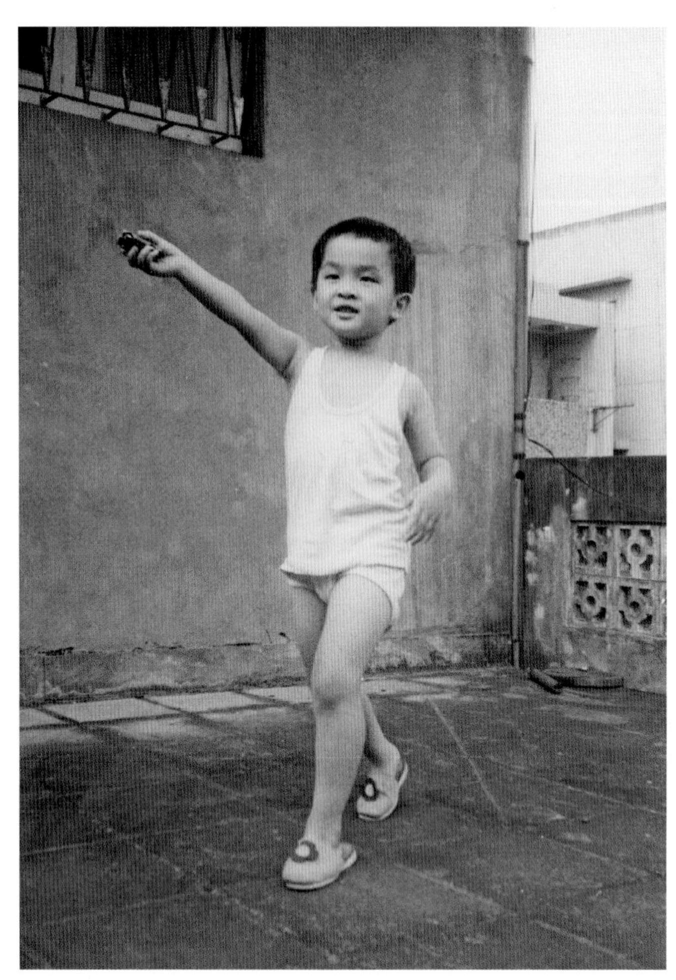

約 1974 年，樂鵬在永康街家中

1980 年代，與曼麗、樂鵬在芝加哥訪問錢存訓先生及師母

1980 年代，「中研院」院士會議期間留影，
後排左起林毓生、張灝、郝延平、陶晉生、金耀基；
前排左起劉翠溶、余英時、許倬雲、石璋如、陳榮捷

1982 年，「中研院」第十五次院士會議，二排右一為許倬雲

1980 年代，與艾森斯塔德（後排右二）等人於學術會議留影

1989 年，於臺北素書樓拜見賓四先生

1991 年，第二屆浩然營在日舉辦，

倬雲、曼麗與殷之浩夫婦（後排右一、右二）同遊松下村塾

1993 年，於西安博物院

1993 年，與樂鵬、曼麗於羅馬留影

1998 年回大陸看考古發掘，曼麗、倬雲與石興邦（左三）攝於風陵渡

2000 年，重訪廈門海關監督公署故居

2004 年，回母校輔仁中學聚會

2008 年，全家福，攝於匹茲堡家中

2009 年，曼麗與孫子歸仁

2022 年春，倬雲、曼麗與俊文，於匹茲堡家中（范耀文攝）

平生所學，未負師友

許倬雲口述，陳遠記錄（學者、書法家，著有《燕京大學：1919–1952》等）

隨父遷臺，臺大名師薈萃

我的中學是在無錫的輔仁中學度過的。輔仁中學在無錫非常有名，跟輔仁大學沒有什麼關係，而是取「以友輔仁」的意思。當時教我們的老師都是飽學之士，抱著服務鄉里的理念在那裏教書。他們教書跟其他的學校老師很不一樣，都是啟發式的。

我們現在還跟當時那些關係非常好的同學保持著聯繫，前年和去年還舉行了聚會，不過老友凋落，不及一半，令人感慨。

1948 年的年底，我還有半年就高中畢業，局勢變得非常動盪。我的父親一直在國民政府工作，他當時雖然已經退休，但是在當地有一定的威望。父親知道他絕對不可能留在無錫，恰好我有個姐姐在臺北，父母就帶著全家人去了臺灣。

臺灣本來只有 360 萬人，突然增加了 150 萬，所以剛過去的時候條件非常艱苦，在臺灣的前十年，基本上都在餓肚子。我的大學教育是在臺灣大學完成的。最初讀的是外語系，第二年轉入歷史系。

我在臺大的時候，一些從大陸撤到臺灣的北大、清華、中央大學的大教授集中在臺大任教。當時臺大的校長是傅斯年先生，我就是在他手下考入臺大的。現在想起來，這是一種幸運的機緣：當時臺大學生少，好老師很多，讓我有更多的機會去接觸到不同的思想、不同的學派，也可以選擇不同的課題。這樣的背景讓我日後的歷史研究跟同行不太一樣，我關懷的範圍很寬，不單單在歷史一行之內，而是跨了幾個門道，比如說考古學、歷史學、人類學等。

我之所以成為今天的我，跟臺大那些老先生們有著很大的關係。在臺大，考古學我是跟李濟先生學的，跟李宗侗玄伯先生學了古代社會，董彥堂作賓先生教的是商周的甲骨文⋯⋯當時我跟這些老師的聯繫相當密切，不單單可以在課堂上承教，還可以到他們的研究室隨時請教。有些老先生不願意出門，就讓我到他們家去討論問題。

因為我走路不太方便，李宗侗先生就找了個三輪讓人把我推過去，他講古代社會不是講中國古代社會，而是把希臘、羅馬的古代社會和中國古代社會串通在一起講，師生倆一起上課，更沒有上下課的概念。

我跟董作賓先生讀書，一對一，也沒有上下課的概念，老先生不知道什麼是下課時間，一講一個下午，餓了，買幾個包子，一人一半。到了他講不來的課，他就找朋友來教我，這些大概都是現代的大學生很難碰到的吧。

轉學歷史，歸功傅斯年指點

對於我一生學科選擇影響很深的是傅斯年先生。

我的中學是在無錫讀的，無錫的學術氣氛很好。我所在的輔仁中學，規模不大，但是師生之間的關係很融洽。除了上課，老師們經常會讓我們看很多課外的東西，在那時我就對歷史比較感興趣。

到臺大之後，本來考進的是外語系，不到兩三週，傅斯年校長找我了，因為我的入學考卷給他的印象很深，數學是滿分，國文卷子和歷史卷子被閱卷老師直接推薦到傅校長那裏。找到我之後傅校長直截了當地跟我說：「你應該讀歷史系。」

一年級下學期，我在全校作文比賽中得了第一。傅先生又把我找過去，跟我說：「你好好讀歷史系，將來你到史語所來幫我。」

他老人家的樣貌，直到現在想起來還歷歷在目。我學歷史，要說受了誰的影響，那就是他老人家。慚愧的是我學歷史博雜得很，不太專心，對什麼都感覺很有趣。

對於研究歷史，我是拿歷史當材料看，拿別的學科當工具看，這樣我就可以用各種工具處理材料。

後來到芝加哥大學去，芝加哥大學也是很奇怪的學府，不大在意你讀什麼系，學生的課程可以自己設計。在那裏，我選課的範圍也比較寬，包括經濟學、中古史、考古學、宗教學、社會學等。

我都很難說在芝加哥大學讀的是什麼系。比方說我讀宗教學，但是並不拿學分，而且選讀宗教學的只有我一個學生，爬到三樓去聽老師上課。中間我因為身體的原因在醫院裏開刀，教授我埃及古代史的老教授到我的病床前去教我，帶去書，一邊講，一邊討論。

芝加哥大學是韋伯理論的接受者和大本營，我在的時候，韋伯理論剛剛傳到那裏不太久。我讀社會學的時候就開始注意到中國的文官制度，因為這是韋伯理論大的系統中的一環，我的指導老師 Blau 先生所從事的就是中國文官制度的分析，那時候我就開始注意到韋伯談到的官僚和中國文官制度的基本差別。

這些是我一生的幸運，因為開刀，因為走路不方便而受到老師們特別的照顧，得到別人不太容易碰到的機緣。

追憶王世杰，幫忙做雜務

1962 年，我到了史語所工作。其實在這之前的 1953 年我就進了史語所，但是因為臺大開辦了第一個研究所，我就辭去了史語所的工作，回學校讀研究生了，我是臺大的第一個研究生，一直讀到 1956 年。還有一點就是讀研究生有獎學金，獎學金比我在史語所做助理員的工資還要多 50 塊錢，而且不用幹什麼活，只要好好唸書就可以了。

那時臺灣的研究生教育跟大陸不太一樣，大陸是一個導師帶一個學生，但是在臺灣是由一個三到五人組成的學術指導委員會共同負責。這樣就給我一個相當大的刺激，因為當時我的幾個指導老師的治學思路都不一樣，他們在那裏各講各的，逼得我不得不思考，尋找自己的路子。

後來 1962 年正式到史語所，一直待到 1970 年，中間還在我的母校教書，兩份聘書，一份工資。1964 年我又開始擔任臺大歷史系的系主任，這時候開始負責一些瑣碎的雜事。當時校長是錢思亮，他老人家總是指派我做不同的事情，從來沒有讓我閒過。現在想起來，那幾年忙得發昏，但是也有一個好處，就是讓我的眼界從過去那種單純的書齋生活中脱離出來，獲得了更大的視野。

當時還有一個讓我很忙的工作就是給「中研院」辦「洋務」，人來客往，各種合作項目都是我「幫忙辦」。當時「中研院」的院長是王雪艇（世杰）先生，胡適之先生故去之後，王先生本來就是院士，又有行政經驗，被選為院長。我跟王先生的關係，不單是研究員和院長的關係，還輔助他做了很多國際學術交流活動，花費了我很多時間，但是也讓我學會了很多東西。

王先生是個大學者，國際法的專家，三十歲上下的時候創辦了武漢大學，一出手就是一流的大學。後來他在國民黨政府工作，做過外交部部長。

這期間我認識了我的太太，她本來是我的學生，她畢業後的第三年我們開始來往，後來很快就結婚了。

斥責李敖，成了攻擊目標

被選為「中央研究院」的院士大概是在 1980 年，時間太久了，記不得了。這前後李敖曾經著文攻擊我。李敖在臺大讀書的時候就是個很自負的學生，他的老師姚從吾先生很縱容他。我做系主任的時候，他正在讀研究生，李敖很聰明，但是他不守規矩，我對他也不假以辭色。

我跟李敖的第一次嚴重衝突是他在《文星》寫文章，說老先生們不交「棒子」，其中涉及我的老師們的一些事情，完全出於他的編造。之後他跟《文星》的蕭老闆還有余光中先生到我那裏去，我就給他矯正，我跟他說：「我們學歷史別的沒有什麼，但是基本的行規就是不許編造故事。」就這樣我倆吵翻了。後來我很生氣，跟他說：「你給我出去。」蕭孟能就跟他走了。從那以後他就不斷地攻擊我，不過我也從來沒有回應過。

從那以後我就再也不跟他見面了。

1970 年我到了匹茲堡大學，本來是去做訪問教授的，後來一些前輩老師就跟我說：「你不要回來。」就這樣，我就待在匹茲堡大學沒有回去。

手記

當年做完這篇口述之後我曾寫了幾句話，後來《萬古江河》出版時用在了書封面的勒口處，那幾句話是這麼說的：

> 能把嚴謹的學術著作寫得好看的，非大學者不能為，因為只有大學者既能夠鑽進去，又能夠跳出來，所以寫出東西來才能舉重若輕、深入淺出。

許倬雲就是這樣一位學者，他最近出版的《從歷史看管理》是一個極好的例子。

用許倬雲自己的話說，他的日子「不好過」。

因為身體上先天性的殘障，不能去正常讀書，十幾歲的年紀，一個人到松林去獨對一片晴天思考問題，用他自己的話，從那時起就學會了「耐住寂寞，往裏想，不往外認」。

但許倬雲的幸運是，從小時候起家庭就沒有因此對他多加照顧或者加以冷落，進入中學之後也是如此，後來又因此結到眾多「機緣」，得到名師的指點。眾多的機緣組合在一起，造就了今天的許倬雲。

其實每個人都有一些障礙，有人是身體上的障礙，有人是心理障礙，有人是精神障礙，有人則是道德障礙。與看不見的障礙相比，看得見的障礙顯得無足輕重，除了個人生活上的不易。許倬雲身體上的障礙在平常人看來無疑是種不幸，但是對於許倬雲來說，不幸中的大幸是身體上的障礙沒能束縛住他，反而成就了今天的他。今天的許倬雲，在學術上，在人生途中，沒有任何障礙，這樣說也許有點誇張，但是我願作如是想，算是對許倬雲先生的祝福。

「青山一髮是中原」，可我回不去了

胡趄趄（詩人、學者，著有《論孤獨》等）

一直好奇，許倬雲先生會如何談論蘇東坡？側面聽説，他對東坡詩詞頗能玩味，亦對東坡之人格頗有共情。因此實在想一訪究竟：聽許先生縱談蘇東坡這位大文豪，豈非亦是一件滿懷豪情之事？

適逢馮俊文兄去匹茲堡訪學，由他穿針引綫，兩邊聯絡，這個訪談始告完成。我亦慮許先生年邁體貴，恐其不便，多有不忍叨擾之心。不料許先生如茶敘一般談來，竟是一篇絕好大文章，使人如沐春風。老人思維之捷、記憶之確、懇談之切，均令人印象深刻，我亦感佩不已。

2022 年 6 月 7 日，我始將訪談提綱擬就。不及過夜，許先生便以錄音的形式揮灑談論，自如數典。其錄音的聲音宏亮，氣息也十足，不免使人想起東坡的句子「一點浩然氣，千里快哉風」。許先生的這一口真氣，不遠千里傳過來了，真有便將金針度於人的風範哩。

在中國的山水意境中，總有那麼多人文詩詞點染，使之百代不絕，一路「跟帖」下去。這放在全世界，也是絕無僅有的。蘇東坡又是其中承上啟下的一顆碩大明珠。我們的人文與自然總是這樣交相輝映，使人有穿越時空之感。這就像一場無止境的旅程，使人願意永遠這樣走下去。至少在當下這一刻，我們見到文字，便如同圍在許先生身邊，聽見他召喚蘇東坡的靈魂。

趙趙：對於蘇東坡的關注，在當代似乎迎來了一場復甦或復興。在這場「復甦」運動中，存在諸般戲說、民間說、誇大說、演繹說。如果持審慎而嚴謹的態度來講，我們應該還原一個什麼樣的蘇東坡，蘇東坡的「本來面目」應該是什麼樣子的？

許倬雲：關於蘇東坡的「本來面目」，我們可以從《前赤壁賦》之中來體會。《前赤壁賦》那條船上熱鬧得很。似乎有一些當地自認為有風趣的人，陪他遊江。明月在天，清風拂面，是很舒服的：有人唱，有人玩。但只有他聽見，潛藏在深淵裏的蛟龍在舞動，孤舟之上的嫠婦在哭——他聽見的都是一種很悲愴、很委屈的聲音。這相當於白居易在潯陽江頭送別朋友，聽見船上的琵琶聲一樣。白居易邀請她到船上來，那個女孩出來了，「猶抱琵琶半遮面」。蘇東坡不去這樣寫，因為「幽壑之潛蛟」「孤舟之嫠婦」都是他聽見的聲音，或者說他聽見的「自己的聲音」，並非親眼所見。人家看著熱鬧，他心裏在鬱悶。白茫茫的霧氣，好像一隻大鳥飛下來了，似乎有個特殊的命運降下來，轉瞬又過去了。

這是他被貶黃州時寫的，但同一時期他又有《定風波》的安定和坦然：淋著雨走在路上，又是水，又是樹，又是泥濘。同行的人都覺得狼狽，但是他「一蓑煙雨任平生」，走到最後的時候，「也無風雨也無晴」——我定下心來了。在黃州他還寫過一首《臨江仙．夜歸臨皋》，他深夜醉酒歸來，家裏看門的門童鼾聲如雷，不知道起來給他開門，他就「倚杖聽江聲」：一個人獨自佇立在天地之間，聽江聲浩盪。他的一輩子熱鬧歸熱鬧，其實非常寂寞。

《永遇樂．彭城夜宿燕子樓》這首詞，是他被發配到徐州的時候寫的。對於他的人生而言，這還不是最差的時候，可已經是杭州、密州後第三次被發配，所以他自稱「天涯倦客」。他夢見關盼盼，但其實不是找關盼盼，而是想找個懂得自己的人。東坡挑選的詞牌名是《永遇樂》，可他心裏知道，這種相遇的快樂，是永遠不可能有的。他挑選的詞牌名，也有很深的用心在裏面。蕭瑟的秋冬時節，又是夜晚，明月在天，風水撲面，很清冷、優雅但轉瞬即逝的東西，只能體會而無從捉摸。他心裏有自得，更多的是寂寞，因為內心的這種風景無人能懂，無處訴說。月色偏掉了，水就停掉了，風就轉了方向，都是虛無縹緲。荷葉上的露珠根本停不住，剛剛形成一滴水的時候，已有重量就滑掉了。天涯倦客，小園行遍，「燕子樓空，佳人何在，空鎖樓中燕。古今如夢，何曾夢覺，但有舊歡新怨。異時對，黃樓夜景，唯餘浩嘆」。

夜茫茫，夜茫茫。知道找不著這個人，要找；知道找不著知己，甚至找不著安靜的環境，他找。這首詞，是他真正的自己的心情。我想起這首詞，也是因為他當時的心情，就是我的心情。不過我比蘇東坡幸運的地方在於，我有曼麗、兒子、孫子在身邊。

赳赳：蘇東坡的生活美學，他對生活的熱愛，可以說是使他在各階層都受到歡迎的原因。無論身處何種逆境，蘇東坡似乎總可以洋洋得意、由心而發，此正是「境不奪心」的時刻。他的這種心理自我調適機制，恐怕是當代人難以實踐的。無論是從生活美學的角度，還是從心理調適的角度，蘇東坡都給了當代人一種示範。那麼我們不禁要問：我們如何才能做到一點點呢？

許倬雲：蘇東坡能做到，是因為他真的不在乎。至於如何真正地能夠做到這一點——你自己覺醒，就覺醒了。宋朝的幾個理學家我也看不起，朱夫子是臉上到底蓋了一層殼的人。我所認識的理學家裏面，我喜歡葉適、陳亮，他們兩個當時就被當作邊緣人士乃至於叛徒看待。

不過，蘇東坡比李白高明多了，他比李白真。李白有天才，但我覺得並不怎麼高明，裝腔太多。李白心裏想要做大官，想要做皇帝身邊的人。他以為自己有治國之才，實際上他沒有。他是文學侍從，主上以優隸待之，等於像唱戲的人一樣。這種情況他自己也不能忍受，沒多久就放歸了，淒惶而去。

赳赳：有一個經久不衰的話題，為什麼會是蘇東坡成為書法、文人畫、豪放詞、美食家等方面的首創者或首倡者？為什麼傳統文化往往能培育出「通才」，而現代教育培育出來的往往是「專才」？那麼繼而會產生下一個問題：通才過時了嗎？

許倬雲：他是天才。天才在任何時代都是不幸的，當時的社會容不下他。愛因斯坦同樣不幸，他也被排擠來排擠去。到最後實在不能排擠他了，但是他的智慧在學者裏面永遠孤孤單單。蘇東坡這樣的「通才」不是時代培養出來的，這樣天才的人，自然就會是這樣的生命狀態。當今時代，依然還有可能出現這樣的人物，依然需要這樣的人物。

赳赳：蘇東坡是個講真話、真性情的人。他的多災多難恰恰是直言不諱、不吐不快造成的，他的弟弟蘇轍總是勸他三緘其口。那麼，我們該怎麼評價「講真話、吐真言」這樣的價值系統？也就是說，當「真理」與「生活」發生衝突時，當「說」變得艱難時，個人該如何自處？

許倬雲：蘇東坡這一輩子的多災多難，確實和他喜歡講真話有關係。我也是不遷就人的，一輩子不講假話，最了不起有些話我現在不說，等有機會再說。還有就是，真話我可以用前景、背景鋪設出一個理由，讓見到那句真話的人懂得為什麼這句話要如此講。

任何時代都有「巧」和「不巧」的人，蘇東坡是真的人，「不巧」。我所說的「巧」，是指會拿捏分寸、會遮掩、會看不見的奉承。巧人永遠佔上風，一件事情要到蓋棺定論，巧人才站出來說話，別人也抓不到他的毛病。

赳赳：您如何看待蘇東坡在「短缺經濟」中發掘美食的「老饕氣質」？

許倬雲：人家以為蘇東坡好吃，東坡肉就是他在黃州發明的做法。他有關吃最有名的詩，大概是在惠州時候寫的「日啖荔枝三百顆，不辭長作嶺南人」；被貶海南以後，他還吃羊、吃鴨子、吃蛤蜊。他不是喜歡這些事情，實在是「以無為之事，遣有涯之年」。

赳赳：能否談一談您在自己的生活與治學中，所受蘇東坡美學及人格的影響，為我們留下一些依據，說不定會是中國版的「人類群星閃耀時」呢。

許倬雲：我從小就喜歡蘇東坡，一直到現在九十二歲。從他身上，我學習到重要的東西是：不在乎。將我貶就貶，將我罰我也認。有機會我就練民兵，辦水利；沒有機會，我喝杯酒，吃吃荔枝，我不跟你投降。還有就是：蘇東坡從來不會看不起小人物。

他之所以能做到「不在乎」，是他看不起這些蠅營狗苟。那幾個理學家整他，他看不起——你以為能夠整死我？我瀟灑得很，也可以說這是他反抗的一種姿態。不過他在海南並沒做太多事情，他也沒有權力。幾個小小頑童，他也教不出來，就只能發明幾個菜打發時間。可是到最後看著天邊的一綫，「青山一髮是中原」，他真的是很難過。

他有做事、辦事的能力，但沒有范仲淹那樣的機會。范仲淹與韓琦一起，在西北邊境做守城的主帥。他的《漁家傲》，我為什麼認為是千古絕唱？「將軍白髮征夫淚」，前面形容的是地上慘白的月色，羌笛聲聲遠遠地吹。征夫不用憂慮，只是想家，將軍憂慮到黑髮變成白髮，哪個更厲害？「長煙落日孤城閉」，但是范仲淹守成了，他是邊境上守城最好的一個將領。

蘇東坡在定州編練民兵，保境安民；在徐州，他率領民眾抗擊水災，後來還設計了防治水患的大堤；在磁州他主持燒製一人多高、直徑兩尺的大瓷瓶，是進貢到皇宮裏做裝飾用的。這種事情窰工都不知道該怎麼辦，但他找到了辦法：以瓷瓶的胚為標準，在外面建造了一個大窰來解決這個問題。我到磁州去，當年建造的磁州窰遺址還在運作，當地窰工告訴我燒製的方式，太聰明了。首先，瓶子的泥坯是個軟趴趴的東西，如何才能做到不塌？這麼大的瓶子，如果躺下來燒一定塌。他們在地下挖一個大洞，將泥坯坐下去，中間有支撐，四周圍留空間。龍窰的火門從下面斜著進去，用風箱推拉，火的出口很小、溫度很高。火的溫度燒瓷器可以，但火是在瓶子外面燒，如何使得火往裏面走？他在窰的頂上設計了一個拱頂，等於一個碗倒扣過來，火往上升最後能返回到瓶子裏面去。一千年來他們口耳相傳，說這是蘇東坡想出來的辦法，沒有第二個窰能燒如此大的器。我問他們大瓶子還在不在？他們說沒有了，花紋他們也不清楚，反正是很繁複的花，至少有五六個顏色。

他的事功，在杭州還有蘇堤、三潭映月——蘇堤是他利用疏浚西湖的泥沙建造而成，將西湖分為兩半，湖水有回旋的餘地，進出水就不難了。在徐州他組織民眾抗洪，也是很了不起的事。在黃州他沒什麼可辦的了——團練副使，沒有事情可以做，他還是寫了這麼多優秀的詩詞文章。

到老了，最後他寫了《觀潮》送給他的兒子，等於是他的遺囑：「廬山煙雨浙江潮，未至千般恨不消。到得還來別無事，廬山煙雨浙江潮。」你一輩子以為自己可以找到什麼東西，找完了就覺得不過如此而已，看破了。

我的臥室兼書房，牆上掛著一張兒子拍的照片，我很喜歡。海天一綫，靜謐的藍，很像蘇東坡所說的「青山一髮是中原」——要過幾重的山、過幾重的水，才能到江南。可我回不去了，回不去了。我有首詩《江南春初》，寫的就是這種心情：

> 到江南，楊柳新綠；待得柳抽絲，江南春已暮。海外遊子已老，但夢中問：「人在何處？」乍暖猶寒，葉初綻，枝頭滴露，東來紫氣，花非花，霧非霧，江南才春初。有書信：趕上江南春，長與春住。稍蹉跎，慢動身；乳燕已離巢，草長花老葉滿樹。花非花，霧非霧：江南春已暮。江南子弟他鄉老，西望夕陽，山外山。萬重山、萬里浪，才是太湖。中夜醒，孤燈黃，眼模糊。花非花，霧非霧，拭眼問：「心」在何處？「身」在何處？

最開始還有「青山一髮是中原」念想，到最後的《觀潮》，「廬山煙雨浙江潮」，一切都走完了，淡然歸去。我沒有蘇東坡那麼不幸，我沒有被放逐出去。所以，我喜歡他、同情他，但並沒有把自己擺進去。

人生還沒到終局，盡其在我

陳新華（近代史學者，著有《風雨琳琅：林徽因和她的時代》等）

2022年歲末，俊文兄應許倬雲先生之邀，前往匹茲堡大學亞洲中心訪學，同時輔助許先生做一些文獻整理工作。他的啟程在當時讓我很是雀躍，此前雖讀過先生大部分著作，於我而言，許先生一直是我思想背景裏作為遠方的重要存在。因此，私心裏頗期待由此因緣，和許先生建立一種直接的聯繫。

後來的事情也果然如我所想，遠方的先生成為「身邊」的先生——我得以通過更家常、更充滿細節，也更及時的方式，了解許先生的所思所慮，所悲所喜，看見一位生活在真實中的歷史學家。

作為歷史學家，許倬雲先生可以說接受過中、西最優良的教育。然而他給我最深的印象，不僅僅是他視野之廣闊——雖然他馳目騁懷，氣象萬千，也不僅僅是他學問之廣博——雖然他縱論古今，如數家珍；最令我印象深刻的，是他情感之誠、之真、之濃。去國六十餘載，他心裏始終裝著家國天下，從不因時勢改變。談到山河故人、倥傯往事和再也回不去的家鄉，他每每嘆息落淚。近三十年來他的中文寫作，在我看來，也是一位歷史學家寫給故國故園的家書。字字句句，皆是牽掛，皆是寄望。所謂「唯存古冰雪，為君作心肝」，這至情至性的赤子之心，很難不令人動容。

這份情感，來自他的求學經歷，更源自他念茲在茲的少年生活，早歲便知顛沛離亂、窮且益堅，成為他一生的精神底色。先天不良於行，身體的障礙限制了他的行動，卻也成就了他觀察世界與思考人生的獨特方式，坐一隅而能觀天下。七歲時全面抗戰爆發，他隨父母在川、鄂前綫奔波逃難，一路上目睹數不清的生離死別，也見到那個古風猶存的「傳統中國」，百姓間的守望相助、不屈抗爭。年近九十接受採訪時，他流著淚說：「中國不會亡。」這是危亡之下，奮力圖存的幾代中國人所持守的信念。這段經歷也讓他對發軔於民間社會、鄉土社會的「小傳統」有了細緻入微的體會。在他的成名作《古代中國的轉型期》及此後的《漢代農業》乃至《西周史》中，時時可以看到這段「生命的延長綫」激發的迴響。

因身體原因，他直到十五歲才入讀輔仁中學。此前，都是在家隨父親、兄姐自學。抗戰期間，他隨父讀《宋名臣奏議》和《大公報》社評，聽 BBC 新聞，父親與他分析太平洋戰場的局勢，教他做一個懂歷史與現實的人。1949 年，他隨家人遷臺，不久即考入臺大外文系，在傅斯年的建議下，選擇以歷史學為專業，跟李濟學考古，跟李宗侗學古代社會，跟董作賓學商周甲骨文。1957 年，赴芝加哥大學留學，他的老師彼得．布勞先生做中國文官制度研究，他也跟著分析馬克斯．韋伯所談的科層官僚制與中國文官制度的差別。學成返臺，他在史語所讀了一年《周禮正義》，逐章斷句，直到三十歲前，幾乎精讀了漢代以前所有典籍。在中國「大傳統」的浸潤之下，他形成了自己的學術依歸。

可以說，六十歲以後許先生「為常民寫作」的人生取向以及《萬古江河》《說中國》《中國文化的精神》等膾炙人口的代表作，都是前述「小傳統」「大傳統」交織、嵌套的產物。

同為歷史學的研習者，對於許先生，我心裏有無數問題想要求教。先生嘗言，「我們都在為大問題做註腳」。此番問答便是著意於個人與家國，關乎當前中國社會乃至全人類發展的大問題。因個人水平所限，我提問或有不成熟處，九十二歲高齡的許先生卻有問必答，言無不盡。「人生還沒到終局，盡其在我」——先生斯言誠哉！

尤為令我感懷者，我所問雖大，先生的回答卻無一不由「民」出發，而歸於「民」。這也是他一貫以來的立場：憐我世人，憂患實多。近一個世紀漫長而波折的人生體驗中，他始終將自己作為常民之一員，百姓之一分子。無緣大慈，同體大悲，在他身上常常流露的，是發自內心的平等與關懷。

他以現代的學術訓練方法，承襲了士的傳統、中國史家的傳統、中國文化的傳統。

這便是：為生民立命，為萬世開太平。

陳新華：疫情暴發以來，您如何度過這段時間，怎樣化解漫長的封閉生活所帶來的困擾？

許倬雲：我已有兩三年不常見人，不僅因為疫情，也因為我癱瘓了，不能出門。即便如此，我的日子也過下來了。不見人也有好處，我們可以藉此機會反省，反芻、檢討自己的行為；看過的好小說、好電影，也有時間重看一遍。我太太喜歡看小說，現在就比以前有更多時間了。至於年輕人，好不容易不用出去上班、上課，就多了一些跟自己家人相處的時間和彼此關懷的機會，這樣來說疫情影響也有其好的一面。

其實一般老百姓，定定心準備好口罩、藥品，少安毋躁，眼前的局面總會過去的。人生在世，面臨何種的境地我們也許無法決定，但以何種心態去面對，這是我們可以選擇的事情。

陳新華：除了疫情之外，俄烏衝突其實也為人類社會的前景帶來巨大的不確定性。您童年時期曾親身經歷抗戰，這段經歷似乎是您一生為人治學的一個很深遠宏大的背景或「鑰匙」。在俄烏衝突的時代背景下，您有什麼想說的話嗎？

許倬雲：戰爭對我的影響極大，不只對我一個人，而是對我這一代人。但是，我這一代人有九成已經故去。這段人生經歷，使得我們形成了一些共同的特點：比如不怕苦、不怕累，實事求是。我們這一代人骨頭硬，面對日本人的侵略，餓著肚子也不讓步。對我來說，那真是一段悲苦的人生經歷，看見了如此眾多的死亡，親身經歷了種種離散。回頭來看，如果當時將我擺在路邊，即使不被餓死，大概也會被逃難的人踩死。戰爭中的種種離亂之苦，使得我後來讀史書時，分外能理解永嘉南渡、靖康南渡，以及其中的人的遭遇和心情。

面對世間種種不幸，我時常懷有「無助的悲哀」，不是為我自己悲哀，而是為所有的弱者悲哀，為所有在戰爭中顛沛流離的人悲哀。對於正在發生的俄烏衝突，我悲哀的是烏克蘭的老百姓無處可去，二十來歲、無知無識的小兵，很快就結束了生命。想到這種悲苦的情形，我就忍不住眼淚。

因此，我一看見打仗就不舒服。作為研究歷史的人，我會追尋戰爭裏面的是非曲直。但總的原則，是希望世界不要發生戰爭。戰爭中最吃虧的，是普通老百姓；最無助的，是老百姓之中的老弱病殘。我在還沒有多少知識的年紀，就對戰爭心懷恐懼，這是我一輩子的傷心處。

這段經歷對於我人生的影響是，發現問題我就琢磨，要弄懂它的趨向：不一定是要解決問題，有些問題已經發生，無法回頭補救了——比如「二戰」前後，各種內外戰爭中死去的幾千萬人，這些人的生命已無可挽回。戰爭中的遭遇，也讓我理解戰爭多一點，理解困難多一點，理解這個世界的錯誤多一點。假若因此我懂得多一點，理解這個社會多一點，世界上就減少一個糊塗人。但是，我仍然常感無助，這是刻在生命裏的東西。

這次俄烏衝突爆發後，有兩艘遊輪停泊在波羅的海邊，美國駐烏克蘭領事住在那裏，烏克蘭的很多有錢人持有美國護照，隨時可以登船，那艘船能裝載一萬多人。這些人沒有遭受多少苦難，美國歡迎他們帶著資金進來。俄羅斯的權貴階層也一樣，可以逃到他們在西班牙海邊或瑞士買的別墅裏，過著和歐洲富人一樣的生活：歌舞昇平，喝著酒、看著報紙談論戰局。可是，那些在深夜睡夢中，忽然飛彈臨頭，就此結束生命的人，他們是不是太冤枉了？

陳新華：不管是新冠疫情還是俄烏衝突，美國在其中都是不可忽視的存在。您求學美國，且常住美國幾十年，對於美國當下的經濟、政治，如何評價？

許倬雲：這次疫情的應對，美國表現出從未有過的手忙腳亂，也顯示出美國政府越管越多，但是越管越差。整個聯邦政府的治理功效很差，反應遲緩、經費不到位種種問題，反映出這個政府的腐敗與無能。親身經歷過這三年間發生的種種，我們很多人覺得驚詫且傷心。美國號稱有現代化政府的效率，何以如此禁不起折騰？

我估計在十年到十五年內，美元作為世界貨幣的地位會崩潰。如果美元突然崩潰，全世界市場難免混亂；假如是慢慢衰退，對於全世界而言，無非是少了一個經濟霸主。只是，一旦美國垮下去，能否有別的國家補上來，重整秩序？目前來看，美國分裂為幾個國家的情形，短期內應該不會發生。但美國選出來的總統越來越不像樣，政府效率越來越低，老百姓生活越來越差，則是可以預期的。

我覺得當前美國的情形，約略相當於「二戰」結束後英國所面臨的局面——殖民地一個個獨立，英國內部效率越來越低，直到徹底垮下去。經過七十年的渙散，如今英國的頹勢已無可挽回。所以，有媒體評價伊麗莎白女王去世，是「大英帝國落日殘陽的最後一抹餘輝」。從英國的情形來看，美國將來也可能一樣：聯邦政府功效衰退，各州難免各自為政，州與州之間更趨向於競爭而非互助。這種競爭，相當於「經濟上的內戰」。

美國內部還存在諸多種族間的差異以及互相歧視。很多窮苦老百姓，依賴政府提供的良好福利生活，如此保障之下，大量人口因此覺得犯不著上班。稅收不足，這種高水平的福利難以持久。長此以往，生之者寡，食之者眾，國家經濟勢必衰弱，甚至因此而崩潰。現在美國的政治人才品質遠遜於常態，是因為兩黨制下的政客與龐大的財團、軍工複合體狼狽為奸，在看似合理的規則之下操縱政治，謀取私利。但是，美國的老本累積了不少，一時不會全垮。

陳新華：所以，您認為人類社會存在一個「完美的制度」，可以讓所有人效法取用嗎？

許倬雲：沒有理想的世界，「烏托邦」是不存在的。哪怕是我們認定的理想世界真正實現，隨著時間推移，「新」變為「舊」，「舊理想」出現毛病，或者「舊理想」構建者懶惰、老化，我們不免又要追尋新的理想。我不是耶穌，不是佛祖，我不認為普天下有標準答案，同樣也不認為人類社會有個終極的「完美制度」可供遵循。

假如真要讓我找出一個「理想的世界」，我願意提出《禮記 · 大同篇》中從「小康」到「大同」的社會理想，那是我們盼望的過程——我願意做一個可以實踐的夢。

我的任何建議，都是因時、因地、因情況而提出的。天下沒有包治百病的藥，也沒有百吃不厭的菜——哪怕山珍海味，吃到第二頓就覺得味道差了。一個蘿蔔，餓的時候吃一口覺得很脆、很香；飽了之後再吃，可能就覺得又生又硬。我不是絕頂聰明的人，但是很多比我聰明的人，可能不如我會用腦子；我也不偷懶，沒事我就找問題來琢磨，一件事情完成以後，我也有檢討它的習慣。

今生我還沒到終局，我能做的就是做一天和尚撞一天鐘，盡其在我。

陳新華：近兩百年來，這個「理想的世界」對於中國來説，可能意味著一個具有中國特色的現代化模式。「二十大」報告提出了一個新的概念：「中國式現代化」。您如何理解「中國式現代化」和「西方的現代化」之間的關係？歷史學家唐德剛先生曾經把中國的現代轉型稱為「歷史三峽」，認為其間驚濤駭浪，不乏苦痛；但不論時間長短，「歷史三峽」終有通過之日，中國終可以進入海闊天空的太平之洋。您認為，中國何時能完成這個轉型？

許倬雲：我可以用「三峽」這個比喻來延伸，回答你的問題。「三峽」是長江的一段，中國的黃河、美國的密西西比河、歐洲的萊茵河與多瑙河之內都沒有「三峽」。換句話説，人在人間各有自己的生命軌跡，而國家和文化體，某種意義上就如同人：各人有各人的過去，各自有各自的未來，沒有一定的模式。

所謂「人類發展有一定的模式」，是 18 世紀的觀念，基於當時歐洲人對世界的理解。那時科學時代剛剛開始，歐洲人前所未有地自信，以為掌握了世界的規律、宇宙的秘密，可以經由思考、推演、試驗得到精確的答案。但實際上，當時的歐洲只是根據自己走過的短暫軌跡來推測自己的未來，他們並未把亞洲和非洲的過去作為他們參照的一部分。在當時的歐洲人眼中，非洲是殖民地，沒有決定自身命運的權利，亞洲是過去的、垂老的文明。他們理所當然地認為，人類社會的未來應由「先進的」歐洲人來思考、決定，這些殖民地、「落後的文明」應由他們來管轄，乃至教化。這種觀念，是歐洲人將自身發展的軌跡強加於其他文明的結果。

近兩百年來中國顛顛簸簸，挫折不斷。這中間最大的錯誤，就是總盼著有一面鏡子在眼前，我們如同「螟蛉之子」一般，以為照樣模仿就能走向現代化。然而，蠶寶寶的成長路綫不可能與螢火蟲相同，猴子的成長方式也不能與人類一樣，這是自然之理。中國走的這條路與日本不可能一樣，中國也不可能完全照搬美國。

陳新華：所以，您並不認同福山的「歷史終結論」，您也常說，「變」是人類歷史上唯一不變的「常態」。在您看來，現代化的發展模式是不是不只有、也不該只有西方這一種？

許倬雲：世界沒有一定的軌道，所以福山的話不必理，不值得一駁。借用我們中國武俠小說的說法：拳經、劍譜本來都是沒有的，任何武術（包括將軍作戰的戰略、戰術）都是因事而起、因勢而生、因時而變的。就如同你不能將你的生命軌跡，與我這個九十二歲的人放在一條綫上。我們的人生經歷不一樣，沒有哪個人可以與我走完全相同的路徑。

當然，對於我們而言，其他國家走過的途徑是相當重要的參考。我們可以跟著它走一段，也可以不跟著它走，各種可能性都有。以美英為例：美國本來和英國是同根，不過等到十三個殖民地擴展為一個合眾國時，它的人口結構已經不只是英國人了，有四分之三的移民來自其他地區（或在當地出生）——因此，英國模式已經不再適用於新成立的美國。以政體而言，美國沒有採取議會制，而實行了總統制——總統也就是「無冕的帝王」。

兩相對比，英國的內閣制有一個好處：首相幹得不好，三個月不見成績就要走人，馬上可以重選。美國沒有這一調節制度，選出的總統即便不行，也要任滿四年——四年的時間，什麼事都有可能發生。最近的例子就是特朗普，特朗普能與華盛頓總統、羅斯福總統比嗎？實際上，每一位總統都不一樣。因此，美國這種制度並不比內閣制穩定，反而更混亂。以這兩個同根而出的族群舉例就可知：世上並沒有一成不變的路可以走。人類每一個族群都有自己的過去，因此也就有自己的將來。所以，世界上可以有「中國式的現代化」。

近代以來，中國總以為必須模仿西方的政治制度和經濟制度，才能拋棄過去、迎接未來，走向現代的世界。以政治制度而論，從清末主張立憲以來，主張現代化的中國學者幾乎都以為代議制的政治是必然的方式，這一制度簡稱為「民主」；或者由「公民社會」中的「公民」決定自己的生活方式和共同遵守的法律。這種構想是來自歐洲歷史上希臘時代的城邦結構，他們以民主為本身的特色。誠如我常常所說：沒有一個制度是完美的。任何制度在初生時，都有一定的美好願景，但經過歷史過程考驗，任何制度都會改變。

柏拉圖早就指出，希臘的「民主」制度，有時候可能走到少數亂民壟斷發言權的混亂境地，也有可能出現一個有領導魅力的領袖，篡奪了民主整體的實體——這也就是柏拉圖所擔心的：所有的制度都有可能蛻變、衰老或變調。所以，他以為美好的制度應該是由「哲人君王」領導的政治體制。

實際上，柏拉圖所擔心的民主制度的質變，在歐洲歷史上已有顯著的例子。在希臘城邦時代，城邦聯軍擊退了波斯帝國的侵略。希臘聯軍的領袖伯里克利在戰勝之後，威望之高儼如君主。另一個例子，羅馬是按希臘城邦模式建立的新的政權，城邦的權力屬全民，而由元老院（或者用今天的話：參議院）執掌政權。可是大將愷撒，在征服高盧地區時立了大功，他率領大軍回城，儼然是要奪取政權。於是元老院的幾位政治領袖，在他赴會的路上刺殺了他。可是，他的死亡並不能制止集權領袖的出現。因為愷撒的姪子屋大維接替了其角色，將這個民主的城邦轉變為集權領袖與元老院「共天下」的局面。從那以後，羅馬城邦實質上蛻變為將軍們輪流做主的羅馬帝國。元老院則成為城中的富人與強者分君主一杯羹的機構。

我們沒有太多時間再敘述更多的例證，我只提兩個名字：一個是法國大革命之後出現的拿破崙，他從民主政治中脱穎而出，最後成為「大皇帝」；另一個例子，則是「一戰」以後的希特勒，他以無名小卒參政，逐步以「復興雅利安人的德意志」為口號，在取得政權的步驟上，他完全遵循了魏瑪憲法的規定——而最後，他成為國家的「元首」，終於陷德國為眾矢之的，在列國圍攻之下，「二戰」的後果是，希特勒身死，德意志國裂。

這些例子，都印證了柏拉圖預知的風險。就眼前的情況來説，美利堅合眾國三百年來一步步走到世界巨強的地位，稱霸一時。可是今天，我們眼看著美國民主制度的機制，也在一步一步走向衰退和變質，以至於特朗普在任時，全國大部分人都在擔心，他會變成另外一個「僭主」，偷竊「神器」，專權自用。

假如在二十年前，我以上的擔憂與討論將只是純粹理論的推演。今天，我真是不忍説，也因為我不忍看見，世界上這樣一個新創的國家，擁有一個高尚的理想，居然僅三百年就敗壞了。希望天佑世界，讓民主政治有一個好的發展過程，而不要一次又一次淪喪在野心家的魔掌之中。

回到中國的論題，前面所説清末的立憲運動，是盼望以民選的代表制約君權，其模式大概是以英國議會民主作為榜樣的。後來，孫中山建立民國，提到「三民主義」中的「民權」，無可爭辯：他是以議會民主作為基本的方式，而由民間選舉民意代表執掌政權。中華民國的設立，在憲法上就是如此安排的。只是，孫中山不幸沒有看見中華民國真正的統一，他的理想也從來沒有在他手上實現。實際上，他在廣東只進行了一個局部的統治，選舉制度並沒有付諸實現，而他自己是在「軍政時期」到「訓政時期」執掌那個小小的廣東政權。理論上，在北伐以後，中國出現短期號稱「統一」的局面。蔣介石的執政，從北伐定都南京以後，就定義為「訓政」：由國民黨代替全民，執掌政權，因為國民黨是以實踐民主為目標。只是，北伐以後僅有短暫的安定，國家實際上並沒有統一。從東北到西南，只有江南一隅是南京政權可以號令的。日本的侵略將這短暫的和平時期終止了，而蔣介石以「訓政」為理由的執政，終於又以戰爭期間的總動員，以軍事委員會委員長的統帥身份，完全掌握全國的政權——至少是當時國民政府政令所及之處。跟隨戰後短暫的勝利的，是接下來的內戰，最後出現了新的中國共產黨的革命政權，國民黨政權結束。

這個新政權數十年來以馬克思主義的歷史必然論作為合法性的依據，這幾十年來的變化如眾所知，不用我再贅言。

七十多年來，中華人民共和國經歷了許多次的方向調整。種種措施，尤其前面三十年，引發了數次重大修正，以矯正其過程中出現的艱困。歷史本是不斷改變的，如果歷史沒有發展與變化的過程，人類就在長途的旅程中走向了定格。然而，時間永遠向前，這「定格」也不能阻擋時間的進展。也是在那些艱困的經歷之後，中國的執政者會主導若干階段性的修正。歷史不會終結，在人類歷史上，沒有童話中所說的：「從此以後，一切都快樂了。」

我衷心期望：經歷了這幾十年來的修正和改變，中國不斷地嘗試，也不斷得到相當的經驗和教訓，凡此過程不會中斷。如果不再有嘗試和轉變，就會陷於定格，定格之後就是「歷史的終結」，也就是我們人類生命的終結。中國未來的改變不一定是照著西方模式走，我們要注意：所謂「西方模式」，是忽略了西方本身長期經歷的起起伏伏和不斷的修正。中國自己發展「中國特色」，既是必要的，也是不可免的。任何民族，都有它自己長程發展留下的文化基因，這些基因在下一步的發展中都會或多或少出現。百年來的中國歷史，「領袖因子」何嘗不是以類似「基因」的方式反覆出現。

我自己的認知，和我學習的科目有關。我的學習和研究方法是歷史的，也是社會的。因此，我注視的「中國基因」，是作為政權基礎的社會。沒有社會「底盤」，上面就無法建構政治的大廈。簡而言之，我注視的方向是中國歷史上的政治制度能否運作順暢？是否為老百姓的福祉而統治？這個社會「底盤」，與西方歷史上被簡單稱為「市民社會」的結構並不一樣。中國是大國眾民，不像歐洲是從城邦發展起來的國家。中國的國土，疆域遼闊；中國的百姓，族群多種；中國的各地區，各有地理的特色——在如此複雜的中國領土內，「社會」

從來不是一層，而是從鄰里鄉黨到天下國家，中間有許多層次。而這些「社會」，各自具有空間、時間的特色。如何包羅不同層次的「社會網絡」，組織為一個巨大的有機體，且各個部分彼此維持，又彼此牽扯？對此，必須嚴肅地思考，仔細地研究。中國的廣土眾民，放在一個天下國家之內，這個「工程」非同小可。其規模竟可以說是，「將整個歐洲放在歐洲之內」；也可以說，將美國與中國領土相彷彿而人種特別複雜的局面，以其正在呈現的弊病，作為建構「中國」的參數。在此處，我無法在幾個段落內將自己的構想詳細闡述。

陳新華：說到「中國基因」以及作為政權基礎的社會，您如何看待「中國特色社會主義」?

許倬雲：「社會主義」這個概念實際上有兩個命意：一是以社會作為主體的一種發展趨向，另外一個就是馬克思主義。如果說天地之間存在一個「中國特色社會主義」，不太可能完全遵照馬克思主義的原初設想，因為馬克思參照的例子是歐洲的幾百年歷史——從教會專政到啟蒙時代，再到科技、工業發展的過程。那是歐洲成長的例子，不是全世界成長的例子。

那時候，赫胥黎、達爾文所主張的「進化」，使他們認為自然有一定的規律，人間也應該有一定的規律。如今看來，這種觀念是錯誤的。「中國特色社會主義」需要中國按照自己的情況，根據自己過去的背景，以及當前面臨的困難和對未來的展望進行設計。實踐的過程中，可以有彈性地加、減、乘、除，這取決於中國全體老百姓的智慧，以及領導階層和知識精英的智慧。

以今天世界的發展而論，馬克思主義原來的學說在幾個社會主義國家已經分別得到修改。幾十年來，中國對其加以發展之後，如今形成的就是「中國特色的現代化」。

陳新華：當今世界社會主義的實踐與發展，您認為有哪些經驗或者模式是中國可以參考、借鑒的？

許倬雲：如果按照廣義上的社會主義來看，當今世界至少存在三種模式：

中國、英國以及北歐。英國算半個社會主義國家，北歐三國是一個「社會主義大陣營」。北歐三國的成績頗為可觀，我們能否全部照抄呢？不行。這三個國家都是小國寡民，而中國是廣土眾民。此外，北歐三國的社會基礎與中國非常不同：它們都依靠航海起家，未曾經歷真正的大工業化。所謂「航海」，一部分是做買賣，一部分是做海盜——北歐如此，英國也如此。所以北歐三國內部並沒有大的工業區，反而有許多遺留下來的村落；進而，村落轉為地方性社會政策的執行者，最多萬餘人的社區作為其生活共同體，這是不同於中國的。

説到「社會主義」，中國也可以關注和借鑒英、美的社會福利。美國的社會福利制度，多少有點模仿英國，比如工會法、社會安全法等。但是發展過程不同，處理的優先程序以及在國家財政上的分配也不一樣。英語民族所在的地方，相當程度抄襲英、美的做法。加拿大比澳大利亞做得徹底，新西蘭我不熟悉，新加坡（以英語為官方語言）做得還可以，不過不如加拿大。整體而言，西方國家的社會福利制度常常也在演變。

我在美國幾十年所經見，美國的社會福利制度也是一步一步在修正。我以自己家的情形來説：我退休以前領的薪水，大概只付給我三分之一的現金，另外三分之二的一部分要納税，一部分要在社會安全福利基金存起來，學校再配發一部分。我的收入在美國算中等以上，但是税很重。美國的社會安全福利基金，以玩笑之言説，等於是「老鼠會」：我們繳納的費用供養前面退休的人，現在年輕一輩繳納的費用在養我們。這個制度只要不發生大的變動，就能永遠延續下去；如果哪天垮掉，所有人一起倒霉。

如今，美國社會安全福利基金出現了問題：政府大量地拿這些錢給窮而無業的人，這些人一個月甚至可以拿到三千美元。社會安全福利基金變成了現任政權討好選民的工具。於是，就出現一個怪現象：工廠需要人，卻沒有人去求職，大家拿社會福利金就夠用了。這是美國經濟萎縮很重要的原因。

總而言之，這種設計是各族群基於自己的過去與當下制定的。

美國、英國、北歐、加拿大等走過的路，十分清晰地顯示在那裏了。他們講的民主制度是對的，民主制度是早晚要做的。這不是誰模仿誰的問題，各國的民主程度也不一樣。就議會政治而論，美國和英國就不一樣，英美與加拿大、澳大利亞不一樣，歐洲內部的德國、法國與北歐三國也不一樣。

具體制度上的細節，中國人可以自己設計。更要緊的是，政府要尊重民意，尊重人民的意志。人民是主人，沒有其他人可以做人民的主人。執政團體的功能，可以發揮聚集和培訓擔任專業職務公務員的職能。至於如何走到這一步，要靠智慧，靠決心，靠奉獻。誰能引領中國走到這一步，這個人會是大家感激的英雄，永遠紀念的人物。

陳新華：您一生對東西方的社會、文化，都有很深刻的研究、體驗和反思。對當前的中國，您有何建議？

許倬雲：中國在最近二十年間，發展出很多大城市和大的經濟區域，這是舉世矚目的成績。但是，中國這樣規模龐大、人口眾多的國家，其內部分區——我常稱之為「隔水艙」，應該起碼要兩百個以上，建設若干小的經濟中心，不能都集中在幾個超級都市。

我希望國內的同胞們，以及有能力說話的人向政府建議：不僅是在面臨瘟疫這種天災時，面對日常的大小事情，都以多設置一些「隔水艙」為宜。一艘遊輪八萬噸，如果下面只有八個「隔水艙」，一處漏水，整船不免沉沒。

我認為，省區的劃分不要太大，可以參考三個北歐國家的做法：在現有的省、市、縣、區的基礎上，劃分出一個個更小的單元。比如，一個江蘇省，裏面可以再分四五個區。區域內部，還可以繼續細分，建設一個個的社區共同體。以此為前提，設計一套適合自己的社會福利制度。我的構想是：假如一個企業有三千名勞工，在企業旁邊就可以辦一個社區，這三千名勞工同時也是社區的居民；他們的工作性質一樣，志趣差不多，作息時間類似。其中有一半人結婚的話，就有一千五百名眷屬，他們可以做中小學教員、店舖的會計、收銀員，甚至是餐廳的大廚和領班、社區醫院裏的醫生和護士，等等。社區之內，鄰里之間可以互幫互助，恢復人與人之間的交流和感情。離散的社會對老百姓沒好處，不能每個人都生活得如同孤狼。我很懷念過去中國的那種人與人守望相助的溫情。中國的地方鄰里之間有彼此的關懷和照顧，而美國在個人主義之下，鄰居多少年可以彼此不相聞問，更談不上守望相助、彼此扶持了。

這些人的社會福利，國家可以付一部分，從他們的薪水裏預扣一部分——企業繳一半，職工自己繳一半，這個事情就做成了。也不用「吃大鍋飯」，凡是經歷過「大鍋飯」的人知道其中的難處。以中國人的智慧，以中國人經歷過的大團體、小團體的各種利弊，以中國政府目前的管理現狀，我認為這個設計大體上也許可以實現。

陳新華：您方才提到過《禮記．大同篇》，那是您心目中的理想的中國社會嗎？

許倬雲：《禮記．大同篇》最後一段是我最盼望中國出現的：老有所終，幼有所養，鰥寡孤獨者有人照顧，身體健康的人有工作做，男女都有家庭；貨物要在社會流通，財富不要集中在某些人手中，而是惠及大眾。我也希望政府能「選賢與能」，參與國家管理的人才不一定出自某些特定的世家——在今天可理解成任何政黨、任何集團。

儒家提出「大同世界」的人說，這是遙遠的未來。實際上，這種社會理想在「聖王時代」從來沒有過，那個時候的「聖王時代」也是用以寄託自己的未來。沒有到「大同」以前，要「小康」，「選賢與能，講信修睦」，大家同心合力，分工合作，擔起共同建設的責任。「小康世界」至少是我盼望的前景。

陳新華：中國的現代轉型，是幾代知識人努力的方向。在我看來，您可算是民國知識人和當代知識人的橋樑。在當前這樣大的時代背景下，您如何看待知識人的使命，您對中國的知識人群體有什麼希望？

許倬雲：「知識人」在大陸也叫「知識分子」。我盼望有一天，世界上沒有「知識人」這三個字，每個公民都有足夠的知識衡量周圍一切的事情，能能依靠自己去了解天地宇宙、人生百態，體味心裏的酸甜苦辣，痛苦、淚水或歡樂、微笑。

今天必須要由知識人出來說話，其中有一部分人是專業的人，專業的人有專業的課題要做——世界的知識分科越來越細，非要有人做不可。我們不能忽略這個群體，但他們不能只談學問、專業的事情，而必須具有大處著眼、遠處著想的氣魄。人文社會學科，更可以在大問題的方向上多費點力。

如前面所說，假如今天執政黨的功能是培訓和集聚國家與社會的管理人員，知識人多多少少就應當在這個團體之內獲得學習的機會，承擔其義務和責任，將一己的注意力合理分配：一部分對內，做自己專業之內的事情；一部分對外，思考一些關乎人群的大問題。書生可以無權，書生也可以有權。他的「權」在其探索的方向，他提出的解答對別人具有重要的作用——因為這些人在專業地探討大問題，學習處理若干特別專業性的問題。

今年（2023）我九十三歲了，前面四五十年我都在做專業的工作，七十歲才開始做專業外的事情。但是，我在四十歲左右就開始寫社論了。因為我的專業是歷史，歷史是在大宇宙裏找一個定點——這就決定了我面對一個問題時，要上下看、四周看，不然我無法理解自己。我從一個歷史學家轉到如今這個方向，寫作大眾史學讀物，經常和大家講人生，這並非偶然，也不是忽然決定做的，只是七十歲以後才做得多一點。

兩年前，中國學界同行給我一個「終身成就獎」的榮譽，令我受寵若驚。雖然我住在外國，但不能自外於中國，這是我的祖國，這些同胞是我的手足，中國的建設與我休戚相關。我夢裏都在想中國怎樣才能更好，因此不辭冒昧，有求必應。對於問我的話，我傾囊相對，也並非我覺得自己有這個能耐，我只是盡自己的責任，所謂盡其心而已。我常常舉的例子，是「精衛填海」「鸚鵡救火」的故事：昔有鸚鵡飛集陀山，乃山中大火，鸚鵡遙見，入水濡羽，飛而灑之。天神言：「爾雖有志意，何足云哉？」對曰：「常僑居是山，不忍見耳！」

我不盼望我的話是金科玉律，我有錯的時候，我有偏見的時候，我的性子太急，有冒失的時候。但我對於中國的心情，與精衛、鸚鵡的心是相通的，我不斷地投小石頭，是為了要填滿這個海；我不停撲騰翅膀，是想用羽毛上的水滴滅掉漫天的森林大火。樹林太大了，但我盡其心。

在我而言，日子不多了。就在昨天，一位九十五歲的老朋友走了，他是「大法官」，我們向來並肩作戰。今天早晨我給他兒子寫信，算了算：當年在臺灣一起參與設計社會改革方案，共同激發民智、勸導大眾的同輩人，如今只剩下我一個了。

陳新華：您一輩子行動不便，但相較同輩人而言，您又非常「新潮」，九十三歲高齡每天還在網上看資料、工作，與人交流。您如何保持如此持久的創造力和對世界的好奇心？

許倬雲：從小開始，我的學習就是多方向的吸收、回芻、反思，將已掌握的信息重新組織，吸收其中的未盡之意。直到今天，我每天還會在網上看《紐約時報》《大西洋雜誌》等固定的幾份高品質的報刊，以及有關大陸、臺灣和世界其他地區的新聞。如果再讀《論語》這本書，我相信還可以找到其中的新意。假如沒有這次世界性的大瘟疫，我不會再去重新檢討中國漢末以及西方中世紀的大瘟疫，也就不會有《許倬雲十日談》這本書。

所以，我的學習是隨機的，和一個人聊天、看看新聞都會有所收穫——哪怕是躺在床上不能動彈，我也會思考一些新的問題。我受困於身體，但我的頭腦不會停頓，我的思想不會封閉。

陳新華：像您這樣的史學大家，一輩子勤學深思，現在是否還有特別困擾您的問題，或者您覺得應該解決的問題？

許倬雲：我沒有那麼大野心，會認為自己可以解決所有問題。我也不覺得可以找到最大的、永恆的答案。人生在世，有幾個大的問題是永遠無法解答的：存在與毀滅，以及身體機能的老化，任何人都無能為力。

我所能做的是，在能理解的範圍裏看見什麼現象，我能懂得它，就少一分恐慌，少一分糊塗。但許多問題我解決不了，因為我不是掌權的人——天下沒有真正的掌權者可以解決所有問題。我無拳無勇，也沒有任何干預他人的地方，但我不懊悔，我也沒有害過人。

我永遠在找問題、分析問題，但許多問題我解決不了。如果讓我做宰相，大概皇帝會非常不喜歡——你怎麼一眼看過去，到處都是漏洞和破綻呢？你為什麼不看看剛剛粉刷一新的牆？所以，我肯定不能做宰相。當年在臺灣，和我談話的高層人士很多，比如嚴家淦、蔣經國等，但我一輩子是個旁觀者的角色。

陳新華：您剛剛說，人生有幾個大的問題是永遠無法解答的：存在與毀滅，以及身體機能的老化。那麼，您是如何看待「生死」這件事情的呢，感覺您跟太太並不忌諱談論，反而不斷在相互達成理解，您能分享一下您的領悟嗎？

許倬雲：理解歸理解，也有無奈之處。我比較擔心的是，哪天我閉眼走了，她怎麼過。這是我心裏的悲苦之處，因為我比她大十三歲。照顧我的生活，我知道她相當辛苦，常常也會想著是不是應該早點走掉。但是，哪天我走了，我不知道她會怎麼樣。

我父親當年去世，是午睡醒來去拿報紙，在玄關臺階上踩空，一頭栽下去，頭碰到地上以後五十六天就走了。他走了以後，我有兩個姐姐在臺北陪母親。每年夏天，我一定在家陪她。我們盡了我們的力，她也不怎麼孤單。子孫滿堂，她感覺沒有一個讓她丟臉的。

本來她最不放心我，後來我做完手術可以自己走路，事業上也立定腳跟，和太太結婚，生了兒子許樂鵬，她就放心了。晚年的老人家過得相當舒坦，走的時候九十六歲。我和雙胞胎弟弟回去陪了她兩個月，我睡在病房的凳子上，弟弟睡在地上。老人家左邊一看是我，右邊一看是翼雲，心裏感覺很滿意。姐姐們每天也來看她。所以，她走的時候說：「我沒有什麼難過的，而且我很好，馬上要跟你爹爹見面了。」

只有我自己知道，死去元知萬事空，忘不掉的、盼望的是回到父母身邊。為什麼我們要在故鄉買墳地？為什麼要將祖父母、父母和兄弟的墓擺在一起？就是這個道理。

許倬雲，尋路人

姚璐（《人物》雜誌記者）

在動盪不安的世界中，九十一歲的許倬雲仍在執著地尋找解決方案。

我跟大家共同努力的時間不會太長久了

歷史學家許倬雲九十一歲了。很多時候，他要和自己的身體作戰。

十年前，他動了兩場大手術，脊椎剩下四寸沒動，在那之後，不能低頭，不能彎腰，只能勉強站立，閱讀只能在電腦上進行。一年多前，他徹底癱瘓，站立也成為難事，只剩右手食指還能動。吃飯要靠太太孫曼麗餵食，寫作只能靠口述。早晨起床要靠吊兜，「把我從床上吊到椅子上，從椅子吊到床上，像吊豬一樣」，他笑著説。因為長久坐在輪椅上，夜晚的睡眠變得淺而長。

這個生於 1930 年的老人，在大陸成長，在臺灣求學，在美國深造，一生經歷諸多離亂，見證許多更迭。他以獨樹一幟的「大歷史觀」聞名於世，橫跨中西之間，他畢生所想都是怎麼為中國文化尋找出路、為世界文明提供解決方案。

如今，他居住在匹茲堡的家裏。這是一套窗明几淨的公寓。二十多年前，因為年事漸高，實在無力打理，他和太太賣掉帶花園的獨棟房屋，搬到這套有物業管理的公寓居住。從 1970 年赴美擔任匹茲堡大學歷史系教授，他在這裏生活了五十多年。曾經的「鋼都」不再是昔日的繁盛景象，初搬到這裏時，天是火紅的，空氣中都是刺鼻的煙味，如今，匹茲堡又有了藍天白雲。阿勒格尼河、莫農加希拉河與俄亥俄河靜靜地在此交匯，半個世紀就這樣過去了。

吃過早飯後，許倬雲坐到電腦前，開始讀報。早晨看《紐約時報》和 Google News，白天還要跟進美國的華文媒體《世界日報》，到了晚上，再看兩份臺灣當日發行的報紙。還有兩份雜誌，*The Atlantic* 和 *Discover*，一份是文化評論，一份是科學進展，都不能錯過。

每日讀報，不是為了打發時間，「學歷史的人悲哀的就是，自從有歷史，人就在説謊，沒一個皇帝不説謊，沒一個總統不説謊，是不是？這個怎麼辦？我們學歷史的人就要戳穿謊言，但謊言戳穿能（有）幾個人看見呢？幾個人能看得懂呢？但我還非得做不可，這是我（的）責任，專業的責任，對不對？你看我生活裏面苦惱的是這些事情」。這煩惱伴隨一生，難有盡頭。

雖然退休二十二年，考古學界的進展也要跟進。他的專業領域是上古史，「不但中國考古，世界考古我一樣看，世界不能孤立的。地球氣候怎麼樣，我們中國受什麼影響，發生什麼樣的事件，等等。比如説中國歷史上大禹治水是真有其事，公元前 2019 年的那次大洪水，是喜馬拉雅山底下一個冰川堰塞湖崩了」。

歷史和當下交織在他的頭腦之中。在一種滿懷憂思的狀態之下，他重讀愛德華·吉本的《羅馬帝國衰亡史》，感到一種文明行將崩潰的危機。

新書《許倬雲十日談：當今世界的格局與人類未來》也是在這樣的心境下口述完成的。序言裏，他緩緩説道：「我今天的發言是在我的病房裏面，這是醫院幫助我在家設置的病房，幫我在前面開了一個吊兜，使得我從椅子提升到床上，從床上提回到椅子。我自己不能動，要靠著機器幫忙。在這種條件之下，我跟大家共同努力的時間不會太長久了。」

《人物》的拜訪發生在 2021 年 11 月的一個上午。當我摁響門鈴時，他早已等候在客廳中央。在大洋彼岸的這間現代公寓裏，他的言談舉止中留存的是一種舊文明系統中的古典氣息，令人感覺在兩個時空中穿梭。

這種「古典氣質」，東南大學教授樊和平也深有體會：「那樣一種氣息，那樣一種氣派。在他的眼睛裏，一切都是平等的。一方面就是他對所有的人，包括你們年輕人，都非常地尊重。另外一個，他不會因為你是權貴，他就對你絲毫有一點添加什麼。這一點如果不親身在場，可能難以體會。」

「我是個病人，所以穿了病人衣服……你不在乎啊？」「我耳朵不靈光，聲音有點啞，沒以前亮了，你包涵點啊！」許倬雲充滿歉意地說明，然後坐在桌前，準備開始談話。窗外是一片小小的草地，已是深秋，樹葉正在由綠轉黃，他的眼睛凝視四季、歷史和現在。

和年輕朋友說話

2022年剛剛到來的時候，許倬雲錄製了一段視頻，在全世界「被瘟疫所困」的日子裏，他有一些「想對年輕朋友說的話」。

坐在家中的桌前，他雙手交疊，唯一能動的那根手指一動一動——那是他說話時的習慣。這個生於戰亂歲月的老人，平靜地目視鏡頭，說「我一輩子沒有覺得哪個地方可以真正給我們安定，哪一天會真正給我們安定」。

在這既短暫又永恆的風雲變幻中，他想提醒「年輕的朋友」，要記得反省「我自己有沒有作為其中的一分子，促成了這個風雲變幻」，「我們不能完全安於說『我的日子好，就夠了』，我們每個人要想想未來該怎麼做，要想想現在該怎麼做」。

2019年4月，也是在匹茲堡的這間公寓中，許倬雲接受了作家許知遠的訪問。「那天我記得是有點小雨，雨濛濛，所以造成的風景啊，雨濛濛很有意思。」許倬雲向《人物》回憶。太太孫曼麗說，他喜歡雨，喜歡長江。

以雨幕作為背景的談話中，他談到「往裏走，安頓自己」的人生哲學；

談到全球性的問題，「人找不到目的，找不到人生的意義在哪裏，於是無所適從」；談到他對中國文化的信心與憂慮，「中國尊敬過去，注重延續，來龍去脈，這個是中國的好處也是中國的缺陷」；還有對未來的期許，「要人心之自由，胸襟開放，拿全世界人類曾經走過的路，都要算是我走過的路之一。要有一個遠見，超過你的未見。我們要想辦法設想我沒見過的地方，那個世界還有可能什麼樣」。

後來那期訪問成為《十三邀》當年最受歡迎的節目之一。「我有個surprise，我沒想到這麼溫暖的、熱烈的反應，所以我就覺得我該盡義務了。」許倬雲告訴《人物》。

雖然擁有頂尖的學術成就，但他從來不只是象牙塔中的學者。有很長一段時間，他一直為報紙撰寫評論文章，臺灣「中研院」歷史語言研究所前所長、歷史人類學家王明珂向《人物》回憶：「那個時候他給我的印象就是，說話很有分量，然後他的文章在報紙上常常登在很重要的位置上。」

而現在，他所指的「盡義務」，是更積極地參與、回應現實。他相信年輕人，也能感受到，在這個紛亂複雜的時代，年輕人渴望向他尋求答案，「對他們我願意捨得精力」。他相信個人行動的力量，想要告訴年輕人，「責任不是你擔社會責任，你擔你自己該負的責任，你擔你對你相處的人的責任」。

後來他在《許倬雲十日談：當今世界的格局與人類未來》中說：「我盼望，我在世間走了這麼一遭，有機會跟大家說這些話，使大家心裏激動一點，本來平靜無波的心裏可以起個漣漪。小波浪可以造成大的潮流，推動大家不斷地、一天比一天進步。」

在這天的訪談中，他提醒我：「我想講的，未來的情況下，我們現在的文化能不能適應？將來做怎麼樣調試才合適？中國的缺點在哪裏？西洋文化缺點在哪裏？這個我要保留下來講的，好吧？前面差不多了，你給我大概至少要二十分鐘。」

當我們真的進行到這個話題時，他變得極為嚴肅，「假如佔全世界四分之一人口的中國能找到一條路，這四分之一就可以影響到全世界」。此時已是中午，他應當休息的時間，老人明顯疲憊了，但他不願意被打斷，「我認認真真講，這是我最關心的事情」。

幾乎所有人都能感受到許倬雲的迫切。哈佛大學教授王德威是他的談話對象之一，王德威專攻文學，許倬雲則是歷史學者，二人年齡相差二十四歲，過去他們主要因為學術討論聚在一起。

「到最近一兩年，因為疫情的關係，我覺得他那個疏離的感覺、那個危機的感覺特別強。」在視頻中，王德威告訴《人物》，許倬雲向他提出，能不能定期聯絡，他們約定一週通一次電話。

在定期進行的通話裏，他們天南地北無所不談。「有關中國兩岸的華人世界的問題，他都非常非常關心，」王德威回憶，「第一次把我嚇壞了，我記得最開始他講兩個多小時滔滔不絕的，許先生，我說您九十幾歲了，要不要休息一下？」

另一方面，王德威理解他，「那種時不我與的感覺，不只是年紀上的、健康上的，同時可能也是一種知識分子面對這個世界的局勢的那種危機感啊。我覺得危機感是某一代的中國知識分子，是他們的血液的一部分，他們的 DNA 裏的一部分，三四十年代（出生的這一代知識分子）。所以那種緊迫感，用一種很俗的話來講就是感時憂國」。

離亂歲月的夢魘

1930 年，許倬雲出生在廈門鼓浪嶼。四歲時，父親由廈門海關監督轉任湖北荊沙關監督，為中國面對戰爭做準備。三年後，抗日戰爭開始，他們全家隨著戰綫遷徙，成長過程中如影隨形的是戰爭和死亡的陰影。

許倬雲的太太孫曼麗告訴我，八十多年過去了，時至今日，他仍然會在深夜夢魘，「所以一個人年輕時候的記憶啊，真的是很深很深」，之後的人生經驗，「往上頭加，蓋不住」。

「懂不懂『過陰兵』？」許倬雲向我提問。

「你們沒受過這種苦，你真的不知道，萬縣死了多少人，房子沒有了，人睡在街邊上，夏天，連著有幾個月，每個月、每天晚上半夜三更全城大哭大鬧⋯⋯看見死的人腦袋沒有了，腿沒有了，血淋淋地在這排隊走過去，像軍隊走過去一樣，就在你頭旁邊走過去。」

後來許倬雲曾在許多場合講起過這個故事——「七七事變」後，川軍戰士上前綫途經沙市，母親帶著女工為戰士們燒開水喝，她看著這些不過十八九歲、臉上帶幾分稚氣的小兵，不由自主地口宣佛號，「阿彌陀佛，不知道這些人有多少還能夠回來」。

「很快地我們就知道了什麼叫轟炸，很快地我們就知道了什麼叫流亡，很快地我懂得了母親所説的『不知道這些人有多少還能夠回來』。這個鮮明的印象，使我領悟到生與死的界限，以及個人與國家之間究竟是怎樣的關係。當時年紀還幼小，不知道其中的意義，只曉得這些人成批成批地開拔出去，或許永遠不回來了。這幕景象，從此切開了原本無憂無慮的童年。」他在《回顧心路歷程》一文中記錄了自己心境的改變。

抗戰的經驗是他此生最深刻的記憶，只要講起這個話題，他總是會哭，有時哭得像個孩子。這哭裏有痛心，也有害怕，當年的恐懼到現在一直還在。

「日本人的炮聲離沙市不太遠了，我們就要搬到老河口去，滿路都是人。爸爸拉著老媽的手，媽媽抱著我，在江邊走。沒有車輛，沒有什麼了。公家準備撤退的車在下面，要走下去。爸爸就跟娘娘説，真要（是）日本人殺過來，我拉著老八，你抱著老七（許倬雲），我們四個人一起（跳）下去，長江水⋯⋯」坐在餐桌前，老人的聲音微微顫抖，哽咽得幾乎説不下去。

那時他還沒有上學，但是在這樣的離亂之中，他有了「中國不會亡」的信念，和對於中國文化的信心。「中國的老百姓是好的，真是好的，危難的時候互相真是幫忙，真是到了死亡架在頭上的時候，真是互相幫忙。日本人飛機在掃射，我們在萬縣，一個懸崖底下，公園裏面懸崖底下可以站幾萬人，大家以為日本飛機不能掃射懸崖，日本飛機就沿著懸崖，低飛。馬上許多男人站到前面去，把女人、小孩推到後面，沒有動員，他們自己做了。」

後來，他的生命中，經歷了更多的離亂和逃亡。

1948 年，他們全家分幾批遷到臺灣。他和二姐一家坐同一班船，如果搭早一班，就是永遠沉沒了的「太平輪」。「所以我跟你講人生實苦啊，不能看見我自己苦啊，我看見離亂之世。《世說新語》，怎麼樣講衣冠南渡。東晉是衣冠南渡，到了岔路口，逃難群眾分兩條路分開，路口互拜，一別不知道哪天再見，大家摸著樹一起哭。中國歷史上衣冠南渡多少次了。」

到了 1980 年代，許倬雲開始寫作《西周史》，寫到最後一章，西周行將走向衰亡，他幾乎是流淚寫成，「看見一個秩序有理想地建立起來，但是糟蹋掉了」。當他寫到《詩經》裏的《板》《蕩》，十分傷感，「因為他們經歷的離亂歲月，跟我自己在生命裏親眼所見的一樣」。

沒有快樂的歷史學家

和許倬雲的談話，有時候會陷入一種困境。他寫的是「大歷史」，談的也是「大問題」。我們談及中國文化的未來，他先從量子力學裏的糾纏現象講起，講到雅利安人馴服了馬匹，開始有了虜掠文化，再講到周人的天命文化，講到孔子的「忠」與「恕」，在幾千年的尺度裏，他比較東西方文明的差異，試圖讓我理解東西文明系統中的複雜脈絡，在紛亂的綫索中抓住核心。

他解釋過自己的談話風格，是受勞榦（勞貞一）先生影響。「人家問我問題，我會一條一條細瑣地回答，但我腦子裏可沒忘記題目。只是聽的人可糊塗了，不曉得我會繞回去，等到最後我回答他的問題時，他說：『你怎麼兜了那麼大的圈子？』我說：『我不把細節講清楚，怎麼回到大題目啊？』所以人家問我題目，我回答的辦法就是勞貞一先生的辦法，但是提問的人一定要很有耐心聽完，早晚我會轉回原來的問題上去，不會轉丟的。」

他喜歡用一個詞來形容當下很多人的關注落點——零碎。在這樣一個分工越來越細的時候，給大問題做註腳的人越來越少。這十幾年來，廈門大學哲學系教授王波經常向許倬雲請教問題，他們的話題既有「古代歷史、考古學、社會學等，研討從新石器時代一直到漢代以後，看看怎樣演變出了中國的秩序」，也有時下流行的各種話題，「比如內捲、躺平、脱碳入硅等」。

在持續經年的求教與討論之後，王波説：「如果説我有什麼治學習慣承襲自許先生，那可能就是歷史思維。這裏的歷史不是歷史學的歷史，不是被降格了的對歷史事實的編年記載，而是建立在通曉人類歷史及其成就的基礎上，超越基於常識的經驗思維，將歷史本身作為根本原則，把握歷史展開過程中的必然性。」他説，許倬雲對於知識人的期待是，「努力做能夠『一錘定音』的人，起碼要有這樣的氣魄」。

復旦大學教授葛兆光曾為許倬雲所著《説中國》寫解説，他「感受最深的，就是許倬雲先生那種『截斷眾流』的大判斷」。他的視角始終很宏大，最終落回他的表達，「我講的人在群體之中層層套疊，有責任、有權利、有自由，這種社會不是孤立的，是自由的、平等的，是有責任、有權利的」。

但大視野投向的從來不是大人物。在他的目光裏，小民百姓、日常生活分量極重。

1993 年夏天，許倬雲為即將在內地出版的《西周史》重寫序言。他寫下自己受到的質疑：「《西周史》問世以來，曾得到若干同行的批評。批評之一：『居然連周公的事蹟也不提！』其實不僅周公未有專節，文王、武王、太公、召公……均未有專節。」

他回應道：「我治史的著重點為社會史和文化史，注意的是一般人的生活及一般人的想法。在英雄與時勢之間，我偏向於觀察時勢的演變與推移——也許，因我生的時代已有太多自命英雄的人物，為一般小民百姓添了無數痛苦，我對偉大的人物已不再有敬意和幻想。」

他深受法國年鑒學派的影響，「我們注意的是人的生活，我們不注意皇親國戚，更不注意帝王將相。我們注意國家是注意它的制度，注意它的成分，不注意裏邊的政治人物。從一個人看他的時代，他的悲歡離合多少應由他自己負責任，多少不是他的責任。絕大多數的悲劇不是他的責任，都是犧牲品」。

正是這樣的認知，構成了他與一般史家不同的治學特點。在這部沒有帝王將相的史書之中，他著重探究的是周人「天命」觀念的形成，又另闢章節描寫周人的生活。寫到「飲食」時，在描述完當時的食物及烹調之法後，他寫下，「雖說如此無等，農夫的生活到底只是陳年的穀粒（《詩經．小雅．莆田》）及採來的苦荼（《詩經．豳風．七月》）」。

雖然歷史資料總是「詳於社會上層，而略於下層」，他仍盡力復原三千年前最普通百姓的生活。在「居室」一節，他專門寫道：「小小土室，柴扉零落，用桑樹的樹幹作為門軸，上面是草束覆蔽的屋頂，破了底的瓦罐放在夯土牆中，當作窗戶，用破麻布和破毛毯塞在門縫窗縫裏擋寒氣……下雨天，屋頂漏水，地面也因為是挖掘在地面以下，進水是免不了的……在西周，大致是最窮的人，住這種半地穴的居室了。」

華東師範大學教授葉超是許倬雲談話的朋友之一，他感到，「他對於這些問題實際上已經超出一個歷史學家去研究對象、一個考古學家去勘探文物的感覺，他是真真切切地去關心歷史和歷史背後或者歷史中的這些人，這是他最關注的」。

抗戰結束後，許倬雲全家回到無錫，他進入輔仁中學就讀。學校隔壁就是東林書院，沒有圍牆，只有一排矮松林阻隔。如果有同學不聽話，就會被老師帶去東林祠堂，對著先人罰站。明代的東林黨人講究實學，不談心性，「家事、國事、天下事，事事關心」，這是許倬雲自己體認的文化基因，「無錫人不在乎幹任何高高低低的 job，讀書是本分，幹活是幹活。不是我是書生，我（就）是了不起，我做宰相啊什麼。我不在乎。讀書是本分，養活你自己是該做的」。

遷往臺灣後，他考入臺灣大學歷史系，受教於沈剛伯、李濟之、勞榦、凌純聲等史學大家。1957 年，他赴芝加哥大學攻讀博士學位，師從美國著名的漢學家顧立雅，受到的是東西方最好的精英教育。

但王德威發現，「他特別有一種願意從世俗跟民間的立場來看待歷史問題的傾向，這個跟他個人的學術訓練似乎是有所不同。因為他來自於一個大的家族，來自於一個書香門第，來自於一個有良好教養的環境。但他始終強調的是他所經受的這種亂離的經驗，所親眼看到的大量的這個死亡、戰爭、逃難、饑荒等等，刻骨銘心。所以一開始他一方面做的是上古史的研究，但他那個『心』是，怎麼講，非常牽動當代經驗的」。

這給了許倬雲一種超越性的立場，「我對於人類的關心，和對一族人的關心應當是一樣的，並不少」。

在《許倬雲談話錄》中，他談到自己經歷的抗戰八年，「除了最後一年多在重慶安頓以外，都是跑來跑去，因此，我幸運地看到了中國最深入內地的農村，看見最沒有被外面觸及的原始原貌，不但是山川勝景，還有人民的生活。作為旁觀者，我常常被擺在一個土墩上、石磨上，搬個小板凳，看著人家工作，所以我對農作的每個細節都可以細細地看」。

後來他寫第二本英文專著《漢代農業》，「親切的印象全回來了」。當許知遠訪問他時，向他提問：「對中國的常民來講，歷史上這麼多年代，生活在哪個年代是最幸福的？」他的回答是漢朝，「國家的基礎放在農村裏邊獨立的農家」。

他在 1980 年代的博士生、學者陳寧後來總結：「在許先生心目中，共同體的『盛世』應該是百姓安居樂業，生活過得最舒暢的時代，文化最具活力的時候，而許多教科書將『武功』作為衡量盛世的標準。許先生反對這一標準，因為『武功背後有多少悲傷』，戰爭給百姓帶來的是連年的苦難。」

「歷史學家沒有快樂的，司馬遷受了那麼多的虐待，除了宮刑，一輩子坎坷，這個苦跟他看見漢朝起步的錯誤、漢朝當時的愚蠢（有關），他難過啊。」回望自己的治學生涯，許倬雲這樣說。

陳寧如今生活在弗吉尼亞，距離他做許倬雲的學生 30 多年了。他帶來幾封他小心翼翼保存的與老師的通信，一點褶皺都沒有的信紙上，許倬雲寫下自己翻譯的弗羅斯特（Robert Frost）的詩《少有人走的路》，「深林有歧途 / 敗葉掩足印 / 舉步入荒徑 / 只為少人行」。

在信中，他告訴自己的學生：「此詩表達了與研究精神暗通的心態，求知必須有深入不毛、另闢蹊徑的勇氣，庶幾踏入未經開闊的新天地，其實無論讀書做人，都需有不怕寂寞、不隨眾人的心理準備。千山獨行，即是一步踏入荒徑也。以為然否？」

居然可以不疼痛了

在 2022 年新年談話的視頻中，許倬雲提到，過去的 2021 年，自己最有成就感的事，「就是居然可以不疼痛了。這個是了不起的大事情，居然可以逐漸過比較正常的日子」。

疼痛是幾乎伴隨他一生的陰影。許倬雲出生時，母親三十八歲，已經是高齡產婦，懷的又是雙胞胎。在母體營養不夠的情況下，強者取全部，弱者取其餘。弟弟許翼雲是健全人，他則生下來就是「很壞的傷殘」，肌肉沒有力量，骨頭沒辦法生長，一直到六歲都不能動。八歲時，他自己發明一個辦法，拖著竹凳子，一步一步向前移，後來才慢慢能站起來。這使得他「從小就學會忍耐，在哪個角落都能隨遇而安，有時在椅子裏坐上一個小時，也得乖乖忍受，直到有人再把我抱到別的地方」。

家中兄弟姐妹都去上學，但他不能。後來，許倬雲成為歷史學家。身體限制了他，也給了他不同於其他人的視角，「我不能動，我是永遠（的）旁觀者」。

「最初我沒有希望，」他向《人物》回憶，「我在農村裏邊逃難的時候，起床以後，父親忙他的公事，母親把我放在村子裏的磨盤上。磨盤旁邊總有人，洗衣服的，摘菜的，就在旁邊，磨盤上是安全的。那種情況之下我不存希望。慢慢、慢慢看著，還有太多人不如我，太多比我更可憐的人了。尤其看見滿地的傷兵，抬進來的時候，一百多人躺在打穀場上。第一天晚上鬼哭神嚎，第二天晚上聲音停了，第三天沒了，一批一批拖出去，拖到漢水邊上，挖個大坑——生時同袍，死時同穴。這種刺激一般孩子看不懂，我看得懂啊。」

因為看到了滿目的可憐人，許倬雲想要站起來，「我要能走路，我能學，讀書對我並不難」。抗戰結束後，全家回到無錫，輔仁中學願意接收他，他得以第一次進入學校，開始上高一，所以他至今感恩。

那之後，他考入臺灣大學歷史系就讀，之後又赴芝加哥大學攻讀博士，求學之路一路順遂，但病痛也始終伴隨。在芝加哥時，他經歷了五次免費的矯正手術。「夏天開刀的時候，看著樹葉茂盛，我腳掛在繩子上，繩子掛在床上面那個架子上，讓血液可以循環。晚上不能翻身，這日子怎麼過的？會問自己啊！每次開刀重新學走路，痛啊，有的發炎了，徹骨之痛啊！」

許倬雲説，在那樣的境遇之中，他常有自殺的念頭，但因為動不了，連自殺都不行。

支撐他堅持下來的，是人世間的善意，「因為我看了太多人愛護我，太多人想幫我忙了」。在不能上學的那些日子裏，父親隨機對他進行全科教育，一邊聽廣播一邊給他翻譯丘吉爾的演講，「在海上，在海灘，在灘頭，在街道，我們一路抵抗」；在美國，因為長期住院，老師來病床邊給他上課；主刀的醫生跟他説，「不是我在開刀，是神用了我的手給你開刀，我們一起禱告」。

也是在芝加哥大學讀書時期，他第一次讀到了加繆，「當西西弗再度站起來舉步向山下走去時，西西弗幾乎已經與神平等，至少他在向神挑戰。沒有想到，這次偶然拾來的讀物，竟解決了我心理上的矛盾」。在《心路歷程》中，他這麼寫道：「我從自己的殘疾得到一則經驗：我知道凡事不能鬆一口勁，一旦鬆了勁，一切過去的努力都將成為白廢。」後來他在《十三邀》中說：「只有失望之人，只有無可奈何之人，他會想想我的日子為什麼過。看東西要看東西本身的意義，不是它的浮面，想東西要想徹底，不是飄過去。」

2021 年，癱瘓之後襲來的疼痛，足足有三個月，「也是徹骨之痛，痛得求死不成，求活不行」。陳寧就是那時收到他的郵件，詢問他是否能幫忙找到可靠的醫生止疼，那時，他已經疼到無法睡覺。

就是在這樣的境遇中，只要他狀況好轉，就會讓助手來家中記錄自己的口述整理成文章。

這樣劇烈的疼痛，最後通過針灸才緩解下來。紐約大學博士畢業的兒媳在加拿大的針灸學校特別選修針灸，在取得執照之後，「我是她第一個病人」。

他說，治療的過程「痛得死去活來，慢慢像潮水退一樣。這潮水嘩進來，嘩出去，繞著傷口這麼轉，真是浪潮一樣的。等那陣慢慢慢慢定下來……居然可以不痛了」。

令人吃驚的是，在每週一次的電話裏，王德威聽許倬雲講起，他已經計劃寫作一部思考多年的「總結性」作品——《經緯華夏》。「他的腦筋一直在動，這個很驚人啊，九十幾歲的學者，他不會甘心躺在那裏養老啊，或者是消遣，什麼看電視劇，沒那個事兒，他就一直在思考。」

上帝可憐我，給我好家庭

兩個多小時的訪談裏，許倬雲的太太孫曼麗一直坐在一旁的沙發上。她聲音活潑、快人快語，能讓人很快地親近和放鬆下來。

她聊起種花種草，讓人種竹子時要小心，否則會纏繞下水管道。提起許倬雲一家，她笑著說，「都是無錫泥娃娃」，胖胖的好胃口。她有自己的總結：一個家裏頭，如果媽媽對吃很重視，孩子都很快樂。

許倬雲流淚了，她就為他擦拭眼淚。如果許倬雲情緒陷入低潮，她則會適時地插進來，「我就常常跟他講，我說這個世界嘛，是不好，可是你必須要抓住你的理想，不能放棄」。

她懂得許倬雲的悲苦，也了解他內心深處的樂觀、不放棄。許倬雲形容她，「是醇厚高潔的人」。

在八十歲所做的口述歷史中，許倬雲有過這樣一段動人的講述：「我常說上帝是非常好的設計者，但卻是非常蹩腳的品管員，所以我的缺陷非常嚴重。不過上帝對有缺點的產品都有產後服務，會派個守護神補救，我前半生是母親護持，後半段就是曼麗了……為了照顧我，曼麗確實比一般的妻子辛苦，這是我感愧終身的！好在我們相契甚深，其他都不在乎了，一輩子走來，感到生命充實豐富。如果我們可以選擇，下輩子還是願意再結為夫妻。」

在這天的採訪裏，兩個人說起生死像話家常。許倬雲說：「我珍惜剩下的歲月。她走，我走。哪天我走了，她大概也跟著走了。」

因為身體的殘疾，許倬雲說，年輕時，自己在心裏築了一堵牆，「必定要有一女孩子，能識人於牝牡驪黃之外，就像伯樂識馬。她看得見另一邊的我，不是外面的我，而我也看得見這個人」。

他們之間相差十三歲，他擔任臺灣大學歷史系主任時，她是歷史系的學生，只是那時他們沒有交往。直到她畢業兩年後，他們發現「事事都談得來」，她懂得他熱鬧背後的孤獨，「他的穩定讓我穩定」。五十多年過去，「你現在叫我重新選，還是選他」。

談話進入輕快的氛圍，孫曼麗說：「我知道自己，然後我知道我要什麼。而且我忍受不了人家的腦子笨。反應慢，腦子笨，我吃不消。」

1969 年，他們結婚，生下兒子許樂鵬，他們對他的期待是，「過一種寧靜、情感滿足、精神生活充足的生活」。許樂鵬如今也五十多歲了，他不想要進入某一個「系統」之中，從芝加哥大學博士畢業後，他當過攝影記者，現在他在卡耐基梅隆大學教一門人類學的課，另外的時間和朋友們一起做獨立攝影雜誌，「很忙很忙，他喜歡」。

這對夫妻之間的坦然令人印象深刻。南京大學的老師馬敬記得她第一次見到許倬雲夫婦時的樣子，那是十幾年前的事了，許倬雲應老友余紀忠所託，幫忙籌建南京大學人文社會科學高級研究院和華英文教基金會。公事結束後馬敬送他們回到金陵飯店。她在電話裏笑著回憶，當他們在房間門口道別時，許師母一邊笑盈盈地說著再見，一邊輕輕摩挲著許先生的頭頂。因許師母比許先生高出一截，看上去就像摩挲小朋友的頭一樣，輕鬆又充滿愛意。

後來漸漸熟了，她就像他們的女兒一樣，許師母教她做葱油拌麵。她陪師母去買衣服，買回來了在屋子裏試穿給許先生看，「許先生就嘿嘿說好看，我們還打趣說，這男生就只會說好看」。

這是一個快樂的家庭。他們喜歡花草，喜歡聽崑曲。許倬雲從少年時代就迷戀武俠小說，這天他們說起最喜歡的武俠人物，都把票投給蕭峰。孫曼麗說：「這個角色非常動人，寫得非常深。」許倬雲說：「契丹人的後代，中國人的徒弟。兩邊都不能（讓步），他自己得犧牲。」身為離散者，多少有許倬雲自己的人生況味在裏頭。

癱瘓之後，許倬雲吃飯要靠妻子幫忙。《人物》到訪的這天早晨，「一碗熱稀飯，一個鹹鴨蛋，一點肉鬆，人家就吃得開開心心的」，孫曼麗笑著說。最近朋友幫忙買到了美國不容易找到的醃篤鮮罐頭，許倬雲愛吃，「五花肉和大肥肉，人家吃得嘎嘣嘎嘣的」。

還在學校教課的時候，許倬雲好客，常常請學生來家裏吃飯，師母做的飯是所有學生的溫暖記憶。但在許倬雲身體還好的時間裏，他要負責洗菜、切菜、洗碗，「我那時候力氣夠的時候，切肉切得蠻好的」，許倬雲笑起來，眼睛瞇著。「我們家就我一個女生，誰也不敢講說該女生做。」孫曼麗補充。

他們也討論時事、歷史，孫曼麗有自己的看法，《萬古江河》的書名，也是她所起。「我們大小問題也商量，思想問題可以討論，帶孩子的方針可以討論，對朋友的選擇彼此尊重，這是我一輩子最大的福氣。她懂得我這個人，懂得我的脾性，懂得哪些人我不喜歡，哪些事情我不願意做。她從來不在乎我的生活起居寬裕不寬裕，窮過窮日子，寬裕不浪費。母親和她是我一輩子最大的支撐。」在《許倬雲談話錄》中，許倬雲曾如此總結。

在所有場合，許倬雲總是說，要謝謝曼麗，他心裏總是有愧疚。但馬敬告訴我：「許師母說，其實不然。其實是許先生如果說有一天不在了，你會感覺到許師母會有一種精神上的垮塌，我理解她就是對許先生有一種精神上的依戀。」

2021 年，在接受混沌學園的訪問時，許倬雲說到自己最想做的一件事，「能夠跑一跑，能夠跳一跳，能夠兩隻手把曼麗抱起來，托起來，這就是我的願望了」。

關於這個願望，《人物》採訪的那天，孫曼麗給了最動人的回答，「可是我從來沒有想這個事情，跟他在一起，我從來沒有想到說是要做這些事情，因為我是覺得這邊（她指了指大腦）比較重要。以前我們走路都得牽著他，他走得慢，我走得快，我常常走著走著，我就把手給扔了。他說後面有個小狗，你快牽啊，他說你後邊有個小狗，你怎麼就跑那麼快。因為我牽他走的時候，走走走，我就手放了，就往前走了。回頭看，還有個人在這裏」。

「這是上帝給我的恩賜，上帝可憐我，給我好家庭，」許倬雲笑了起來，「所以你知道我多幸福，對不對？」

美好的仗已經打過

再回到這間安靜的屋子吧。客廳裏掛著辛棄疾的《朝中措》：「夜深殘月過山房。睡覺北窗涼。起繞中庭獨步，一天星斗文章。朝來客話，山林鐘鼎，那處難忘。君向沙頭細問，白鷗知我行藏。」

他尤其愛那句「一天星斗文章」，還化用馬致遠的曲做了對子，「一天星斗文章，滿眼山川圖畫」。讓人想起他最愛的兩句詩，「西風殘照，漢家陵闕」。開闊者自有開闊者的行處。

一天的大部分時間，許倬雲都坐在書房電腦前，他用一個指頭打字，就這樣一點一點回覆郵件。幾乎每個訪談對象都會提到許倬雲的郵件。中央民族大學教授陳心想第一次聯繫許倬雲時，是想請他為自己的書《走出鄉土：對話費孝通〈鄉土中國〉》寫序，那是 2015 年，兩人素昧平生，許倬雲二話不說就答應了。「謝謝賜函。我們雖然從未見面，為費先生大作的演繹作序，義不容辭。但須等幾日，等我的助手來，幫助筆錄口述。」

2017 年，華東師範大學教授葉超給許倬雲寫郵件時，是在網絡上看到了一篇演講。那是許倬雲在 2006 年所做的講演《歷史上的知識分子及未來世界的知識分子》：

未來的世界，工具性的理性或許可以發展到極致，但其目的與意義卻沒有人問。未來的世界，顛覆文化的人很多，卻沒有文化的承載者。知識分子還有沒有張載所期許的四個志業？

過了七十歲以後，凡是公開演講，我都當作最後一次。今天的談話，我心情非常沉重。在海內外看到的種種，使我痛感事情的嚴重性。當然我不希望這是我最後一次演講，盼望明年有機會能再次和大家同堂。如果明年不幸無法見到各位，希望年輕的朋友們願意做傻瓜，承擔痛苦，抗拒財富與權力的誘惑。

接受訪問前，葉超先把這篇演講發過來，希望我讀過之後再與他談話。他説，那封郵件過後，他和許先生雖未曾謀面，但成了時時談話的朋友。葉超承認，這是一個知識分子容易感到迷茫的年代，「專家性的人才越來越多，但是真正地能夠把專業跟社會、國家、世界發展的命運聯繫起來的人越來越少」。在不同的年份，他都會重讀一遍這篇演講。

這正是許倬雲憂慮的問題，他總是談起現在的大學教育，他強調，「一定要幫學生學到尋找知識綫頭的能力，把綫頭找出來」。教學生，不是澆築模具，他害怕那份整齊劃一斬斷了生命力。

還有更多的年輕學者受到許倬雲的感召。南京大學講師陸遠，十多年前還是一名研究生，那時許倬雲幫助籌建南京大學人文社會科學高級研究院，他常常陪在許倬雲身邊。有四五年時間，許倬雲每年到南京住一到兩個月，只要南京大學給他一套可以住的房子，不要任何酬勞。任何人只要願意向他求教，許倬雲就願意講。

那樣的氣氛，會令他想起《論語》裏的「暮春者，春服既成，冠者五六人，童子六七人，浴乎沂，風乎舞雩，詠而歸」。陸遠回憶：「他先會問你，你最近在讀什麼書，在思考什麼問題，問了以後，他就會與你開始展開討論。」

在南京的那些年裏，他在南京大學和東南大學兩頭跑。東南大學是以工科為主的院校，曾經長期負責東南大學人文教育工作的吳健雄學院黨總支書記陸挺向《人物》回憶，許倬雲最大的擔憂是培養出「單向度的人」:「如果社會上只有科技而沒有人文，那麼這種科技只是一種工具性的理性科技，一種找不著目標的科技，一種忽略了人存在意義的科技。科技發展到最後的結果就是，出現為一己私利而不擇手段的科學怪人、科學狂人，一種沒有人文的科技，發展到最後就是不管人性，只要能獲得利益就可以去奴隸別人、侵略別人，這樣的科技毫無存在的價值。拋開社會不談，一個人如果沒有人文精神，那麼他就不會知道欣賞美，不知道尋找快樂。」

但兩場大手術後，許倬雲不再能飛行。2013 年 10 月，南京大學人文社科代表團在美國訪問期間專程到匹茲堡拜訪他。談話到深處，許倬雲說了很令人動容的話：我今年已八十三歲，餘用很少，不能飛行，不能再回去與大家共事，但如果送年輕人來，我拚著老命教他。

陸遠後來聽說那天的談話，特別感動。但他也為這種情感終將消逝而傷感。「比方說青教，像我這樣的，大家都要關注上職稱啊，然後你能發多少文章啊，『工分』能攢多少，大家很少再去想這些大的東西，」他說起當下青年教師的共同困境，「我覺得今天我們這個時代很難有了，因為大家關注的都是非常小的點，具體的我可以在我那個領域裏面研究得很深，但是我沒有辦法對大的格局產生看法。」

有的時候，許倬雲也會陷入一種情緒的低潮。2019 年年末，馬敬向他問候新年，他在回覆中寫道：「目前幾乎每日有在家護理人員，保持密切觀察。曼麗為此，特別勞累。我已八十九歲，看來大限不遠，來日無多。雖然如此，我套用《聖經》: 美好的仗，已經打過；我已盡力，也應該收兵安息了。而且舉目四望，處處正在叔世進入季世，能不再次經歷劫數，已是福氣。只盼餘生，盡力完成該做的事，或者心理稍覺不愧。願大家放心，一切盡其在我，其餘付之天命福分。」

葛岩是許倬雲在 80 年代帶的博士生，如今是上海交通大學教授。隔段時間，他會給老師打去視頻，視頻鏡頭中，他感到老師顯老了，每次移動都賴於輪椅。老師在信中對他說：「天天肌肉疼痛，藉藥物止痛。人生至此，無可奈何。」

葛岩和妻子寫信過去，請老師萬萬以健康為重。後來葛岩收到了老師的回信，那封信令他震動。老師的回信是這樣寫的：「為了做一日和尚，總得盡撞一日鐘的責任，因此來者不拒，有人願意聽，我就盡力交流。畢竟，我們都是知識鏈的一個環節，這一長鏈，不能在我手上斷綫——葛岩，希望你也記得如此做。」

（本文首發於《人物》雜誌 2022 年第 2 期）

獻詩：讀許先生倬雲

趙野（詩人，著有《逝者如斯》《信賴祖先的思想和語言》《剩山》等）

一

我不是在任何時間，而是在
某個特定時刻，對個人說話

從未來往回看，不安的世界
已窮途末路，烏雲大塊墜落

往聖已遠逝，我們何去何從
蒼茫中找一個理，肉身成道

興亡有自己的周期，我目睹
又一輪循環，獨愴然而涕下

若逢神州晦暗，不可以袖手
千歲憂思生春草，為華夏痛

二

早晨夢醒，壞消息接踵而來
天就要塌陷了，你們還好嗎

天一定會塌陷，不是從高處
就是從腳下，陽光赧然低頭

天人之際在哪裏，古今之變
在哪裏，我們的心安放哪裏

看不見的手，攪動累世信息
編碼已被錯置，誰會來讀取

大地對瘋狂並非總能承受
白髮衝起三千丈，為眾生哭

三

過去從來都不是現在的過去
它就在現在內，像一隻蝴蝶

神祇和祖靈皆有記憶，他們
催動著血脈裏的每一次潮汐

怎樣的力量塑造了今日，我
豈敢以一己悲歡，賺英雄淚

我的文明還能自洽嗎？諸夏
失落的一切，終究需要找回

當下信誓旦旦，舊理想惘然
日日新又新，與往昔做了斷

四

我身體的每一個細胞，都是
一個星辰，在在與宇宙應和

變易是絕對的，我們要如何
才能夠直接接觸和體認天命

吾儕所學關天意，載道之人
立風暴中，不辜負亡靈期許

歷史駛過千重山，還有幾站
到桃花源，治與亂就此終結

人老筆老，五百年必王者興
重建一種秩序，九死而不悔

五

生死如晝夜，一個生命死亡
只不過是另一個生命的開始

江河萬古，見證起源也見證
結束，人活著要來解決問題

我真正的歸宿，是永遠不停
的中國，此刻它的秘密何在

為天地立心，開出萬世太平
雖千萬人吾往矣，青山可依

滿穹星斗頷首，照徹來去路
理想高懸，勘破三千年變局

2023 年 1 月 31 日，於大理蒼山

（作者註：「對個人說話」語出蘇格拉底；「吾儕所學關天意」語出陳寅恪；「人活著是要來解決問題的」語出余世存。）

附錄

師恩永念：悼沈剛伯師

許倬雲

沈先生仙逝快一週年了。去歲歲末返臺，次日立刻去沈先生靈前致敬，房舍依舊，但是寢室已改為奉祀骨灰的靈堂。自從 1949 年入臺大，沈先生的府上我去過無數次，但門口的小徑似乎從來沒有這樣滑，臺階也似乎從來沒有這樣高。坐在客室中，凝視壁上的畫像，總覺得門後隨時會有一聲沉重的咳嗽聲，帶出一個頎長的蓬髮長者。可是我聲聲聽的，是師母在告訴我關於墓亭的計劃。沈先生是去了。

1949 年，我考入臺大。當時報考的是外文系，因此除了註冊時見到文學院院長外，平時只聽高班同學說起沈先生上課的談鋒及風采。直到一年級下學期時，我打算轉系入歷史系，照規定須得院長的批准，我才進入院長室，拜見沈先生。當時沈先生僅說了一句：「你的中國通史和西洋通史成績都很好，你早就該轉歷史系了。」我也只有唯唯而退。第一次聽沈先生談話是在大一快結束時。我和幾位同學，當時也不懂得事先須請求約見的基本禮貌，就貿然地叩門請見。沈先生自己出來開門，也就延客入門。這一談，「談」了兩個多小時。其實是他老人家「講」了兩個多小時，我們這些學生只是聆聽。當時印象，覺得沈先生對我們請見的幾個同學的背景及功課成績都相當清楚。那時候臺大人數很少，文學院除了外文系是大系外，總人數也不多，師生之間可有相當的認識，不像現在的大學，人數以萬計，師生的接觸當然就困難了。

我記得那次晉謁沈先生，是為了文學院低班同學想組隊參加學校的辯論比賽。沈先生諄諄訓諭，一部分是有關辯論的基本技術，一部分是告誡我們參加而不必在乎勝敗的運動精神。後來好像是我隊敗了，可是大家還是興高采烈，當作參加了一場遊戲，這與沈先生的訓誡大約頗有關係。

在臺大歷史系本科三年，我選修過沈先生的西洋上古史、希臘羅馬史及英國史三門課。沈先生講演不用草稿，出口成章，凡此已是大家都知道的事了。他講課實在是做「史論」，引用史實，上下古今中外，無不涉及，往往一堂課五十分鐘，有三十五分鐘至四十分鐘用於說明一個論點，史實的敘述則在十分鐘左右的剩餘時間內匆匆帶過。大學一二年級時，學生對這種「史論」式的講演不十分欣賞，更兼沈先生不交代書目，學生們下課後連自修補充也不易做到。但是在三四年級時，學生自己知道得多了，也開始了解沈先生的見解和議論，於是一堂課聽下來，覺得處處發人深省。舉一個例子來說，在舉世都以為民主代議制是最好的政治制度時，沈先生竟可用好幾堂課的時間，說明英美式民主政治可能產生的弊病，其中包括庸俗政客為了嘩眾取寵而輕舉妄動，也包括平凡大眾只能欣賞巧言令色之士，不能欣賞有真知灼見的政治家。沈先生所指斥的這些毛病，不幸而言中。後來我在美讀書，親見肯尼迪兄弟操縱民意以及塑造偶像，也親見尼克松及其左右如何濫用民主政治。每見這二十年來美國政客之乖張舉止，我總是會回想到沈先生的議論和托克維爾對美國的觀察。

現在回想沈先生的「史論」講演，我想沈先生基本上不贊成歷史有一定演變方向的說法。沈先生似乎認為，歷史演變的趨勢是一大堆事件互相牽制之後的軌跡。歷史本身並不具有意義，歷史的意義是後人賦予的。因此沈先生的講演中對史事、對人物都有褒貶。大致言之，沈先生對於失敗的好漢多惋惜之詞，對於成功的英雄卻多求全責備的評論。對前者的惋惜也許意味一條正在發展的綫索中斷了，使歷史少了一種可能性。對後者的批評，則是基於對人類有無限的期望。沈先生評論制度，備極細密，往往指出造法之初固可法良意美，演變之極，仍可導致其他弊病。我記得他在希臘羅馬史的講演中，常常提到這種現象。

沈先生的史學觀點，多少有點道家的味道，所以他認為凡事禍福相倚相伏，成敗二字也未易輕定。但是沈先生終究也是儒家人物，所以對歷史上重原則、守節義的人物，總是給予極高的評語。大約由沈先生看來，歷史原是「偶然」的總和，其中的成敗未必有什麼意義，倒是人類由人性中肯定的若干價值，值得那些歷史人物為之奮鬥，為之堅持，甚至為之拋頭瀝血。沈先生平日為人隨和，似乎無可無不可，但在大原則上不肯遷就，我想與他的史學觀念有相當的關係。

沈先生性格的這一面，我在臺大服務時期，深深能夠體會到。在臺大史學系系主任余又蓀先生慘遇車禍後，沈先生徵召我返系服務。前乎此時，他又約我參加東亞學術計劃委員會工作。是以我在臺工作期間與沈先生接觸甚為頻繁。我在受命任史學系系主任職務時，以年輕資淺為慮，他則以有事弟子服其勞為諭。中途我出國一行，返國後即請求一卸仔肩，他又嚴詞訓諭，叫我不要以毀譽為念，繼續為臺大服務。其時我屢遭橫逆，頗為心灰意冷，沈先生有一次特別召我長談，提到明朝張江陵（居正）許下的心願：願以自己為草薦，任人踐踏。說畢張氏的例子，他老人家對我正色告誡：「許倬雲若如此以毀譽為念，豈不是我看錯了人？」我當時內心酸苦感動，不能言狀。自此之後，每逢自己處於進退的關頭，我總記得沈先生當時的激動。沈先生平日言語，罕有激動的表情，這是我難得看到的一次，而竟是對學生給予終生必需奉行的責任。痛哉！

1969 年，曼麗與我結婚。沈先生和李濟之師是雙方的證婚人。沈先生特親自揮毫，書長歌《丹鳳吟》為賀，其詞如下：

丹鳳翔千仞，奮飛歷八荒。
羽族千萬種，誰能與頡頏。
超群雖意快，孤寂轉神傷。
嗒鳥如有失，浩然念故鄉。

崑丘舞金母，蓬島遇鸞凰。
緣早三生定，卜云五世昌。
兩美終相合，百人煩惱忘。
再不誇鵬搏，怒飛凌風霜。
再不斥雞鶩，啁啾啄稻粱。
但願長相守，交頸效鴛鴦。
年年方便好，三春日正長。
寄語謝鶗鴂，無使草不芳。

文辭典雅，寄思深遠。其中謬比我為丹鳳，固不敢當，然而勉勵祝福之意出自師長，則只有敬謹拜受。其時沈先生自己已決定由文學院院長退休，不任行政工作，唯仍繼續執教。我在知道沈先生退休打算後，曾對沈先生再請辭去系主任職務。沈先生考慮之後，於次日即告訴我：「你擺脱行政責任後，多點時間自己做學問，也好。」《丹鳳吟》中後半段一方面誡我以謙抑，另一方面也表示贊成我自己耕耘，不管他人短長的意思。至於寄語謝鶗鴂，則既寓對惡鳥之不滿，又頌祝能逃過惡鳥之糾纏。長者胸襟，愛護勉勵，誠可謂無所不至，師恩之深，又豈僅在授業而已。

四年前，我們全家由美返臺，又得機會，向沈先生請教。沈先生歡愉之狀，至今在目。當時沈先生告以癌症已癒，並已戒絕煙酒，看上去精神不錯。我私自欣喜，以為再度返國，仍可拜謁師門，未意去年傳來凶信。今年返臺，竟只能拜謁靈前了。二十八年來先生的弟子中，有年長於我者，有成就高於我者，然而沈先生於課業以外，耳提面命，教誨無微不至者，我當為受恩最深的一人。先生騎鯨而去，我當心喪終生，豈僅期而已。

長憶濟之師：一位學術巨人

許倬雲

李濟之先生的墓前，大理石上刻的碑文，是由他的四個學生恭請濟之師老友臺靜農先生撰寫的。這四個學生是：宋文熏、張光直為濟之師考古學專業的入室弟子，李亦園是考古人類學系的學生，我則是臺大歷史系的學生，修過濟之師的課，終身感激師恩。濟之師謝世，已經三十年；我自己也已將近八十歲；今日執筆，過去的所聞所見，還是歷歷如在目前。

1949 年史語所遷臺，同時，有不少中大、北大、清華的名師在臺灣大學任教。早期的臺大文學院，因之擁有空前強大的師資陣容，我們這些學生，遂有幸得到許多優秀學者的教誨。濟之師是當時臺大名師中的翹楚，其學術地位之崇高，使學生們都從尊敬中衍生了興趣。

臺大歷史系規定考古人類學導論是必修課，我在大二時，選了這門功課，第一學期是考古學，由濟之師主講，第二學期是人類學，由凌純聲師主講。第一堂課，濟之師就提出一個問題：「在一片草坪上，如何尋找一枚小球？」同學們誰也不敢出聲。他老人家慢條斯理地自己回答：「在草坪上，劃上一條一條的平行直綫，沿綫一條一條地走過，低頭仔細看，走完整個草坪，一定會找到這個小球。」他的這一段話，為學生指示了學術研究與處世治事的基本原則：最笨、最累的辦法，卻最有把握找到癥結所在。我自己讀書做事，深受老師的影響，一步一腳印，寧可多費些氣力與時間，不敢天馬行空。李霖燦先生，曾是濟之師在中央博物院的部屬，後來在臺北的「故宮博物院」工作，用了濟之師找小球的方法，真的在《溪山行旅圖》的繁枝密葉叢裏找到范寬的簽名，在中國藝術史上添了一段佳話！

濟之師才氣高，加上思慮縝密謹慎，遂能功力深，成就大。他在克拉克大學主修心理學，在哈佛大學獲得人類學的博士學位。然而他能觸類旁通，在中國開創了考古學。濟之師發掘山西夏縣西陰村仰韶文化遺址，開創了中國田野考古學。後來他與梁思永先生共同主持安陽殷墟十五次發掘工作，從實踐中規劃了田野工作的規矩，細密周詳，至今為中國考古學界奉為圭臬。這些成就都是在才高之上，加了心細。他老人家一輩子，在學術界的貢獻，除了自己的研究工作，還擔起領導的責任，規劃研究方向，搜集與整理研究數據，組織研究的隊伍。考古學這一學門，不能單打獨鬥，關著門一個人鑽研。中國考古學，由萌芽到茁壯，充分發揮了現代學術研究的特色。濟之師從考古學的肇始，即執其要領，施展其長才與功力，為這一學門規劃了幾十年開展的方向。

抗戰期間，史語所移到內地，傅孟真先生為了不使文物失落，不使研究隊伍離散，在物質條件十分艱難時，盡心盡力，四處張羅，只求維持大家的基本生活，研究工作得以不被中輟。當時，濟之師不忍棄史語所而去，襄助傅先生撐過了艱困的八年。在這一時期，由於醫藥不足，濟之師的兩位稚女因病夭折。多少年後，我曾目睹李師母思念亡女，帶淚苛責濟之師為什麼不早早遠赴美國；濟之師唯有垂首沉默。只在師母情緒平靜後，他才長嘆一聲：「大難當頭時，只能一起挺過去，總不能棄大家而去，坐視孟真累死！可是，我這輩子對不住你師母！也對不住兩個女兒！」這一番話，聞之令人酸鼻！

傅先生去世後不久，濟之師從彥堂師手上接過了史語所的擔子，除了本所事務，還必須兼顧「中研院」、臺大、「故宮博物院」、「中央圖書館」、長科會(後來稱為「國科會」)各處有關人文社會學科範圍的發展，他與沈師剛伯攜手合作。濟之師狷介，剛伯師淡泊，卻都才智過人。二人合作，如大樑巨柱，藉助內外公私的資源，經過二十多年的努力，終於將臺灣的人文社會學界，由衰敗殘餘，逐漸穩定，再一步一步開拓發展。有了這二十餘年的基礎，方可有後來三十年的繼長增高。

濟之師在學術發展上的領導之功，一般旁觀者看去指揮若定，舉重若輕。我曾追隨濟之師，聽候差遣，有八年之久。通過近距離的體會，觀察到他老人家在才大之上，還有心細。他籌劃一事，無不如獅子搏兔，盡其全力。我有幸從他的訓練與督責中領會他一生辦事的風格：慮事之初，必先有可以實現的目標。組織一個單位或集結一個團隊，心中必先有可籌的資源及可用的人才。計劃書必須周詳可行，又有調整適應的餘地。訂立工作的內容，必須留下揮灑空間，卻又須預防弊端。使用經費，必須夠用而不浪費。校對細賬，必須精算翔實。工作進度，必須步步追蹤。審查成果，必有客觀評審。這些細節，處處都須謹慎小心。預則立，多算則勝，功不唐捐。如有失誤，也是必須牢記的經驗。濟之師經常有涉外業務，國際學術界欽佩他的學術成就，也信任他的領導能力。在國際事務上，他折衝進退，都有分寸，以平等互惠為原則，不卑不亢，為中國的學術發展爭取外援，卻絕對不失尊嚴。他老人家對我耳提面命，經常用實際工作訓練我，我終身受用不盡。後來我與李亦園兄數十年攜手合作，都是拜老師教誨之恩。

濟之師的事功，其實與他的研究成果一樣，都可借「草坪尋球」比喻說明。他的一生志業，都是創造條件，使學術界的個人能發揮其可能，在「未知」的草坪上，尋找「知識」的小白球；同時又將許多可供研究的資料，盡量累積與保存，再經過整理，使學術資源能為研究者所用。庶幾知識的累積，將「已知」推向更廣闊深遠的「未知」之域。

濟之師是現代學術傳統中的人物，他堅持尋求「知識」、累積「知識」，參與人類「真理」的永續大事。「理性」是體，也是用，體用不能分割。因此，他堅持理論與學理必須取決於證據與論證的過程。尤其是論證過程，必須嚴謹扎實。我想，他從研究而內化為性格與習慣，前面所說的才大而心細，正是將習性融入做事的風格。

濟之師辦事一絲不苟，做人也是自律甚嚴。例如，他一生研究古代器物，但從來不收藏古董，以免公私界限糾葛難分。我們這些學生，也謹守老師的誡命，不收集古物。他不喜酒肉徵逐，不愛無謂亂聊，於是一般人敬畏之餘，不敢接近。其實，他老人家望之儼然，接近時，卻是溫和可親的君子。即使廝役有過錯，我也從未見他疾言苛責。他對音樂與美術有頗為深邃的了解與欣賞。他能彈奏古琴，也欣賞西洋古典音樂；對於書畫，有自己的看法。在日常生活中，也有其瀟灑的一面。有一次，他老人家赴美國公幹，在紐約旅館中，他邀我共餐，乃是一瓶紅酒，一條法國硬麵包，一條乾酪。我不能飲，喝可樂代酒。他老人家一口酒，一口麵包，俯視街景，打發了一餐。飯後，師徒二人又去林肯中心觀賞了一個小劇團的實驗劇。這種隨興的生活，方能見其真性情。

濟之師的政治立場是從人道主義與理性主義建構的自由主義，堅持個人有自主性，因此有各種接踵而至的自由及權利。但是一切自由與權利，其前提是不因一己的利益，侵犯掠奪別人的自由與權利。從人類學而認識，人是合群的動物。在合群之中，群（例如國與族）不能不經個人的同意，侵奪個人的權利，群與群之間，必須尊重彼此的平等，尊重彼此的自主性。

濟之師憐惜我行走不便，每次去南港，總是邀我搭他的座車同去。在車上，他會將收聽的 BBC 新聞，挑一兩條談論（他有短波收音機，我家只有一般的長波）。他也會在閱讀新到的期刊（例如《星期六評論》《紐約時報．書評週刊》）後，針對一些文章，提出他的想法。我在恭聽之外，也會提出自己的意見。半小時的車程，其實不夠用。因此，下車後還會在他研究室繼續談論。除了討論大陸考古新發現之外，以上的「時事」，大約是我們師生之間最多的話題了。他平時演講，都以專業為題，很少涉及時事及自己的想法。因此，濟之師與我之間的談論，可能是我能享的特權了。在這一領域，我得益甚多，因為我們觀點思路比較接近，彼此對談，使我有從第一等智慧者印證與反思的機會。

濟之師只喜歡工作，除了工作外，不慕榮華，「中央研究院」院長多次出缺，他常常代理院務，卻始終拒絕出任院長。他以自由主義者的立場，始終不支持蔣介石的專制及國民黨的威權。只因為他無所求，他才能在蔣氏面前，不卑不亢，泰然自在。這是從智慧延伸的自尊，智者與勇者，本是一體。

他老人家的終生志業是鍥而不捨地追尋知識與真理，他的人生立業，是在工作的過程，一個開放的而又時時面對挑戰的旅程，樂在其中，他也因此除了音樂與偶爾品嚐好酒之外，別無其他娛樂。如前文已提過，他性不隨俗，行不從眾，不喜歡無謂的酒肉徵逐，無聊的應酬交際。一般人對他的印象，望之儼然，因此也不敢親近。在人叢之中，他是寂寞的，也是孤獨的。這種形象使一般人以為濟之師十分傲岸。他的才氣高，功力深，成就大。出乎其類，拔乎其萃，必是招致嫉妒。於是，一般人傳言，李某眼高於頂，看不起人。別有用心者，更會故意傳言：「李某看不起某人某人。」濟之師一生，背了不少莫名其妙的仇視與怨懟。木秀於林，風必摧之，這是千古以來才俊之士難逃的命運，也是世間常令人扼腕的憾事。

濟之師晚年，心情相當落寞。1960 年代晚期，臺灣氣氛極惡。威權體制的爪牙，四處摧殘他們所謂「分歧分子」。臺大先受打擊，「中研院」是下一個目標。1970 年我應邀來美擔任訪問教席，本是一年聘約，為此不能回去。在所內，又有一些風波。從那時起，濟之師不斷遭遇內外的困擾。濟之師為此厭倦，遂放下了職務。我在 1974 年以後，幾乎年年返臺，每次必去溫州街請安。他老人家有心血管病、糖尿病、青光眼，諸種疾病，起居飲食，頗多限制，視力已不勝閱讀，所有能做的，只是戴了耳機聽收音機。平時上門賓客本來不多，幾位老友，又均年邁，不常來往。他的研究工作，本來是他身心所寄，那時也已停頓。他老人家心情的落寞，可以想見。我每次告辭，他總是說「下次再多談談」，又說「不知還有沒有下一次了」。分手之時，常是一聲長嘆。

大約是在 1978 年的一次談話中，我提到他當年草坪尋球的譬喻。那次，我們的談話主題是大陸的許多考古發現。他列舉了良渚（還提到施昕更先生的發現）、湖熟、屈家嶺、大汶口（又提到梁思永先生與龍山文化）、紅山……那些文化的意義。他指出中國文化的多元性，且相當明顯。他老人家回到草坪尋球的譬喻：「真會找球的人，不是找答案，而是找問題，讓問題牽出問題。一大堆的問題出現，『草坪』也就不一樣了！」這一時刻，他半閉的眼睛，又有了攝人的精神。這是我長久記憶的場景：一位智者，將知識昇華為智慧的瞬間！

我今年也將近八十歲了。從大學二年級修濟之師的課至今，將近一個甲子；我有幸追隨他老人家八年之久，更是人生難得的緣分與幸運。這篇短文，是我向學術界提出的見證：一個終生獻身於學術工作的巨人，如何將生命與工作，熔鑄為一體！

悼先師李玄伯先生

許倬雲

先師高陽李玄伯先生（諱宗侗），是我國第一位兼跨古代史與文化人類學的學者。他十八歲負笈法國，入里昂大學讀書，又在巴黎大學深造。1924 年返國執教於北京大學及中法大學，當時法國的古史專家古朗士（Numa Denis Fustel de Coulanges，1830–1889）將民俗學知識應用於希臘古代史，獲得豐碩成果。玄伯師借用這一種研究方法，探討中國古代文化的一些現象，為中國古史研究新闢了蹊徑，例如他自「寒食易火」的風俗與古人崇拜「火」的觀念中，取得了對民俗信仰的新解。

玄伯師的另一貢獻，則是對於古代姓氏字源的研究。當時的民族學，於「圖騰」一詞極多解釋。玄伯師雖然也用圖騰觀念考察「姓」的本質，但他實際著力之處，則是古文字學、語音學與古代地理各方面的綜合整理，並根據古代族姓分合得到合理的解釋。在這一工作的另一層面，則是「姓」與「氏」的結構與相應的功能，玄伯師在這一重要課題上釐清了不少自古相傳的誤解。同時，他對性、姓、命、祖等名詞之所自出的闡釋，都有精闢的見解，為這些抽象的名詞找到了古代的原義。

玄伯師對於古代國家的性質，先是受古朗士希臘城邦研究的啟示，提出了相應的理論，後來則從大量古代文獻的資料中抽繹中國古代國家的演變過程。

古代史是玄伯師早期研究工作的重點，除古代史以外，他在中國史學史領域也有著全盤的考察，理清了各種史書的體例及其演變的性質與來龍去脈。他的《中國史學史》綱舉目張，對於中國各種史籍的性質與演變的譜系均有交代，至今我們還未有更為完整的著作足以取代他的大作。

玄伯師是名門之後，他的祖父是同光年間的名臣李鴻藻，帝師宰相，一時人望。家學淵源，於晚清歷史見聞淵博，是以玄伯師研究清史，常有一般學者未能想到的觀點。他家所藏書籍十分宏富，在治史的同時，也常常兼論一些珍本典籍的傳承，在版本學的領域也有不少貢獻。

高陽相國是北方士大夫的領袖，政治立場比較保守；合肥李鴻章，則是洋務運動的領袖。「高陽」「合肥」雖不同氣，但玄伯師對李鴻章主持中俄交涉的過程有極為細密的研究。其論人論事，一秉史家的公正，並不因先人的愛憎而有偏頗。

玄伯師於 1926 年至 1933 年擔任故宮博物院秘書長，當時接收清宮文物，一切皆屬創舉，並無前例可循。玄伯師盡心盡力，規劃博物館體制，巨細靡遺。那時北方的國民黨領袖李石曾是玄伯師的叔父，他與另一領袖張人傑之間，頗有權力之爭，由此而有故宮盜寶案的冤案，玄伯師受池魚之殃，因此離開故宮。

這一冤案，凡知道當時情形者，都為玄伯師抱屈。然而玄伯師從未為自己辯白。數十年後，我們在玄伯師課後侍座時，有同學問起此事始末，先師還是淡然一句：「事已過去，也不必再論那些人的是非了。」

故宮文物南遷，先師任上已經著手。這批寶藏未經劫難，先師於有功焉。1948 年，故宮文物遷運臺灣，先師又協助清點整理，設立臺北故宮博物院，安頓國寶。其間玄伯師、李濟之師二人均出力不少。在先師遺著中，亦有論述故宮的文章，玄伯師行文敘事，卻未有絲毫談到自己的勞苦，也未對昔日冤案有所辯白。玄伯師為人忠厚寬容，於儒家恕道身體力行，數十年如一日，至堪欽佩！

玄伯師另有一事，鮮為人知。「七七」事變前夕，北京已風聲鶴唳，當時北京圖書館決定將庋藏珍本南運上海，這批圖書到滬後即寄存在玄伯師法租界住宅的車庫內。抗戰時，上海已成孤島，即使租界也難以久峙，政府遂決定將這批珍本運送美國。當時負責押運「北館」圖書的錢存訓先生，會同潛往敵後處理此事的蔣慰堂先生，將這批圖書交外輪運送美國，寄存在美國國會圖書館。「二戰」結束，內戰又起，「北館」圖書仍存美國，在臺灣稍為安定後，「北館」珍本才運到臺北，寄放在「中央」圖書館。我記得，當時決定將「北館」圖書運回，玄伯師與慰堂先生聞訊，四手緊握，感慨繫之。參與此事的學界人士，今日只有錢先生了！玄伯師保護國寶之功，也當記在此處，使這段歷史不至湮沒。

我從臺大二年級起即在先師指導下，學習中國上古史，三年本科、三年碩士班，均承先師耳提面命、督責教導。有時為了額外指導，先師還派自用三輪車，接我到寓所加班講課。大學畢業，先師努力張羅，想送我去法國讀書；同時又與沈師剛伯先生說服教育機構，在臺大設立文科研究所，使得我在臺修讀碩士課程。兩事同時進行，而文科研究所之事很快即已核定，我遂得留在臺大，繼續於先師指導下讀書。那三年是我一生學習生涯中十分懷念的一段歲月。我終身以中國上古史為專業，前後教導過我的老師都對我有一定的影響，其中從玄伯師的時間最長，負恩也最深。今日我也已老邁，但那一段師生情誼、大小事項仍一一如在目前。師恩深重，難以回報，唯有將跟隨先師耳濡目染的做人問學原則，也轉授予自己的學生。

我想，以今天海峽兩岸對古代文化的研究，早就脫離了清末、民初的傳統。由於考古學的發展，以及民俗學對於文化史研究的衝擊，玄老開啟的風氣已經變成一個主流。這個發展趨向，假如沒有玄老提倡，今天能否走到如此格局？李老師，您播的種已經成林。

我真正的歸屬，是永遠不停的中國

許倬雲

黑死病帶來的恐慌，比今天大多了

我想借「十日談」這個題目來講一些對當前世界的看法，是因為薄伽丘寫作《十日談》這本書，其背景是歐洲發生大瘟疫的時候，和當前蔓延全球的瘟疫很像。

當年薄伽丘寫作《十日談》的時候，瘟疫蔓延了好幾年。據大家事後判斷，那次大瘟疫促使了歐洲大改革的開始：教堂、天主堂、教會慢慢衰微了，大家不信任它了，就引發了宗教革命。因為生病導致死者很多，參與救治的醫生很多，對於人的身體逐漸有了更多好奇心。再加上很多屍首可以解剖了，新增了人體解剖上的知識，這是生物學、生理學的開始——這兩個就很能夠造成大的衝擊了。

再加上當時各國政府，在應對瘟疫這個問題上，有注意的，有不注意的，引發了很多地方對政府的懷疑和不信任。這一連串事情下來，就造成了近代革命的第一波——思想革命、科學革命、宗教革命。因此，歐洲發生了一次大的躍進。中古的歐洲還趕不上中古的中國，但那一跳躍，就跳躍到近代了。

中國歷史上的瘟疫也不少，不止一兩次。歐洲暴發黑死病的時候，傳到中國死了很多人。據估計，歐洲死掉了將近三分之一的人口；中國死掉了大概一個億，也差不多三分之一的人口——那種恐慌，比今天大多了。今天這個新冠病毒，因為好的衛生條件、好的預防——到現在，大概全世界因感染新冠病毒死亡的人口有六百萬。

這次瘟疫大暴發期間，就美國本地而論，我所理解的情形有如下幾點：第一，政府無能。最開始，許久無法判斷是不是「大瘟疫」。醫藥界多數已經有專業判斷，可政府又不願意「亂人心」，就不讓衛生部門公佈這次是個「大瘟疫」的結論。第二，美國的藥廠完全沒有準備，研發疫苗、藥物要從頭做起。這是豈有此理的事情，三家藥廠慌慌張張，沒有弄出像樣的東西，前後耽擱了差不多八個月。到現在，主要的兩家疫苗的治療效果，以及要不要打加強針，都還在爭論之中。這表示，政府跟生產藥物的大廠家都老化了。

像前總統特朗普這種人，先否認戴口罩有用。後來他自己生了病，才不能不承認。但他是一個固執的人，他表示「我不服，我就不戴口罩」。到現在，保守黨裏面最右的一些人，還拒絕戴口罩。南方各州被這些人主宰，也還是不戴口罩。瘟疫暴發了，居然大多數醫院——尤其是在紐約——氧氣過濾機（呼吸機）不夠用，病床不夠用。這些都顯示，整個的社會機構老化，不能應付緊急事件。

「世界分崩離析的局面露出來了」

美國向來很自以為傲，認為「我們效率高，辦事快」。這次應對疫情的表現，讓它露了原形。這也使自由派的人，常常提醒「我們老了」；共和黨的右派，常常否認「我們老了」——「否認我們老了」，本身就是老化的現象。

再加上各國之間政策、態度的偏差，造成了世界更多的分裂，所以現在，世界分崩離析的局面已經露出來了。至於美國的領導權，在這次瘟疫以前，前總統特朗普宣告「美國優先」「重回偉大」，這表示美國內部已經自我懷疑，後面更會是分崩離析。瘟疫失控以外，政治上的失效、政策上的堅持，以及政治上對於世界形勢的不理解，尤其是這些「堅持」使得這一體制的僵化暴露無遺，這都是大亂的前兆。

我更擔心的大亂，在於經濟崩潰。美元作為「世界貨幣」的信用在下落，因為現在美國的貨幣發行量，浮出來的、空虛的部分，已經超過美國國家現在的年產值。這使得美金在市面上的信用在逐漸滑落。這種情況下的美國，本身老化的體制面臨瘟疫的刺激，可以說是千瘡百孔。

接下來，世界會不會爆發「大戰」？如果打「大戰」會是什麼局面？打不打得起？這也都造成大家的恐懼感。我希望不要有核戰爭，如果核戰爭爆發，是火上澆油。經濟問題解決了，瘟疫早晚會過去。這次瘟疫可能就像黑死病一樣，黑死病留在中國五十年。不但是東漢那次，元朝末年那次一直拖到明朝，明朝末年那次一直拖到清朝——都是綿延二三十年，一個城裏結束，別的城市又出現。不過這個病比黑死病輕一點，死亡率沒那麼高。

還有一個事情，就是宗教問題。中國在東漢末年、三國前夕，有二十幾年的瘟疫，連綿不斷、此起彼落，而且不止一種。這一時期宗教活動非常活躍。不單是刺激出有道教色彩的「黃巾之亂」，徐州一帶從海路進來的佛教，忽然被人注意——瘟疫以後，那邊變成為幾萬人的崇拜中心。然後黃巾之亂引發天師道、「水官崇拜」、原始道教，一連串下來。歐洲那次瘟疫，引發了宗教革命。美國的瘟疫過後，會引發什麼？很難說。我感覺會引發印度宗教的復活，也可能引發對東方宗教的注意。

這次瘟疫在美國，也引發了勞工不足的問題。現在很多工作沒人做，領救濟金的人很多。如果有些人願意去工作，領救濟金的人就不會那麼多——九百萬的勞動缺口，一千三百萬人領救濟金——這是不對的，是雙重的心理疾病。勞工的素質不能和工作需求配套，這是老百姓的病；政府的錯誤，是左手發救濟金，右手找勞工缺口。在中國，我想這方面可能好一點。中國的勞動人口彈性大，但是也要警戒。

中西之間的「師生關係」，到了改變的時候

百年來，中國一直在追隨西方。我覺得中西之間的「師生關係」現在應該改變了，是改變的時候了。中國這幾十年，技術、物質方面的進步，已經令西方人刮目相看。中國能夠以這麼多人，花如此大的力氣和精神，完成這麼一個大的工作——能夠令幾個億的人脱貧，這是了不起的大事。從工業革命、黑死病暴發開始，到現在七百年了，人類歷史上沒有過這麼好的記錄。中國人要自信，我們能做好科學研究、物質生產，我們做出了世界上最好的地鐵、最好的動車。臺灣和大陸的工人、工程師合在一起，在全球供應鏈上，生產出了最好的產品。這給我們一個信念：我們可以做到世界第一流。

唐宋以後，中國就曾經是「世界工廠」——唐宋以前，實際上西方買不起中國產品。我在科學界、工程界裏面的朋友，從大陸、臺灣都有第一流的學者出來。在社會科學領域，我們一樣有第一流的人才。

漢學界不能説因為我們是中國人，讀中國書容易，所以才能表達給洋人看，佔一席地。我老講，今天我們的朋友、同事裏邊，還有我們的學生裏面，用洋人的方法做洋人的學問，一樣做得好。心理學、社會學、法學，都有做得超過洋人的，更不要説數學和統計學。生理統計學，是我們匹茲堡大學一個前輩李景均做出來的，他出國前是燕京大學教授。那時候什麼機器都沒有，他只能用篩子，手篩幾千次做概率統計，這麼做出來了。到現在生物統計學每三年到匹茲堡大學來開一次會，在他的生日紀念他，這是我所知道的一個領域。普林斯頓大學有位姓謝的華人教授，他的數理統計學世界第一。

中東也需要做出改變。中東人錢多得很，但腦筋古板。卡耐基梅隆大學有一位教授，去做阿聯酋的國立大學校長。他離開匹茲堡的一天，和我討論了一些問題。我和他講：「你教他們不要自餒，不要自己關門，站起來學——不要説『我只能提供石油』。」我和他講：「你去鼓勵他們——你們新的迪拜建設得這麼漂亮，是外國人包括中國的工程師幫你建設起來的；你們要和人家講作為主人我們很自豪，因為我們有眼光選最好的人幫我們蓋最好的房子，將來我

自己也能蓋好房子。」華人建築師貝聿銘先生，為他們建造了新的伊斯蘭教會堂，真是好看。貝先生手筆大，他在海裏造了三個島，三個島中間造個會堂，三個島是會堂的一部分。了不起！

歷史不是一直向上、向前

歷史沒有終結，歷史也不是一直向上。人類的歷史會崩潰，文化會崩潰——不一定是向上向前，有退步，有散板，有扭曲。

講幾個大的扭曲。第一個，是亞當·斯密在《國富論》中所說，個人的富有就是國家的富有。今天我們完全知道了，國家的富有可能是少數人的富有，不是大多數人的富有。美國這麼富的國家，富人掌握了三分之一多的財富——最富的人大概不到一千人。這一千人之外絕大多數的美國人，僅僅擁有美國三分之二的財富。並非個人的財富就是國家的財富，這是他的錯誤之一。

第二個，他說貨幣在流通，流通一次計算一次。國家的財富在於流通，國家的富有不在於儲藏。這一點，他也錯了。

第三個錯誤，是資金投入進去就要出來，所以經濟自己成長。他忘了勞工這一塊。馬克思給他矯正。馬克思說：從資本主義到社會主義，是一個自然的過程，因為歷史上顯示，原始社會進入封建社會，封建社會進入資本主義社會，資本主義社會進入社會主義階段。不過，西歐跳過了從原始社會到封建社會這一段，在中東發生的事情，沒有發生在西歐；在中國發生的事情，也沒有發生在西歐。中東的「封建」與其他地方的「封建」不太一樣，它是酋長國。別的地方是大的國家，不是小的國家。大的國家是「天下國家」，有波斯帝國，有中華帝國，甚至還有印加帝國、印度帝國。

資本主義近年來最大的一個修正，是貨幣的流轉問題。貨幣可以脱開準備金，流轉自如。貨幣運用起來的話，由國家拿整個的財富押在上面……但它也可能用錯：國家說謊，對外宣稱還在押，但是國庫裏沒本錢了。這就是錯誤了。

還有個問題：資金流轉速度越快，越有財富？但是丟三個瓶子在天上——像那個玩把戲的人——瓶子不掉，四個瓶子、五個瓶子、六個瓶子……到了十個瓶子，它掉不掉？所以從「流轉速度」上得出結論是：不要談「均不均」，餅做大了，每個人都吃得多。要是做餅的原料就這些麵粉，怎麼做大？怎麼吃啊？就這些原料下去——原料出來不要錢啊？這個修正也有錯誤。

所以社會科學裏面，任何定理都只能是 hypothesis，是假定，不能死咬住。所以，司馬遷了不起。他要「通古今之變」，要通它的「變」，永遠是如此。

老百姓起來，國家才安定

我一直認為，中國自古有士、農、工、商之分，「士」是精英階層，最多佔四分之一人口；另外四分之三左右，是一般老百姓。士受的教育不錯，中國文化的精華部分是在儒家，以及儒家和道、釋兩家的互動。但一般老百姓，沒有那麼精英的程度，所以在權力結構上沒有發言權，在國家的政治上沒有發言權，在社會自我救濟上，他們等精英救濟他們——我覺得這個情勢應該改過來。

所以我要讓老百姓做我的讀者。這些人起來，國家才安定——這不能靠書房教育，不能靠學校教育，要靠生活教育。也因為這個理由，我常常鼓吹，要讓「大區」變成「小區」，將「生活圈」當作教育的環境。在生活之中學習，在生活中體會——體會的不是書本的知識，是人與人之間的關係，體會人與人之間互助合作才真實，體會分勞分工，有權利、有義務，大家才活得有意義，才活得不虧欠，活得有貢獻。這個「活的教育」，比懂得教科書上高深的論述、懂得唯心學派重要得多。

所以我每次跟老百姓講話，我都真盼望老百姓聽、老百姓看。我非常希望政府、執政黨放下身段——我們是從老百姓裏出來的，我們要回到老百姓裏去。我用生活教育，來將老百姓帶起來。

這種教育方式，有沒有潛力呢？美國過去沒有那麼多大學，英、法、德、美四個國家的一般教育都由教會組織。教會教給他們品行、德性、責任、情感。「德」「智」兩個部分，「德」這部分的教育，全是教會做的。教會教育人們參加生活實踐，去幫助他人、服務社會——在生活體驗之中，看你的真樣子。

為什麼我們老是說：18 世紀的美國比 19 世紀的好，19 世紀的美國比 20 世紀的好？美國一個世紀比一個世紀「解放」——一個世紀的放浪、一個世紀的散漫，將來是一個世紀的「沙崩」，會是一團亂麻、一盤散沙。

中國要趁早做準備。所以我有個非常非常重要的想法，我非常希望聽見我這些話的人，與自己服務的單位講：讓產業與產業的同人，活得 side by side——左邊是工廠，右邊是生活的社區，不要混在一起。生活社區裏面有小學、中學、公園、圖書館，有孩子活動的地方，有商店。吸收僱員的家屬來這些地方工作，新吸收進來的工作人員，也可能是僱員們未來的家屬。

「壯有所用，老有所終，幼有所長」，鰥、寡、孤、獨有人照顧，廢疾者越來越少——我永遠不能忘記我是廢疾者。所以，這是我最大的願望。而且看現成的樣子，北歐幾個國家，尤其丹麥做得最好。全丹麥都是一個個小的生活圈，全都在裏面了。

中國人從來不是一盤散沙

生病的時候，人特別顯得單薄、無助。若是一個人生活，這時候送他上醫院的人都沒有。美國是愈來愈走向個人社會，愈來愈說要取消人與人間的「類別」。過去不許說「黑人」，不許叫「nigger」，要叫「有色人種」。為了表示「同等」，實際上把「類別」取消。乃至廁所不許分男和女——這個完全是掩耳盜鈴，上天造的人，為什麼不承認男和女的區分呢？他們所主張的原因，是認為如此區分，就剝奪了「男性不想做男性」「女性不想做女性」的「性別自由」。這是多奇怪的想法！但他們認為這個是權利。於是使得社會散漫開來，於是家庭只有「成員」，沒有「關係」。只有 members，no relation，no relatives。這個社會是分崩離析的社會。所以在美國街頭打死了人，旁觀者可以不去看——看不見。

所以這次瘟疫刺激，許多人擔心：生了病怎麼辦？我希望，大家回想一下：這個世界，這個西方今日最摩登的社會，走向的是個人化（individualise），個人化的結果是一盤散沙。孫中山當年罵中國人一盤散沙，他罵錯了，中國人從來不是這樣。

中國人的想法，不是單個人的問題。中國人向來的想法是「類別」，「物以類聚」，對不對？「物以類聚」，不是「物以類分」，而是「方以群分」——有了共同的性質，才能區分不同的群體。美國人見面：「What's your name？」，不管你姓什麼。中國人見面的傳統會問：「貴姓？」，然後請教「名號」。接著是問：「貴處？」，問籍貫。「那裏我去過。」「哦，你去過嗎？哪一年？」——拉近關係了。我有時候會問「貴庚」，以此判斷誰大誰小。你看我們的字典上部首分類，木字邊，水字邊⋯⋯中文字典是自然分類學。一看有木字旁，就知道這個東西不是木頭做的，就是木頭長的，或者與木頭有關。這個就反映了我們的想法：是 relationship，categorical，不是 individual。這種想法的好處是什麼呢？是大家可以在需要的時候，聚成一團。

螞蟻是群居動物。一隻螞蟻看上去慌慌張張，一大堆螞蟻井然有序。一隊螞蟻幾百隻，抬幾根葉子，帶回家去儲存在裏面。非洲的螞蟻窩有三尺多高。這麼小的動物，聚在一起可以建築那麼大的一個社區。但有人說：螞蟻可能沒個性。但我們不是螞蟻，怎麼知道牠們沒個性？再說「群」，牛、羊、馬都是成群生活的，牠們有沒有個性呢？馬獨立多了，對不對？所以這個不能這麼說。我一直主張：人要體會到「人跟人是群體」。中國的教育，就是教育人「在群體裏面做個體」。個體有責任帶好群體，個體有責任維持自己的尊嚴，但是也要維持自己和群體的關係。

裏外相配，這個叫作「修己以安人」，這是我真正信仰的話，在很多地方都講過，這是中國可以提供給世界的思想資源。今天的世界上只有基督教，不管是天主教還是新教，都是一個教。佛教是多神信仰——佛教是撤退的，是抽身的，不是介入的。全世界抽身的後果，也是孤單。

全世界除了中國人和印第安人以外，沒有人能幫助獨神信仰的白人矯正這個錯誤。中國是被忽略的，過去被當作不值得一顧的 by gones by gones——「過去的過去」。現在太多人信仰美國，信仰西方，太多人不信仰祖國，可笑得很——中國的文明是活的。

我的老師們那一輩，就是「五四」革命那一輩，常常講「先進國家」。西方世界抓住了「科學」的啟動作用，確實曾經先進——或者是先進的一部分，但西方的文化並不先進。

個人有自尊，個人應該有一定的自由度。但個人屬群體，我們不能不將「群體」當普適價值。我有個好朋友，他解說古書的訓練比我的還多得多，但他一直崇拜西方。就這個話題，我無法跟他做一點溝通。所以還是這句話：我有生之年，一直要將中國的東西，解釋給同胞們聽，解釋給願意聽的外國人聽。跟我一起做這個工作的人，不多啊，不多。

本來，我具體的根在中國。現在病成這樣，也回不去了。但我的墳地在中國，已經做好了。我真正的歸屬，是歷史上的、永遠不停的中國。不是哪個點、哪個面，是一個文化體，那是我的中國。那個中國裏有孔子，有孟子，有董仲舒，有司馬遷，有蘇東坡，有杜甫，有辛棄疾，有楊萬里，有范文正公，有黃山谷，有王陽明，有顧亭林，等等。那個中國裏有經書、詩詞、戲曲、建築，有人性，有人與人之間的關係，我還可以回到那裏去。

許倬雲先生平生事略

1930年9月2日（農曆七月初十）出生於福建廈門

1935年	5歲	父親許鳳藻（字伯翔）由廈門關監督調任荊沙關監督，隨父母遷至湖北沙市
1937年	7歲	抗戰爆發，隨父母輾轉於沙市、老河口、萬縣
1942年	12歲	隨父遷至重慶南山
1945年	15歲	抗戰勝利，回家鄉無錫
1946年	16歲	入讀輔仁中學高中，此前以身體原因無法入學，在家靠父母兄姐指導自修
1949年	19歲	遷臺，插班就讀臺南二中高三下半學期；8月，考入臺大外文系
1950年	20歲	大二，由臺大外文系轉入歷史系，校長傅斯年先生逝世
1953年	23歲	臺大歷史系畢業，考入臺大文科研究所；8月，父親伯翔公過世，享年63歲
1954年	24歲	入讀臺大文科研究所
1956年	26歲	臺大文科研究所畢業，任「中央研究院」歷史語言研究所助理研究員
1957年	27歲	赴美國芝加哥大學東方研究所留學，其間在芝大醫學院接受五次免費矯正手術
1962年	32歲	獲芝加哥大學人文科學博士，論文 *Ancient China in Transition: An*

Analysis of Social Mobility, 722-222 B.C.（《古代中國的轉型期：春秋戰國間的社會與政治制度變動》，曾譯為《中國古代社會史論》）；返臺任「中研院」史語所副研究員（1962–1967）、臺大歷史系副教授（1962–1965）

1964 年　34 歲　當選第二屆臺灣十大傑出青年

1965 年　35 歲　就任臺大歷史系主任（1965–1970）；博士論文 *Ancient China in Transition* 由斯坦福大學出版社出版

1967 年　37 歲　任「中研院」史語所研究員（1967–1971）

1969 年　39 歲　2 月，與孫曼麗喜結連理；11 月，獨子許樂鵬出生

1970 年　40 歲　辭臺大歷史系主任，赴美國匹茲堡大學，任歷史系及社會學系訪問教授（1970 年起）、東方研究評議會主席；開始撰寫《漢代農業》

1972 年　42 歲　辭「中央研究院」研究員、臺大歷史系教授職，任匹茲堡大學長聘教授

1976 年　46 歲　取得美國護照，同時持有中國臺灣身份證明

1978 年　48 歲　當選富布賴特學者（Fulbright-Hays Research Abroad Fellow）

1979 年　49 歲　8 月，業師李濟（字濟之）先生病逝，撰《悼念濟之師》

1980 年　50 歲　當選「中央研究院」第十三屆人文組院士；升任匹茲堡大學講座教授；*Han Agriculture*（《漢代農業》）由華盛頓大學出版社出版

1982 年　52 歲　任匹茲堡大學校聘講座教授（1982–1998）；開始撰寫《西周史》

1983 年　53 歲　5 月，母親病逝，享年 94 歲

1984 年　54 歲　任臺大歷史系講座教授（1984–1985）；與余英時、張光直等同仁致信蔣經國，建議成立國際文教基金會，獲蔣經國約談並同意籌辦；《西周史》由臺北聯經出版事業公司出版

1986 年　56 歲　當選美國優等生榮譽學會（Phi Beta Kappa Society）榮譽會士（1986 年起）

1988 年　58 歲　任海外時報文化基金會董事；與林嘉琳（Katheryn M. Linduff）合著的 *Western Chou Civilization*（《西周史》）由耶魯大學出版社出版

1989 年　59 歲　蔣經國國際學術交流基金會成立，任董事（1989 年起）並主持北美分區會務；任「中研院」史語所特聘研究員

1991 年　61 歲　任香港中文大學「錢穆講座」教授，主講《中國文化的形成》《中國

文化的演化》《中國文化的轉變》，後集結為《中國文化的發展過程》出版

1992 年　62 歲　任香港中文大學「偉倫講座教授」（1992–1998）、「中研院」史語所「傅斯年講座教授」；首次回中國大陸，赴陝西考古研究所觀看文物

1996 年　66 歲　任美國夏威夷大學「本斯講座教授」、東西文化中心資深訪問學人

1998 年　68 歲　任香港中文大學中國研究榮譽教授（1998–2001）、美國杜克大學「西孟講座教授」（1998–2001）；受邀與楊振寧、劉兆漢、劉遵義、余範英擔任華英文化教育基金會董事

1999 年　69 歲　任匹茲堡大學榮休校聘講座教授（1999 年起）、東海大學「王惕吾講座教授」、「中研院」史語所特聘研究員（1999–2000）

2000 年　70 歲　任南京大學、東南大學名譽教授；獲香港科技大學人文科學榮譽博士學位

2001 年　71 歲　任「中研院」史語所特聘講座教授、中央大學「李國鼎講座教授」、香港科技大學「包玉剛講座教授」

2003 年　73 歲　任北京大學「光華講座教授」，主講《從歷史看領導》系列，後集結為《從歷史看管理》出版；任「中研院」史語所特聘研究員（2003–2004）

2004 年　74 歲　榮獲美國亞洲學會傑出貢獻獎；受聘為「中研院」近代史研究所口述歷史（2004–2009）講座教授

2005 年　75 歲　任南京大學人文社會高等研究院首屆「余紀忠暨夫人講座」特聘講座教授；任東南大學榮譽教授

2006 年　76 歲　3 月，長孫歸仁出生；任臺灣大學歷史系特聘講座教授、「中研院」史語所特聘研究員；《萬古江河》由臺北漢聲出版社、上海文藝出版社出版

2007 年　77 歲　任香港中文大學首屆「余英時先生歷史講座教授」，演講《古代中國文化核心地區的形成》，2009 年以《我者與他者》出版；《萬古江河》獲第三屆「國家圖書館文津獎」

2008 年　78 歲　任臺灣大學「孫運璿先生管理講座教授」，演講《從歷史汲取管理經驗》；獲香港中文大學頒贈人文學榮譽博士

2009 年　79 歲　慶祝八旬壽辰，臺大人文社會高等研究院特舉辦「近六十年海峽兩

岸人文社會科學研究的回顧與展望學術研討會」，在會上發表講演《近六十年人文社會科學研究的學思歷程》

2010 年　80 歲　《家事、國事、天下事：許倬雲院士一生回顧》由「中研院」近史所出版；獲政治大學頒贈文學榮譽博士；洪建全文教基金會主辦《許倬雲院士 80 大壽研討會》，在會上演講《面向大眾的史學》

2011 年　81 歲　開始長達十年的大眾史學寫作，先後出版《大國霸業的興廢》（2012）、《現代文明的成壞》（2012）、《臺灣四百年》（2013）、《中西文明的對照》（2013）、《這個世界病了嗎》（2015）、《說中國》（2015）、《中國文化的精神》（2018）、《許倬雲說美國》（2020）、《許倬雲十日談》（2022）和《往裹走，安頓自己》（2022）

2015 年　85 歲　劉翠溶主編《中國歷史的再思考——許倬雲院士八十五歲祝壽論文集》，由臺北聯經出版事業公司出版

2020 年　90 歲　榮獲第四屆「全球華人國學大典」終身成就獎；九十大壽當天，《許倬雲說美國》出版；《十三邀》採訪播出，成為轟動一時的文化現象；針對當時紛亂的國際局勢和瘟疫導致的人心慌亂，在高山書院講授「許倬雲十日談」

2021 年　91 歲　《許倬雲十日談》音頻課程在看理想上綫；喜馬拉雅《許倬雲的極簡美國史》音頻課上綫；在荔枝播客主講《許倬雲教育十日談》；在混沌學園主講《許倬雲先生八堂人類文明通史課》；在三聯中讀主講《誰塑造了我們 · 第一季》課程總序；在百度發表《人生開學季》演講；在華夏同學會主講《大歷史下的中美、世界與我們的未來》

2022 年　92 歲　創作完成晚年收官之作《經緯華夏》；《許倬雲十日談》《往裹走，安頓自己》出版；在 B 站主講 30 集系列課程《許倬雲講世界歷史：五百年大變局》；在中歐商學院主講《當今世界的格局與人類未來》；在知乎作演講《如何與工作相處》；在混沌學園主講《我的人生原則》；在正和島對話張維迎《企業家精神與中國文化》；在 B 站對話項飆《焦慮年代，如何尋找自我的出路》；在 B 站對話劉擎《不確定的年代，如何安頓自己的心》；在抖音對話俞敏洪《往裹走，安頓自己》；在網易思想之夜對話余世存《從中國傳統文化名聲資源，求得安心所在》；在抖音對話項飆《今天我們如何安身立命》

2023 年　93 歲　獲「影響世界華人終身成就大獎」，《倬彼雲漢：許倬雲先生學思歷程》《經緯華夏》出版，在 B 站主講系列課程《許倬雲説中國史：五千年大格局》，在抖音對話項飆《看世界，看自己》，在鳳凰網對話朱漢民《「朱張會講」與「差序格局」——再談中國傳統多層次、多元的網絡結構》，在抖音對話許宏、余世存《經緯華夏：重新講述中國》，在抖音對話王石《讀經緯華夏，看未來中國》，在抖音對話馬勇、余世存《在歷史中安頓自己》

2024 年　94 歲　獲第六屆「唐獎 · 漢學獎」，《長江小史》《美國小史》《天下格局》及北京三聯版「許倬雲學術著作集」出版，香港三聯版「許倬雲作品集」出版，《十三邀》第二次訪問《在天田裏種植物，我們是植物》播出，在抖音對話樊登《將歷史讀成一本書》

許倬雲先生作品存目

本存目基於蕭璠整理《許倬雲先生主要著作目錄》（載《「中央研究院」歷史語言研究所集刊》2000 年第 71 本第 4 分）及陳永發等整理《許倬雲先生著作目錄》（載《家事、國事、天下事：許倬雲院士一生回顧》，臺北：「中央研究院」近代史研究所，2010 年），經增補、訂正完成。條件所限，港、臺地區的部分主要參考「臺灣學術經典文庫」數據平臺、「中央研究院」歷史語言研究所網站、臺灣人文及社會科學引文索引資料庫、《二十一世紀》網站等。許先生在臺灣《中國時報》《聯合報》等媒體持續撰寫時事評論近 40 年，此類文章目前尚無法通盤查找。大陸的部分則主要參考知網、百度學術、豆瓣網、《南方周末》網站、《經濟觀察報》網站、孔夫子舊書網等平臺相關信息。

本存目所選文章、資料，側重於傳統紙質媒體刊載者。然而，近年來新媒體信息傳播已是大勢所趨，相關文章或音視頻訪談，有心者自可尋得，茲不贅錄。

許先生一生勤於著述，所作論文、評論、散文、序言、演講、訪談等散見各處，遺珠之憾在所難免，還請讀者海涵。

辛丑冬日，編者謹誌

中文之部

一、專著

1. 許倬雲著，《心路歷程》，臺北：文星書店，1964 年；臺北：傳記文學出版社，1969 年；臺北：傳記文學出版社，1979 年；廈門：廈門大學出版社，2015 年
2. 許倬雲著，《歷史學研究》，臺北：臺灣商務印書館，1966 年，1967 年
3. 許倬雲著，《中國科學思想的因素》，臺北：美國各大學中國語文聯合研習所，1968 年
4. 許倬雲著，《中國傳統的性格與道德規範》，臺北：美國各大學中國語文聯合研習所，1968 年
5. 許倬雲著，《傳統與更新》，臺北：「中央研究院」三民主義研究所，1980 年
6. 許倬雲著，《關心集》，臺北：時報文化出版事業有限公司，1982 年
7. 許倬雲著，《求古編》，臺北：聯經出版事業公司，1982 年，1984 年，1989 年，2022 年；北京：新星出版社，2006 年；北京：商務印書館，2014 年；新編版《水擊三千：中國社會與文化的整合》，北京：生活 · 讀書 · 新知三聯書店，2024 年
8. 許倬雲著，《西周史》，臺北：聯經出版事業公司，1984 年，1986 年（二版），1990 年（修訂三版），1993 年（修訂三版），2020 年（增訂新版）；北京：生活 · 讀書 · 新知三聯書店，1994 年（增訂本），2001 年（增補本），2012 年（增補二版），2018 年（增補二版）；《西周史：中國古代理念的開始》，北京：生活 · 讀書 · 新知三聯書店，2024 年
9. 許倬雲著，《中國古代文化的特質》，臺北：聯經出版事業公司，1988 年，1992 年，2021 年；北京：新星出版社，2006 年；北京：北京大學出版社，2013 年；廈門：鷺江出版社，2016 年；新編版《熔鑄華夏：中國古代文化的特質》，北京：生活 · 讀書 · 新知三聯書店，2024 年
10. 許倬雲著，《挑戰與更新：許倬雲文集（政論之冊）》，臺北：時報文化出版事業有限公司，1988 年
11. 許倬雲著，《剎那與永恆：許倬雲文集（文化之冊）》，臺北：時報文化出版事業有限公司，1988 年
12. 許倬雲著，《推動歷史的因素》，臺北：社會大學文教基金會，1990 年
13. 許倬雲著，《風雨江山：許倬雲的天下事》，臺北：天下文化出版社，1991 年
14. 許倬雲著，《中國文化與世界文化》，貴陽：貴州人民出版社，1991 年，1999 年；

桂林：廣西師範大學出版社，2006 年
15. 許倬雲著，《從歷史看領導：松下幸之助的管理手札》，臺北：洪建全教育文化基金會，1992 年
16. 許倬雲著，《從歷史看領導》，臺北：書評書目出版社，1992 年；北京：生活．讀書．新知三聯書店，1994 年；臺北：洪建全教育文化基金會，1997 年，2004 年；桂林：廣西師範大學出版社，2006 年，2011 年
17. 許倬雲著，《中國文化的發展過程》，香港：香港中文大學出版社，1992 年，2000 年；貴陽：貴州人民出版社，2009 年；北京：中華書局，2017 年
18. 許倬雲著，《現代倫理寓言：東遊記》，臺北：洪建全教育文化基金會，1995 年；桂林：廣西師範大學出版社，2003 年
19. 許倬雲主講，《現代社會的職業倫理》，臺北：洪建全教育文化基金會，1995 年
20. 許倬雲主講，《現代社會的公平與正義》，臺北：洪建全教育文化基金會，1996 年
21. 許倬雲著，《尋路集》，River Edge, NJ：八方文化企業公司，1996 年
22. 許倬雲著，《從歷史看組織》，臺北：洪建全教育文化基金會，1997 年；上海：上海人民出版社，2000 年，2006 年，2011 年，2017 年
23. 許倬雲著，《歷史分光鏡》，上海：上海文藝出版社，1998 年；北京：中華書局，2015 年
24. 許倬雲著，《漢代農業：早期中國農業經濟的形成》，程農、張鳴譯，南京：江蘇人民出版社，1998 年，2012 年，2019 年；《漢代農業：中國農業經濟的起源及特性》，王勇譯，桂林：廣西師範大學出版社，2005 年；《漢代農業：天下帝國經濟與政治體系的生成》，程農、張鳴譯，北京：生活．讀書．新知三聯書店，2024 年
25. 許倬雲著，《九六文錄：中國人文探索》，臺北：臺灣書店，1998 年
26. 許倬雲著，《從歷史看時代轉移》，臺北：洪建全教育文化基金會，2000 年；桂林：廣西師範大學出版社，2007 年，2011 年
27. 許倬雲主講，《「國家」通識教育——跨世紀的思維：歷史的另一思維》（錄像數據），臺南：成功大學公共事務研究中心，2000 年
28. 許倬雲著，《許倬雲自選集》，上海：上海教育出版社，2002 年
29. 許倬雲著，《倚杖聽江聲》，臺北：三民書局股份有限公司，2003 年
30. 許倬雲著，《江渚候潮汐》，臺北：三民書局股份有限公司，2004 年
31. 許倬雲著，《江心現明月》，臺北：三民書局股份有限公司，2004 年
32. 許倬雲著，《從歷史看人物》，臺北：洪建全基金會，2005 年；桂林：廣西師範大

學出版社，2007 年，2011 年；北京：新星出版社，2017 年

33. 許倬雲著，《從歷史看管理》，香港：商務印書館（香港）有限公司，2005 年；桂林：廣西師範大學出版社，2005 年，2011 年；北京：新星出版社，2017 年
34. 許倬雲著，《萬古江河：中國歷史文化的轉折與開展》，臺北：英文漢聲出版股份有限公司，2006 年；香港：中華書局（香港）有限公司，2006 年；上海：上海文藝出版社，2006 年；長沙：湖南人民出版社，2017 年；北京：北京日報出版社，2023 年
35. 許倬雲著，鄒水傑譯，《中國古代社會史論：春秋戰國時期的社會流動》，桂林：廣西師範大學出版社，2006 年；許倬雲著，楊博譯，《形塑中國：春秋戰國間的文化聚合》，北京：生活·讀書·新知三聯書店，2024 年
36. 許倬雲著，《史海巡航：歷史問學週記》，臺北：三民書局股份有限公司，2007 年；新版《世界、華夏、臺灣：平行、交纏和分合的過程》，臺北：三民書局股份有限公司，2018 年
37. 許倬雲著，《江口望海潮》，臺北：三民書局股份有限公司，2007 年；武漢：長江文藝出版社，2021 年
38. 許倬雲著，《歷史大脈絡》，桂林：廣西師範大學出版社，2008 年，2019 年
39. 許倬雲著，《許倬雲問學記》，桂林：廣西師範大學出版社，2008 年，2019 年；北京：九州出版社，2024 年
40. 許倬雲著，《許倬雲觀世變》，桂林：廣西師範大學出版社，2008 年，2019 年；北京：九州出版社，2024 年
41. 許倬雲著，《我者與他者》，香港：香港中文大學出版社，2008 年，2009 年；臺北：時報文化出版事業有限公司，2009 年；北京：生活·讀書·新知三聯書店，2010 年，2015 年，2024 年
42. 許倬雲演講，《傅鐘迴響》，臺北：臺灣大學出版社，2008 年；《九堂中國文化課》，桂林：廣西師範大學出版社，2020 年
43. 許倬雲著，《許倬雲自選集》，濟南：山東教育出版社，2009 年
44. 許倬雲口述，陳永發等訪問，《家事、國事、天下事：許倬雲院士一生回顧》，臺北：「中央研究院」近代史研究所，2010 年；《許倬雲八十回顧：家事、國事、天下事》，香港：香港中文大學出版社，2011 年；《家事、國事、天下事：許倬雲先生一生回顧》，南京：南京大學出版社，2012 年
45. 許倬雲著，《知識分子：許倬雲講演錄》，桂林：廣西師範大學出版社，2011 年

46. 許倬雲著，《許倬雲説歷史：大國霸業的興廢》：上海：上海文化出版社，2012年；杭州：浙江人民出版社，2016年；北京：東方出版社，2021年
47. 許倬雲著，《許倬雲説歷史：現代文明的成壞》；上海：上海文化出版社，2012年；杭州：浙江人民出版社，2016年；新版名《世界何以至此》，北京：九州出版社，2023年
48. 許倬雲著，《許倬雲説歷史：中西文明的對照》，杭州：浙江人民出版社，2013年，2016年；新版名《三千年大變局》，北京：九州出版社，2023年
49. 許倬雲著，《許倬雲説歷史：臺灣四百年》，杭州：浙江人民出版社，2013年，2017年，2024年
50. 許倬雲著，《獻曝集：許倬雲自選集》，上海：上海人民出版社，2013年
51. 許倬雲著，《現代文明的批判：剖析人類未來的困境》，臺北：天下文化出版公司，2014年；《這個世界病了嗎》，上海：上海文化出版社，2014年；新版《許倬雲説歷史：文明變局的關口》，杭州：浙江人民出版社，2016年；新版名《我們去向何方》，北京：九州出版社，2023年
52. 許倬雲著，艾瑞克．瓦利（Eric Valli）攝影，《家住長江》，北京：北京美術攝影出版社，2015年
53. 許倬雲著，《華夏論述》，臺北：天下文化出版公司，2015年；《説中國：一個不斷變化的複雜共同體》，桂林：廣西師範大學出版，2015年；上海：上海三聯出版社，2021年（插圖版）；桂林：廣西師範大學出版，2022年；北京：九州出版社，2024年
54. 許倬雲著，《中國人的精神生活》，臺北：聯經出版事業公司，2017年；《中國文化的精神》，北京：九州出版社，2018年，2024年
55. 許倬雲著，《美國六十年滄桑：一個華人的見聞》，臺北：聯經出版事業公司，2019年；《許倬雲説美國：一個不斷變化的西方文明》，上海：上海三聯書店，2020年
56. 許倬雲講授，馮俊文整理，《許倬雲十日談》，廣州：廣東人民出版社，2022年；香港：三聯書店（香港）有限公司，2024年
57. 許倬雲著，馮俊文執筆，《往裏走，安頓自己》，北京：北京日報出版社，2022年；香港：三聯書店（香港）有限公司，2024年
58. 許倬雲著，《經緯華夏》，海口：南海出版公司，2023年；香港：三聯書店（香港）有限公司，2024年

59. 許倬雲著，《長江小史》，長沙：湖南文藝出版社，2024 年
60. 許倬雲講授，馮俊文整理，《美國小史》，北京：生活 · 讀書 · 新知三聯書店，2024 年
61. 許倬雲講授，馮俊文整理，《天下格局：文明轉換關口的世界》，長沙：嶽麓書社，2024 年

二、合著及編著

1. 許倬雲主編，《中國上古史論文選輯》，臺北：國風出版社，1965 年，1966–1967 年，1975 年
2. 《慶祝李濟先生七十歲論文集》，臺北：清華學報社，1965–1967 年
3. 臺靜農、許倬雲主編，《臺灣大學文史叢刊》第 16–26 期，1965–1968 年
4. 屈萬里、許倬雲主編，《臺灣大學文史叢刊》第 27–38 期，1969–1972 年
5. 《「中央研究院」成立五十週年紀念論文集》，臺北：「中央研究院」，1978 年
6. 顏元叔、林文月、郭博文、許倬雲著，《人文學概論》，臺北：東華書局股份有限公司，1979 年
7. 《「中央研究院」國際漢學會議論文集 · 歷史考古組》，臺北：「中央研究院」，1981–1982 年
8. 許倬雲、毛漢光、劉翠溶主編，《第二屆中國社會經濟史研討會論文集》，臺北：漢學研究資料及服務中心，1983 年
9. 許倬雲等著，《知識與民主》，臺北：幼獅文化事業公司，1986 年
10. 許倬雲等著，《中國歷史論文集》，臺北：臺灣商務印書館，1986 年
11. 許倬雲等著，《勞貞一先生八秩榮慶論文集》，臺北：臺灣商務印書館，1986 年
12. 許倬雲、丘宏達主編，《抗戰勝利的代價：抗戰勝利四十週年學術論文集》，臺北：聯經出版事業公司，1986 年
13. 錢穆、余英時、許倬雲等著，《中國何處去？》，臺北：《聯合月刊》雜誌社，1986 年，1987 年
14. 宋文熏、李亦園、許倬雲、張光直主編，《考古與歷史文化：慶祝高去尋先生八十大壽論文集》，臺北：正中書局，1991 年
15. 許倬雲等著，《浩然基金會暑期研習會演講討論輯：世界宏觀（第一冊）》，臺北：浩然基金會，1991 年
16. 許倬雲等著，《浩然基金會暑期研習會演講討論輯：人文（第五冊）》，臺北：浩

然基金會，1991 年

17. 許倬雲、李歐梵等編，《中國圖書文史論集：錢存訓先生八十生日紀念》，北京：現代出版社，1992 年
18. 許倬雲等著，《尋找 90 年代的人生價值：智慧生活》，臺北：洪建全教育文化基金會，1994 年
19. 陳天機、許倬雲、關子尹主編，《系統視野與宇宙人生》，香港：商務印書館（香港）有限公司，1999 年，2002 年（增訂版）；桂林：廣西師範大學出版社，2004 年
20. 許倬雲、張忠培主編，《中國考古學的跨世紀反思》，香港：商務印書館（香港）有限公司，1999 年
21. 張忠培、許倬雲主編，《中國考古學跨世紀的回顧與前瞻：1999 年西陵國際學術研討會文集》，北京：科學出版社，2000 年
22. 許倬雲等著，《「中央研究院」歷史語言研究所七十五週年紀念文集》，臺北：「中央研究院」歷史語言研究所，2004 年
23. 余珍珠主編，許倬雲、李歐梵，《包玉剛傑出訪問講座：文化間的互動》，香港：香港科技大學人文社會科學學院文化研究中心，2004 年
24. 許倬雲、張忠培主編，《新世紀的考古學：文化、區位、生態的多元互動》，北京：紫禁城出版社，2006 年
25. 許倬雲、張廣達主編，《唐宋時期的名分秩序》，臺北：政治大學出版社，2015 年
26. 許倬雲等著，《九州天下：中國文化與中國人》，南京：東南大學出版社，2024 年

三、論文及散文

1. 許倬雲，《從周禮中推測遠古的婦女工作》，載《大陸雜誌》1954 年第 8 卷第 7 期，第 10–12 頁
2. 許倬雲，《周禮中的兵制》，載《大陸雜誌》1954 年第 9 卷第 3 期，第 16–21 頁
3. 許倬雲，《殷曆譜氣朔新證舉例》，載《大陸雜誌》1955 年第 10 卷第 3 期，第 16–21 頁；收入嚴一萍著，《續殷曆譜》，臺北：藝文印書館，1955 年
4. 許倬雲，《中國古代民族的溶合》，載《主義與「國策」》1955 年第 44 期，第 3–5 頁
5. 許倬雲，《先秦諸子對天的看法（上）》，載《大陸雜誌》1957 年第 15 卷第 2 期，第 14–18 頁

6. 許倬雲，《先秦諸子對天的看法（下）》，載《大陸雜誌》1957 年第 15 卷第 3 期，第 23–27 頁
7. 許倬雲，《試擬中國社會發展的幾個論點》，載《思與言：人文與社會科學雜誌》1963 年第 1 卷第 2 期，第 10–11 頁
8. 許倬雲，《春秋戰國間的社會變動》，載《「中央研究院」歷史語言研究所集刊》1963 年第 34 本下冊，第 559–587 頁
9. 許倬雲，《錢著〈書之竹帛〉》，載《大陸雜誌》1963 年第 26 卷第 6 期，第 14–16 頁
10. 許倬雲，《介紹何著〈明清社會史論〉》，載《大陸雜誌》1963 年第 26 卷第 9 期，第 7–10 頁
11. 許倬雲，《心路歷程》，載《傳記文學》1963 年第 3 卷第 2 期，第 31–32 頁
12. 許倬雲，《容異與存疑：子絕四：毋意、毋必、毋固、毋我》，載《傳記文學》1963 年第 2 卷第 4 期，第 33–34 頁
13. 許倬雲，《哭兩位董先生》，載《傳記文學》1963 年第 3 卷第 6 期，第 24 頁
14. 許倬雲，《從橘種到聖人》，載《文星雜誌》1963 年第 65 期，第 43–44 頁
15. 許倬雲，《說偏見》，載《文星雜誌》1963 年第 66 期，第 28–29 頁
16. 許倬雲，《廣告與宣傳》，載《文星雜誌》1963 年第 68 期，第 7–9 頁
17. 許倬雲，《人鼠之間》，載《文星雜誌》1963 年第 69 期，第 24–25 頁
18. 許倬雲，《個人與集合體》，載《文星雜誌》1963 年第 72 期，第 19–20 頁
19. 許倬雲，《西漢政權與社會勢力的交互作用》，載《「中央研究院」歷史語言研究所集刊》1964 年第 35 本，第 261–281 頁
20. 許倬雲，《從〈歐陽修的治學與從政〉說起》，載《大陸雜誌》1964 年第 29 卷第 10 期，第 93–95 頁
21. 許倬雲，《〈心路歷程〉自序》，載《文星雜誌》1964 年第 82 期，第 64–66 頁
22. Bert F. Hoselitz 著，許倬雲譯，《低度開發國家經濟成長中都市的角色》，載《思與言：人文與社會科學雜誌》1964 年第 2 卷第 1 期，第 20–25 頁
23. 許倬雲，《對科學的誤解》，載《思與言：人文與社會科學雜誌》1964 年第 2 卷第 2 期，第 15–16 頁
24. 許倬雲，《中國傳統的性格與道德規範》，載《思與言：人文與社會科學雜誌》1965 年第 2 卷第 5 期，第 407–408 頁
25. 許倬雲，《一位廿世紀的史學家——比蘭》，載《思與言：人文與社會科學雜誌》

1965 年第 3 卷第 1 期，第 18–20 頁
26. 許倬雲，《戰國的統治機構與治術》，載《臺灣大學文史哲學報》1965 年第 14 期，第 205–239 頁
27. 許倬雲，《對於〈商王廟號新考〉一文的補充意見》，載《「中央研究院」民族學研究所集刊》1965 年第 19 期，第 205–239 頁
28. 許倬雲，《舅舅的書目——附錄一：坊間找得著的書》，載《文星雜誌》1965 年第 87 期，第 22–24 頁
29. 哈耶克（Friedrich A. Hayek）著，梅寒、許倬雲合譯，《教育與研究》，載《文星雜誌》1965 年第 95 期，第 26–32 頁
30. 許倬雲，《讀殷海光著〈中國文化的展望〉》，載《思與言：人文與社會科學雜誌》1966 年第 4 卷第 1 期，第 47–50 頁
31. 殷海光，《有關〈中國文化的展望〉的幾個問題——並答許倬雲先生》，載《思與言：人文與社會科學雜誌》1966 年第 4 卷第 2 期，第 38–43 頁
32. 許倬雲，《漢代家庭的大小》，載《慶祝李濟先生七十歲論文集》，臺北：清華學報社，1965 年
33. 許倬雲，《三國吳地的地方勢力》，載《「中央研究院」歷史語言研究所集刊》1967 年第 37 本上冊，第 185–200 頁
34. 許倬雲，《評余英時〈漢代中外經濟交通〉》，載《思與言：人文與社會科學雜誌》1967 年第 5 卷第 4 期，第 45–46 頁
35. 許倬雲，《周人的興起及周文化的基礎》，載《「中央研究院」歷史語言研究所集刊》1968 年第 38 本，第 435–458 頁
36. 許倬雲，《致本社編輯委員會常務委員會函》，載《思與言：人文與社會科學雜誌》1968 年第 6 卷第 3 期，第 3 頁
37. 許倬雲，《兩周農作技術》，載《「中央研究院」歷史語言研究所集刊》1971 年第 42 本第 4 分，第 803–842 頁
38. 許倬雲，《十九世紀的宜蘭》，載《「中央研究院」民族學研究所集刊》1972 年第 33 本，第 51–72 頁
39. 許倬雲，《兩周天文、物理與工藝》，載《「中央研究院」歷史語言研究所集刊》1973 年第 44 本第 4 分，第 733–762 頁
40. 許倬雲，《漢代的市場化農業經濟》，載《思與言：人文與社會科學雜誌》1974 年第 12 卷第 4 期，第 20–23 頁

41. 許倬雲，《周代的衣、食、住、行》，載《「中央研究院」歷史語言研究所集刊》1976 年第 47 本第 3 分，第 503–535 頁
42. 許倬雲，《兩周農作技術》，載《「中央研究院」歷史語言研究所集刊》1977 年第 42 本第 4 分，第 803–818 頁
43. 許倬雲，《周代都市的發展與商業的發達》，載《「中央研究院」歷史語言研究所集刊》1977 年第 48 本第 2 分，第 309–332 頁
44. 許倬雲，《沈、趙合編〈中華農業史論集〉前言》，載《思與言：人文與社會科學雜誌》1978 年第 16 卷第 1 期，第 15–17 頁
45. 許倬雲講，《社會史的研究》，載《史化》1978 年第 9 期，第 2 頁
46. 許倬雲，《周東遷始末》，載錢思亮，《「中央研究院」成立五十週年紀念論文集》，臺北：「中央研究院」，1978 年
47. 許倬雲講，《政權與政治的關係》，載《東海大學史學會刊》1978 年第 7 期，第 1–2 頁
48. 許倬雲，《雜談文化調適過程中的態度》，載《中國論壇》1978 年第 6 卷第 11 期，第 8–10 頁
49. 許倬雲，《跋居延出土的寇恩爰書》，載《陶希聖先生八秩榮慶論文集》，臺北：食貨出版社，1979 年
50. 許倬雲，《悼念李濟之師》，載《傳記文學》1979 年第 35 卷第 5 期，第 68–69 頁
51. 許倬雲，《由新出簡牘所見秦漢社會》，載《「中央研究院」歷史語言研究所集刊》1980 年第 51 本第 2 分，第 217–232 頁
52. 許倬雲（陳書梅譯），《中國古代史的研究》，載《國外社會科學》1980 年第 3 期，第 68–72 頁
53. 許倬雲（黃俊傑譯），《春秋戰國時代農業的變動》，載《幼獅學志》1981 年第 16 卷第 3 期，第 36–46 頁
54. 許倬雲，《黃著〈沈宗瀚先生年譜〉序》，載《東方雜誌》1981 年第 15 卷第 2 期，第 54 頁
55. 許倬雲，《人材的培育》，載《聯合月刊》1981 年第 1 期，第 20–21 頁
56. 許倬雲，《傳統中國社會經濟史的若干特性》，載《食貨月刊》1981 年第 11 卷第 5 期，第 201–210 頁
57. 許倬雲，《步入文明：中國文化的發展》，載《故宮季刊》1981 年第 16 卷第 1 期，第 27–29 頁

58. 許倬雲，《追念王雪艇先生》，載《傳記文學》1981 年第 39 卷第 4 期，第 36–39 頁

59. 許倬雲，《〈傳記文學〉與中國近代社會經濟史的關係：〈傳記文學〉創刊廿週年紀念學術討論會講題之十四》，載《傳記文學》1982 年第 41 卷第 3 期，第 90–91 頁

60. 許倬雲，《漢代農業史導論》，載《思與言：人文與社會科學雜誌》1983 年第 20 卷第 6 期，第 27–29 頁

61. 許倬雲，《人文與科技》，載《「中央」月刊》1983 年第 15 卷第 11 期，第 30–38 頁

62. 許倬雲，《〈第二屆中國社會經濟史研討會論文集〉序言》，載《漢學研究通訊》1983 年第 2 卷第 4 期，第 199–202 頁

63. 許倬雲，《遙寄祝福與期望，努力推動民主化》，載《「中央」月刊》1983 年第 16 卷第 2 期，第 59 頁

64. 許倬雲，《論雅斯培樞軸時代的背景》，載《「中央研究院」歷史語言研究所集刊》1984 年第 55 本第 1 分，第 33–50 頁

65. 許倬雲，《開新運，俟河清》，載《「中央」月刊》1984 年第 16 卷第 7 期，第 69–71 頁

66. 許倬雲，《〈面對歷史的挑戰：沈宗翰與我國農業現代化的歷程〉特輯跋》，載《傳記文學》1984 年 45 卷第 5 期，第 48–50 頁

67. 許倬雲，《企業領袖的自我提升》，載《天下雜誌》1985 年第 50 期，第 27–28 頁

68. 許倬雲，《〈文星〉復刊祝辭》，載《文星雜誌》1986 年第 99 期，第 14 頁

69. 許倬雲，《追尋動態的穩定》，載《中國論壇》1986 年第 21 卷第 8 期，第 13–20 頁

70. 許倬雲，《企業該為劇變中的臺灣負什麼責任？》，載《天下雜誌》1986 年第 62 期，第 142–143 頁

71. 許倬雲，《從追求利潤到擔當責任：企業家的社會新責任》，載《天下雜誌》1986 年第 65 期，第 146–151 頁

72. 許倬雲，《養成通識君子——大學人文教育》，載《海外學人》1986 年第 168 期，第 12–15 頁

73. 許倬雲，《世界文化與中國文化（上）》，載《中原文獻》1986 年第 18 卷第 8 期，第 2–6 頁

74. 許倬雲，《世界文化與中國文化（下）》，載《中原文獻》1986 年第 18 卷第 9 期，第 7–11 頁
75. 許倬雲，《從「寄居者」到「文化使者」》，載《遠見雜誌》1986 年第 3 期，第 75–79 頁
76. 任長正、許倬雲，《李宗侗教授遺著目錄》，載《漢學研究通訊》1986 年第 5 卷第 3 期，第 129–132 頁
77. 許倬雲，《選舉前夕談選風》，載《「中央」月刊》1986 年第 19 卷第 11 期，第 18–20 頁
78. 許倬雲，《戰前與戰時的社會比較》，載《抗戰勝利的代價——抗戰勝利四十週年學術論文》，臺北：聯經出版事業公司，1986 年
79. 任長正、許倬雲，《勞榦教授著作目錄》，載《漢學研究通訊》1987 年第 6 卷第 1 期，第 16–23 頁
80. 許倬雲，《南朝奴役勞力的商品化》，載《國史釋論——陶希聖先生九秩榮慶祝壽論文集》，臺北：食貨出版社，1987 年
81. 許倬雲，《世界文化與中國文化》，載《中國地方文獻學會年刊》1987 年，第 6–11 頁
82. 許倬雲，《不須愁日暮，努力俟河清》，載《遠見雜誌》1987 年第 18 期，第 10–11 頁
83. 許倬雲，《漢末至南北朝氣候與民族移動的初步考察》，載嚴文郁等，《蔣慰堂先生九秩榮慶論文集》，臺北：中國圖書館學會，1987 年
84. 許倬雲，《對傳記文學的期望》，載《傳記文學》1987 年第 51 卷第 1 期，第 53 頁
85. 許倬雲（蕭振邦記錄），《容易上癮的群眾活動：有關群眾活動、制度的成長及共識的建立》，載《自由青年》1987 年第 78 卷第 3 期，第 14–21 頁
86. 許倬雲，《社會學與史學》，載《自由青年》1988 年第 79 卷第 4 期，第 32–37 頁
87. 許倬雲，《尋索中國歷史發展的軌跡》，載《九州島學刊》1988 年第 2 卷第 3 期，第 123–128 頁
88. 許倬雲，《世界文化與中國文化》，載《國際交流學報》1988 年第 1 期，第 8–15 頁
89. 許倬雲，《討焚書檄》，載《新新聞》1988 年第 76 期，第 59 頁
90. 許倬雲，《推動歷史的因素》，載《自由青年》1988 年第 80 卷第 3 期，第 4–11 頁
91. 許倬雲，《未來世界與儒家》，載《自由青年》1988 年第 80 卷第 4 期，第 12–

17 頁
92. 許倬雲，《未來世界與儒家》，載《中國論壇》1988 年第 27 卷第 1 期，第 56–58 頁
93. 許倬雲，《中古早期的中國知識分子》，載《中國歷史轉型時期的知識分子》，臺北：聯經出版事業公司，1988 年
94. 許倬雲，《讓我們替這件悲劇舉行一場哀悼儀式》，載《新新聞》1989 年第 96 期，第 15–17 頁
95. 許倬雲（吳繼昊筆錄），《大學設制應有的理念》，載《教育資料文摘》1989 年第 24 卷第 5 期，第 28–32 頁
96. 許倬雲，《真的沒有遠見人物嗎？》，載《遠見雜誌》1989 年第 32 期，第 50–51 頁
97. 許倬雲，《尋求心中的主宰》，載《遠見雜誌》1989 年第 39 期，第 129–130 頁
98. 許倬雲，《文化的歷劫》，載《中原文獻》1989 年第 21 卷第 2 期，第 6–10 頁
99. 許倬雲，《中華文化發展過程及其在世界文化發展中之地位》，載《中華文化復興月刊》1989 年第 22 卷第 10 期，第 16–19 頁
100. 許倬雲，《中華文化發展過程及其在世界文化發展中之地位》，載《「憲政」論壇》1989 年第 37 卷第 4 期，第 32–35 頁
101. 許倬雲，《民主優先，「國號」次之》，載《遠見雜誌》1990 年第 44 期，第 146–150 頁
102. 沈君山、許倬雲，《十九年前的「國是」建言》，載《遠見雜誌》1990 年第 47 期，第 42–43 頁
103. 許倬雲，《理想幻滅，歷史不會終結》，載《二十一世紀》1990 年總第 1 期，第 6–7 頁
104. 許倬雲，《大國解體，同盟興起？》，載《天下雜誌》1991 年第 116 期，第 40–47 頁
105. 余英時、許倬雲，《重想十年》，載《天下雜誌》1991 年第 121 期，第 74–113 頁
106. 許倬雲，《中國考古遺址文化層的分佈——人口與區位的初步考察》，載《考古與歷史文化：慶祝高去尋先生八十大壽論文集》，臺北：正中書局，1991 年
107. 許倬雲，《試論網絡》，載《新史學》1991 年第 2 卷第 1 期，第 75–80 頁
108. 許倬雲，《中國與伊斯蘭的子午綫實測》，載《中國圖書文史論集：錢存訓先生八十生日紀念》，北京：現代出版社，1992 年

109. 許倬雲，《中國文化演變周期概說》，載《哲學雜誌》1992 年第 1 期，第 8–19 頁
110. 許倬雲，《寧可蹣跚，不要僵化——〈百年蹣跚：小農中國的現代覺醒〉（姜義華著）》，載《二十一世紀》1992 年總第 13 期，第 61–63 頁
111. 許倬雲，《而立之慶：傳記文學的史料價值》，載《傳記文學》1992 年第 61 卷第 1 期，第 22–24 頁
112. 許倬雲，《中國古代社會與國家之關係的變動》，載《「國科會」人文社會學刊》1993 年第 3 卷第 1 期，第 1–15 頁
113. 許倬雲，《文化與社會崩解的比較》，載《「中央研究院」歷史語言研究所集刊》1993 年第 64 本第 1 分，第 1–8 頁
114. 許倬雲，《古公亶父時代的先周——謹答饒選堂教授》，載《二十一世紀》1993 年總第 16 期，第 139–140 頁
115. 許倬雲，《關於未來全球文化衝突的討論（2）：走向整合的世界》，載《二十一世紀》1993 年總第 20 期，第 4–6 頁
116. 許倬雲（曾雨潤翻譯），《十九世紀上半期的宜蘭》，載《宜蘭文獻雜誌》1993 年第 5 期，第 71–93 頁
117. 許倬雲，《中國古代文化與其他古代文化的比較（1）：西周與兩河篇》，載《歷史月刊》1993 年第 69 期，第 20–28 頁
118. 張光直、王世慶、許倬雲等，《臺灣史研究回顧與展望》，載《臺灣史研究》1994 年第 1 卷第 1 期，第 12–23 頁
119. 許倬雲，《中國古代文化與其他古代文化的比較（2）：埃及篇》，載《歷史月刊》1994 年第 74 期，第 67–77 頁
120. 許倬雲，《古希臘文化與中國古代文化的比較》，載《歷史月刊》1994 年第 77 期，第 20–28 頁
121. 許倬雲，《一個整合過程的假設》，載《二十一世紀》1994 年總第 25 期，第 73–75 頁
122. 許倬雲，《試論先「總統」蔣公的歷史評價》，載《革命思想》1995 年第 78 卷第 5 期，第 1–4 頁
123. 許倬雲，《素心五願》，載《講義》1995 年第 17 卷第 3 期，第 83–84 頁
124. 許倬雲，《關於教育中立自主的構想與建議》，載《教改通訊》1995 年第 9 期，第 6–10 頁
125. 許倬雲，《體系網絡與中國分合》，載《中國歷史上的分與合》，臺北：聯合報系文

化基金會，1995 年

126. 許倬雲，《孔子論仁及其延伸的觀念》，載《中原文獻》1995 年第 27 卷第 3 期，第 1–6 頁

127. 許倬雲（潘紹嶂譯），《〈漢代農業〉序論》，載《農業考古》1995 年第 3 期，第 60–62 頁

128. 許倬雲，《中國史與世界史的結合》，載《二十一世紀》1995 年總第 31 期，第 31 頁

129. 許倬雲，《中國古代社會與國家之關係的變動》，載《文物季刊》1996 年第 2 期，第 63–80 頁

130. 許倬雲，《錢存訓先生及其大作〈造紙及印刷〉》，載《漢學研究》1996 年第 14 卷第 1 期，第 279–282 頁

131. 許倬雲，《人生智慧分享——研究與教學者職業規範》，載《教改通訊》1996 年第 24 期，第 7–12 頁

132. 許倬雲，《領袖的統禦方式》，載《領導文萃》1996 年第 9 期，第 4–7 頁

133. 許倬雲，《政治領導與企業領導的異同》，載《領導文萃》1996 年第 10 期，第 15–17 頁

134. 許倬雲，《魏、蜀、吳：三家形態各異的「公司」》，載《領導文萃》1996 年第 12 期，第 68–73 頁

135. 許倬雲，《受過教育的人該學什麼》，載《宏觀》1997 年第 31 期

136. 許倬雲，《試論東漢與西羅馬帝國的崩解》，載《簡牘學報》1997 年第 10 期，第 13–22 頁

137. 許倬雲，《義（編者按：意）、瑞、西三國漢學研究近況》，載《漢學研究通訊》1997 年第 16 卷第 1 期，第 1–2 頁

138. 許倬雲，《介紹「中國文明起源新探」——一個新的學術主題典範》，載《漢學研究通訊》1997 年第 16 卷第 3 期，第 345–346 頁

139. 許倬雲，《良渚文化到哪裏去了？》，載《新史學》1997 年第 8 卷第 1 期，第 135–160 頁

140. 許倬雲，《香港知識分子與社會主體性》，載《二十一世紀》1997 年總第 41 期，第 18–19 頁

141. 許倬雲，《歷史的分光鏡》，載《讀書》1997 年第 10 期，第 10–15 頁

142. 許倬雲，《怎樣看江澤民訪美》，載《關愛與服務》1997 年第 86 卷 11 期

143. 許倬雲，《南港述舊》，載杜正勝、王汎森編，《新學術之路：「中央研究院」歷史語言研究所七十週年紀念文集》（下），臺北：「中央研究院」歷史語言研究所，1998 年
144. 許倬雲，《不卑不亢與世融合》，載《天下雜誌》1998 年第 200 期，第 403–406 頁
145. 許倬雲，《尋求雙方都能接受的共存方式——也談兩岸關係》，載《關愛與服務》1998 年第 87 卷第 1 期
146. 許倬雲，《法律的無力感》，載《關愛與服務》1998 年第 87 卷第 4 期
147. 許倬雲，《漫談説唱》，載《關愛與服務》1998 年第 87 卷第 10 期
148. 許倬雲，《古代國家形成的比較》，載《北方文物》1998 年第 3 期，第 1–7 頁
149. 許倬雲，《法律的無力感》，載《「司法」改革雜誌》1998 年第 14 期
150. 許倬雲，《將將與將兵》，載《領導文萃》1998 年第 9 期，第 11–12 頁
151. 許倬雲，《傅先生的史學觀念及其淵源》，載《大陸雜誌》1998 年第 97 卷第 5 期，第 1–8 頁
152. 許倬雲，《錢存訓著〈中美書緣〉序言》，載《圖書館館刊》1998 年第 87 卷第 2 期，第 323–325 頁
153. 許倬雲，《社會科學觀點的轉變與科際整合》，載《歷史月刊》1998 年第 131 期，第 76–81 頁
154. 許倬雲，《臺灣文化發展軌跡——寫在臺大「跨世紀臺灣文化發展研討會」之前》
155. 許倬雲（張世瑛記錄），《國史上中央與地方的關係》，載《「國史館」館刊》1999 年第 27 期，第 3–14 頁
156. 許倬雲，《曹操用人》，載《領導文萃》1999 年第 5 期，第 44–46 頁
157. 許倬雲，《崑藝環寶——〈崑劇傳世演出珍本全編〉介紹》，載《漢學研究通訊》1999 年第 18 卷第 4 期，第 538–539 頁
158. 許倬雲，《談樞軸時代》，載《二十一世紀》2000 年總第 57 期，第 30–32 頁
159. 許倬雲，《十年祝詞》，載《二十一世紀》2000 年總第 61 期，第 80–81 頁
160. 許倬雲，《我們走向何方》，載《開放時代》2000 年第 5 期，第 5–12 頁
161. 許倬雲、李國祁主講（李惠華整理），《近百年來中國的歷史學發展軌跡》，載《歷史月刊》2000 年第 145 期，第 74–85 頁
162. 許倬雲，《兩岸對話的發展過程》，載《交流》2001 年第 56 期，第 27–30 頁
163. 許倬雲，《評美國人寫的〈蔣經國傳〉》，載《領導文萃》2001 年第 4 期，第 114–116 頁

164. 許倬雲，《漢學中心二十年慶——回顧與前瞻》，載《漢學研究通訊》2001 年第 20 卷第 3 期，第 1–2 頁
165. 許倬雲，《楊慶坤先生的治學生涯一九一一——一九九九》，載《漢學研究通訊》2001 年第 20 卷第 3 期，第 88–90 頁
166. 許倬雲，《試論社會、族群與文化》，載《中國文化研究》2001 年秋之卷，第 101–103 頁
167. 許倬雲，《門外漢讀全先生的研究》，載《薪火集：傳統與近代變遷中的中國經濟（漢昇教授九秩榮慶祝壽論文集）》，臺北：稻鄉出版社，2001 年
168. 許倬雲，《神祇與祖靈》，載宋文熏、李亦園、張光直主編，《石璋如院士百歲祝壽論文集：考古．歷史．文化》，臺北：南天書局，2002 年
169. 許倬雲，《論學不因生死隔》，載《讀書》2002 年第 2 期，第 72–76 頁
170. 許倬雲，《港臺學者談大學通識教育——香港科技大學許倬雲教授：從知識到智能的追尋》，載《中國大學教學》2002 年第 2–3 期，第 34–35 頁
171. 許倬雲，《再看曾國藩》，載《領導文萃》2002 年第 6 期，第 190–191 頁
172. 許倬雲，《試論伊斯蘭文化體系與東西方兩大文化的互動》，載《歷史月刊》2002 年第 169 期，第 68–73 頁
173. 許倬雲，《也是一番反省——〈臺灣史學五十年〉序言》，載《歷史月刊》2002 年第 175 期，第 85–90 頁
174. 許倬雲，《背負太多的師恩和友愛》，載王永慶，《叫太陽起床的人》，臺北：正中書局，2003 年
175. 許倬雲，《農民自主與農業振興》，載《農訓》2003 年第 20 卷第 1 期，第 6–9 頁
176. 許倬雲，《打造「人」的教育》，載《遠見雜誌》2003 年第 200 期，第 262–263 頁
177. 許倬雲，《中國知識界關於伊拉克戰爭的爭論——許倬雲：美國民主政治的缺失》，載《天涯》2003 年第 3 期，第 190–191 頁
178. 許倬雲，《對王德權先生「古代中國體系的摶成」的響應——許倬雲先生的對話》，載《新史學》第 14 卷第 1 期，第 203–208 頁
179. 許倬雲，《從歷史角度論述幾個違反永續發展的案例》，載《全球變遷通訊雜誌》2003 年第 38 期，第 17–20 頁
180. 許倬雲，《自古霸業終成空》，載《歷史月刊》2003 年第 185 期，第 60–64 頁
181. 許倬雲，《情理相通的通識教育》，載《中國大學教育》2003 年第 6 期，第 10–11 頁

182. 許倬雲，《錦瑟無端五十弦——憶臺灣半世紀的史學概況》，載《當代》2004 年第 82 期，第 70–75 頁
183. 許倬雲，《人、空間、時間（1）》，載《人生雜誌》2004 年第 255 期，第 112–117 頁
184. 許倬雲，《人、空間、時間（2）》，載《人生雜誌》2004 年第 256 期，第 112–116 頁
185. 許倬雲，《人、空間、時間（3）》，載《人生雜誌》2005 年第 257 期，第 112–116 頁
186. 許倬雲，《問明日誰主蒼茫》，載《二十一世紀》2005 年總第 91 期，第 7–8 頁
187. 許倬雲，《歷史散論：歷史的多種定義》，載《歷史月刊》2005 年第 206 期，第 36–38 頁
188. 許倬雲，《學史散論——古代的中原是怎樣形成的？》，載《歷史月刊》2005 年第 207 期，第 34–37 頁
189. 許倬雲，《中國概念與其經濟接口》，載《歷史月刊》2005 年第 208 期，第 38–40 頁
190. 許倬雲，《學史散論——古代中原的多種文化》，載《歷史月刊》2005 年第 209 期，第 30–32 頁
191. 許倬雲，《第二次世界戰爭——戰後六十年的回顧》，載《歷史月刊》2005 年第 211 期，第 48–52 頁
192. 許倬雲，《美國國會圖書館藏書的史料意義舉隅》，載《歷史月刊》2005 年第 212 期，第 34–38 頁
193. 許倬雲，《〈萬古江河——中國歷史文化的開展與轉折〉自序》，載《歷史月刊》2005 年第 213 期，第 34–36 頁
194. 許倬雲，《二十世紀中葉前臺灣百年的變化》，載《歷史月刊》2005 年第 214 期，第 38–40 頁
195. 許倬雲，《君權與相權》，載《歷史月刊》2006 年第 218 期，第 35–37 頁
196. 許倬雲，《不同形式的管理制度》，載《現代營銷（學苑版）》2006 年第 7 期，第 78–80 頁
197. 許倬雲，《中國現代學術科目的發展》，載《「中央研究院」近代史研究所集刊》2006 年第 52 期，第 1–8 頁
198. 許倬雲，《劉邦與朱元璋：兩位開國董事長》，載《哈佛商業評論中文版》2006 年

第 1 期，第 68–72 頁
199. 許倬雲，《社會的底與邊》，載喬健編著，《底邊階級與邊緣社會：傳統與現代》，臺北：立緒文化，2007 年
200. 許倬雲，《溫良正直、博厚高明——錢存訓先生〈留美雜憶〉序言》，載《傳記文學》2007 年第 91 卷第 4 期，第 545 頁
201. 許倬雲，《萬古江河些微事》，載《國學》2007 年第 3 期，第 56–58 頁
202. 許倬雲，《漢與明的兩種格局》，載《今日科苑》2007 年第 13 期，第 98–99 頁
203. 許倬雲，《從歷史人物看管理》，載《刊授黨校》（學習特刊）2007 年第 8 期，第 30–31 頁
204. 許倬雲，《劉邦唯友，朱元璋唯親》，載《領導文萃》2007 年第 9 期，第 53–56 頁
205. 許倬雲，《假如公司是部落》，載《科技創業月刊：創業指南》2007 第 4 期，第 20–21 頁
206. 許倬雲，《我為何寫〈萬古江河〉》，載《解放日報》2007 年 4 月 1 日
207. 許倬雲，《災難之後，臺海或可成盛事》，載《南方周末》2008 年 5 月 29 日
208. 許倬雲，《震後援助無須再考慮「面子」問題》，載《南方周末》2008 年 5 月 31 日
209. 許倬雲，《作為文化先鋒營的高等研究院》，載《文匯報》2008 年 7 月 27 日
210. 許倬雲，《中國人的思考方式》，載《發現》2008 年第 11 期，第 60 頁
211. 許倬雲，《「貴、壽、富、福、喜」的另類定義》，載《發現》2008 年第 12 期，第 1 頁
212. 許倬雲，《中國中古時期飲食文化的轉變》，載王明珂主編，《鼎鼐文明：古代飲食史》，臺北：中華飲食文化基金會，2009 年
213. 許倬雲，《從多元出現核心》，載《燕京學報》新 26 期，北京：北京大學出版社，2009 年
214. 許倬雲，《世運與學術》，載《古今論衡》2009 年第 19 期，第 4–10 頁
215. 許倬雲，《知識分子的信念》，載《書摘》2009 年第 1 期，第 8–10 頁
216. 許倬雲、張弘，《問學觀世七十年》，載《社會科學論壇》（學術評論卷）2009 年第 1 期，第 48–61 頁
217. 許倬雲，《漢之為漢——中國人自稱漢人的文化意蘊》，載《晚報文萃》2009 年第 6 期，第 54–55 頁
218. 許倬雲，《問學觀世七十年》，載《雜文月刊》（選刊版）2009 年第 4 期，第 32–

34 頁

219. 許倬雲，《大文化普及系列之一：歷史的背影》，載《教書育人》2009 年第 28 期，第 70–71 頁

220. 許倬雲，《16 世紀前的中國》，載《全國新書目》2009 年第 21 期，第 18–19 頁

221. 許倬雲，《從中國歷史看世界未來》，載《第一資源》2009 年第 3 期，第 166–176 頁

222. 許倬雲，《長憶濟之師——一位學術巨人》，載《南方周末》2009 年 8 月 26 日

223. 許倬雲，《〈北美中國學：研究概述與文獻資源〉序》，載張海惠主編，北美中國學：研究概述與文獻資源》，北京：中華書局，2010 年

224. 許倬雲，《〈李宗侗著作集〉序》，載《書品》2010 年第 4 期，第 26–28 頁

225. 許倬雲等，《漢學研究中心三十週年紀念專輯》，載《國文天地》2010 年第 26 卷第 5 期，第 4–31 頁

226. 許倬雲，《從〈二十一世紀〉迎接二十一世紀》，載《二十一世紀》2010 年總第 121 期，第 7–12 頁

227. 許倬雲，《心路歷程》，載《散文選刊》2010 年第 1 期，第 52–54 頁

228. 許倬雲，《戰國時代的列國體制》，載《全國新書目》2010 第 21 期，第 40–41 頁

229. 許倬雲，《20% 的農民不必變成流浪的農民工》，載《商界》（評論）2010 年第 4 期，第 97 頁

230. 許倬雲、李懷宇，《我在臺灣大學》，載《讀書文摘》2010 年第 5 期，第 46–50 頁

231. 許倬雲，《我的求學生涯》，載《學習博覽》2010 年第 5 期，第 20–21 頁

232. 許倬雲，《「貴壽富福喜」的另類定義》，載《百姓生活》2010 年第 9 期，第 15 頁

233. 許倬雲，《百年歷史學發展》，載《「中華民國」發展史：學術發展》（上冊），臺北：政治大學，2011 年

234. 許倬雲，《趙家的管理一塌糊塗，為何人民卻感恩戴德》，載《芳草》（青春版）2011 年第 1 期，第 74 頁

235 ·許倬雲，《重寫〈西周史〉，我還想寫些什麼？》，載《讀書》2011 年第 8 期，第 135–137 頁

236. 許倬雲、馬國川，《一百年的路是「正反合」的過程》，載《江淮文史》2011 年第 6 期，第 14–28 頁

237. 許倬雲，《王道、人道、仁道》，載劉兆玄、李誠主編，《王道文化與公益社會》，桃園：「中央」大學出版中心，2012 年

238. 許倬雲，《憶小波——〈我的兄弟王小波〉代序》，載王小平著，《我的兄弟王小波》，南京：江蘇文藝出版社，2012 年
239. 許倬雲，《小部族抓住大帝國關鍵》，載《領導文萃》2012 年第 4 期，第 38–40 頁
240. 許倬雲，《大數據時代的啟示》，載《商》2012 年第 10 期，第 184 頁
241. 許倬雲，《信息時代需要「大數據」》，載《中國企業家》2012 年第 15 期，第 116 頁
242. 許倬雲，《「遊藝」之廣，用心之深》，載《中國新聞週刊》2012 年第 28 期，第 87 頁
243. 許倬雲，《九個毛病大家都有》，載《經營者（汽車商業評論）》2012 年第 10 期，第 206–207 頁
244. 許倬雲，《王朝的盛衰周期》，載《領導文萃》2012 年第 22 期，第 84–87 頁
245. 許倬雲，《中國古代平民生活：食物、居住、衣著、歲時行事及生命禮儀》，載丘仲麟主編，《中國史新論：生活與文化分冊》，臺北：「中央研究院」、聯經出版事業公司，2013 年
246. 許倬雲，《〈思與言〉五十週年賀詞》，載《思與言：人文社會科學雜誌》2013 年第 51 卷第 4 期，第 265–269 頁
247. 許倬雲，《思與言》，載《思與言：人文與社會科學雜誌》2013 年 51 卷第 4 期，第 265–305 頁
248. 許倬雲，《史國強〈追尋五帝〉序》，載《東吳學術》2013 年第 4 期，第 12–15 頁
249. 許倬雲，《我與臺灣六十年》，載《南方周末》2013 年 6 月 20 日
250. 許倬雲，《中國古代建構的價值觀念》，載《記者觀察》2013 年第 1 期，第 110–112 頁
251. 許倬雲，《談宋明，說歷史》，載《領導文萃》2013 年第 5 期，第 85–89 頁
252. 許倬雲，《談宋明，說歷史》，載《人才資源開發》2013 年第 5 期，第 94–95 頁
253. 許倬雲，《中國人的思考方式》，載《雜文月刊》（文摘版）2013 年第 9 期，第 19 頁
254. 許倬雲，《我的母親》，載《愛情婚姻家庭》（生活紀實）2013 年第 10 期，第 46–47 頁
255. 許倬雲，《傅樂成〈中國通史〉簡體版序》，載傅樂成，《中國通史》，北京：中信出版社，2014 年
256. 許倬雲，《上官鼎，重出江湖；王道劍，藏鋒圓融》，載《南方周末》2014 年 7 月

31 日
257. 許倬雲，《中國人的基因》，載《國家人文歷史》2014 年第 18 期，第 76–77 頁
258. 許倬雲，《新石器時代族群的分合》，載《國家人文歷史》2014 年第 19 期，第 74–75 頁
259. 許倬雲，《中華核心的形成（上）》，載《國家人文歷史》2014 年第 20 期，第 78–79 頁
260. 許倬雲，《中華核心的形成（下）》，載《國家人文歷史》2014 年第 21 期，第 54–55 頁
261. 許倬雲，《春秋戰國時期「華夷」觀念》，載《國家人文歷史》2014 年第 22 期，第 82–83 頁
262. 許倬雲，《諸侯的擴張擴大了中國》，載《國家人文歷史》2014 年第 23 期，第 76–77 頁
263. 許倬雲，《「天下帝國」關鍵性的秦漢時代》，載《國家人文歷史》2014 年第 24 期，第 60–61 頁
264. 許倬雲，《胡人漢化的另一面》，載《文史博覽》2014 年第 8 期，第 43 頁
265. 許倬雲，《百五人瑞，錢存訓先生一生行述》，載《漢學研究通訊》2015 年第 34 卷第 3 期，第 1–6 頁
266. 許倬雲，《這二十五年內的變化》，載《二十一世紀》2015 年總第 151 期，第 3–8 頁
267. 許倬雲，《西漢時期的意識形態》，載《國家人文歷史》2015 年第 1 期，第 72–73 頁
268. 許倬雲，《秦漢帝國向周邊的擴張》，載《國家人文歷史》2015 年第 2 期，第 82–83 頁
269. 許倬雲，《越、朝、日為何沒納入中國疆域》，載《國家人文歷史》2015 年第 3 期，第 70–71 頁
270. 許倬雲，《天下國家模式的覆滅》，載《國家人文歷史》2015 年第 5 期，第 70–71 頁
271. 許倬雲，《天下國家體制的衰敗與重組》，載《國家人文歷史》2015 年第 6 期，第 86–87 頁
272. 許倬雲，《比較漢唐天下秩序》，載《國家人文歷史》2015 年第 7 期，第 74–75 頁
273. 許倬雲，《取精用宏，開中華文明之「大成」》，載《國家人文歷史》2015 年第 8

期，第 74–75 頁
274. 許倬雲，《宋時代的東亞格局》，載《國家人文歷史》2015 年第 9 期，第 78–79 頁
275. 許倬雲，《漢堅實，唐宏大，宋穩定》，載《國家人文歷史》2015 年第 10 期，第 70–71 頁
276. 許倬雲，《蒙元時代，蒙古帝國與中國關係》，載《國家人文歷史》2015 年第 11 期，第 88–89 頁
277. 許倬雲，《蒙元的族群階級社會》，載《國家人文歷史》2015 年第 12 期，第 80–81 頁
278. 許倬雲，《暴力統治，另類的朱明皇朝》，載《國家人文歷史》2015 年第 13 期，第 82–83 頁
279. 許倬雲，《空前絕後的明代皇權》，載《國家人文歷史》2015 年第 14 期，第 86–87 頁
280. 許倬雲，《南北差異導致晚明動盪》，載《國家人文歷史》2015 年第 15 期，第 92–93 頁
281. 許倬雲，《專制使中國失去主動積極的氣魄》，載《國家人文歷史》2015 年第 17 期，第 48–49 頁
282. 許倬雲，《滿清時代——最後一個征服王朝》，載《國家人文歷史》2015 年第 18 期，第 84–85 頁
283. 許倬雲，《沒有常設軍備的暴力統治》，載《國家人文歷史》2015 年第 19 期，第 90–91 頁
284. 許倬雲，《閉關恰在「盛世」始》，載《國家人文歷史》2015 年第 20 期，第 92–93 頁
285. 許倬雲，《「天下帝國」的殘照》，載《國家人文歷史》2015 年第 21 期，第 76–77 頁
286. 許倬雲，《中國古代的思想體系》，載《月讀》2015 年第 4 期，第 63–66 頁
287. 許倬雲，《越、朝、日為何沒納入中國疆域》，載《東西南北》2015 年第 7 期，第 73–74 頁
288. 許倬雲，《教育必須保持多元》，載《考試》2015 年第 9 期，第 15 頁
289. 許倬雲，《秦漢帝國向周邊的擴張》，載《領導文萃》2015 年第 8 期，第 41–45 頁
290. 許倬雲，《古人這樣做管理》，載《商界》（評論）2015 年第 7 期，第 94–96 頁
291. 許倬雲，《古代中國疆域延伸受制於交通？》，載《文史博覽》2015 年第 8 期，第

45 頁
292. 許倬雲，《我們究竟是誰？》，載《雜文月刊》（文摘版）2015 年第 10 期，第 24 頁
293. 許倬雲，《許倬雲談西周的歷史地位》，載《月讀》2015 年第 11 期，第 63–65 頁
294. 許倬雲，《你把自己圈得越小，你的敵人就越多》，載《上海採風》2015 年第 11 期，第 94–95 頁
295. 許倬雲，《現代文明的天問——〈現代的歷程〉序》，載杜君立，《現代的歷程》，上海：上海三聯書店，2016 年
296. 許倬雲，《移去國際了解的魔障——〈亞洲的去魔化〉推薦序》，載于爾根．奧斯特哈默，《亞洲的去魔化——18 世紀的歐洲與亞洲帝國》，北京：社會科學文獻出版社，2016 年
297. 許倬雲，《中西方文明的不同形態——以西歐蠻族諸國與五胡十六國為例》，載《月讀》2016 年第 4 期，第 67–69 頁
298. 許倬雲，《諸侯擴張擴大了中國》，載《領導文萃》2016 年第 16 期，第 40–42 頁
299. 許倬雲，《中國人的信仰》，載《中國慈善家》2016 年第 1 期，第 20–25 頁
300. 許倬雲，《中國的企業家精神》，載《中國慈善家》2016 年第 10 期，第 12–14 頁
301. 許倬雲，《移去國際了解的魔障》，載《中國慈善家》2016 年第 11 期，第 72–73 頁
302. 許倬雲，《巨變來臨，我們如何自處——〈先知中國〉序》，載余世存，《先知中國：中華文明軸心時代的偉大智者》，廣東：廣東人民出版社，2017 年
303. 許倬雲，《「走出鄉土」之後怎麼辦》，載《書屋》2017 年第 4 期，第 7–9 頁
304. 許倬雲，《從「體國經野」到全球化》，載《讀書》2017 年第 5 期，第 43–48 頁
305. 許倬雲，《中國的針灸與烹飪》，載《祝你幸福》（上旬刊）2017 年第 2 期，第 34–35 頁
306. 許倬雲，《延續千年的中國人情社會》，載《記者觀察》2017 年第 2 期，第 76–79 頁
307. 許倬雲，《中國式民主》，載《視野》2017 年第 3 期，第 4–6 頁
308. 許倬雲，《周文化的包容性》，載《月讀》2017 年第 03 期，第 68–70 頁
309. 許倬雲，《清朝三百年無國防》，載《風流一代》2018 年第 14 期，第 57 頁
310. 許倬雲，《美國的東亞族群》，載《世界文化》2019 年第 7 期，第 40–43 頁
311. 許倬雲，《中國人的思考方式》，載《浙江人大》2019 年第 7 期，第 66 頁
312. 許倬雲，《〈商埠春秋〉敘言》，載錢鍾漢，《商埠春秋》，蘇州：古吳軒出版社，

2020 年

313. 許倬雲，《三十而立：〈二十一世紀〉的慶賀感言》，載《二十一世紀》2020 年總第 181 期，第 21–27 頁

314. 許倬雲，《知識與教育》，載《小品文選刊》2020 第 4 期，第 16–17 頁

315. 許倬雲，《憶王小波》，載《北方人（悦讀）》2020 年第 6 期，第 17 頁

316. 許倬雲，《美國何以日漸敗壞？》，載《記者觀察》2020 第 22 期，第 90–93 頁

317. 許倬雲，《長憶濟之師：一位學術巨人》，載岱峻著，《李濟傳》（全新修訂本），北京：商務印書館，2021 年

318. 許倬雲，《一位才德兼備的史學家：戴國煇——〈戴國煇講臺灣〉序》，載戴國煇，《戴國煇講臺灣》，北京：九州出版社，2021 年

319. 許倬雲，《遍地烽火，何日河清：從鑲嵌到融合——〈全球化的裂解與再融合〉序》，載朱雲漢，《全球化的裂解與再融合》，北京：中信出版社，2021 年

320. 許倬雲，《疫情當下的人類社會和中美關係》，載《特區實踐與理論》2021 年第 1 期，第 5–12 頁

321. 許倬雲（馮俊文整理），《許倬雲疫中口述：我終於隨時可以走了》，載《南方周末》2022 年 4 月 14 日

322. 許倬雲（陳新華整理），《1840 年以來的中國與美國》，載《二十一世紀》2022 年總第 193 期，第 11–27 頁

323. 許倬雲，《從「朱張會講」到「差序格局」》，載《原道》第 45 輯，長沙：湖南大學出版社，2023 年 1 月

324. 許倬雲，《我的學思歷程》，載《南方周末》2023 年 2 月 23 日

325. 許倬雲，《離奇、古怪之中，我是受益者》，載《南方周末》2023 年 3 月 23 日

326. 許倬雲，《悼漢寶：一位真正的君子》，載《南方周末》2023 年 4 月 10 日

327. 許倬雲，《雜學無章》，載《南方周末》2023 年 4 月 11 日

328. 許倬雲，《銀槎方半渡，大星殞中天》，載《南方周末》2023 年 4 月 14 日

329. 許倬雲，《東林傳統與無錫士紳家族》，載《南方周末》2023 年 5 月 9 日

330. 許倬雲，《我為什麼要寫〈經緯華夏〉》，載《南方周末》2023 年 7 月 31 日

331. 許倬雲，《1840 年以來的中國與美國（上）》，載《南方周末》2023 年 10 月 19 日

332. 許倬雲，《1840 年以來的中國與美國（中）》，載《南方周末》2023 年 10 月 24 日

333. 許倬雲，《1840 年以來的中國與美國（下）》，載《南方周末》2023 年 10 月 26 日

四、紙媒訪談

1. 沙笛訪談，《一株長青的感恩樹：訪許倬雲先生》，載《國文天地》1986 年第 2 卷第 5 期，第 8–11 頁
2. 郭玉潔，《先知的另一副面孔——許倬雲訪談》，載《單向街 001》，南京：鳳凰出版社，2009 年
3. 張弘，《回眸「五四」九十年——許倬雲教授訪談錄》，載《社會科學論壇》2009 年第 17 期，第 84–95 頁
4. 張弘，《許倬雲：再談「五四」》，載《中國改革》2009 年第 7 期，第 74–77 頁
5. 張英，《許倬雲：「世界上沒有一個完美的政治制度」》，載《南方周末》2009 年 1 月 14 日
6. 張英，《「民主政治的功效差，但不會闖禍」——專訪歷史學家許倬雲》，載《南方周末》2009 年 1 月 14 日
7. 《許倬雲：中國的身份危機》，載《新京報》2010 年 9 月 18 日
8. 劉瀾，《請奧巴馬讀〈論語〉——與許倬雲對話（1）》，載《商學院》雜誌 2010 年第 12 期，第 103–104 頁
9. 劉瀾，《請奧巴馬讀〈論語〉——與許倬雲對話（2）》，載《商學院》雜誌 2011 年第 1 期，第 140–141 頁
10. 劉瀾，《領導者的品質與組織的未來——與許倬雲對話（3）》，載《商學院》雜誌 2011 年第 3 期，第 101–102 頁
11. 劉瀾，《領導者如何得到真相——與許倬雲對話（4）》，載《商學院》雜誌 2011 年第 4 期，第 93–94 頁
12. 劉瀾，《儒家式領導——與許倬雲對話》，載劉瀾著：《領導力沉思錄 2》，北京：中信出版社，2011 年，第 13–37 頁
13. 馬國川訪談，《歷史學家許倬雲：一次辛亥革命就夠了　不要再做》，載《羊城晚報》2011 年 10 月 2 日
14. 陳遠，《與許倬雲先生聊中國文化與世界文明》，載《江淮文史》2016 年第 6 期，第 130–135 頁
15. 羅小虎，《許倬雲：為凡人寫史》，載《經濟觀察報》2018 年 2 月 19 日
16. 許知遠，《許倬雲：全世界人類曾走過的路，都要算我走過的路》，載許知遠著，《十三邀 3：我們都在給大問題做註腳》，桂林：廣西師範大學出版社，2020 年
17. 李靜，《專訪許倬雲：每個人都有抓不到的雲，都有做不到的夢》，載《中國新聞

周刊》2020 年第 28 期，第 27–30 頁
18. 徐悅東，《專訪許倬雲：美國的亞非拉裔聯合，才能打破種族問題僵局》，載《新京報》2020 年 7 月 25 日
19. 徐悅東，《專訪許倬雲：我不固守於任何學科或任何時代》，載《新京報》2020 年 7 月 25 日
20. 姚璐，《許倬雲，尋路人》，載《人物》2022 年第 2 期
21. 舒晉瑜訪談，《我們至少要互相信任》，載《中華讀書報》2022 年 4 月 27 日
22. 馮俊文訪談，《許倬雲：我們需要容忍互存的「全球化」》，載《經濟觀察報》2022 年 5 月 7 日
23. 文梅訪談，《許倬雲的公益慈善觀：不要以為事小，就不做；事小，做出來了，就是成功》，載《華夏時報》2022 年 12 月 3 日
24. 姚璐，《許倬雲 92 歲：曠野呼喚》，載《人物》2023 年 2 月刊
25. 張月、韓玲，《許倬雲：越過萬重山千重浪，我還可以回故鄉》，載《無錫日報》2023 年 3 月 4 日
26. 陳新華訪問、整理，《許倬雲：我不斷地投小石頭，是為了要填滿這個海》，載《中國新聞周刊》2023 年 3 月 20 日
27. 李菁，《許倬雲：我要從世界看中國，再從中國看世界》，載《三聯生活周刊》2024 年第 5 期

五、音頻和視頻課、講座及訪談

1. 《許倬雲：生命的延長綫》，《大家》，中央電視臺，2013 年
2. 《許倬雲：要有一個遠見，超越你未見》，《十三邀》，騰訊，2020 年
3. 《許倬雲十日談》，高山書院，2020 年；看理想，2021 年
4. 《許倬雲教育十日談》，荔枝播客，2021 年
5. 《許倬雲先生八堂人類文明通史課》，混沌學園，2021 年
6. 《許倬雲的極簡美國史》，喜馬拉雅，2021 年
7. 《誰塑造了我們 · 第一季 · 總序》，三聯中讀，2021 年
8. 《人生開學季》演講，百度，2021 年
9. 《大歷史下的中美、世界與我們的未來》，華夏同學會，2021 年
10. 《許倬雲講世界歷史：五百年大變局》，B 站，2022 年
11. 《當今世界的格局與人類未來》，中歐商學院，2022 年

12. 《如何與工作相處》，知乎，2022 年
13. 許倬雲對話張維迎，《企業家精神與中國文化》，正和島，2022 年
14. 許倬雲對話項飆，《焦慮年代，如何尋找自我的出路》，B 站，2022 年
15. 許倬雲對話劉擎，《不確定的年代，如何安頓自己的心》，B 站，2022 年
16. 許倬雲對話俞敏洪，《往裏走，安頓自己》，抖音，2022 年
17. 《我的人生原則》，混沌學園，2022 年
18. 《許倬雲說中國史：五千年大格局》，B 站，2023 年
19. 許倬雲、項飆，《看世界，看自己》，抖音，2023 年
20. 許倬雲、朱漢民，《「朱張會講」與「差序格局」——再談中國傳統多層次、多元的網絡結構》，鳳凰網，2023 年
21. 許倬雲、陳東升，《人至老年，如何安頓自己？》，長壽時代會客廳，2023 年
22. 許倬雲、許宏、余世存，《經緯華夏：重新講述中國》，抖音，2023 年
23. 許倬雲、王石、胡赳赳，《讀經緯華夏，看未來中國》，抖音，2023 年
24. 許倬雲、馬勇、余世存，《在歷史中安頓自己》，抖音，2023 年
25. 許倬雲、樊登，《93 歲史學大家許倬雲，赤子心寫就的華夏史》，帆書 APP，2023 年
26. 許倬雲對話錢文忠，《博與精：給年輕人的閱讀建議》，抖音，2024 年
27. 許倬雲對話樊登，《將歷史讀成一本書》，抖音，2024 年

外文之部

一、專著

1. Hsu, Cho-Yun. *Ancient China in Transition: An Analysis of Social Mobility, 722-222 B.C.* Stanford, CA: Stanford University Press, 1965; Paperback Edition. Stanford, CA: Stanford University Press, 1968
2. Hsu, Cho-Yun. *Han Agriculture: The Formation of Early Chinese Agrarian Economy, 206 B.C.-A.D. 220*. Seattle, WA: University of Washington Press, 1980
3. Hsu, Cho-Yun. *Bibliographic Notes on Studies of Early China*. Hong Kong: Chinese Materials Center, 1989
4. Hsu, Cho-Yun. *China: A New Cultural History.* New York, NY: Columbia University

Press, 2012

5. *The Transcendental and the Mundane*, David Ownby 譯，香港：香港中文大學出版社，2021 年
6. *American Life: A History of America Through the Eyes of a Chinese Historian*, Carissa Fletcher 譯，香港：香港中文大學出版社，2021 年

二、合著

1. Butterfield, Herbert, Hsu, Cho-Yun & McNeill, William Hardy. *Sir Herbert Butterfield, Cho Yun Hsu & William H. McNeill on Chinese & World History*, Hong Kong: The Chinese University of Hong Kong, 1971
2. Hsu, Cho-Yun & Katheryn M. Linduff. *Western Chou Civilization*. New Haven, CT: Yale University Press, 1988

三、論文

1. Hsu, Cho-Yun. "The Transition of Ancient Chinese Society". In *International Association of Historians of Asia, 2nd Biennial Conference Proceedings* (Taipei: Taiwan Provincial Museum, 1962), pp. 13-25
2. Hsu, Cho-Yun. "The Interaction of Social Power and Political Authority during the Former Han Dynasty". In *Bulletin of the Institute of History and Philology, Asademia Sinica*, Vol. 35 (1964), pp. 261-281
3. Hsu, Cho-Yun. "The Changing Relationship between Local Society and the Central Political Power in Former Han: 206 B. C.-8 A.D." In *Comparative Studies in Society and History*, Vol. 7, No. 4 (July, 1965), pp. 358-370
4. Hsu, Cho-Yun. "Some Working Notes on the Western Chou Government". In *Bulletin of the Institute of History and Philology, Academia Sinica*, Vol. 36 (1965) Pt. 2, pp. 513-524
5. Hsu, Cho-Yun. "Review: *Trade and Expansion in Han China: A Study in the Structure of Sino—Barbarian Economic Relations* by Yu Ying-Shih." In *Harvard Journal of Asiatic Studies*, Vol. 28 (1968), pp. 242-245
6. Hsu, Cho-Yun. "Foreword". In *Rites and Propriety in Literature and Life: A Perspective for a Cultural History of Ancient China* (Hong Kong: The Chinese University of Hong Kong, 1971), by Noah Edward Fehl, p. ix

7. Hsu, Cho-Yun. "Early China in World History." In Noah E. Fehl (ed.), *Sir Herbert Butterfield, Cho-Yun Hsu, and William McNeil on Chinese and World History*, Hong Kong: The Chinese University of Hong Kong, 1971
8. Hsu, Cho-Yun, "Farming Technique in the Chou Dynasty (Appendix: A Discussion on Fertilization in Ancient Chinese Agriculutre)." In *Bulletin of the Institute of History and Philology, Academia Sinica*, Vol. 42 (1971), Pt. 4, pp. 803-844
9. Hsu, Cho-Yun. "I-Lan in the First Half of the 19th Century". In *Bulletin of the Institute of Ethnology, Academia Sinica*, Vol. 32 (1972), pp. 51-72
10. Hsu, Cho-Yun. "History of Chou and Ch'in". In *Encyclopedia Hebrewica*, 1974 edition
11. Hsu, Cho-Yun. "The Transition of Ancient Chinese Society". In *The Making of China: Main Themes in Premodern Chinese History* (New Jersey: Prentice-Hall, Inc., 1975), edited by Chun-Shu Chang, pp. 62-71
12. Hsu, Cho-Yun. "The Concept of Predetermination and Fate in the Han Period". In *Early China*, Vol. 1 (1975), pp. 51-56
13. Hsu, Cho-Yun. Review: *The Cradle of the East: An Inquiry into the Indigenous Origins of Techniques and Ideas of Neolithic and Early Historic China, 5000-1000 B.C.* by Ping-Ti Ho. In *Geographical Review*, Vol. 67, No. 1 (January, 1977), pp. 116-117
14. Hsu, Cho-Yun. Review: *Food in Chinese Culture: Anthropological and Historical Perspectives* by Kwang-Chi Chang. In *Journal of Interdisciplinary History*, Vol. 9, No. 1 (Summer, 1978), pp. 200-201
15. Hsu, Cho-Yun. "Agricultural Intensification and Marketing Agrarianism in the Han Dynasty". In *Ancient China: Studies in Early Civilization* (Hong Kong: The Chinese University of Hong Kong, 1978), pp. 253-268
16. Hsu, Cho-Yun. "Early Chinese History: The State of the Field". In *The Journal of Asian Studies*, Vol. 38, No. 3 (May, 1979), pp. 453-475
17. Hsu, Cho-Yun. Review: *Individual and State in Ancient China: Essays on Four Chinese Philosophers* by Vitaly A. Rubin; Steven I. Levine. In *Journal of the American Oriental Society*, Vol. 99, No. 3 (July, 1979), pp. 484-485
18. Hsu, Cho-Yun. "The Chinese Settlement of the I-Lan Plain". In *China's Island Frontier: Studies in the Historical Geography Taiwan* (Honolulu: The University Press of Hawaii, 1980), edited by Ronald G. Knapp, pp. 69-86

19. Hsu, Cho-Yun. "Obituary: Li Chi" (1896-1979). In *The Journal of Asian Studies*, Vol. 40, No. 1 (November, 1980), pp. 217-218

20. Hsu, Cho-Yun. "Introduction to the Section on Cultural Change". In *The Contemporary China* (New York: The University of New York Pres, 1981), edited by James Hsiung

21. Hsu, Cho-Yun. Review: *The Medieval Chinese Oligarchy* by David G. Johnson. In *The American Historical Review*, Vol. 87, No. 1 (February, 1982), pp. 235-236

22. Hsu, Cho-Yun. "The Ch'in-Han Intellectuals" in *Proceedings of the First International Sinological Conference*, 1982

23. Hsu, Cho-Yun. "Some Chinese Experience: A Bureaucratic Machinery". In *Asian Thought and Society*, Vol. 6, No. 20 (1982)

24. Hsu, Cho-Yun. Review: *A History of Chinese Political Thought. Volume I: From the Beginnings to the Sixth Century A. D.* by Kung-Chuan Hsiao; F. W. Mote. In *Journal of the American Oriental Society*, Vol. 102, No. 2 (April, 1982), pp. 426-427

25. Hsu, Cho-Yun. "On the Background of Jaspersian Axial Age". In *Bulletin of the Institute of History and Philology*. Vol. 55 (1984), Pt. 1

26. Hsu, Cho-Yun. Review: *Studies on the Ch'in Almanac of Chronomancy Discovered at Yun-Meng*. by Jao Tsung-I & Tseng Hsien-T'ung . *In The Journal of Asian Studies*, Vol. 44, No. 2 (February, 1985), pp. 374-375; *Lun Rao Zong Yi* (Hong Kong: Joint Publishing (Hong Kong) Company Limited, 1995), edited by Zheng Wei Ming, pp. 139-141

27. Hsu, Cho-Yun. "Development of Statehood: From Eastern Chou to Han". In *Bulletin of the Institute of History and Philology, Academia Sinica*, Vol. 57 (1986), Pt. 1, pp. 91-114

28. Hsu, Cho-Yun. "The Unfolding of Early Confucianism: The Evolution from Confucius to Hsun-Tzu". In *Confucianism: The Dynamics of Tradition* (New York: Macmillan Publishing Company, 1986), edited by Irene Eber, pp. 23-37

29. Hsu, Cho-Yun. "Historical Conditions of the Emergence and Crystallization of the Confucian System". In *The Origins and Diversity of Axial Age Civilizations* (Albany: State University of New York Press, 1986), edited by S. N. Eisenstadt, pp. 306-324

30. Hsu, Cho-Yun. "Historische Bedingungen fur die entstehung und Herauskristalliserung des Konfuzianischen System" in S. N.Eisenstadt (ed.) *Kulturen des Achsenseit. Suhrkamp*, 1987

31. Hsu, Cho-Yun. "Zhou Period". In *Encyclopedia of Asian History* Volume 4 (New York:

Charles Scribner's Sons, 1988), edited by Ainslie T. Embree, pp. 302-307

32. Hsu, Cho-Yun. "The Internal Factors Associated with the Fall of the Han Dynasty". In *The Collapse of Ancient States and Civilizations* (Tucson: The University of Arizona Press, 1988), edited by Norman Yoffee and George L. Cowgill, pp. 176-195
33. Hsu, Cho-Yun. Review: *The Cambridge History of China, Volume 1: The Ch'in and Han Empires, 221 B. C.-A. D. 220* by Denis Twitchett & Michael Loewe. In *Harvard Journal of Asiatic Studies*, Vol. 48, No. 2 (December, 1988), pp. 535-538
34. Hsu, Cho-Yun. "Chinese Mentalite as seen in Folk History". In *Revue Europeenne des Sciences Sociales*, Vol. 27, No. 84 (1989), pp.121-139
35. Hsu, Cho-Yun. "Comparisons of Idealized Societies in Chinese History: Confucian and Taoist Models". In *Sages and Filial Sons: Mythology and Archaeology in Ancient China* (Hong Kong: The Chinese University of Hong Kong Press, 1991), pp. 43-63
36. Hsu, Cho-Yun. "A Reflection on Chineseness", *Daedalus,* Spring, 1991
37. Hsu, Cho-Yun. "Historical Setting for the Rise of Chiang Ching-Kuo". In *Chiang Ching-Kuo's Leadership in the Development of the Republic of China on Taiwan* (Lanham: University Press of America, 1993), edited by Shao-Chuan Leng, pp. 1-30
38. Hsü, Cho-Yun. "Das Phänomen der Chinesischen Intellektuellen Konzeptionelle und Historische Aspekte". In *Chinesische Intellektuelle im 20. Jahrhundert: Zwischen Tradition and Moderne* (Hamburg: Institut für Asienkunde, 1993), edited by Karl-Heinz Pohl, Gudrun Wacker & Liu Huiru, pp. 19-26
39. Hsu, Cho-Yun. "The Origins of Civilization in China", "Misconceptions of Chinese History", "Contrasts and Compairsons of the Chou Dynasty and the Ancient Greece" etc, Six articles included in Ainslie Embree and Carol Gulick (ed.) *Asia in Western and World History* (New York: Columbia University Press, 1993)
40. Hsu, Cho-Yun. "Dynasties in China". In *Old World Civilizations: The Rise of Cities and States* (San Francisco: Harper San Francisco, 1993), edited by Göran Burenhult, pp. 101-109
41. Hsu, Cho-Yun. "The Eastern Zhou". In *The History of the Scientific and Cultural of Humankind*, Vol. 3 (1993)
42. Hsu, Cho-Yun. "Development of State-Society Relationship in Early China" in Leon Vandermeesh (ed.) *La Societiete Civile face a l'Etat dans les traditions chinoise, japanaise,*

coreenne et vietnamienne (Paris, Ecole Francaise, 1994)

43. Hsu Cho-Yun. "Changes in the Relationship between State and Society in Ancient China." In *Chinese Studies in History* 28. 1 (1994), pp. 19-81
44. Hsu, Cho-Yun. "Cultural and Lineage Roots of the Chinese Dual Identities". In *The CUHK Journal of Humanities*, Vol. 4 (1995), pp. 42-49
45. Hsu, Cho-Yun. "James Legge and the Chinese Classics." Asian Culture 23.1 (1995), pp. 43-58
46. Hsu, Cho-Yun. "History of the Chou Period". In *Microsoft Encarta 96 Encyclopedia* (Redmond, Washington: Microsoft, 1996)
47. Hsu, Cho-Yun. "History of the Ch'in Period". In *Microsoft Encarta 96 Encyclopedia* (Redmond, Washington: Microsoft, 1996)
48. Hsu, Cho-Yun. Review: *Divination, Mythology and Monarchy in Han China by Michael Loewe*. In *The American Historical Review*, Vol. 101, No. 2 (April, 1996), pp. 539-540.
49. Hsu, Cho-Yun. "Uncertainy in China". In *Incertaine Planete* (Geneva: Rencontres Internationales de Geneva, 1996)
50. Hsu, Cho-Yun. Review: *In the Shadow of the Han: Literati Thought and Society at the Beginning of the Southern Dynasties* by Charles Holcombe. In *The American Historical Review*, Vol. 101, No. 5 (December, 1996), p.1596
51. Hsu, Cho-Yun. "Asian Influences on the West". In *Asia in Western and World History: A Guide for Teaching* (Armonk: M.E. Sharpe, 1997), edited by Ainslie T. Embree and Carol Gluck, pp. 22-30
52. Hsu, Cho-Yun. "The Origins of Civilization in China". In *Asia in Western and World History: A Guide for Teaching* (Armonk: M.E. Sharpe, 1997), edited by Ainslie T. Embree and Carol Gluck, pp. 251-256
53. Hsu, Cho-Yun. "Some Contrasts and Comparisons of Zhou China and Ancient Greece". In *Asia in Western and World History: A Guide for Teaching* (Armonk: M.E. Sharpe, 1997), edited by Ainslie T. Embree and Carol Gluck, pp. 257-264
54. Hsu, Cho-Yun. "Empire in East Asia". In *Asia in Western and World History: A Guide for Teaching* (Armonk: M.E. Sharpe, 1997), edited by Ainslie T. Embree and Carol Gluck, pp. 280-284
55. Hsu, Cho-Yun. "Some Misconceptions About Chinese History". In *Asia in Western and*

World History: A Guide for Teaching (Armonk: M.E. Sharpe, 1997), edited by Ainslie T. Embree and Carol Gluck, pp. 718-722

56. Hsu, Cho-Yun. "Han Agriculture" in *History of Science* (Rome: Encylopedia Italiana)
57. Hsu, Cho-Yun. "The Spring and Autumn Period". In *The Cambridge History of Ancient China: From the Origins of Civilization to 221 B.C.* (Cambridge: Cambridge University Press, 1998), edited by Michael Loewe & Edward L. Shaughnessy, pp. 545-586
58. Hsu, Cho-Yun. "Chinese Attitudes Toward Climate". In *The Way the Wind Blows: Climate, History, and Human Action* (New York: Columbia University Press, 2000), edited by Roderick J. McIntosh, Joseph A. Tainter & Susan Keech McIntosh, pp. 209-222
59. Hsu, Cho-Yun. "Chinese Encounters with Other Civilizations". In *International Sociology*, Vol. 16, No. 3 (September, 2001), pp. 438-454
60. Hsu, Cho-Yun. "Rethinking the Axial Age - The Case of Chinese Culture". In *Axial Civilizations and World History* (Leiden: Brill Academic Publishers, 2005), edited by Johann P. Arnason, S. N. Eisenstadt & Björn Wittrock, pp. 451-468
61. Hsu, Cho-Yun, "Leadership in Confucianism", in *Conversations on Leadership* (Singapore: John Wiley and Son, 2009), edited by Lan LIU. Chapter ONE.

許倬雲先生未刊稿存目

本存目主要根據許先生電腦中存儲的相關資料整理，個別文章雖已見載，但在中國大陸未見；未見載於許先生著作或未有後續增訂者，亦列入「未刊稿」。

一、著作、講稿

1. 《許倬雲教育十日談》
2. 《許倬雲講世界史：五百年文明大變局》
3. 《巨變時代的中國與世界》
4. 《許倬雲演講集》
5. 《許倬雲序跋集》
6. 《師友雜憶》

二、論文及散文

1. 《人類文化的貞元之際》
2. 《中國思想系統的演變》
3. 《古代的中原是怎樣形成的？》
4. 《文化史：社會學和歷史學的交集》
5. 《唐宋以來的儒學整頓及其現代價值》

6. 《「近古中國——唐宋轉移」解題》(與張廣達合寫)
7. 《百年來歷史學發展大綱》
8. 《百年論述》(擬題)
9. 《長江簡史》
10. 《風起雲湧一甲子——臺灣的發展》
11. 《三十年辛苦的「中央」圖書館國際漢學研究中心》
12. 《新貨殖列傳:向建立中國近代企業的人致敬》
13. 《全球化世界格局中的華夏共同體》
14. 《我者與他者:中西方歷史的分與合》
15. 《二十世紀科學進展及其影響》
16. 《半個世紀以來,人類社會的四個新變化》
17. 《十年來的世界急轉直下》
18. 《文明自檢只有相互接觸,才有機會衝擊、消化》
19. 《關於今天世界面臨的問題》
20. 《當今世界的情形和我們未來的方向》
21. 《你們大概可以看到,世界走向和平、互相容忍的時候》
22. 《我們的人格修養,是一輩子的功課》
23. 《你是什麼樣的人,就有什麼樣的人生》
24. 《鍾國仁,所聞所見的百年歷史》
25. 《人文科學的教學與體驗》
26. 《讀書自述》
27. 《我記憶中的重慶黃角埡》
28. 《儒家觀念和全球化世界》(大綱)
29. 《天人合一的人生觀》(大綱)
30. "A Prologue: Formulation and Evolution on Concept of State in Chinese Culture"
31. "Chinese Studies in this Changing World"
32. "China, Ancient"
33. "Confucius: Ideas and Values in the Age of Globalization"
34. "Confucianism: A Brief Introduction"
35. "Environmental Struggles in Ancient China"
36. "Hsu Fengtsao's Life"(《許鳳藻生平》)

37. "Local Community and Communal Solidarity in Rural China"
38. "One Millennium of the Hsu's"（《許氏唐末南遷經過》）
39. "Rethinking the Axial Age – The Case of Chinese Culture"
40. "Three Stages of Confucianism: A Brief Introduction"
41. 王賡武 "Renewal: The Chinese State and the New Global History"（《更新中國：國家與新全球史》）書評

三、演講、致辭

1. 「中央研究院」:《吳大猷院士紀念演講》
2. 慶祝史語所八十週年演講:《世運與學運》
3. 「中研院」史語所:《我們的未來:迎接一個新的文化》(僅存題目)
4. 「中研院」近史所:《中國現代學術科目的發展》
5. 「中研院」近史所:《百年中國論述》
6. 臺灣大學:《多樣性的現代化》
7. 臺灣大學:《歷史上的知識分子及未來世界的知識分子》
8. 「中央」大學:《從猶太學與猶太人的擴散過程看客家研究的未來》
9. 政治大學:《辦理補助大學院校設立人文社會中心計劃徵件》
10. 政治大學:《從人類、社會到歷史》
11. 政治大學:《辛亥百年計劃會議討論稿》
12. 臺北醫學大學:《當我們面對災難時》
13. 敏隆講堂:《天人之際》
14. 《洪建全基金會不惑之年祝詞》
15. 《三民書局創業壬辰還曆志慶》
16. 匹茲堡大學:"Sovereign Space in Early Cities"
17. 匹茲堡大學:《我們面臨的世界——背景和展望》
18. 美國國會圖書館:《代表蔣基會賀圖書館百年致辭》
19. 美國農林部:"The Ancient Roots of Chinese Environmental Awareness"
20. "The Formation and Evolution of the Concept of State in Chinese Culture"
21. "Those Who Built Bridge Across the East and the West"
22. 加拿大不列顛哥倫比亞大學:《從新石器時代看中國古代文明核心的形成》
23. 香港中文大學:《芝加哥大學的西方文明核心課程:通識教育與大學理念》

24. 香港中文大學：《大國崛起的問題》
25. 香港中文大學：《從多元出現核心》
26. 香港中文大學：《中國皇朝的性質：從中外關係的角度》
27. 香港中文大學：《古代中國文化核心地區的形成》（大綱）
28. 香港中文大學：《中國朝代的多樣性》（大綱）
29. 香港中文大學：《人文腦力激盪座談會議報告》（大綱）
30. 香港大學：《中國歷史上大國的興衰》（僅存題目）
31. 嶽麓書院：《「朱張會講」與「差序格局」》
32. 嶽麓書院：《世界幾個文明體系的互動和展望》
33. 嶽麓書院：《全球華人國學大典終身成就獎獲獎詞》
34. 南京大學：《形塑中國：以漢、唐、宋為例》
35. 南京大學：《中國歷史上的知識分子和未來的知識分子》
36. 南京大學：《高研院聯合會致辭》
37. 南京大學：《兩岸和解前後》
38. 南京大學：《面向未來》
39. 南京大學：《我所認識的錢存訓先生》
40. 南京大學：《劉邦與朱元璋：兩種創業的風格》
41. 南京大學：《文化差異中的美學與倫理經驗》
42. 南京大學：《兩岸人文社會科學發展的希望》
43. 南京大學：《和南大青年學者談治學》
44. 南京大學：《南京大學高研院聯合會致辭》
45. 東南大學：《紀念吳健雄先生發言》
46. 東南大學：《人文教育高級研討會致辭》
47. 東南大學：《從歷史看人物》
48. 東南大學：《中國史前文明核心的形成》
49. 東南大學：《從中國歷史看全球化趨勢》
50. 東南大學：《新世運與新問題》
51. 東南大學：《百年臺灣》
52. 東南大學：《我為何寫〈萬古江河〉》
53. 東南大學：《歷史——人文教育的第一環》
54. 華東師範大學：《我心中的高研院》

55. 華東師範大學：《從歷史看人物——以漢高祖和朱元璋為例》
56. 中國人民大學：《第十屆費孝通思想研究講壇　紀念費孝通先生誕辰 110 週年發言稿》
57. 北京大學：《光華管理學院》（擬題，大綱）
58. 輔仁中學：《現代社會的支柱》
59. 輔仁中學：《我們面臨的世界》（僅存題目）
60. 中華文化促進會：《中國信仰系統的開展與融合》
61. 《通識教育設計綱要》
62. 《歷史與變化》
63. 《中國歷史特質》
64. 《辛亥之後》
65. 《權力系統與全球化》（大綱）

四、序、跋

1. 《全漢昇先生全集》序
2. 錢存訓先生《東西文化交流論叢》序
3. 《余英時文集》序：余英時的歷史世界
4. 郭大順《追尋五帝》中文版序
5. 郭大順《追尋五帝》英文版序
6. 李峰《古代中國的管理制度與國家》序
7. 林嘉琳、孫岩主編《性別研究與中國考古學》中文版序
8. 林嘉琳、孫岩主編《性別研究與中國考古學》英文版序
9. 孫岩《普天之下》序
10. 曹瑋主編《漢中出土商代青銅器》序
11. 《民族互動與文化書寫〈一〉：漢人在邊疆》序
12. 黎明釗《輻輳與秩序：漢帝國地方社會研究》序
13. 王德權《中唐時代士人的自覺》序
14. 《中國家譜文化論文集》序
15. 麥克尼爾《世界史》（商周版）序
16. 呂正理《另眼看歷史》序
17. 張冠生《費孝通傳》序

18. 胡為真《國運天涯》序
19. 卜一《行遠無涯》序
20. 《林多梁自傳》序
21. 丘文達自傳《候鳥哲學》序
22. 王天駿《文明夢》序
23. 王玉麒《海癡》序
24. 嚴克勤《遊藝瑣記》序
25. 陳遠《李宗吾新傳》序
26. 《許樹錚詩文集》序
27. 《陸學宣書法集》序
28. 楊心傳《機遇與挑戰》序
29. 顧必成《無錫書香序》序
30. 孫興華《家邦春影錄》序
31. 《無錫錫金軍政分府函件》跋
32. 讀《民國衣冠，風雨「中研院」》
33. 謝寶瑜《玫瑰壩》前言
34. 馮·洪堡《教養》（臺灣版）序
35. 《維摩詰所説經》序

五、評論、感言、建言

1. 《國法，天理，人情》
2. 《歷史不能截斷，也不能分割》
3. 《以協商代替對抗》
4. 《千金市義》
5. 《迷航的臺灣民主政治》
6. 《有關臺灣：單一議題政治的再商榷》
7. 《致十年：推陳出新，中國文化再出發》
8. 《我對辛亥革命的看法》
9. 《抗戰經驗——為了樹立能夠抬頭見人的國格》
10. 《我雖旁觀，卻開啟了理解歷史的經驗》
11. 《文化能否成為抵抗暴政的力量》

12. 《只要 1% 的人開始想問題就有希望》
13. 《過去與當下的師生關係》
14. 《2011 歲末感言》
15. 《2021 年，我想對年輕朋友說的話》
16. 《我盼望新的一年，世界走向美好》
17. 《給讀者們的一封信》
18. 《讀桃花扇崑劇感言》
19. 《發展國際一流大學及頂尖研究中心計劃》
20. 《對當前中國的幾項建言》
21. 《關於建設新農村的建議》
22. 《關於江蘇三農問題的建議》
23. 《改善三農問題的一些想法》
24. 《關於江蘇沿海灘塗治理及新型和諧社區建設的構想》
25. 《關於江蘇建設機場的建議》
26. 《對無錫發展的建議》
27. 《關於現階段收購美國中小企業的建議》

六、韻文

1. 《思親》
2. 《憶江南》
3. 《中州令》
4. 《江南春初》
5. 《讀〈史記〉懷古》
6. 《謹答錦堂老兄》
7. 《2009 年　謁東林書院舊址》
8. 《2021 年 7 月 23 日，中夜不寐有感》
9. 《秋興，憶 1945 復員航程，赤壁泊舟》
10. 《慶祝母校輔仁中學九十週年校慶》
11. 譯鮑勃．迪倫 “Blood on the Tracks”
12. 譯弗羅斯特 “The Road Not Taken”
13. 譯龐德 “The Pisan Cantos”（第四十九）

七、悼文

1. 《沈師母靈右》
2. 《李宗侗先生祭文》
3. 《難忘的高曉梅先生》
4. 《追念錢思亮校長》
5. 《臺灣大學校長錢公行述》
6. 《錢賓四先生故去20週年：心香一瓣》
7. 《錢存訓先生悼詞》（英文稿）
8. 《楊慶坤先生生平》（英文稿）
9. 《悼張光直：論學不因死生隔》
10. 《悼李亦園：情誼同手足，風義如金石》
11. 《悼大法官漢寶兄》
12. 《銀槎方半渡，大星隕中天——悼雲漢》
13. 《可佩的吳氏三世：悼吳幼林先生》
14. 《誄吳美雲》
15. 《我和趙如蘭的一番交誼》
16. 《悼念劉振強先生》
17. 《誄高華》
18. 《悼曹永和先生》
19. 《王正義兄誄辭》

相關評論存目

1. 陳中民，《許著〈先秦社會史論集〉評介選譯》，載《思與言：人文與社會科學雜誌》1966 年第 4 卷第 4 期，第 44–46 頁
2. Malmqvist, N. G. D. 著、馮振東譯，《評許倬雲著〈變遷中的古代中國〉》，載《「中央」圖書館館刊》1967 年第 1 卷第 2 期，第 83–84 頁
3. 杜敬軻著，黃俊傑譯，《許著〈漢代農業〉編者序言》，載《思與言：人文與社會科學雜誌》1980 年第 18 卷第 3 期，第 73–75 頁
4. 杜正勝，《許倬雲院士》，載《漢學研究通訊》1983 年第 2 卷第 4 期，第 203–206 頁
5. 文星，《歷史的聲音時代的心眼：一代知識分子的典範許倬雲》，載《文星雜誌》1986 年第 101 期，第 20–22 頁
6. 文星，《一個知識分子的真實寫照》，載《文星雜誌》1986 年第 101 期，第 27–30 頁
7. 李翠玲，《改寫自己歷史的拄杖者——史學家許倬雲教授的生涯歷程》，載《特殊教育集刊》1990 年第 34 期，第 29–31 頁
8. 饒宗頤，《談西周文化發源地問題——與許倬雲教授書》，載《二十一世紀》1992 年總第 14 期，第 51–52 頁
9. 高皋，《夷島欣逢許倬雲教授》，載《九十年代》1996 年總第 317 期，第 76–77 頁
10. 黎明釗，《〈尋路集〉——中國文化到了貞下起元的關口》，載《漢學研究通訊》1997 年第 16 卷第 1 期，第 109–110 頁

11. 趙冬梅，《許倬雲教授造訪我系並演講》，載北京大學歷史學系編，《北大史學》，北京：北京大學出版社，2000 年
12. 王德權，《古代中國體系的摶成——關於許倬雲先生「中國體系網絡分析」的討論》，載《新史學》2003 年第 14 卷第 1 期，第 143–201 頁
13. 柯恩，《從歷史看管理：與著名歷史學家許倬雲教授對話》，載《哈佛商業評論》2004 年第 2 期，第 18–27 頁
14. 朱雨晨，《許倬雲：做學術界的世界公民》，載《南風窗》2004 年第 23 期，第 82–84 頁
15. 陳啟雲，《漢代中國經濟、社會和國家權力——評許倬雲的〈漢代農業：早期中國農業經濟的形成〉》，載《史學集刊》2005 年第 1 期，第 1–12 頁
16. 江北，《許倬雲：日本的企業文化是一種封建領主文化》，載《中華讀書報》2005 年 11 月 16 日
17. 童翠萍，《許倬雲先生治學談》，載《新世紀圖書館》2006 年第 5 期，第 76–77 頁，第 80 頁
18. 丁毅華，《從歷史借得智慧，讓管理獲取神力——許倬雲《從歷史看管理》評介》，載《東海大學文學院學報》2006 年第 47 卷，第 433–437 頁
19. 葉安然，《走在中華學術大道上的心路歷程——著名史學家許倬雲先生訪談錄》，載《新世紀圖書館》2006 年第 1 期，第 75–78 頁
20. 沙培德（Peter Zarrow），《評許倬雲著〈萬古江河：中國歷史的曲折與開展〉》，載《漢學研究》2007 年第 25 期第 2 卷，第 461–478 頁
21. 許倬雲，《對沙培德教授書評的回應》，載《漢學研究》2007 年第 25 期第 2 卷，第 479–484 頁
22. 程念祺，《許倬雲〈漢代農業〉商榷》，載《史林》2007 年第 2 期，第 17–22 頁
23. 陳英，《漢代農業經濟研究的創新——評許倬雲著〈漢代農業：早期中國農業經濟的形成〉》，載《農業科技與信息》2007 年第 12 期，第 62–65 頁
24. 張弘，《許倬雲：重建師生關係》，載《小康》2008 年第 12 期，第 78–80 頁
25. 何戌，《學校管理：以人為本的命題——許倬雲〈從歷史看管理〉的啟示》，載《湖南教育（教育綜合）》2008 年第 10 期，第 45–46 頁
26. 林曉妍，《文化差異中的美學與倫理經驗——許倬雲與南京大學美學所的一次座談》，載《馬克思主義美學研究》2009 年 12 月第 2 期，第 128–141 頁
27. 馬連鵬，《許倬雲：城市化不應是鄉村社會的挽歌》，載《中國經營報》2010 年 3

月 15 日

28. 莫楓，《我在人間，人間在我》，載《博覽群書》2010 年第 4 期，第 61–63 頁
29. 黃健，《全球背景下的中國文化脈絡——讀許倬雲的〈萬古江河：中國歷史文化的轉折與開展〉有感》，載《出版廣角》2010 年第 12 期，第 62–64 頁
30. 魏邦良，《許倬雲筆下的胡適和傅斯年》，《南方周末》2012 年 10 月 11 日
31. 閆廣英，《許倬雲：歷史的旁觀者》，載《環境經濟》2012 年第 11 期，第 67–68 頁
32. 陳華文，《許倬雲論大國興廢》，載《博覽群書》2012 年第 8 期，第 13–16 頁
33. 陳孔立，《臺灣史研究的「兼顧史觀」——評許倬雲著〈臺灣四百年〉》，載張海鵬、李細珠編，《臺灣歷史研究》，北京：社會科學文獻出版，2013 年
34. 宋石男，《亞細亞孤兒如何開出繁榮之花——許倬雲〈臺灣四百年〉讀後》，載《中國經濟報告》2013 年第 7 期，第 125–127 頁
35. 王渺，《陳述自己的故事》，載《新商務周刊》2013 年第 12 期，第 103 頁
36. 葛兆光，《許倬雲新著〈華夏論述〉解說》，載《東方早報．上海書評》2014 年 12 月 14 日
37. 馮俊文，《許倬雲：一位歷史學家的奧德賽》，載《國家人文歷史》2014 年第 017 期，第 108–111 頁
38. 趙志偉，《入世、淑世、濟世的一生——讀〈家事、國事、天下事——許倬雲先生一生回顧〉》，載《語文學習》2014 年第 6 期，第 83–85 頁
39. 石岩，《許倬雲：人類沒有優秀品種》，載《南方周末》2015 年 6 月 11 日
40. 張群，《馬渭源在美國與許倬雲暢談中國歷史文化》，載《華人時刊》2015 年第 12 期，第 60–61 頁
41. 汪威廉，《「遷鋼」與「運金」——讀許倬雲之文與吳興鏞「黃金三部曲」》，載《傳記文學》2016 年第 108 卷第 2 期，第 132–135 頁
42. 陳慧娟，《許倬雲史學思想研究》，碩士學位論文，安徽大學，2016 年
43. 陳心想，《倚杖聽江聲》，載《書屋》2017 年第 2 期，第 64–67 頁
44. 魏邦良，《許倬雲的智慧》，載《同舟共進》2019 年第 12 期，第 60–63 頁
45. 李靜，《許倬雲：越鳥棲南》，載《中國新聞周刊》2020 年第 28 期，第 14–26 頁
46. 陳季冰，《許倬雲與「世界文明」》，載《南方周末》2020 年 1 月 30 日
47. 徐悦東，《許倬雲：遊走在學術與大眾之間》，載《新京報》2020 年 7 月 25 日
48. 季資朝，《整體史觀中的社會流動——讀許倬雲〈中國古代社會史論〉》，載《作

家天地》2020 年第 2 期，第 182–183 頁

49. 葉超，《時代，社會與真正的知識分子——兼論許倬雲先生的思想及其影響》，載《熱帶地理》2022 年第 8 期，第 1396–1402 頁
50. 陳心想，《閱讀許倬雲側記》，載《名作欣賞》2022 年第 13 期，第 118–122 頁
51. 董可馨、王小豪，《許倬雲：鮐背老者的超越與憂愁》，載《南風窗》2022 年第 9 期
52. 徐永，《旁觀者許倬雲：安頓自己是重要的》，載《新周刊》2022 年第 9 期
53. 張冠生，《三個世代：錢穆、費孝通、許倬雲》，載《財新周刊》2022 年第 39 期
54. 金耀基，《胸中有古今，眼底有中西：史學大家許倬雲大兄》，載《二十一世紀》2022 年總第 192 期，第 132–135 頁
55. 陳方正，《歷史長河經眼底，霸業興廢上筆端——記我所認識的許公倬雲》，載《二十一世紀》2022 年總第 192 期，第 136–139 頁
56. 馮俊文，《許倬雲的「十日談」：紙上的學問　生命的學問》，載《北京青年報》2022 年 4 月 8 日
57. 孫磊、吳小攀，《許倬雲：我真正的歸屬，是歷史上永遠不停的中國》，載《羊城晚報》2022 年 4 月 17 日
58. 余玲，《〈許倬雲十日談〉：疫情之下的「天鵝之聲」》，載《中華讀書報》2022 年 4 月 20 日
59. 鮑家麟，《不是招魂，是前驅喝道》，載《北京青年報》2022 年 8 月 12 日
60. 張楠，《92 歲許倬雲「想對家鄉說的話」：江南有上天給的福祉》，載《揚子晚報》2022 年 11 月 19 日
61. 《歷史學家許倬雲：我要從世界看中國，再從中國看世界》，載《鳳凰周刊》2023 年 7 月 7 日
62. 金耀基，《許倬雲的「書寫人生」》，載《文匯報》2023 年 7 月 20 日
63. 余世存，《一個精神之子的格局與關懷》，載《南方周末》2023 年 8 月 6 日
64. 王珺，《許倬雲：一生為常民寫史，93 歲仍立新說》，載《北京日報》2023 年 9 月 15 日
65. 楊博，《何為「華夏」：〈經緯華夏〉讀後》，載《經濟觀察報》2023 年 10 月 16 日
66. 解璽璋，《文化在行走中壯大》，載《經濟觀察報》2023 年 10 月 19 日
67. 余世存，《以「三區理論」重寫中國歷史》，載《南風窗》2023 年 12 月刊
68. 馮俊文，《倬雲先生》，載《財新周刊》2024 年 1 月 8 日刊

編後記

2020年許先生九十大壽，未能按學界慣例為老人家出一本賀壽文集，一直心懷遺憾與不安。

呈請先生：是否可以由我組織，約請老友、及門弟子、親近晚輩等撰寫文章，完成這一心願？先生回函表示：集子還是可以編的，但不宜以「祝壽」名義。於是，才有了這本《倬彼雲漢：許倬雲先生學思歷程》。

東坡所謂「鴻飛那復計東西」，感謝金耀基先生慷慨題簽書名，並撥冗撰文，為我們留下點滴「爪痕」。余世存先生撰寫的長文，則堪稱「思想傳記，知己文章」。此上兩篇，作為本書序言，或可綜觀許先生一生行跡。

上篇「江河萬古」，著意於先生學術著作之評述，《說中國》《經緯華夏》《中國文化的精神》《許倬雲說美國》《許倬雲十日談》，按主題依次排定。這部分還特別收錄金耀基先生為《現代文明的批判》（簡體中文版名為《許倬雲說歷史：文明變局的關口》）所作序言，特此致謝。

中篇「雪泥鴻爪」，則側重於先生的學行記錄，撰寫者有同輩學人、學生、世交晚輩、近年親近的青年學者等。其中不得不提到許先生的弟子陳寧先生，為此撰寫的長文達十萬字之巨，將是第一本綜述許先生學術成就的專著，本書收錄的文章，則是他另行撰寫的「縮略版」。

下篇「水流雲起」，收錄有關先生的訪談、口述及媒體側記。附錄所收文章及存目，則意在從先生自身的視角，「交代」其學術淵源，亦可由此一窺前輩學人風采。

感謝諸位玉成，此編得以完秩。為免累贅，就不一一致謝了。然而，還是要感謝生活·讀書·新知三聯書店和香港三聯書店諸位同仁，為本書簡體、繁體中文版所作出的種種努力，以及姚璐女士用心深切：本書中幾篇口述文章，都肇因於她近乎「窮盡式」的採寫。

最後，需要特別說明的是：先生交遊廣闊、有教無類，同輩師友、及門弟子以及提攜的後輩遍及天下。愚生也晚，所識有限，勉力承擔組稿工作，難免掛一漏萬。此等「未竟的遺憾」，亦是「必然的美中不足」，請有心者海涵並諒之。

甲辰霜降，晚輩後學馮俊文，於匹茲堡